Jean Claude Weiss · Horoskopanalyse Band I
Planeten in Häusern und Zeichen

Jean Claude Weiss

Horoskopanalyse

Band I

Planeten in Häusern und Zeichen

M&T Edition Astroterra

2. Auflage

Edition Astroterra
M&T Verlag, Zürich
Druck: Gasser AG, Chur

ISBN 3-7265-3011-8

Inhaltsverzeichnis

Was ist Astrologie? 7

Die Wissenschaft der Zeitqualität 8
Die Umsetzung der Horoskopinformationen 9
Der Aufbau des Horoskops 10
Das Horoskop als Landkarte der Psyche 10
Die verschiedenen Betrachtungsweisen des Horoskops 11
Die deterministische, ereignisorientierte Astrologie 11
Die psychologische Astrologie 12
Die philosophische, spirituelle oder esoterische Astrologie 13
Der Deutungsprozess: Die Synthese der Einzelelemente 14

Die Elemente der Horoskopdeutung 21

Planeten und Zeichen 21
Das System der Planeten 21
Die traditionelle Siebenerreihe der Planeten 22
Die neue Zehnerreihe der Planeten 23

Die Typologie der astrologischen Zeichen. 25
Die Elemente 25
Die Entsprechungen zwischen Planeten und Elementen 27
Die Kreuze 29
Die Polaritäten 32

Die Planeten und ihre Entsprechungen zu den Zeichen 34
Die Urkräfte Sonne und Mond 34

Die Sonne und ihre Entsprechungen 36
Übung zur Sonnenqualität 39
Das Löwezeichen als Entsprechung zur Sonne 39
Die Sonne in den Zeichen 40

Der Mond und seine Entsprechungen 41
Übung zur Mondqualität 46
Das Krebszeichen als Entsprechung zum Mond 47
Der Mond in den Zeichen 48

Der Merkur und seine Entsprechungen . 49
Übung zur Merkurqualität 55
Das Zwillingszeichen als Yang-Entsprechung des Merkurs 56
Das Jungfrauzeichen als Yin-Entsprechung des Merkurs 57
Der Merkur in den Zeichen 60

Die Libidokräfte Venus und Mars 61

Die Venus und ihre Entsprechungen 63
Übung zur Venusqualität 67
Das Stierzeichen als Yin-Entsprechung der Venus 69
Das Waagezeichen als Yang-Entsprechung der Venus 70
Die Venus in den Zeichen 72

Der Mars und seine Entsprechungen 73
Übung zur Marsqualität 79
Das Widder-Zeichen als Yang-Entsprechung des Mars 80
Das Skorpionzeichen als Yin-Entsprechung des Mars 82
Der Mars in den Zeichen 83

Die gesellschaftlichen Planeten Jupiter und Saturn 85
Jupiter und Saturn als Vertreter des bisherigen Weltbildes 85

Der Jupiter und seine Entsprechungen ... 87
Übung zur Jupiter-Qualität 93
Das Schütze-Zeichen als Yang-Entsprechung des Jupiters 94
Das Fischezeichen als Yin-Entsprechung des Jupiters 96
Der Jupiter in den Zeichen 97

Der Saturn und seine Entsprechungen ... 99
Übung zur Saturnqualität 108
Das Steinbockzeichen als Yin-Entsprechung des Saturn 109
Das Wassermannzeichen als Yang-Zeichen des Saturn 112
Saturn in den Zeichen 114

Die überpersönlichen Planeten Uranus, Neptun und Pluto ... 116
Das neue Weltbild der geistigen Planeten ... 118

Der Uranus und seine Entsprechungen ... 121
Übung zur Uranusqualität ... 128

Der Neptun und seine Entsprechungen ... 130
Übung zur Neptunqualität ... 138

Der Pluto und seine Entsprechungen ... 140
Übung zur Plutoqualität ... 148

Die Astrologischen Häuser
Allgemeines ... 150
Die Möglichkeiten der Häusereinteilung 152
Einteilungssysteme der Häuser ... 153
Die Erlebnisebenen der astrologischen Häuser ... 155

Die Häuser eins und sieben ... 156
Das erste Haus ... 156
Das siebte Haus ... 159

Die Häuser zwei und acht ... 164
Das zweite Haus ... 165
Das achte Haus ... 168

Die Häuser drei und neun ... 173
Das dritte Haus ... 173
Das neunte Haus ... 177

Die Häuser vier und zehn ... 181
Das vierte Haus ... 182
Das zehnte Haus ... 188

Die Häuser fünf und elf ... 193
Das fünfte Haus ... 194
Das elfte Haus ... 198

Die Häuser sechs und zwölf ... 203
Das sechste Haus ... 204
Das zwölfte Haus ... 207

Anhang ... 215

Die persönlichen Planeten in den Zeichen und Häusern ... 215
Die Sonne in den Zeichen ... 216
Die Sonne in den Häusern ... 220
Der Mond in den Zeichen ... 225
Der Mond in den Häusern ... 230
Der Merkur in den Zeichen ... 235
Der Merkur in den Häusern ... 239
Die Venus in den Zeichen ... 244
Die Venus in den Häusern ... 248
Der Mars in den Zeichen ... 253
Der Mars in den Häusern ... 258

WAS IST ASTROLOGIE?

»Die Versuche des menschlichen Geistes, Typen zu konstruieren und damit Ordnung in das Chaos der Individuen zu bringen, sind uralt. Den ältesten nachweisbaren Versuch dieser Art hat die dem alten Orient entstammende Astrologie unternommen. Was aber die astrologische Typologie anbelangt, so steht sie zum Erstaunen der Aufklärung immer noch aufrecht da und erlebt sogar heute eine neue Blüte.«

C. G. Jung

Astrologie ist eine Lehre des Menschen. Sie liefert ein Abbild und ein System, eine Art Typologie seiner vielfältigen Manifestationen. Allerdings sind es gleich verschiedene Typologien, die ineinandergreifen, was alle diejenigen entmutigen muss, die ein einfaches Schema suchen. In der Astrologie kann es einem ähnlich gehen wie beim Erlernen der englischen Sprache: Man hat zunächst den Eindruck, schnell Fortschritte zu machen und hofft vielleicht, eine bisher unerklärbare Seite der Wirklichkeit bald mit Hilfe dieses neuen Systems verstehen zu können und diese neue Sprache in kurzer Zeit fliessend zu sprechen. Leider muss man bald einmal feststellen, dass das gleiche Wort je nach Zusammenhang Verschiedenes bedeuten kann und der Wortschatz enorm gross ist. Man realisiert schnell, dass die Beherrschung der Materie nur durch sehr viel Praxis und eigene Beobachtung möglich sein wird.

Hier trennen sich die Geister: der eine ist fasziniert von seinen neuen Entdeckungen, die ihn wegführen von einer Welt oberflächlicher Erklärungen, die kaum je auf einen letzten Sinn ausmünden; der andere gibt zunächst auf, aus Angst, seine bisherige Sicht der Welt ändern zu müssen. Denn Astrologie verwandelt! Sie führt uns weg von einem mechanistischen, kausalen Denken zu einem Denken in Entsprechungen oder, mit andern Worten, in Analogien.

Schon der Ansatz war analogisch: Vor Jahrtausenden beobachtete der Mensch die Stellungen der Gestirne am Himmel und schloss daraus auf die Verhältnisse auf der Erde. »Wie oben so unten« ist ein uraltes Prinzip, auf dem auch die Astrologie beruht. Es herrschte dabei nie die Auffassung, dass die Stellungen am Himmel durch irgendwelche Strahlen- oder andere Einflüsse materieller Art die Dinge auf der Erde bewirken. Viel eher entsprechen gemäss der astrologischen Lehre die beiden Bereiche dem gleichen Prinzip, das wir die »Zeitqualität« nennen könnten. Ein einfaches Beispiel soll dies veranschaulichen: Wenn zu Kriegszeiten erwiesenermassen mehr Knaben geboren werden, dann ist dies nicht eine Folge des Kriegs, da die Zeitqualität nicht nur aggressive kriegerische Auseinandersetzungen fördert, sondern auch das aggressivere männliche Geschlecht bevorzugt.

Die Wissenschaft der Zeitqualität

Damit kämen wir zur Eigenart der Astrologie: Die Astrologie ist eine Lehre der Zeitqualität. So sind die charakterlichen Eigenschaften eines Menschen astrologisch in Form eines Grundrasters durch Zeit und Ort der Geburt definiert. Horoskop bedeutet »Stundenschau«, was die Wichtigkeit des Zeitfaktors deutlich versinnbildlicht. Gemäss der Astrologie ist alles durch Zeit und Raum definiert.

Würden wir nur den Raum berücksichtigen, so würde uns eine wichtige Dimension entgehen. Wählen wir das Beispiel einer Zeugung oder einer Geburt, und schauen wir die Situation kurz vorher und kurz danach an. Der Ort ist derselbe, aber die Situation eine andere: Ein neues Wesen ist in die Welt getreten. Noch deutlicher mag dies am Beispiel eines Unfalls oder Erdbebens klar werden: Wiederum derselbe Ort, aber kurz nach dem Ereignis eine gänzlich andere Situation.

Die Wissenschaft bis zu den Entdeckungen Plancks und Einsteins kannte die Zeitqualität nicht. Sie ging davon aus, dass die Natur keine Sprünge macht. Der Satz »natura non facit saltus« stammt von Aristoteles und beherrschte das wissenschaftliche Denken bis 1900. Erst um 1900 herum wurde erkannt, dass wir zur Erklärung von Naturgeschehen nicht mit den drei räumlichen Dimensionen auskommen. So wurde eine vierte Dimension, diejenige der Zeit eingeführt, was zum Begriff des Raum-Zeit-Kontinuums führte.

Genau von dieser vierten Dimension handelt die Astrologie. Diese spielt ihre Rolle bei der Definition der Anlagekomponenten des Einzelnen, welche durch Raum und Zeit im Moment der Geburt definiert werden. Sie ist weiterhin die Dimension, welche der Astrologie ermöglicht, zeitliche Aussagen zu machen über die Entwicklungsphasen durch die ein Mensch schon hindurchgegangen ist, oder jene, welche ihm noch bevorstehen. Es ist jedoch wichtig dabei zu bedenken, dass dies nur in Ausnahmefällen in klarer, bestimmter Form erfolgen kann. Erfasst werden von der Astrologie nämlich nur die symbolischen Zusammenhänge. Das Vierdimensionale drückt sich in Form einer symbolischen Bildsprache aus.

Versuchen wir etwas Vierdimensionales in unsere dreidimensionale, begriffliche Sprache zu fassen, so legen wir etwas, was in Bewegung ist, fest, ähnlich wie ein (zweidimensionales) Photo die dreidimensionale Wirklichkeit nur unzureichend darstellt. Entsprechend zeigt die (vierdimensionale) Astrologie an sich keine konkreten Ereignisse oder Situationen an. Dies ist immer das Ergebnis der Deutung des Astrologen, der dabei sein eigenes Weltbild mit dem astrologischen Gleichnis reagieren lässt. Wir könnten auch sagen, dass er dabei eine vierdimensionale Wirklichkeit auf eine dreidimensionale reduziert, indem er diese durch seine subjektive »Brille« oder »Linse« betrachtet.

Die Unbestimmtheits-Relation

Das Bild, das die Astrologie vermittelt, ist vielschichtig und, wenn wir es auf unsere Ausdruckssphäre reduzieren, mit »Unbestimmtheiten« verhaftet. Dies geht jedoch notgedrungen jedem so, der sich mit dem Raum-Zeit-Kontinuum beschäftigt, auch den Wissenschaftlern, die es untersuchen.

So stellte der Physiker Heisenberg im Zusammenhang mit der Untersuchung von Elementarteilchen fest, dass man niemals deren Ort und Impuls gleichzeitig genau bestimmen kann. Dieser Erkenntnis zufolge konnte er sagen »An der scharfen Formulierung des Kausalgesetzes: wenn wir die Gegenwart genau kennen, können wir die Zukunft berechnen, ist nicht der Nachsatz, sondern die Voraussetzung falsch. Wir können die Gegenwart in allen Bestimmungsstufen prinzipiell nicht kennenlernen.« Er schreibt auch »...dass die Quantentheorie tatsächlich sogar dazu zwingt, die Gesetze eher als statistische Gesetze zu formulieren und vom Determinismus auch grundsätzlich abzugehen.«

Die Umsetzung der Horoskopinformationen

Aehnlich geht es uns in der Astrologie: Wir können bei der Herleitung der konkreten und praktischen Entsprechungen der Symbole nur von statistischen Erfahrungswerten ausgehen.

Wie treffend diese Umsetzung ist, hängt im wesentlichen von zwei Faktoren ab:

Der erste Faktor betrifft den Astrologen. Er muss einerseits über viel Erfahrung in seinem Fachbereich, anderseits über viel Lebenserfahrung verfügen. Im Idealfall ist er ein Mensch von grosser Toleranz, der darauf verzichtet Wertungen vorzunehmen, weil ihm das Leben gezeigt hat, dass jegliche Wertung nur die eine Seite eines Problems beleuchtet und die andere Seite künstlich abwertet. Er sollte, um überhaupt in der Lage zu sein, für einen Klienten brauchbare Deutungen vorzunehmen, ein Blickfeld haben, welches grösser ist, als dasjenige des Klienten. Wenn er mit bestimmten Seiten des Lebens selbst Mühe hat, sollte er dies wissen, damit er dem Klienten in diesem Bereich nicht seine eigenen Aengste und die damit verbundenen Einseitigkeiten aufzwingt.

Der zweite Faktor betrifft den Klienten. Je freier dieser von Verhaltenszwängen ist, um so weniger wird es möglich sein, konkrete Aussagen über seine Zukunft zu machen. In diesem Falle wird er diese nämlich laufend selbst gestalten. Es wird deshalb richtig sein, mit ihm eher in Bildern und Symbolen über die für ihn aktuelle Zeitqualität zu sprechen. Es können dann lediglich mit ihm zusammen verschieden Szenarios ausgearbeitet werden, die zeigen, auf welche vielfältigen Arten er seine Konstellationen leben könnte. Ein Astrologe mit einem starren Wertsystem würde hier in einer Beratung grundsätzlich versagen.

Der Aufbau des Horoskops

Das Geburtshoroskop stellt die Planetenkonstellationen im Moment der Geburt dar. Es wird mathematisch errechnet und entspricht somit einer Formel für die Psyche, in dem Sinn auch, dass es sehr viele verschlüsselte Informationen über die betreffende Person in sich birgt, welche nach verschiedenen Deutungsmethoden entschlüsselt werden können. Gleichzeitig wird es jedoch meist auch in Bildform als Kreis dargestellt, um dem deutenden Astrologen nicht nur die Möglichkeit zu geben, Formeln zu entziffern, sondern von bildhaften Symbolen auszugehen. Bei entsprechender Uebung kommt dann durch diese Art auch die intuitive Fähigkeit des Astrologen zum Tragen.

Das Horoskop besteht aus drei Schichten, wobei wir die Anordnung gemäss Figur 1 vorschlagen möchten. Wenn wir diese Figur anschauen, so erkennen wir die folgenden Schichten:

Zuinnerst haben wir die Planeten, als Ausdruck der verschiedenen Grundbedürfnisse des Menschen.

In einer zweiten Schicht finden wir die Zeichen, welche darauf hinweisen, auf welche Art und mit welcher Färbung diese Grundbedürfnisse zum Ausdruck gebracht werden.

Zuäusserst sind die Häuser aufgeführt, welche zeigen, in welchem Lebensbereich die Planeten, bzw. die Grundbedürfnisse zum Ausdruck kommen wolllen.

Im innersten Kreis sind die verschiedenen Planeten auch durch Linien verbunden, welche die Aspekte darstellen, d.h., den Winkel, welche sie vom Zentrum des Bildes aus gesehen zueinander bilden. Diese weisen darauf hin, ob innerhalb der Psyche verschiedene Bedürfnisse zueinander im Widerspruch stehen oder harmonisch miteinander verknüpft sind.

Das Horoskop als Landkarte der Psyche

Ein solches Horoskop ist wie eine Landkarte der Psyche und stellt die psychische Grundstruktur des betreffenden Menschen dar. Gemäss den Gesetzen der Astrologie und auch in zunehmendem Masse der modernen Psychologie erzeugt diese Grundstruktur dann äussere Erscheinungsformen, und ist damit für das sogenannte »Schicksal« prägend. Wir möchten jedoch bereits an dieser Stelle betonen, dass wir nicht von einem unabänderlichen Schicksalsbegriff ausgehen!

Dieses Horoskop kann nun – je nachdem was uns im besonderen interessiert – von ganz verschiedenen Gesichtswinkeln aus betrachtet werden. Wir könnten – wie dies früher vielfach gemacht wurde – herzuleiten versuchen, ob es sich um ein sogenannt »gutes« oder »schlechtes« Horoskop handelt – oder wir können uns bemühen, die grundlegende Qualität oder Struktur des betreffenden Menschen ohne Wertung zu definieren. Vielleicht interessiert uns die psychische Anlage dieses Menschen jedoch weniger, und wir richten unser Augenmerk eher auf die Frage, ob er in seinem Leben zu Macht und Ansehen gelangen wird, oder ob er in der Anonymität dahinleben wird...

Ueber all diese Fragen kann uns das Horoskop in verschlüsselter Form Auskunft geben. Auf welchen Bereich wir den Akzent auch setzen, wir müssen uns jedoch stets vor Augen halten, dass wir damit nur einen Aspekt der betreffenden Person herausschälen und andere – willentlich oder unwillentlich – auf der Seite lassen. Damit wird wieder die Frage des Wertsystems des deutenden Astrologen angesprochen.

Die verschiedenen Betrachtungsweisen des Horoskops

Da jeder von uns von Geburt an für bestimmte Themen sensibilisiert ist, und wir alle elterlichen Einflüssen, Vorstellungen und Erwartungen ausgesetzt waren, ist es unvermeidlich, dass uns unterschiedliche Dinge im Leben wichtig sind. In bestimmten Bereichen möchten wir unbedingt etwas erreichen und Anerkennung finden, andere sind uns dagegen mehr oder weniger gleichgültig. Vor ganz bestimmten Dingen fürchten wir uns mehr als die meisten Menschen, auf anderen Gebieten handeln wir souverän und kompetent. Dies trifft natürlich auch für jeden Astrologen zu, und so ist es unvermeidlich, dass aufgrund persönlicher Motive und unter dem Einfluss sozialer und kultureller Einwirkungen auch in der Astrologie ganz verschiedene Betrachtungssysteme entwikkelt wurden, welche sich durch sehr wesentliche Unterschiede auszeichnen.

Je stärker ein Astrologe in seinem System gefangen ist, umso eher wird er versuchen, dieses als das einzig Richtige hinzustellen. Er ist sich dabei meistens nicht bewusst, dass sein System auf ganz bestimmten konkreten Grundvoraussetzungen oder »a prioris« beruht, die er, aus psychologisch meist naheliegenden Gründen, nicht genauer unter die Lupe nehmen möchte.

Wir wollen im folgenden die häufigsten Betrachtungsweisen kurz darstellen. Im wesentlichen kann man drei Niveaus astrologischer Interpretation unterscheiden:

1. Die deterministische, ereignisorientierte Astrologie

Diese Form von Astrologie entspricht dem, was sich der Laie meist unter Astrologie vorstellt. Dies hat gute Gründe, denn es war während der letzten Jahrhunderte wohl die verbreitetste Form astrologischer Betätigung. Je festgelegter der Mensch in Bezug auf seine Herkunft und gesellschaftliche Zugehörigkeit ist, umso eher sind mit dieser Betrachtungsweise eindeutige Aussagen im Sinne von »Volltreffern« möglich.

Da der westliche Mensch aufgrund seiner Entwicklung heute im Vergleich zu früher jedoch wesentlich mehr Wahlmöglichkeiten hat, indem er sich nicht mehr restlos einem geschlechtlichen oder gesellschaftlichen Rollenverhalten zu unterziehen hat, versagt diese Form von Astrologie heute in vielen Fällen. In diesem Sinn wird sie dem heutigen Menschen im Westen auch kaum mehr gerecht, weil sie ihm den freien Willen weitgehend aberkennt. Dies ist auch der Grund, weshalb viele Astrologen, welche nach solch deterministischen Methoden arbeiten, selbst vor der Zukunft Angst haben und es in vielen Fällen vermeiden, ihr eigenes Horoskop zu studieren.

Das soll jedoch nicht heissen, dass diese Form von Astrologie bei Prognosen nicht spektakuläre Resultate erzielen kann, was immer dann möglich ist, wenn der Klient, dem sich der Astrologe widmet, in seinem Verhalten selbst stark festgelegt ist und die Alternativen, die ihm offenstehen würden, nicht sehen und erkennen will. Oft verfügen Astrologen, welche nach solchen Methoden arbeiten auch über hellsichtige Fähigkeiten, welche ihnen helfen, aus dem Wirrwarr der Möglichkeiten das Treffende auszulesen.

2. Die psychologische Astrologie

Die psychologische Astrologie geht grundsätzlich davon aus, dass das Horoskop Grundstrukturen der Pyche aufdeckt, jedoch nicht die konkreten Entsprechungen im Sinne von Aussenwelt-Situationen. Für das Entstehen solcher gibt es wohl Wahrscheinlichkeiten nach den Gesetzen der Statistik, aber keine Unausweichlichkeiten. So kann die gleiche Grundqualität äusserlich in ihr Gegenteil umschlagen, z. B. wenn jemand eine »Schwäche«, welche in seiner Umgebung nicht akzeptiert wird, durch das gegenteilige Verhalten kompensiert. So wird etwa der sensible Knabe in einer Familie, die männliche Härte fordert, seine sensible Seite hinter äusserer Härte zu verbergen suchen. In diesem Falle wird die weiche Komponente im Verborgenen und aus dem Hintergrund wirken, und diesem Menschen eine andere Prägung vermitteln, als wenn sie sich zur bejahten Hauptfunktion hätte entwickeln können.

Die psychologische Astrologie geht auch davon aus, dass uns all das, was wir konstellativ in uns tragen – zu dem wir jedoch nicht »Ja« sagen wollen oder können – in Form von Mitmenschen oder äusseren Situationen, welche diese Qualitäten beinhalten, entgegentreten wird. So wird beispielsweise derjenige, der starke aggressive Komponenten in sich trägt, jedoch aufgrund seiner Erziehung gelernt hat, betont »lieb« zu sein, um bei andern gut anzukommen, häufig mit aggressiven Menschen konfrontiert sein. Mit andern Worten, je mehr er sich als Opfer gibt, um so mehr wird er den Verfolger auf den Plan rufen.

So legt die psychologische Astrologie viel Wert darauf, festzustellen, mit welchen Komponenten des Horoskops sich der Einzelne identifiziert, und welche er verneint oder verdrängt. Diese werden ihm nämlich als Spiegel in Form der Umwelt entgegentreten und viele Ereignisse seines Lebens erklären können.

Die psycholologische Astrologie distanziert sich im allgemeinen von der reinen Beschreibung der Stärken und Schwächen des Klienten. Sie versucht viel eher, ihm sein Leben als fortwährenden Prozess mit wiederkehrenden Entwicklungsmöglichkeiten und Chancen aufzudecken. Dieser Prozess schliesst allerdings auch den Astrologen ein und verlangt von diesem, dass er sich ebenfalls in Frage stellt und sein Wertsystem ständig überprüft, sodass dieses seiner eigenen Entfaltung und der Entwicklung seines astrologischen und psychologischen Wissens nicht im Wege steht.

In diesem Sinne bedient sich die psychologische Astrologie gerne der Methoden der humanistischen Psychologie, in welchen der Therapeut sich ebenfalls in den Prozess des Klienten einbringt, während die reine Psychoanalyse im klassischen Freudschen Sinn als Instrument zu beschränkt erscheint, indem sie dem Potential des Einzelnen zu wenig gerecht wird.

Der Leser wird unschwer erkennen, dass dieses Buch auf dem Referenzsystem der psychologischen Astrologie aufgebaut ist. Gleichzeitig fühlen wir uns jedoch auch der philosophischen und spirituellen Astrologie verpflichtet.

3. Die philosophische, spirituelle oder esoterische Astrologie

Diese geht von einer Evolution aus, welche nicht auf dieses Leben beschränkt ist. Gemäss dem zugrundeliegenden Konzept entwickeln wir uns von einer Inkarnation zur andern weiter und haben dabei die Möglichkeit, immer wieder Neues dazuzulernen. Unser Horoskop weist darauf hin, welches die wichtigsten Themen sind, an denen wir wachsen können. So ist das Horoskop, das wir für dieses Leben haben, nicht zufällig zustandegekommen, sondern es beinhaltet die Möglichkeiten, die wir für unsere Entwicklung brauchen.

Die spirituelle Astrologie bemüht sich, entsprechend aufzuzeigen, wie wir mit den uns gestellten Aufgaben am besten, d.h. am entwicklungsträchtigsten umgehen können. Dabei finden wir insbesondere in unseren Schwächen den Ansatz zu Wachstum und Vervollkommnung.

Damit legt diese Richtung den Hauptakzent auf die Schattenbereiche, jene nämlich, die wir am liebsten nicht direkt anschauen möchten, denen wir jedoch nicht aus dem Wege gehen können, indem sie sich bei Nichtberücksichtigung in Form von ungewollten Aussensituationen, wie Krankheiten, Unfällen und Verlusten manifestieren. Gemäss der spirituellen Astrologie wollen gerade solche Unannehmlichkeiten uns auf einen Weg führen, der unsere kosmische Entwicklung fördert.

Die spirituelle oder esoterische Astrologie unterscheidet zwischen dem Ego und dem Selbst. Es geht darum, die Bedürfnisse des Selbst wahrzunehmen, damit wir im Vergleich zu den Launen unseres Egos ein Korrektiv entwickeln können, gleichsam eine Instanz in uns wachrufen, welche es uns ermöglicht, unsere Spiele und Machenschaften bei uns selbst ebenso zu beobachten, wie wir dies sonst bei andern tun.

Die Zeitqualität der letzten Jahre hat der esoterischen Astrologie viel Auftrieb verliehen. Immer mehr Menschen öffnen sich dem Reinkarnationsgedanken. Dies stellt ebenfalls einen Ausdruck des Einbruchs der vierten Dimension, der Zeit, dar: In Zusammenhang mit dem Raum-Zeit-Kontinuum können wir unser Bewusstsein auch auf Dinge vor der Geburt oder nach dem Tod richten. Damit distanzieren wir uns vom Haften an der Materie (Dreidimensionalität).

Der Deutungsprozess: Die Synthese der Einzelelemente

Wie wir gesehen haben, besteht das Horoskop aus Planeten, welche zueinander in unterschiedlichen Aspekten stehen und sich in verschiedenen Zeichen und Häusern befinden. Lässt man zunächst einmal die Aspekte weg, so ergeben sich für jedes der 10 Gestirne schon 144 Möglichkeiten für die Deutung, über das Vorhandensein von 12 Zeichen und 12 Häusern. Berücksichtigt man dazu die Aspekte, so wächst die Anzahl Möglichkeiten auf weit über Tausend.

Es stellt sich die Frage, wie wir mit einer solchen Informationsfülle vernünftig umgehen können. Müssen wir jede Stellung einzeln lernen, oder gibt es Richtlinien für Stellungen welche ähnlichen Charakter haben?

Dies ist zum Glück der Fall. So entspricht jedem Zeichen ein Planet und jedes Haus hat eine Entsprechung zu einem Zeichen. (Siehe dazu Tabelle 1.)

Obwohl in dieser Tabelle nur sehr wenig Differenzierungen aufgeführt sind, so könnten wir beispielsweise bei einer Stellung von Mars in der Waage im zehnten Haus bereits eine Kombination herstellen, zwischen dem Bedürfnis unternehmungslustig, draufgängerisch; in der Modalität verbindend, diplomatisch, gesellig, schönheitsliebend; im Bereich verantwortungsbewusst, ernst, ausdauernd, sachlich. Diese Stellung hätte somit eine Aehnlichkeit mit Venus im Widder im zehnten Haus, wo wir dann lesen würden: das Bedürfnis verbindend, diplomatisch, gesellig, schönheitsliebend; in der Modalität unternehmungslustig, draufgängerisch; im Bereich verantwortungsbewusst, ernst, ausdauernd, sachlich.

Zugegeben, dies ist eine sehr grobe Weise, astrologische Einzelelemente zu kombinieren, und dennoch sollten wir diese Möglichkeiten nie ausser acht lassen. Wichtig ist dabei immer, zu unterscheiden, dass es sich beim Planeten um das Grundbedürfnis handelt, beim Zeichen um die Art,wie es ausgedrückt wird, und beim Haus um den Bereich, innerhalb welchem sich dieses Bedürfnis manifestiert.

Wenn auch die Synthese das Ziel der Horoskopdeutung ist, so ist es wie bei jedem Handwerk: man muss mit dem Detail anfangen, und dies heisst in der Astrologie zu lernen, verschiedene Faktoren miteinander zu kombinieren. Erst

Tabelle 1

Widder ♈	1. Haus	♂ +	Mars	unternehmungslustig, draufgängerisch
Stier ♉	2. Haus	♀ –	Venus	aufnehmend, passiv, geniesserisch, haftend
Zwilling ♊	3. Haus	☿	Merkur	neugierig, kontaktfreudig, schnelles Denken
Krebs ♋	4. Haus	☽	Mond	empfangend, fürsorglich, gefühlsbetont
Löwe ♌	5. Haus	☉	Sonne	dynamisch, geltungsbedürftig, beschützend
Jungfrau ♍	6. Haus	☿ –	Merkur	analytisch, kritisch, unterscheidend
Waage ♎	7. Haus	♀ +	Venus	verbindend, diplomatisch, gesellig, schönheitsliebend
Skorpion ♏	8. Haus	♂ – / ♇	Pluto	defensiv, engagiert, widerstandsfähig, sucht gesellschaftliche Bestätigung
Schütze ♐	9. Haus	♃ +	Jupiter	freiheitsliebend, enthusiastisch, idealistisch, begeisterungsfähig
Steinbock ♑	10. Haus	♄ –	Saturn	verantwortungsbewusst, ernst, ausdauernd, sachlich
Wassermann ♒	11. Haus	♄ + / ♅	Uranus	individualistisch, freiheitsliebend, intellektuell, originell
Fische ♓	12. Haus	♃ – / ♆	Neptun	hilfsbereit, beeinflussbar, mitfühlend, medial

wenn man die Kombinatorik bis ins Detail beherrscht, kann man auch zur Synthese schreiten, ohne Gefahr zu laufen, Wesentliches auszulassen.

Dieses Buch ist so gegliedert, dass es den Lernenden dazu ermuntert, die Zusammenhänge zwischen PLaneten, Zeichen und Häusern zu erkennen und die verschiedenen Elemente miteinander zu kombinieren. Zuallererst werden die Planeten und die dazugehörigen Zeichen besprochen, danach die verschiedenen Häuser. Im Anhang werden für die persönlichen Planeten in Zeichen und Häusern Deutungsvorschläge gemacht.

Die Aspekte finden im zweiten Band ausführliche Berücksichtigung.

DIE ELEMENTE DER HOROSKOPDEUTUNG

Wir wollen nun die Elemente, welche für die Deutung von Wichtigkeit sind, einzeln durchnehmen. Zunächst müssen wir jedoch unsere bisherige Tabelle vervollständigen, damit die Unterschiede zwischen Planet, Zeichen und Haus stärker zutage treten. Dies ist in Tabelle 2 dargestellt.

Wenn wir diese Tabelle zu Hilfe nehmen, so kommen wir bereits zu einer differenzierteren Deutung unseres vorangehenden Beispiels von Mars in der Waage im zehnten Haus. Die Deutung würde jetzt lauten: Energie, Aktivität, Aggression, männliche Libido ausgedrückt über die Modalität »harmonisierend, friedliebend, diplomatisch, entgegenkommend, charmant«, im Bereich »Beruf und Berufung, Autorität und Karriere, sowie gesellschaftliche Verwirklichung«.

Venus im Widder im zehnten Haus würde hingegen lauten: Bedürfnis nach Harmonie, Genuss, Aesthetik, weibliche Libido, ausgedrückt über die Modalität »aggressiv, risikofreudig, draufgängerisch, eigenwillig«, im Bereich »Beruf und Berufung, Autorität und Karriere, gesellschaftliche Verwirklichung«.

Sie erkennen jetzt gewisse Unterschiede und können gleichzeitig immer noch die Aehnlichkeit sehen. Im ersten Fall wird das Bedürfnis nach aggressiver Durchsetzung verfeinert und zivilisiert durch das harmonisierende Zeichen Waage, im andern Fall erhält die Harmonie und Verbindung suchende Venus einen Durchsetzungsschub durch das Zeichen Widder.

Trotz Unterschieden ist gleichzeitig auch viel Gemeinsamkeit vorhanden. Sie können sich im ersten Fall auch den Botschafter eines kriegerischen und barbarischen Landes in einem sehr kultivierten Staat mit ausgereiften Höflichkeitsregeln vorstellen, im zweiten Fall den Repräsentanten eines Staates mit verfeinertem Gesellschaftssystem, in einem Lande mit elementaren martialischen Riten. Der erste wird lernen sich umgänglicher und verbindlicher zu benehmen, der zweite wird sich direkter und spontaner geben, um sich im Lande, in dem er seine Mission zu erfüllen hat, besser durchzusetzen. Das Endresultat mag ähnlich aussehen: wenn sich die beiden nach 20 Jahren Dienst im fremden Lande

Tabelle 2

Planeten	**Zeichen**	**Haus**
Mars + Energie, Aktivität, Aggression, männliche Libido	*Widder* Aggressiv, risikofreudig, draufgängerisch, eigenwillig	*1. Haus* Selbstdarstellung, Eigenausdruck, Egozentrik
Venus – Bedürfnis nach Harmonie, Genuss, Sinnlichkeit, Ästhetik, weibliche Libido	*Stier* Beharrlich, langsam, bedächtig, besitzergreifend, sinnlich	*2. Haus* Eigensubstanz, die verfügbaren Mittel, Besitz, Absicherung, Selbstwert
Merkur Kommunikation, Kombinatorik, Lernfähigkeit	*Zwillinge* Unterscheidend, beweglich, abstrahierend, geistig aktiv	*3. Haus* Kommunikation und Austausch, Sprache und intellektueller Ausdruck
Mond Gefühl, Hingabe, Bedürfnis dazuzugehören	*Krebs* Gefühlsintensiv, empfindsam und empfindlich	*4. Haus* Familie, Herkunft, Tradition, Innenleben
Sonne Kreativität, Vitalität, Selbstbewusstsein, Wille, Selbstverwirklichung	*Löwe* Königlich, beschützend, risikofreudig, ehrlich, stolz	*5. Haus* Abenteuerlichkeit, Kreativität, Erotik, Bedürfnis nach Eigenausdruck
Merkur – Analyse, Unterscheidungsfähigkeit, Lernfähigkeit, Bedürfnis, die Gesetzmässigkeiten zu verstehen	*Jungfrau* Arbeitssam, zuverlässig, analytisch, ordnungsliebend, vorsichtig und ängstlich	*6. Haus* Existenz, Arbeit, Engagement in der Arbeitssphäre

Venus + Bedürfnis nach Gleichgewicht und Harmonie, ästhethisches Empfinden, ausgleichend und vermittelnd	*Waage* Harmonisierend, friedliebend, diplomatisch, entgegenkommend, charmant	*7. Haus* Partnerschaften und Verträge, Bezogenheit auf die andern
Mars – und Pluto Abwehr, defensive Haltung, Bedürfnis nach Macht, Umwandlung, soziales Engagement	*Skorpion* Triebhaft, tiefgründig, leidenschaftlich, zäh und ausdauernd	*8. Haus* Statusstreben, gesellschaftliches Engagement, Stirb- und Werdeprozess im Zusammenhang mit Machtkonflikten
Jupiter + Bedürfnis nach Sinn, Glaube, Wachstum	*Schütze* Idealistisch, freiheitsliebend, sinnsuchend, begeisterungsfähig	*9. Haus* Philosophie, das ferne Ausland, grosse Projekte, Bewusstseins-erweiterung
Saturn – Sicherheit, Struktur, Begrenzung, Verantwortung, Kristallisation, Konzentration	*Steinbock* Planend, strebend, ernst, ausdauernd, ordnungsbewusst, sachlich und kühl	*10. Haus* Beruf und Berufung, Autorität und Karriere, gesellschaftliche Verwirklichung
Saturn + und Uranus Intuition, Eigengesetzlichkeit, Erneuerung, Kreativität	*Wassermann* Individualistisch, eigenwillig, intel-lektuell, abstrahierend	*11. Haus* Freunde und Gleichgesinnte, höhere Ideale, die eigene Sondergruppe, die neue Gesellschaft
Jupiter – und Neptun Bedürfnis nach Verschmelzung und Durchlässigkeit mit der Umwelt, Identifikationsfähigkeit, Eingebungen, Illusionen, Flucht vor der Realität	*Fische* Hilfsbereit, durchlässig und beein-flussbar, medial, mitfühlend	*12. Haus* Innenleben, Traumwelt, Transzendenz, Unklares, Verborgenes

treffen würden, so wüsste nicht nur jeder die Sprache des andern zu sprechen, beide hätten auch soviel von den Gewohnheiten und Sitten des Gastlandes übernommen, dass die Mischung zwischen ihren ursprünglichen Anlagen und dem,was sie dazugelernt haben, eine gute Verständigung ergeben würde. Aehnlich dürften Sie bei zwei Menschen, wo beim einen der Mars sich im Venus-Zeichen befindet, beim andern die Venus im Mars-Zeichen, viele Gemeinsamkeiten beobachten. Verlieren Sie diese Analogien, bei allen Unterschieden, die sonst vorhanden sein mögen nie aus dem Auge. Sie können Ihnen bei der Deutung eines Horoskops von wesentlicher Hilfe sein.

Planeten und Zeichen

Das System der Planeten

In der Astrologie werden der Einfachheit halber sämtliche bedeutsamen Himmelskörper als »Planeten« bezeichnet, auch wenn dies nicht der astronomischen Terminologie entspricht.

Ueber die Planeten äussert sich die Vielfalt unserer einzelnen Bedürfnisse als Organismus, sowie als Mensch. Die Bedürfnisse manifestieren sich auf verschiedenen Stufen: im Bereich des Denkens, des Gefühls, des Körpers sowie der Aussenwelt. Die Aussenwelt können wir wiederum unterteilen in die Erfahrungen, die wir mit andern auf der individuellen Stufe machen und in solche, die mit unserem Hineingestelltsein in die Gesellschaft zu tun haben.

Wir müssen schon hier klarstellen, dass jede Darstellung der planetarischen Energien über das Wort eine gewisse Einseitigkeit aufweist. So wird es wichtig sein, dass der Lernende über eigene Erfahrungen bei sich und Nahestehenden die planetarischen Kräfte zunehmend als Symbole erlebt und dadurch realisiert, dass einzelne Beschreibungen nur die eine Seite einer Polarität darstellen, innerhalb welcher erst beide Pole die ganze Intensität und den ganzen Reichtum eines Planeten verkörpern. Als Symbole befinden sich die Planeten jenseits der polaren Perzeption und immer, wenn wir den einen Pol als positiv wahrnehmen, den anderen hingegen als negativ abstempeln, sollten wir realisieren, dass wir in Werturteile zurückfallen, welche es uns verunmöglichen, dem ganzheitlichen Symbol gerecht zu werden.

In diesem Sinne ist es bezeichnend, dass ausser Sonne und Mond, welche den Ur-Yang- und Yin-Pol darstellen, in der traditionellen Siebenerreihe sämtliche Planeten über zwei Zeichen herrschen, nämlich immer über ein sogenannt positives oder Yang-geprägtes und ein negatives, d.h. Yin-geprägtes. Wir könnten auch sagen, dass sich jeder Planet über ein extravertiertes (Yang-) und ein introvertiertes (Yin-)Zeichen manifestiert.

Wenn wir uns bewusst werden, dass Psyche und Wahrnehmung des Menschen sich wesentlich weniger schnell verändern als sein Wissen über die Welt, so mag es nützlich sein, zunächst einmal das System der Siebener-Reihe der Planeten, welches auch unsere Wochentage charakterisiert, vorzustellen. Dieses System galt bis zur Entdeckung des Uranus im Jahre 1781, und es beinhaltet diejenigen planetarischen Kräfte, die wir in unser Bewusstsein integriert haben. Somit nehmen die darauffolgenden Planeten, von Uranus bis Pluto, eine Sonderstellung ein, und wir wollen aus diesem Grunde erst im Anschluss an die Beschreibung der traditionellen Siebenerreihe auf sie zurückkommen.

Die traditionelle Siebenerreihe der Planeten

Die Anordnung der Planeten von Sonne bis Saturn ist in Figur 2 dargestellt. Wir sehen aus dieser Darstellung, wie eine Symmetrie-Achse durch den Schnittpunkt Krebs–Löwe und Steinbock–Wassermann geht, um die sich mit Ausnahme von Sonne und Mond die jeweils gleichen Planeten in ihrer Yang- und Yin-Entsprechung anordnen.

So sehen wir das merkurische Prinzip in seiner Yang-Entsprechung im Zwilling, als Yin-Manifestation in der Jungfrau. Das Entsprechende für die Venus finden wir in umgekehrter Reihenfolge mit Stier–Waage, und die Reihe findet zuletzt ihren Abschluss im Saturn, der offensichtlich als Gegenpol (Gegenüberstellung) der Urkräfte Sonne und Mond eine Sonderstellung einnimmt.

Wir könnten sagen, dass wir im Pol Sonne–Mond das Ich in seiner anfängli-

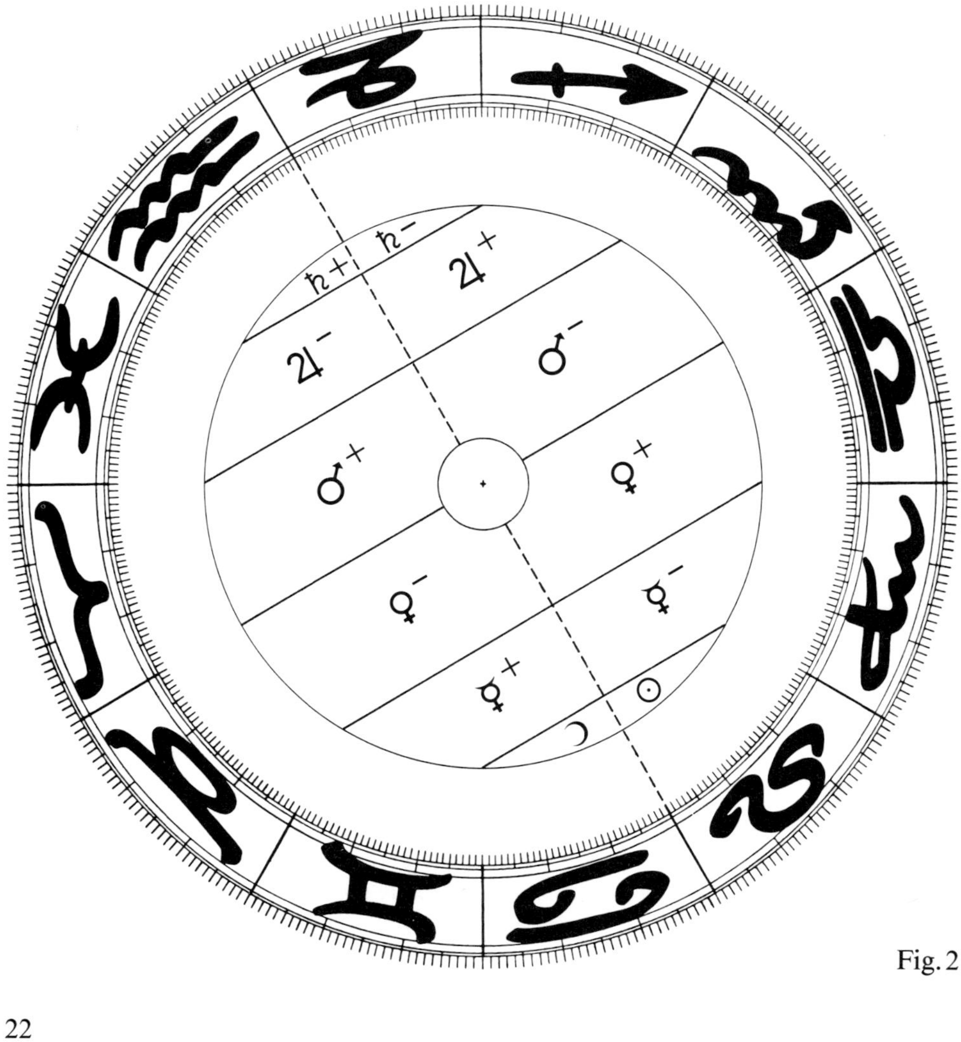

Fig. 2

chen Manifestation vor uns haben, dass sich dieses Ich dann weiterentwickelt, über das Denken (Merkur), die Liebe (Venus), die Tat (Mars), den Glauben und die Kultur (Jupiter) und zuletzt über Strukturierung und Grenzsetzung im Saturn, der oft als Sensemann symbolisiert wurde, seinen Abschluss und seine Ueberwindung findet. Saturn verkörpert dann gleichermassen das Prinzip, über welches das Ich machtlos scheint, nämlich das Schicksal.

So deutet es jedenfalls die Tradition. Im heutigen psychologischen Sinne könnten wir sagen, dass das Schicksal dann seinen unabänderlichen Verlauf nimmt, wenn das Ich nicht bereit ist, durch die Erfahrungen, die es in der Aussenwelt mit andern macht, dazuzulernen und universeller zu werden. Das Dazulernen besteht aus dem Akzeptieren der eigenen Grenzen, sodass diese nicht mehr durch andere oder durch das Schicksal gesetzt werden müssen.

Die traditionelle Reihe reichte bis zum Saturn. Als letzter Planet, der gleichsam den Abschluss einer Entwicklung bildete, hatte dieser für unsere Vorfahren etwas Angsterregendes. Für uns, mit unserem gegenwärtigen Bewusstsein, stellt er eine Schwelle dar und legt uns Prüfungen auf, bevor wir zu den ihm folgenden Planeten weiterschreiten können.

Dass diese Siebenerreihe bis vor kurzem unserem Bewusstseinsstand entsprach, geht auch aus der folgenden Zusammenstellung hervor:

SONNE und MOND: Diese symbolisieren die Urkräfte Yang und Yin, sie stellen das archetypisch Männliche und Weibliche dar, welches noch keine konkrete Form und Ausgestaltung angenommen hat.

MERKUR, VENUS und MARS: Dies sind die Werkzeuge des Denkens, des Empfindens sowie des Spürens (Lust- und Unlustgefühle) und des Handelns.

Die Gestirne von Sonne bis Mars werden auch als persönliche Planeten bezeichnet.

JUPITER und SATURN: Dies sind die gesellschaftlichen Planeten, welche uns durch den Glauben an den Sinn einer Kultur und Zivilisation sowie durch das Akzeptieren der nötigen Grenzen erlauben, als Einzelindividuen in einem gesellschaftlichen Ganzen unseren Platz zu finden.

Die neue Zehnerreihe der Planeten

Die nächsten drei Planeten, Uranus, Neptun und Pluto, drängen nicht mehr auf die Erfüllung von persönlichen oder gesellschaftlichen Bedürfnissen. Natürlich haben sie auch in diesen Bereichen ihre Auswirkungen, aber sie sind letztlich transpersonaler Natur. Da wir im Westen erst in den letzten Jahren anfingen, einen Sinn zu entwickeln für das Ueberpersönliche, für das Thema einer kosmischen Verbundenheit, in Ueberwindung der Barrieren von Raum und Zeit, sind

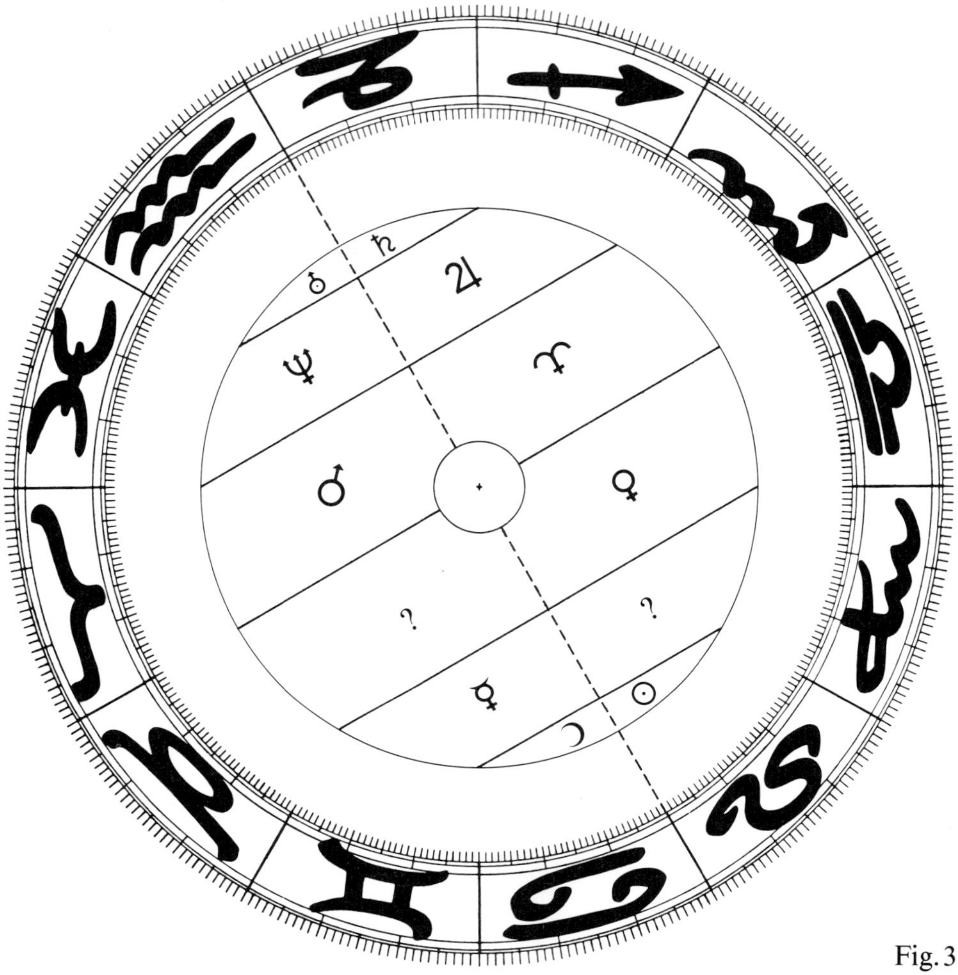

Fig. 3

uns diese Planeten in ihrer reinen Qualität noch recht fremd. Obwohl wir ihre Auswirkungen studieren können, fällt es uns meist noch schwer, das, was sie symbolisieren, zu bejahen, weil sie den Rahmen unserer materiellen Existenz grundsätzlich sprengen. Sie werden aus diesem Grund auch geistige Planeten genannt.

Für den Moment soll es genügen, ihre Herrschaft über die Zeichen gemäss Figur 3 zur Kenntnis zu nehmen. Sie ersehen aus dieser Figur, wie noch zwei Planeten fehlen, um eine neue Symmetrie herzustellen. So haben wir bis zu deren Entdeckung immer noch die Doppelherrschaft der Venus über Stier und Waage, sowie jene des Merkurs über Zwillinge und Jungfrau. Wir können daraus erahnen, dass unsere Erforschung der geistigen Planeten noch am Anfang steht und sich weitere Entdeckungen wahrscheinlich dann einstellen werden, wenn sich unser Bewusstsein weiterentwickelt hat.

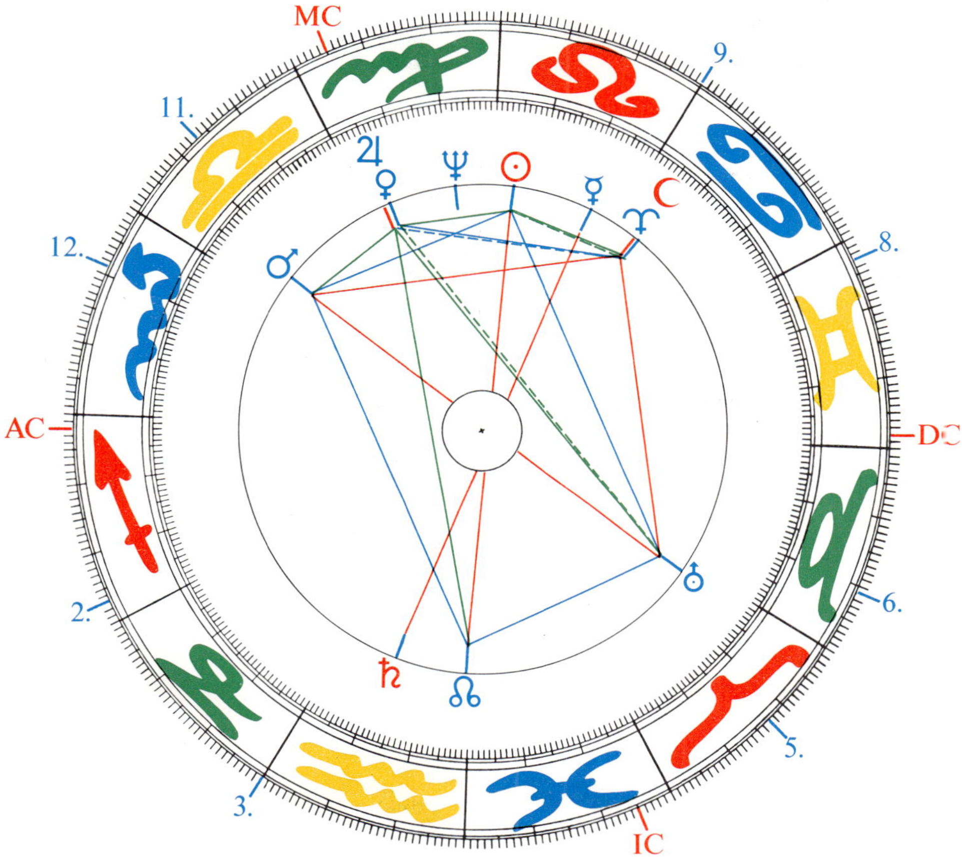

Fig. 1

ELEMENTE:

= Feuer

= Erde

= Luft

= Wasser

Fig. 4

Fig. 5

Das
kardinale
Kreuz

Fig. 6

Das
fixe Kreuz

Fig. 7

Das veränderliche Kreuz

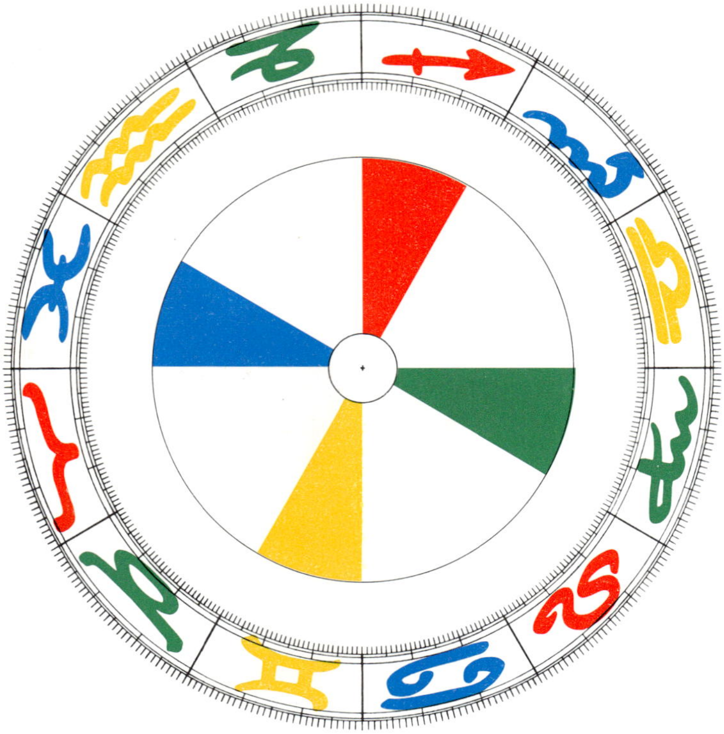

Die Typologie der astrologischen Zeichen

Die Zeichen sind durch die Sonnenstands-Astrologie von allen astrologischen Symbolen diejenigen, die dem Laien am bekanntesten sind. Im allgemeinen weiss aufgrund seines Geburtsmonats jeder, unter welchem »Zeichen« er geboren ist, das heisst, wo im Tierkreis seine Sonne steht.

Die astrologischen Zeichen entsprechen einem psychologischen Messystem, welches mit den Jahreszeiten in Verbindung steht und nicht zu verwechseln ist mit den entsprechenden Fixstern-Konstellationen der Astronomie. Die beiden Systeme stimmten vor ca. 2000 Jahren ungefähr überein, was heute jedoch nicht mehr der Fall ist. Der Unterschied liegt auch darin, dass der astrologische Tierkreis aus Segmenten von genau 30 Grad besteht, was für die Fixstern-Konstellationen nicht gilt und auch nie gegolten hat.

Der Tierkreis lässt sich nach drei Kriterien unterteilen: Die Dreiteilung in vier Elemente, die Vierteilung in drei Kreuze und die Sechsteilung in zwei Polaritäten. Durch diese Einteilung lässt sich jedes Zeichen weitgehend charakterisieren, indem jedes eine unterschiedliche Mischung der verschiedenen Qualitäten beinhaltet.

Die Elemente

Wir unterscheiden zwischen dem Feuerelement, dem die Zeichen Widder, Löwe und Schütze entsprechen, dem Erdelement mit den Zeichen Stier, Jungfrau und Steinbock, dem Luftelement mit Zwillinge, Waage und Wassermann und dem Wasserelement mit Krebs, Skorpion und Fische (siehe Fig. 4).

Die Unterteilung in die vier Elemente war dem Bewusstsein der früheren Jahrhunderte naheliegend, wurde doch damals angenommen, dass alle Körper aus diesen Elementen zusammengesetzt sind. Wir haben bekanntlich heute ein anderes Einteilungssystem der Elemente. Dennoch besteht kein Grund, das alte System für psychologische Prozesse oder überhaupt für Dinge, die in Bewegung sind, zu verwerfen. So kennen wir in der Physik ebenfalls vier Zustandsformen der Materie: die feste, die flüssige, die gasförmige, und neuerdings auch die Plasma-Form der Materie, eine direkte Entsprechung zu Erde, Wasser, Luft und Feuer. In der Psychologie ist ebenfalls erst in diesem Jahrhundert zu den drei naheliegenden Kategorien des Empfindungs- oder Realtypus, des Fühltypus und des Denktypus, im Zusammenhang mit den Arbeiten von C. G. Jung die vierte Kategorie des intuitiven Typus dazugestossen (C. G. Jung, Typologie) Die vier Jungschen Typen scheinen sich ziemlich gut mit den astrologischen Elementen zu decken (vergleiche dazu Liz Greene, Wege zur Partnerschaft, früherer Titel: Kosmos und Seele).

DER FEUERTYPUS: Dieser Intuitive Typus geht stürmisch auf neue Möglichkeiten zu, handelt dabei von innen heraus und ist wenig auf äussere Realitäten bezogen. Am wichtigsten ist ihm der Glaube an das, was er tut. Sehr Yang-betont, liebt er Aktivität, ist ungeduldig und hat mit Anpassung eher Mühe. Nicht vorwärtsdrängen können oder dürfen, erzeugt Zweifel an sich selbst und depressive Stimmungen. Er ist mehr auf die Zukunft als auf die Vergangenheit ausgerichtet. Diese erscheint ihm eher wie ein Buch, das von jemand anderem geschrieben wurde.

Seine Stärken liegen in seinem Enthusiasmus, Optimismus, seiner Lebensfreude und Spontaneität. Schwächen zeigen sich in einem Mangel an Objektivität und der Schwierigkeit, auf die vorliegenden Umstände einzugehen. Diesen Typus bringen wir in Verbindung mit dem intuitiven Typus nach Jung. Seine Schwächen sind wiederum die Stärken des Erdtypus, der als Empfindungstypus den Gegenpol darstellt.

DER ERDTYPUS: Dieser Empfindungs- oder Realtypus kennt sich in der konkreten Welt aus wie kein anderer. Er nimmt die äussere Realität mit all seinen Sinnen auf, ohne sich von Vorstellungen, Wünschen und Hoffnungen ablenken zu lassen. Ein Spatz in der Hand ist ihm lieber als eine Taube auf dem Dach. Im Gegensatz zum Feuertypus kann er auf gute Gelegenheiten warten; eine seiner grossen Tugenden liegt in seiner Geduld und in seiner Hingabefähigkeit. So ist er auch ein guter Zuhörer. Seine Passivität wird allerdings dann zum Problem, wenn Aenderungen angezeigt wären, die ein Risiko darstellen könnten. Es fehlt ihm der Glaube an etwas Neues, das seinen praktischen Wert noch nicht bewiesen hat. So besteht die Gefahr, dass er sich am Erreichten festklammert und deshalb für Erneuerung, Spontaneität und Lebensfreude in seinem Leben kein Platz mehr verbleibt.

DER LUFTTYPUS: Dieser Denktypus ist beweglich, austauschfreudig und liebt neue Eindrücke, die ihn über die Welt der Vorstellungen anregen. Da er vieles über das Denken verarbeitet, ist er nicht so subjektiv wie der Feuertypus; er kann nämlich seine Erkenntnisse mit andern austauschen. Allerdings läuft er – über seine Tendenz, sich Erklärungsmodelle der Wirklichkeit zu machen – Gefahr, sich von der Realität der Sinne zu entfernen und sich in Abstraktionen zu verlieren. So fehlt es ihm oft an echter Nähe, und er hat Mühe mit Situationen, wo Gefühle im Spiel sind, weil diese sich seinem Bedürfnis nach Erklärung entziehen. Entsprechend wird ihn als Gegenpol der Wassertypus immer wieder faszinieren, aber auch aufregen. Er mag diesem immer wieder erklären wollen, warum er so unlogisch und so irrational ist.

DER WASSERTYPUS: Dieser Fühltypus verkörpert am stärksten das Yin-Element. Er ist derjenige, welcher in unserer Yang-orientierten Zivilisation am ehesten unverstanden bleibt. Die Kommunikation ist für ihn deshalb schwierig, weil das Wasser-Element das nicht-rationale, nicht-zweckgerichtete Assoziieren verkörpert, eine Dimension, die unsere Kultur aus dem Oeffentlichkeitsbereich verbannt hat. So kann der Wasser-betonte andern nicht klar machen, was in ihm vorgeht, weil er es nicht erklären kann. Er ist darauf angewiesen, dass man ihn versteht, wenn er seine Eindrücke und Gefühle andern offenbart. In diesem Sinn verbindet ihn etwas mit dem Feuertypus, der ebenfalls von innen heraus Dinge ganzheitlich erfasst. Der Feuertypus ist jedoch aktiver, was es ihm leichter macht, sich durchzusetzen, auch wenn er eigentlich ebenfalls unlogisch vorgeht. Auf der andern Seite ist der Wassertypus wie kein anderer in der Lage, Gefühle zu verstehen und zu Mitgefühl fähig. So eignet er sich nicht nur für jede Form von dichterischem, künstlerischem oder musikalischem Ausdruck, sondern auch für helfende und therapeutische Berufe.

Aus den obengenannten Gründen wird der Wassertypus in unserer Kultur kaum je in reiner Form zu beobachten sein. Jeder Wasser-Betonte wird nach aussen andere Qualitäten entwickeln und zeigen müssen, um sich im Leben durchzusetzen. (Gegenzeichen und -haus beachten). Am ehesten werden die Gefühlskomponenten sich in der Beziehungssphäre und im Rahmen entsprechender Berufe zum Ausdruck bringen lassen.

Die Entsprechungen zwischen Planeten und Elementen

Es mag für den Astrologie-Praktizierenden von Interesse erscheinen, die Planeten-Qualitäten mit den Elementen in Verbindung zu bringen. Dies kann ihm helfen, nicht nur auf Grund der Zeichenverteilung, sondern auch über die relative Stärke der Planeten, Typenzugehörigkeiten vorzunehmen. Als stark würden wir Planeten bezeichnen, welche sich nahe den Achsen befinden, insbesondere Aszendent, MC und Deszendent, aber auch solche welche in der Aspekt-Struktur stark gestellt sind. Obwohl es sich bei den Planeten um ein anderes Einteilungs-Schema handelt als bei den Zeichen, können wir doch einige Entsprechungen herauskristallisieren.

DAS FEUER-ELEMENT: Planeten, welche typisch zum Feuer-Element gehören, sind Sonne und Mars. Betrachten wir das Feuer-Element als »intuitive Funktion», so können wir auch den Uranus als teilweise dazugehörend aufführen. Dieser weist jedoch auch Luft-Qualitäten auf. Jupiter ist hingegen sowohl dem Feuer-Element, als auch dem Wasser-Element zugehörig. Er wird sich dann im Sinne der Feuer-Qualität manifestieren, wenn er über Aspekte Sonne oder Mars aktiviert, bzw. wenn er sich in einem Feuer-Haus (1,5,9) oder -Zeichen befindet.

DAS ERD-ELEMENT: Im Zusammenhang mit seiner Verbindung zur Materie ist Saturn das ausgesprochenste Symbol für Erd-Qualität. Sobald die Erdverbundenheit durchlebt worden ist, führt er allerdings über seine Qualität des Verzichts und »Nein«-Sagens auch zur vom Irdischen losgelösten Luftqualität (seine Entsprechung zum Zeichen Wassermann).

Im Zusammenhang mit dem Festhalten am Angenehmen und Genüsslichen hat die Venus, als Empfindungs-Planet in ihrer Stier- oder Yin-Entsprechung, ebenfalls einen starken Bezug zum Erdhaften. In einem Yin-Zeichen wird sie die Verbundenheit mit der materiellen Welt verstärken und damit Erd-Qualitäten unterstützen, während bei einer Lagerung in einem Yang-Zeichen ihre luftige Waage-Seite stärker zum Ausdruck kommt.

Merkur herrscht wie die Venus über ein Erd- und ein Luft-Zeichen. Seine erdmässige Entsprechung kommt somit lediglich über eine Stellung in einem Yin-Zeichen zum Ausdruck. Befindet er sich in einem Yang-Zeichen, so verstärkt er die Luft-Qualitäten, gemäss seiner Entsprechung zum Zwillinge-Zeichen.

DAS LUFT-ELEMENT: Wie schon gesagt, entspricht Merkur in einem Yang-Zeichen dem Luft-Element. Er ist darin aktiv, wechselhaft und auf Vermittlung, sowie Verbindung zwischen unterschiedlichen Komponenten ausgerichtet. Er hilft uns, verschiedenartige Dinge zu verstehen und zu deren Verständnis Abstraktionen und Modelle zu schaffen. Das gleiche gilt für die Venus in einem Yang-Zeichen. Auch Sie vermittelt und hilft Verbindungen herzustellen zwischen sich stark unterscheidenden Entitäten. Sie sorgt dabei für das Herauskristallisieren von verbindenden und somit gemeinsamen Qualitäten. Im Gegensatz zum Merkur, sind die Modelle, die sie sich von der Realität macht, nach harmonischen Gesichtspunkten geordnet.

Uranus hat, wie schon gesagt, einen Doppelbezug sowohl zu Luft, als auch zu Feuer. Im Zusammenhang mit der ihm innewohnenden Tendenz, abstrakte Modelle für Gesetzmässigkeiten der Natur zu entwerfen, entspricht er dem Luft-Element. Seine Tendenz zu plötzlichen und meist sehr abrupten Entscheidungen und Einschnitten, welche einer innerpsychischen Dynamik entspringen, gibt ihm hingegen wiederum einen Bezug zum Feuer-Element. Dies geht auch aus der Fähigkeit zur Intuition hervor, die man ihm astrologisch zuschreibt. Er entspricht somit offensichtlich einer Mischung beider Elemente.

DAS WASSER-ELEMENT: Mond und Neptun sind beide eindeutig dem Wasser-Element zugehörig. Beide entsprechen dem Unbewussten, der Gefühlswelt und den assoziativen Prozessen in unserer Psyche, im Gegensatz zu den logisch- kausalen Denkprozessen. Sie stehen auch beide in Zusammenhang mit der weiblichen Welt des Traumes und der Nacht. Ein Unterschied zwischen beiden kann am ehesten darin gesehen werden, dass der Mond eher dem Wasser in der flüssigen Form entspricht – welches sich aufgrund seines Bedürfnisses nach Form und Struktur in einem Behälter aufbewahren lässt – während der Neptun eher der Dampfphase entsprechen würde und damit einem Aggregat-Zustand, der stets eine Oeffnung oder ein Ventil braucht, damit nicht über Risse im Gefüge ein unbeabsichtiges Entweichen zustande kommt. Damit könnten wir dem Neptun im Gegensatz zum Mond, und auch darüber, dass er den Austausch unterstützt, gewisse Luft-Qualitäten zusprechen. Seine Hauptmerkmale gehören jedoch eindeutig dem Wasser-Element an.

Die traditionelle Herrschaft des Jupiters über das Fische-Zeichen, führt uns ebenfalls auf Wasserqualitäten dieses Planeten. Diese werden dann zu beobachten sein, wenn er sich in einem Yin-Zeichen befindet oder starke Aspekte zu Gefühlsplaneten bildet.

Die Tatsache, dass Pluto als Herrscher des Skorpion-Zeichens bezeichnet wird, könnte uns zu der Vermutung führen, dass auch dieser Planet mit dem Wasser-Element in Zusammenhang steht. Gleichzeitig herrscht jedoch aufgrund der Tradition, auch der Mars über dieses Zeichen, und Mars bringen wir ja in Zusammenhang mit dem Feuer-Element. Das Skorpion-Element symbolisiert andererseits Stirb- und Werde-Prozesse aufgrund innerer Umwandlungen. Somit ist es naheliegend, für Pluto nicht nur das Wasser-Element, sondern auch das Feuer-Element als wichtig anzusehen. Wir hätten damit auch die Symolik des erhitzten Wassers, das entweder das Gefäss, indem es sich befindet, zur Explosion bringt, oder durch überströmendes Wasser das Feuer darunter zum Erlöschen bringt. Für die Doppelthematik von Feuer und Wasser spricht auch das meistgebräuchliche Pluto-Symbol, welches aus einem Mondkelch und einer Sonnenkugel besteht, ebenfalls ein Symbol für Wasser und Feuer.

Die Kreuze

Aehnlich wie in der indischen Mythologie, wo drei verschiedene Gottheiten bekannt sind, nämlich Brahman, der Schöpfer, Vishnu, der Erhalter, und Shiva, der Zerstörer, kennen wir in der Astrologie drei Kreuze, welche ebenfalls mit Initiative, Stabilisierung und In-Fragestellung zu tun haben. Diese drei Grundprinzipien werden hier kardinal, fix und veränderlich genannt.

Kardinale Zeichen sind: Widder, Krebs, Waage und Steinbock, fixe Zeichen: Stier, Löwe, Skorpion und Wassermann, veränderliche Zeichen: Zwillinge, Jungfrau, Schütze und Fische.

So können wir ein Horoskop nach diesen Kriterien betrachten, nicht nur was die Zeichen, sondern auch was die Häuser anbelangt. Jemand mit vielen Planeten in kardinalen Zeichen wird in mancher Hinsicht eine Pionier-Mentalität haben und gerne von sich aus viele Dinge in Gang bringen. Ob sie dann weiter verfolgt werden, ist ihm nicht so wichtig; die Freude schöpft er vor allem aus der Initiative, Dinge in Bewegung zu setzen. Das Stabilisieren dessen, was der kardinale Typus in Bewegung gebracht hat, müsste dann durch den fixen Typus erfolgen, dessen Spezialität es ist, Dinge zu verankern, auszubauen und diesen Stabilität zu verleihen. Das, was der fixe Typus mit Sorgfalt ausgebaut hat, und woran er festhält, kann allerdings derart erstarren, dass der veränderliche Typus auf den Plan gerufen wird, um das Vorhandene in Frage zu stellen und anzuzweifeln, damit im Zuge des Kardinalen wieder etwas Neues entstehen kann.

Diesen Prozess, den die alten, indischen Philosophen im Zusammenhang mit einem zyklischen Weltbild als normalen Lauf der Dinge ansahen, erkennen wir als Grundprizip der Astrologie, welche nicht nur im Zusammenhang mit dem Tierkreis, aber auch mit den Jahreszeiten dieses zyklische Weltbild nahelegt.

Bezogen auf die Jahreszeiten können wir die Abfolge des Kardinalen, Fixen und Veränderlichen sehr schön erkennen. Jede Jahreszeit beginnt in der nördlichen Hemisphäre der Weltkugel, wo auch die Astrologie entstanden ist, mit einem kardinalen Zeichen. In diesem Monat kommen die Eigenschaften der Jahreszeit klar und prägnant zum Ausdruck. Dass die Menschen von jeher stark auf solche Einschnitte reagierten, zeigt sich an den verschiedenen Festen, welche z.B. im Zusammenhang mit dem Frühlingsanfang organisiert wurden.

Der jeweils folgende Monat, welcher dem fixen Zeichen entspricht, bedeutet dann Höhepunkt und grösste Fülle der betreffenden Jahreszeit. Es handelt sich dabei hauptsächlich um den Monat Mai für das Frühjahr, August für den Sommer, November für den Herbst und Februar für den Winter (jeweils die ersten zwei Drittel des jeweiligen Monats).

Der nun darauf folgende Monat entspricht, gemäss der veränderlichen Zeichenqualität, dem Uebergang zur nächsten Jahreszeit. Diese Periode lässt sich nicht mehr so klar einordnen. Sie ist eine Zeit des Wechsels, wo die vorhergehende und die nächste Jahreszeit ineinander übergreifen.

Dies können wir als Analogie ansehen, für das was sich in der Psyche des Menschen über die verschiedenen Kreuze im Zusammenhang mit den Zeichen abspielt. Das Entsprechende läuft, auf die Umwelt bezogen, über die kardinalen, fixen und veränderlichen Häuser-Qualitäten ab. Wir wollen nun diese Merkmale von der psychologischen Seite her etwas näher beleuchten.

Das kardinale Kreuz

Unter dem Einfluss des kardinalen Prinzips hat der Mensch ein Bedürfnis zu handeln. Entweder er bringt Dinge selbst in Gang oder reagiert durch Handeln auf Aussenreize. So könnten wir auch sagen, dass im Kardinalen das »Tun« verankert ist. Man bleibt hier nicht passiv, sondern entwickelt Aktivität. Dies hat jedoch nichts mit Aggressivität zu tun. Es kann sich auch um gefühlsmässige Reaktionen handeln – wie beim Zeichen Krebs –, die dennoch in Form äusserer Aktivität sichtbar werden. Man kann sagen, dass der kardinale Mensch Aussenreize nach dem Kriterium der Möglichkeit zur Entäusserung von Aktivitäts-Energie sichtet. Auch die kleinsten äusseren Begebenheiten können dazu dienen (siehe Fig. 5).

Seine Freude schöpft er aus der Möglichkeit, Dinge in Bewegung und in Fahrt zu bringen; was später daraus wird ist ihm an sich gleichgültig. Dieses zur Entfaltung zu bringen, ist Aufgabe des nächsten Kreuzes.

Das fixe Kreuz

Wenn es beim Kardinalen um die Funktion des Handelns und Tuns ging, so erleben wir beim Fixen die Freude am Erhalten und Geniessen des Erreichten. Das Kardinale ging einher mit einer Freude am Prozess. Das Fixe liebt den Zustand, der aus dem Prozess hervorgegangen ist. Damit kommt natürlich auch das Thema des Haftens auf. So symbolisieren die fixen Zeichen auch die Liebe und damit natürlich auch die Werte. Was wir wertschätzen, lieben wir auch und wir haften meistens daran. Die Liebe zum Bestehenden ist hier stärker als der Drang nach Veränderung. Dies erlaubt auch, sich dem Vorhandenen zuzuwenden, es zu umsorgen und damit zur Entfaltung zu bringen. Im übertragenen Sinn könnten wir somit im Kardinalen das ursprüngliche Prinzip der Jagd erkennen, während wir im Fixen Ackerbau, sowie organisierte Sippe und Staat vorfinden (siehe Fig. 6).

Wir sprachen vorhin vom Lieben und Haften im fixen Kreuz. Dies ist sicher ohne weiteres verständlich im Zusammenhang mit dem Stier oder Skorpion-Zeichen und dem zweiten oder achten Haus, einer Achse, die wir auch als Besitz-Achse bezeichnen. Wie steht es nun mit dem Bereich des fünften und elften Zeichens und Hauses oder der Achse Löwe–Wassermann?

Auch hier haben wir das Problem des Haftens, wenn auch nicht am Besitz von Dingen oder Menschen, wie auf der vorhergehenden Achse. Beim Löwe-Zeichen besteht die Gefahr im Haften und Abhängig-Werden vom Einfluss, den man auf andere ausübt. So wird den Löwe-Betonten nichts mehr kränken, als wenn man ihm seine Untertanen oder Bewunderer streitig macht oder weglockt, und nichts wird den Wassermann-Betonten mehr verunsichern, als wenn sein Bild, das er sich von der Welt gemacht hat, sich als ungültig erweist. Ersterer würde in einer solchen Situation wahrscheinlich mit grösster Vehemenz, wenn nötig auch physisch kämpfen. Letzterer würde sich in die gewagtesten Argumente versteigen oder wenn nichts mehr hilft, die Realität so umdefinieren, dass sie weiterhin in sein Konzept passst.

Gerade dieses Haften ist die grosse Schwäche des fixen Kreuzes, welches durch die Liebe auch zum Festhalten verleitet wird. Führt das Festhalten nur zur Erstarrung, so muss das Veränderliche auf den Plan kommen, damit die überholten Gewissheiten des fixen Prinzips wieder hinterfragt, in Zweifel gestellt und nötigenfalls aufgelöst werden, erbarmunglos, kühl und losgelöst von jeglichem Haften am Bestehenden.

Das veränderliche Kreuz

Im Bereich des Veränderlichen kommt die Austausch- und Denkfunktion stark zum Tragen. Während wir im Kardinalen die Freude am Handeln hatten, im Fixen den Spass am Vertrauten und damit verbunden, am Lieben und Besitzen, erkennen wir im veränderlichen Kreuz die Freude am Herstellen von Verbindungen zwischen den Dingen. Alles wird hier miteinander verglichen und in Frage gestellt. Gewissheiten sind keine mehr vorhanden. Alles ist im Fluss (siehe Fig. 7).

Das veränderliche Prinzip spielt eine grosse Rolle in Situationen, wo verhärtete Strukturen neuen weichen sollten. Der Zweifel fördert dabei die Erkenntnis. Die Denkprozesse kommen wieder in Gang und neue Einsichten, neue Modelle der Realität können entworfen werden. Im Veränderlichen wird ihnen allerdings noch nicht zum praktischen Durchbruch verholfen. Dies ist Aufgabe des darauffolgenden kardinalen Kreuzes, welches einen Neubeginn darstellt. Menschen mit stark besetzten veränderlichen Zeichen weisen entsprechend auch starke Züge von Anpassungsfähgkeit und lebhaften Denkprozessen auf. Nichts ist für sie gegeben, alles kann Gegenstand einer intellektuellen oder geistigen Auseinandersetzung werden.

Die Polaritäten

Man kann den Tierkreis auch in Yang und Yin-Zeichen und -Häuser unterteilen. Die Yang-Zeichen sind all jene mit ungeraden Vorzeichen. Den Unterschied zwischen den beiden Kategorien sieht man am besten, wenn man zwei Zeichen vergleicht, über die der gleiche Planet herrscht, jedoch mit einer anderen Polarität. Dies gilt beispielsweise für Stier und Waage, mit der Venus in unterschiedlichen Polaritäten, oder für Zwilling und Jungfrau mit unterschiedlichen Merkurprägungen.

Wir können die Reihe weiterführen, wenn wir die traditionelle Symbolik ansehen, welche Widder und Skorpion beide dem Mars zuordnet, Schütze und Fische dem Jupiter, sowie Steinbock und Wassermann dem Saturn. Die Unterschiede zwischen den verschiedenen Polaritäten werden dann augenfällig. Das Zeichen mit der Yin-Polarität zeichnet sich im Vergleich zum andern aus durch: Fähigkeit zum Zuhören; nicht mit seinen Meinungen vorprellen, sondern den richtigen Moment abwarten; äusserliche Anpassungsfähigkeit; Tendenz, bei Entscheidungen auf die innere Stimme zu hören und sich dabei weniger von äusseren Umständen beeinflussen zu lassen; Neigung über die Vergangenheit nachzudenken etc. Im Gegensatz dazu sind die Yang-Zeichen eher extravertiert: sie gehen aktiv auf die Umwelt zu und sind dabei stark auf diese ausgerichtet; sie sind austauschorientiert; leichter begeisterungsfähig und an der Zukunft stärker interessiert als an der Vergangenheit. In ähnlichem Sinne können wir die Yin- und Yang-Häuser voneinander unterscheiden.

Introversion und Extraversion sollten jedoch nicht mit Passivität und Aktivität verwechselt werden, auch wenn dies oft zusammenfällt. Nur ist beispielsweise die Waage als Yang-Zeichen meist weniger aktiv als der Steinbock als Yin-Zeichen. Dabei kommt es natürlich darauf an, was wir unter Aktivität verstehen. Meinen wir den Austausch mit Worten und die Denktätigkeit, so ist die Waage wohl aktiver, verstehen wir darunter jedoch konkrete Verwirklichungen, so schlägt das Pendel zugunsten des Steinbockzeichens aus. Es ist also wichtig, diese Kategorien differenziert anzuwenden.

Die Planeten und ihre Entsprechungen zu den Zeichen

Wir haben gesehen, wie die Gestirne, welche wir der Einfachheit halber in der Astrologie alle als Planeten bezeichnen, Grundbedürfnisse der Persönlichkeit anzeigen. Diese Bedürfnisse, welche nach Ausdruck drängen, werden durch ihre Zeichenstellung gefärbt und damit auch gefördert oder gebremst. Zwischen Zeichen und Planeten besteht andrerseits aufgrund der Herrschaft der Planeten über die Zeichen eine direkte Entsprechung. Letztere lassen sich qualitativ, wenn auch nicht immer quantitativ, durch die Planetenqualitäten erklären und erfassen. Wir haben aus diesem Grunde in diesem Buch den Hauptakzent auf die Planeten gelegt, mit Hilfe derer wir ebenfalls die Zeichen erläutern. So finden Sie in den folgenden Abschnitten eine ausführliche Beschreibung der Planeten und anschliessend die Merkmale der entsprechenden Zeichen, die separater Erwähnung bedürfen.

Natürlich besteht – wie oben schon ausgeführt – ebenfalls eine Entsprechung zwischen den astrologischen Häusern sowie den Planeten und Zeichen. Da die Häuser jedoch in erster Linie Ausdrucksbereichen in der praktischen Welt entsprechen und somit nach andern Kriterien rufen, schien es uns empfehlenswert, die astrologischen Häuser in einem späteren Kapitel zu beschreiben.

Die Urkräfte Sonne und Mond

Es braucht keine grossen astronomischen Kenntnisse, um die Entsprechungen des Ergänzungspaares Sonne und Mond zu erkennen. Die Sonne symbolisierte von alters her die Welt des Tages, der Mond jene der Nacht. Unter dem Einfluss des einen Gestirns wird der Mensch aktiv und unternehmend, unter dem Einfluss des anderen legt er sich zur Ruhe und gibt sich im Schlaf dem hin, was sich ohne sein Zutun von selbst ergibt. So symbolisiert der eine Pol den Willen und den individuellen Ausdruck, der andere die Hingabe, das sich Eingebettetfühlen und sich Gehenlassen. Die Chinesen haben im Taoismus ein ganzes Erkenntnis-System auf der Grundlage dieses Ergänzungspaares Yang-Yin aufgebaut. Im Zusammenhang mit ihrer Verbindung zu Tag und Nacht haben Sonne und Mond auch eine Verbindung zu Leben und Tod.

Auch der Schlaf ist ja wie ein kleiner Tod, und wenn wir nicht aus Erfahrung wüssten, dass wir aus dem Schlaf immer wieder erwachen, so könnte uns vor dem Einschlafen grosse Angst befallen. Ein Teil dieser Problematik drückt sich allerdings darin aus, dass ein Mensch, der Aktivität wesentlich höher wertet als Hingabe und Passivität, leicht Schlafprobleme hat, was oft mit dem Bedürfnis einhergeht, die Schlafperiode zu reduzieren, sodass mehr Zeit für die Befriedigung seines Tatendranges verbleibt. Dies wäre – abgesehen von gesellschaftlichen Prägungen, welche einen starken Einfluss auf das Wertsystem des Einzelnen haben – dann zu erwarten, wenn der Mond Spannungsaspekte aufweist, oder sich in einem Bereich des Horoskops befindet, welcher dem Zulassen von Hingabe und Gefühlswerten wenig zuträglich ist. Der Betreffende mag dann aus dem gleichen Grunde vor dem Tode Angst haben, weil er meint, nur auf sich selbst zählen zu können, und überzeugt ist, dass er dunklen Mächten anheimfallen wird, sobald er die Kontrolle über die Umwelt aufgibt. Diese dunklen Mächte wären dann eben das verdrängte Mondprinzip!

Analog ergibt sich für die Sonne das Prinzip des Bewusstseins, während der Mond das Unbewusste symbolisiert.

Die Sonne und ihre Entsprechungen

Die Sonne stellt im Horoskop den zentralen Lebensantrieb dar. Sie entspricht dem Willen, der Selbstbehauptung und dem Zentrum der bewussten Persönlichkeit.

So symbolisiert die Sonne auch unsere Ausstrahlung, das, was wir als eigenständiges Individuum nach aussen verkörpern. Organisch entspricht sie in diesem Sinne auch unserem Herzen, nämlich dem Motor in uns, der uns Kraft und Dynamik verleiht.

Fig. 6

Zusammen mit dem Mars bestimmt die Sonne, wie wir uns mit unseren Wünschen und Bedürfnissen in der Umwelt durchsetzen. Sie hilft uns, unseren Lebensraum zu vergrössern, damit wir uns in grösserer Eigenständigkeit und Freiheit zum Ausdruck bringen können. Die Sonne gibt uns unsere Integrität als Individuum. Gemäss ihr erleben wir uns in unserer Einmaligkeit als Mensch. So symbolisiert sie auch unsere Kreativität. Je stärker wir hingegen lediglich die Bedürfnisse unserer Umgebung zum Ausdruck bringen, desto weniger realisieren wir unsere eigene Sonne.

Die astronomische Sonne ist ein gutes Sinnbild für das, was die Sonne im Horoskop symbolisiert. Auch sie produziert laufend Energie und ist innerhalb des Sonnensystems bedingend und nicht durch die anderen Planeten bedingt.

Die Sonne in ihrer reinen Form bedeutet: zu strahlen aus eigenem Antrieb heraus, ohne danach zu fragen, wie gut man es tut – man tut es einfach. Ist die Selbstsicherheit jedoch schlecht verankert, so kann die Sonnenqualität dahin pervertiert werden, dass nicht mehr die Freude am Strahlen das Wesentliche ist, sondern der Widerhall bei der Umwelt und die Bewunderung durch die andern gesucht wird. In diesem Falle kann die Sonnenenergie dahin ausarten, dass man damit versucht, andern seinen Willen aufzuzwingen. Dies wäre dann das »Organisieren« des eigenen Einflusses und das Abhängigwerden von der Anerkennung der Umwelt. Obwohl es häufig vorkommt, ist dies keine reine Sonnenqualität mehr, sondern eine saturnische Festlegung des Sonnenprinzips.

Da der Sonnenbetonte meist eine starke Ausstrahlung hat, fallen ihm andere leicht zu. So bringt man die Sonne meist in Zusammenhang mit Personen in Autoritätsstellungen wie Chefpersönlichkeiten und Führernaturen. Die Gefahren, welche hier lauern, liegen in der Selbstüberschätzung und in einem arroganten Verhalten. Es braucht eben sehr viel Selbsterkenntnis, um sich von der Macht, die einem angeboten wird, nicht verlocken und verleiten zu lassen.

Biologische Entsprechung

Die Sonne symbolisiert die Lebenskraft, die Vitalität, das Herz und die Durchblutung. In dem Sinne, als sie dem individuellen Lebensprinzip entspricht, hat sie auch einen Bezug zum Blut. So kann gestauter oder gehemmter Vitalitätsausdruck zu hohem Blutdruck und Herzproblemen führen. Herzschrittmacher wären entsprechend Ausdruck eines gebrochenen Herzens, d. h. von jemandem, der nicht mehr nach seiner Eigengesetzlichkeit leben kann.

Eine stark gestellte Sonne fördert auch die männliche Potenz im Bereich der Sexualität, indem sie dem Mann den Mut verleiht, sich selbst zum Ausdruck zu bringen, so wie er sich selbst erlebt und fühlt, unbeeinträchtigt von der Angst, abgewiesen zu werden.

Psychologische Entsprechung

Die Quelle von Kraft stammt hier vor allem aus dem bewussten Bereich. Probleme werden oft durch Willenseinsatz gelöst. Auch nach Krisen und Zusammenbrüchen besteht die Fähigkeit, aus eigener Anstrengung einen Neubeginn zu starten. Im Umgang mit äusseren Situationen beobachten wir meist etwas Spielerisches und Risikofreudiges, sowie Spass an Unternehmungen, deren Ausgang nicht zum vornherein gewiss ist. Dieses Spielerische und Experimentierfreudige drückt sich auch in der Fähigkeit aus, mit Jugendlichen und Kindern umgehen zu können.

Gesellschaftliche Entsprechung

Der Sonne entspricht das Bedürfnis nach Autoritätsstellungen, welche Eigeninitiative und Eigenverantwortung erfordern. Damit ist auch das Bedürfnis verbunden, sich von der Masse abzugrenzen und etwas Besonderes darzustellen. Wir finden folgende beruflichen Entsprechungen: Führungspositionen, Leiter, Präsidenten, Direktoren, aber auch Künstler und Schauspieler, weil diese Berufe Eigenkreativität oder Selbstdarstellung ermöglichen. Ueberhaupt kommen alle Berufe in Frage, welche mit Würden und Ehren in Zusammenhang stehen.

Bei noch nicht stattgefundener Verwirklichung besteht eine Faszination für – aber oft auch Konflikte mit – Personen in Autoritätsstellungen, welche das erreicht haben, wonach man noch strebt. In diesem Sinne sind auch Konflikte zu sehen, welche mit dem Arbeitgeber oder Konkurrenten ausgetragen werden.

Partnerschaftliche Entsprechung

Bei Frauen wird je nach Erziehung, in jungen Jahren und am Anfang einer Beziehung die Sonnenqualität oft auf einen männlichen Partner projiziert. Dies wird besonders dann der Fall sein, wenn das Mädchen dazu erzogen wurde, sich anzupassen und »lieb« zu sein. Eine solche Partnerschaft bietet dann die Möglichkeit, sich mit der Sonnenqualität auseinanderzusetzen, ohne sie selbst zu leben. Im Laufe eine Beziehung oder im Laufe der Jahre wird dies jedoch nicht mehr befriedigen, sodass in einem solchen Falle Machtkonflikte auftreten dürften, in dem Moment nämlich, wo die Frau versucht, selbst die Initiative zu übernehmen.

Während die Sonne bei der Frau in früheren Jahrzenten weitgehend auf den Mann projiziert wurde, ist dies heute weit weniger der Fall, sodass das Thema der Projektion bei jungen Frauen stärker in den Hintergrund tritt.

Übung zur Sonnenqualität

1. Denken Sie über die Frage nach: »Was will ich?« Machen Sie das gleiche mit der Frage: »Was ist mir ganz wichtig für mein Leben?«

Schreiben Sie sich zu diesen beiden Themen all das auf, was Ihnen spontan in den Sinn kommt, ohne sich zu fragen, ob das, was Sie sich aufgeschrieben haben, vernünftig ist; was andere dazu sagen würden, was es für Ihr Leben für Konsequenzen hätte. Listen Sie einfach die Dinge auf, die Sie wollen, wie wenn Sie ein Kind wären, das die Freiheit hat, das zu verlangen, was ihm durch den Kopf geht.

Nehmen Sie sich dazu ca. eine halbe Stunde Zeit, eine halbe Stunde, während welcher Sie nicht gestört werden. Fahren Sie dann am nächsten Tag oder einige Tage später damit weiter, die Liste zu ergänzen. Schreiben Sie das dazu auf, was Ihnen als weiteres in den Sinn kommt.

2. Nehmen Sie eine Woche später Ihre Liste wieder zur Hand und lesen Sie jeden einzelnen Satz über das, was Sie wollen, nochmals sorgfältig durch und spüren Sie die Gefühle, die dabei in Ihnen aufkommen. Unterstreichen Sie diejenigen Sätze, bei deren Durchlesen Sie viel Freude und Energie verspüren. Streichen Sie jene durch, welche Sie als ein »Müssen« oder »Sollen« empfinden. Diese Qualitäten haben wenig mit Ihrer Sonnenenergie zu tun und entsprechen wahrscheinlich viel eher saturnischen Forderungen der Umwelt und Dingen, die Ihnen durch die Erziehung vorgegeben wurden.

3. Gehen Sie die nun bereinigte Liste durch, und schreiben Sie sich die Merkmale heraus, welche den verschiedenen einzelnen Forderungen gemeinsam sind. Damit dürften Sie Ihre Sonnenqualitäten definiert haben.

Wenn Sie schon viel über Astrologie wissen, so können Sie nun diese Qualitäten mit der Stellung Ihrer Sonne im Zeichen, Haus und Aspektgefüge vergleichen. Damit haben Sie einen Schritt getan in Richtung des Erlebens des Sonnensymbols, was Sie davon überzeugen wird, dass Astrologie ein lebendiges, individuell erfahrbares Wesen ist.

Das Löwezeichen als Entsprechung zur Sonne

Herrscher:	Sonne
Element:	Feuer
Kreuz:	Fix
Polarität:	Yang

Das Löwezeichen und eine starkgestellte Sonne im Horoskop haben eines gemeinsam: Beide wünschen sich eine soziale Stellung, im Rahmen welcher sie im Glanze ihrer Autorität erstrahlen können. Der Unterschied liegt allerdings darin, dass derjenige mit der stark gestellten Sonne – sei dies nun über Achsennähe oder wichtige Aspekte – sich diese Position durch eigene Arbeit und entsprechende Initiative erringen muss. Er muss lernen, Seiten seiner Persönlichkeit, welche dem widersprechen, entweder zum Schweigen zu bringen, oder besser noch, zu integrieren. Der Löwebetonte kommt jedoch auf die Welt mit der elementaren und in diesem Sinn etwas naiven Vorstellung, dass ihm die andern zufallen sollten, dass sie seine natürliche Autorität anerkennen müssen. Auf Anhieb gelingt ihm dies meist auch, sodass er es versäumen mag, sich an die Arbeit zu machen, um sich Fähigkeiten anzueignen, welche eine solche Stellung, wenn er aus dem Spielalter heraus ist, immer noch rechtfertigen. Wenn er die Anerkennung, die er braucht, dann nicht findet, so kann es geschehen, dass er zu erborgten Allüren greift, sich überschätzt und dadurch wie ein gutmütiges, aber etwas tollpatschiges Kind durch die Welt schreitet. Dies muss nicht sein, es kommt jedoch bei starken Löwebetonungen häufiger vor als bei stark gestellten Sonnenstellungen.

Richtig gelebt, finden wir beim Löwebetonten die typischen Qualitäten, die wir auch der Sonne zuschreiben, wie echte Strahlkraft, Grosszügigkeit und Bedürfnis nach freier Entfaltung. Die dazu notwendige Konzentration auf echte Werte des Selbstes wird am ehesten dann gewährleistet, wenn neben der Löwebetonung auch ein stark gestellter Saturn oder Pluto vorhanden ist. Dann sind die Voraussetzungen gegeben, damit die Persönlichkeit in Ruhe, d.h. über ausreichende Selbstkritik, allmählich zu echter Grösse heranreifen kann. So kann dieses Zeichen seinen Herrschaftsanspruch rechtfertigen, allerdings nicht bloss in Form einer Herrschaft über andere, sondern in Form der Herrschaft über sich selbst, indem der Löwebetonte gelernt hat, seine primitivsten Instinkte zu beherrschen.

Die Sonne in den Zeichen

Mit der Sonne im Zeichen werden der zentrale Lebensantrieb, der Wille und das Bedürfnis nach Selbstbehauptung von den Qualitäten des betreffenden Zeichens gefärbt. Die Zeichenstellung zeigt an, wie wir uns zum Ausdruck bringen und welche Art des Wirkens wir entwickeln werden. Da die Sonne unsere Integrität als Individuum kennzeichnet, ist naturgemäss die Stellung im Zeichen sehr wichtig, was ja auch schon sehr früh zur Sonnenstandastrologie geführt hat. Dass etwas daran liegt, zeigt sich an ihrer noch immer währenden Popularität.

Die Stellung der Sonne im Zeichen wird sich aufgrund einer naheliegenderen Identifikation mit dem Sonnenprinzip beim Mann naturgemäss stärker niederschlagen als bei der Frau, wo die Mondstellung im allgemeinen als ebenso wichtig angesehen werden kann. Dies trifft zu, jedenfalls solange wir in unserer Gesellschaft eine geschlechtsbezogene berufliche und soziale Rollenverteilung kennen.

Der Mond und seine Entsprechungen

Verkörpert die Sonne das Ich und das Bewusstsein, so steht der Mond für die Fähigkeit, die Umwelt weitgehend über das Unbewusste auf uns wirken zu lassen. Im Gegensatz zur Sonne – im Horoskop das gebende Element und das Bedürfnis, sein Ich in der Aussenwelt zu verwirklichen – verkörpert der Mond das empfangende Element, das uns ermöglicht, von andern zu lernen und Fremdeinflüsse aufzunehmen. Der Mond spielt somit verständlicherweise in der Kindheit eine grössere Rolle als im späteren Leben.

Fig. 7

Entsprechend dem Prinzip des Empfangenden hat der Mond auch mit der Nahrungsaufnahme zu tun. Aus der Stellung des Mondes lassen sich deshalb nicht nur über die Aufnahme von psychologischen Inhalten Schlüsse ziehen, sondern auch über Nahrungsaufnahme und Verdauungsfunktion. So wird dem Mond als Körperorgan auch der Magen zugesprochen.

Symbolisch stellt der Mond eine Schale dar. Er entspricht auch archetypisch dem Behälter, der Energie aufnimmt und zu deren Aufbewahrung dient. Die Kelchform gibt dem Inhalt Abgrenzung und Halt.

Es wäre jedoch zu beschränkt, wenn wir die Funktion des Mondes nur als Behälter ohne Eigenqualität sehen wollten. Viel eher könnten wir sagen, dass es sich um einen Behälter handelt, dessen Wände eine Verbindung mit dem Inhalt eingehen, und der mit dem Inhalt reagiert, so dass daraus etwas Neues entsteht. So könnten wir sagen, dass der Mond Energien aufnimmt und diese zur konkreten Ausgestaltung bringt.

Verschiedene Entsprechungen lassen sich dazu anführen: Die Erde, welche den Samen aufnimmt, diesen nährt und trägt, so dass daraus eine Pflanze wird. Die Frau, die den männlichen Samen aufnimmt und die gemeinsame Frucht bis zu deren Reife austrägt. Wie der Taoismus uns lehrt, kommen erst durch die Verbindung von Yang und Yin die Kräfte zu konkreter Ausgestaltung in materieller Form. Daraus können wir ersehen, dass die scheinbare Passivität des Mondes viel innere Aktivität beinhaltet, die jedoch unter der Oberfläche vor sich geht; ganz ähnlich wie beim Krebs als astrologisches Symbol, der unter der Herrschaft des Mondes steht, wie auch bei der entsprechenden Tierart, wo die Entwicklung im Innern stattfindet – durch eine Schale von der Aussenwelt geschützt und verborgen.

Aus diesen Entsprechungen geht hervor, dass der Mond mit allen Formen von Mütterlichkeit und Fruchtbarkeit in Zusammenhang steht. Indem er auch Durchlässigkeit verkörpert, entspricht er nicht nur dem Prinzip des Nährens, sondern auch des Genährt-werdens. So spielt die Stellung des Mondes in unserem Horoskop nicht nur in der Kindheit eine wichtige Rolle, sondern sie wird uns unser Leben lang begleiten, über unsere Fähigkeit oder Unfähigkeit, Gefühle zu empfangen und auszudrücken. Lehnen wir in unserer Einstellung das Mondprinzip ab, so dürften wir auch Schwierigkeiten haben, aufzutanken und uns gehenzulassen, was ja eine Funktion des Schlafes ist. Das gleiche lässt sich von unserem Umgang mit der äusseren Welt sagen. Bejahen wir die Mondqualitäten, so können wir uns mit andern freuen und bei ihnen geborgen fühlen. Dadurch, dass andere sich mit uns wohl fühlen, sind wir beliebt. Wir strahlen Gemütlichkeit aus. Andernfalls mögen wir von Gefühlen der Einsamkeit befallen sein und uns als Fremde in einer Welt voll Gefahren empfinden.

Im Bereich des Mondes sind wir mit Dingen konfrontiert, über die wir sehr wenig Einfluss haben. So erlebten wir als Kind, zu einer Zeit, wo unser Bewusstsein und unsere Denkfähigkeit noch kaum entwickelt waren, im Bereich des Mondes starke Prägungen. Wir waren damals gänzlich abhängig von physischer und emotionaler Nahrung. Wie frei diese uns geschenkt wurde – oder wie sehr wir mit den verschiedensten Mitteln darum ringen mussten, wird weitgehend darüber entscheiden, wie wohl wir uns als Erwachsene in Gefühlsbelangen fühlen, oder, ob wir über die verschiedensten Spiele und Manipulationen, die wir damals erlernten, versuchen, Zuwendung zu erhalten. Dieselben Faktoren werden auch darüber entscheiden, wie wohl wir uns mit unserem Ursprung und mit unserer Familie fühlen, welche aus obgenannten Gründen mit unseren frühkindlichen Erfahrungen zusammenhängen. Haben wir damals Traumatisches erlebt, so werden wir vermutlich nur ungern an unsere Vergangenheit und Familie denken und versuchen, so bald als möglich durch die Betätigung unseres Willens (Ergänzungspol Sonne) von den alten Situationen wegzukommen.

Da unsere Zivilisation den Akzent auf Aktivität und Verwirklichung legt, haben wir im Umgang mit unseren Gefühlen meist sehr wenig Erfahrung. So laufen bei den meisten Gefühlsreaktionen automatisch ab. Auch die klassische Psychoanalyse hat wenig dazu beigetragen, dies zu ändern, ausser dass wir damit feststellen können, wie die Prozesse ablaufen. Wir können diese dann charakterisieren und mit klugen Ausdrücken betiteln – zu einer Aenderung reicht es jedoch in den wenigsten Fällen.

Glücklicherweise haben in den letzten zwei bis drei Jahrzehnten neue psychologische Methoden Verbreitung gefunden, welche sich konkret zum Ziele setzen, unsere festgefahrenen Gefühlsstrukturen aufzubrechen, sodass wir diese durch lohnendere ersetzen können. Es wurde dabei erkannt, dass solche Aenderungen nur dann Erfolg haben können, wenn wir durch das neue Verhalten ebensoviel Zuwendung (sogenannte Streicheleinheiten) erhalten, wie mit der bisherigen Verhaltensweise. Zu diesen Methoden zählen beispielsweise die Gestalttherapie und die Transaktionsanalyse, welche beide zur humanistischen Psychologie zu zählen sind.

Trotz erwiesenen Erfolgen bei Veränderungen im Bereich des Mondhaften wollen wir uns jedoch darüber im klaren sein, dass es um nichts minderes geht als darum, frühkindliche Programmierungen, die sich in unserem Denk-Gefühlssystem festgesetzt haben, zu ändern, beziehungsweise, durch andere, von unserem gegenwärtigen Bewusstsein her betrachtet, lohnendere zu ersetzen. Dies ist in den meisten Fällen ein harter und schwieriger Prozess, der gewöhnlich erst dann angegangen wird, wenn der Leidensdruck infolge der überholten Verhaltensweisen unerträglich geworden ist.

Der Mond wird in der Astrologie auch oft als ein Symbol für unsere Umwelt gesehen. Dies ist nicht verwunderlich, wenn wir davon ausgehen, dass der Mond unsere Innenwelt beschreibt und dasjenige davon, was wir nicht bewusst zulassen, sich in Form unserer Träume oder – bei Nichtbeschäftigung damit – in der Aussenwelt konstelliert. Auch die Tatsache, dass unsere Gefühlsreflexe mit der Mondstellung in Zusammenhang stehen, erklärt uns dessen Verbindung mit den Aussensituationen, die wir unbewusst anziehen.

Da der Mond das Weiche, Zugehörige und Passive symbolisiert; diese Werte jedoch in unserer Kultur nicht sehr hoch geschätzt werden, delegiert der Erwachsene seine Mondstellung oft an Jüngere oder Abhängige. Dies bedeutet, dass die Stellung des Mondes im eigenen Horoskop unser Verhalten zu unseren Kindern ausdrückt. Wir verhalten uns mit ihnen ähnlich, wie wir es unseren eigenen sensiblen Komponenten gegenüber tun, z. B. bei Saturn/Mond Konjunktion kühl, teilweise hart; bei Jupiter/Mond Konjunktion andererseits warm und offen. Die immer noch verbreitete Rollenverteilung der Geschlechter bewirkt, dass der Mann seine Mondstellung in den überwiegenden Fällen an die Frau delegiert.

Biologische Entsprechung

Der Mond symbolisiert Fruchtbarkeit, Flüssigkeitshaushalt des Körpers, Lymphe. Da das Mondprinzip auch dem Magen und der Verdauung entspricht, kann uns etwas, das wir gefühlsmässig nicht akzeptiern wollen oder können »auf dem Magen liegen». Wie der Mond den Stimmungen entspricht, verwenden wir auch den Begriff »Magen-Verstimmung« und drücken damit diese Verbindung aus.

Psychologische Entsprechung

Der Mond symbolisiert das Prinzip der Psyche, der reflektierenden Seele, des Unbewussten. Wie wir schon gesagt haben, handelt es sich beim Reflektieren nicht um einen rein passiven Prozess; viel eher wird das, was empfangen wird, teilweise aufgenommen und verändert wieder zurückgeblendet. Analogien dazu wären etwa ein farbiger Spiegel, ein Hohlspiegel oder ein sonstwie unebener Spiegel, der ein ihm gemässes Bild dessen, was er aufnimmt, zurückwirft.

Der Mond symbolisiert auch das Kind, sowie das Kind, das wir als Erwachsene in uns tragen, nämlich jenen Teil, der nicht nach Vernunftsgründen fragt, sondern sich ganz spontan freuen oder auch masslos ärgern kann, ohne dies rechtfertigen zu müssen. Je »vernünftiger« und »verantwortungsvoller« wir werden, umso mehr neigen wir dazu, dieses Prinzip auf unsere Kinder, Abhängigen oder Angestellten zu projizieren.

Der Mond symbolisiert in der Psyche auch den seelisch-mütterlichen Teil der Anima-funktion, d. h. des Bildes des Weiblichen, welches beim Mann meist auf die Frau projiziert wird, während sich die Frau damit meist selbst stark identifiziert.

Da der Mond unserem Unbewussten entpricht, kommt dieser Bereich vor allem während der Nacht und über unsere Traumwelt zum Zuge. Wir haben dabei gute Möglichkeiten, uns mit dem Mondprinzip vertraut zu machen. Im Bereich der Träume gilt nämlich das Prinzip der Kausalität und der linearen zeitlichen Abfolge nicht mehr. Die Dinge verknüpfen sich vielmehr aufgrund von Analogien, und wir können oft nicht unterscheiden, was vorher und nachher war. So erleben wir über den Mond zum ersten Mal in Form eines astrologischen Symbols das Prinzip des Irrationalen und Akausalen.

Gesellschaftliche Entsprechung

Der Mond liefert wenig Auftrieb, um sich durch eigene Anstrengungen ins Rampenlicht zu stellen. Dies geschieht höchstens, wenn man von der allgemeinen Stimung und der Begeisterung einer Zuhörer- oder Zuschauerschaft getragen wird und übers Mitschwingen mit den andern zur Publikumsfigur wird (Beispiel Mond im 10. Haus).

Sonst stehen helfende und pflegende Berufe im Vordergrund, wo die Selbstbestätigung durch die Resonanz des Wirkens bei andern zustandekommt. Es besteht wenig Neigung zur Spezialisierung, hingegen eine gute Fähigkeit, sich auf Wechsel und Veränderungen einzustelen. Dies ergibt häufig eine Reisetendenz und ein Bedürfnis,viel Kontakt mit Menschen zu haben. Die Vielseitigkeit und Beeinflussbarkeit kann allerdings bei Tätigkeiten, die Konzentration und Ausdauer erfordern, zum Verhängnis werden, weil die Aufmerksamkeit leicht durch momentane Reize Ablenkung erfährt.

Berufe: Helfende Berufe wie Sozialarbeiter, Pflegerinnen, Hebammen, Heimleiter, Gastwirte, aber auch Berufe in Verbindung mit dem Publikum, wie Schauspieler, Public Relations und Handel, wenn sie mit Reisetätigkeit verbunden sind.

Bei kargen Mondstellungen, wie beispielsweise im Steinbock oder in der Jungfrau oder bei harten Aspekten zu Saturn bzw. Pluto, ergeben sich häufig Projektion des Mondprinzips auf die Menschen, mit denen man es im Bereich der Tätigkeit zu tun hat, wozu sich Abhängige, aber insbesondere Kinder eignen. In diesem Falle wird oft der Lehrerberuf gewählt, um über die Kinder die verdrängten Mondqualitäten zu erleben.

Partnerschaftliche Entsprechung

Der Mann projiziert meist wesentliche Komponenten seiner Mondstellung auf die Frau. Die Stellung des Mondes im Haus und seine Aspekte werden dann oft den Frauentyp symbolisieren, den er sich in seinen ersten Beziehungen sucht, wobei dieses Muster insgesamt bei der älteren Generation für ein ganzes Leben anhalten kann. In diesem Falle heiratet der Mann ein ungefähres Abbild der Mutter, die ihn durch die Form ihrer Zuwendung im Gefühlsbereich prägte. Dies ergibt dann bei Scheidungen in fortgeschrittenen Jahren oft schwierige Ablösungsprobleme, welche meist nur durch Psychotherapie angegangen werden können, weil dann die Ablösung nicht nur von der Ehefrau, sondern letztlich auch von der Mutter gleichzeitig stattzufinden hat.

Übung zur Mondqualität

1. Denken Sie über die Frage nach: »Was brauche ich?«. Schreiben Sie soviele Sätze auf, wie Ihnen in den Sinn kommen, zum Thema »Ich brauche..., um ....zu sein«.

Wenn Sie das gemacht haben, so nehmen Sie das, was Sie im Zusammenhang mit der Uebung zur Wahrnehmung der Sonnenqualität geschrieben haben, und vergleichen Sie die Aufstellung über das, was Sie brauchen, mit jener über das, was Sie wollen. Ergänzen Sie das, was Sie im Bereich des Wollens aufgeschrieben haben mit den Bedürfnissen, die befriedigt werden müssen, damit Sie das, was Sie wollen, verwirklichen können.

Aus der Gegenüberstellung und dem Vergleich der beiden Listen werden Sie einen guten Eindruck haben können, was Sonne und Mond bedeuten. Sie haben dann die Ergänzung hergestellt zwischen Ihren Zielen und Ihren Bedürfnissen. Diese können unterschiedlich sein, und Sie werden die darin liegenden Widersprüche bewusst machen können.

2. Sie werden in dieser Liste über Mondqualitäten wahrscheinlich auch auf viele Bedürfnisse stossen, die Sie eigentlich gar nicht haben möchten und welche Bestandteil Ihrer Gewohnheiten sind. Versuchen Sie diese nicht gleich abzustellen, sondern nehmen Sie sie einfach zur Kenntnis. Es handelt sich dabei um Antworten auf Prägungen, die Sie in der frühen Kindheit erhalten haben. Die diesen zugrundeliegenden Strukturen mögen Sie bereits selbst in Ihrer astrologischen Grundstellung erkennen, wenn Sie die Zeichen- und Häuserstellungen, sowie die Aspekte des Mondes berücksichtigen.

3. Fragen Sie sich im weiteren, zu welchen Bedürfnissen Sie eine positive Einstellung haben und welche Sie am liebsten abstellen möchten. Ueberlegen Sie sich, wie diese Gewohnheiten entstanden sind, und was es im Falle von unliebsamen Gewohnheiten für Möglichkeiten gäbe, im Zusammenhang mit Ihrer Mondstellung diese durch andere, konstruktivere zu ersetzen. Was müssten Sie dazu tun?

4. Denken Sie auch über das Muster Ihrer Erinnerungen nach, welche Sequenzen Ihres Lebens tauchen dabei wieder auf? Mit welchen Gefühlen und Situationen hängen diese zusammen?

Vielleicht stossen Sie dabei gar auf eine bestimmte Art Reize, welche bei Ihnen einen Film auslösen, der automatisch abläuft. Sie haben dann einen Ihrer gefühlsmässigen Automatismen erkannt, wo sich plötzlich alles gemäss einem früher geschriebenen Programm abzuwickeln scheint. Vielleicht stellen Sie dabei auch kleine Unterschiede fest, dass sich im Lauf der Zeit etwas geändert hat? Womit hängen diese zusammen? Was war der Ausgangspunkt für eine solche Aenderung? Dies mag Ihnen vieles zeigen über Ihre Fähigkeit, auch im Bereich des Gefühls zu lernen und sich weiter zu entwicklen!

Schauen Sie anschliessend auf die Stellung des Mondes in Zeichen und Haus, sowie seine Aspekte im Horoskop, und versuchen Sie Verbindungen herzustellen, mit dem, was Sie durch diese Uebung erkennen konnten.

Das Krebszeichen als Entsprechung zum Mond

Herrscher:	Mond
Element:	Wasser
Kreuz:	Kardinal
Polarität:	Yin

Die beschriebenen Eigenschaften des Mondes sind direkt auf das Krebszeichen übertragbar. Dies entspricht einer Rückkoppelung zu unserer Vergangenheit und unserem Ursprung. So erleben wir auch später viele Situationen nach einem ähnlichen Muster, wie sich unsere Kindheit in der Familie abwickelte. Damit bringt das Krebszeichen uns unsere Vergangenheit immer wieder ins Bewusstsein und stellt uns vor die Alternative, entweder die früheren Situationen zu reproduzieren – was wir tun werden, wenn diese eine Quelle von Zufriedenheit waren – oder durch Bewusstmachung, unsere Gefühlsmuster auf eine Ebene zu bringen, welche unserer gegenwärtigen individuellen Entwicklung entspricht. Meist läuft unser Verhalten auf einen Kompromiss zwischen diesen beiden Varianten hinaus.

In den meisten Fällen werden wir unsere selbstgewählte neue Familiensituation in mancher Hinsicht ähnlich konstellieren wie die damalige, die wir seinerzeit mit unseren Eltern erlebten, selbst wenn diese sehr unbequem war. Dadurch, dass dies nun im Erwachsenenalter geschieht, besteht die Möglichkeit, die unbewusst erlebten Situationen von damals quasi mit einem Vergrösserungsglas neu anzusehen und damit deren Unerträglichkeit zu erkennen. Nach dieser Stufe kann die Wandlung eintreten.

Die Tatsache, dass krebsbetonte Menschen sehr starke grundlegende Bedürfnisse nach Zuwendung und emotionaler Sicherheit haben, kann lange Zeit ihre Selbstverwirklichung beeinträchtigen und verlangsamen. Im Normalfall werden sie nämlich erst dann anderen wirkliche Gefühlsnahrung und Gefühlsintensität vermitteln können, wenn ihre weitgehenden Bedürfnisse nach gefühlsmässiger Geborgenheit gedeckt sind. Vorher kann die Angst vor dem Verlust von Geborgenheit sie auf eine unreife Art possessiv machen und ihnen einen übermässig beschützenden Zug vermitteln – eine Art zu beschützen, welche jedoch kreativitäts- und individualitätsfeindlich ist. Fehlt die Möglichkeit, dies auf der Gefühlsebene zu tun, so kann der Besitz von materiellen Gütern für einen Ersatz sorgen.

Die grossen Stärken des Krebsbetonten werden sich also erst dann zeigen, wenn er seine eigene Gefühlssicherheit entwickelt hat und somit nicht mehr darauf angewiesen ist, seine Selbstbestätigung aus der Abhängigkeit anderer zu beziehen. Dann kann er auf echte Art, durch seinen Gefühlsreichtum, andern helfen, sich im Leben besser zurechtzufinden, indem sie bei ihm oder durch ihn lernen, sich akzeptiert zu fühlen und damit nicht mehr zu den Heimatlosen zu gehören, welche ihre Wurzeln zum Ursprung abgebrochen haben. Der Krebsbetonte kann andern helfen, diese Wurzeln und die Verankerung im Ursprung wiederzufinden.

Der Mond in den Zeichen

Die Stellung des Mondes im Zeichen weist auf das eigentliche Seelenklima hin. Hier drückt sich, wie auch über die Mondaspekte, unsere Gemütsbeteiligung an der Umwelt aus. Diese Stellung zeigt auch an, inwiefern wir andere über den Kanal der Gefühle auf uns einwirken lassen oder uns ihrem Einfluss verschliessen.

Es handelt sich bei der Mondstellung im Zeichen um eine sehr archaische Stufe des Erlebens und Wahrnehmens unserer Umwelt, deren grundlegende Prägungen schon in der frühen Kindheit, meist im Zusammenhang mit dem Kontakt mit unserer Mutter festgelegt wurden. Auch beim Erwachsenen verkörpert die Mondstellung »das Kind in uns«; den Teil, der sich spontan freuen oder ärgern kann, ohne dass irgendwelche objektive oder rationale Begründung dafür vorliegen müsste. Auch unsere Wünsche und Erwartungen drücken sich zum grossen Teil über die Mondstellung aus.

Bei subjektiven Zeichen wie beispielsweise Feuer oder Wasser haben diese Erwartungen ein Eigenleben und beziehen sich auf Dinge, welche oft in Kontrast zur konkreten Wirklichkeit stehen.

Im Zusammenhang mit Zeichen des Erd- oder Luftelements besteht mehr Fähigkeit zur Objektivität, und im Fall der Erdzeichen gar die Tendenz, die Erwartungen im voraus derart einzuschränken, dass es nicht zu offensichtlichen Enttäuschungen kommen kann. Darunter leidet dann natürlich auch die Phantasie, welche durch den vorhandenen Realitätssinn zum vornherein auf das Erreichbare zurückgebunden wird.

Der Merkur und seine Entsprechungen

Der Merkur gilt in der Astrologie als der Planet des Verstandes, der Kommunikation und der kleinen Reisen. Er wird auch mit logischem Denken, Lernfähigkeit und Intelligenz in Zusammenhang gebracht.

Tatsächlich vermittelt uns der Merkur analytische Fähigkeiten, indem er uns dazu veranlasst, die Dinge voneinander zu unterscheiden und auseinanderzuhalten. Die merkurische Funktion hat in unserer westlichen Welt eine grosse Bedeutung erlangt. Wenn wir etwas aussagen wollen, das auch für andere Gel-

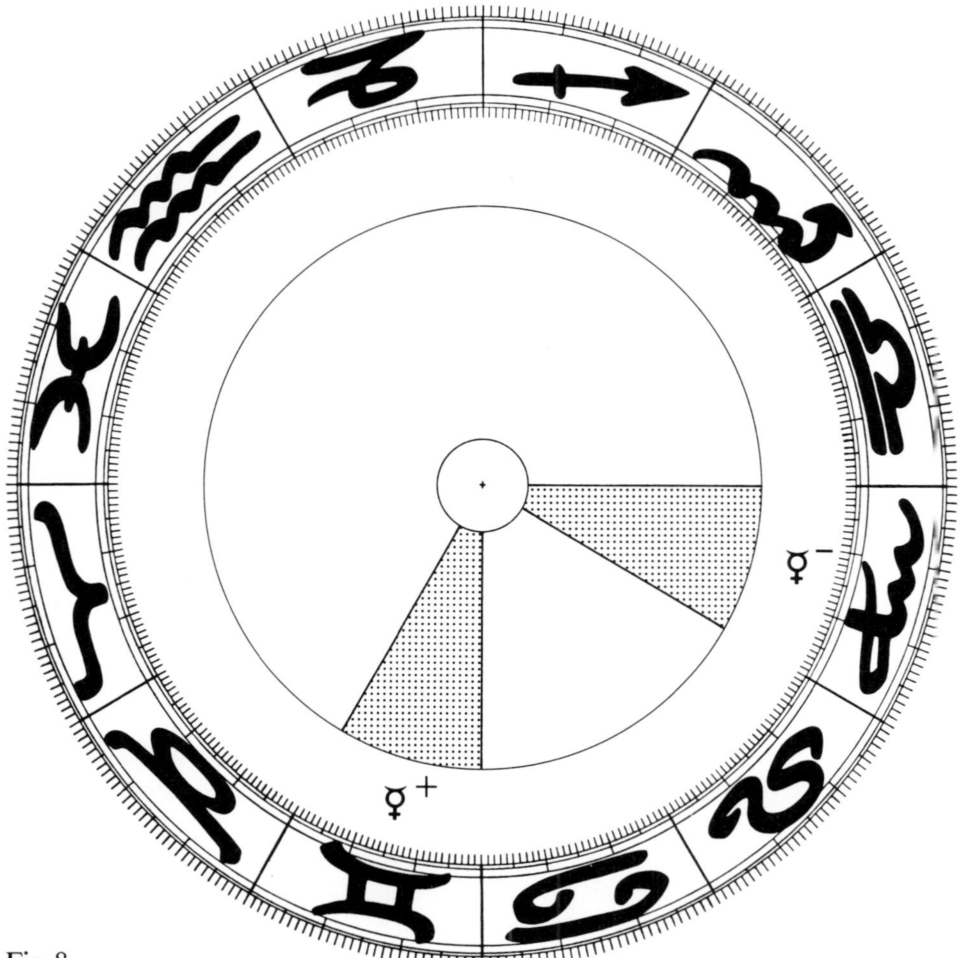

Fig. 8

tung haben soll, so wird von uns erwartet, dass wir es begründen und beweisen können. Genau diese Fähigkeit vermittelt uns der Merkur. Wir müssen ihn entwickeln, um gesellschaftliche Anerkennung zu finden und uns gegenüber Fremdbeeinflussung zu behaupten.

Bei unserem Bedürfnis nach Beweisbarkeit täuschen wir uns jedoch allzu gerne über ein grundlegendes Problem hinweg: Jede Beweiskette baut auf a-priorische Axiome auf, die an sich nicht beweisbar sind, und die nur durch einen Gruppenkonsens relative Gültigkeit erlangen. Wenn wir diesen Gedanken weiter verfolgen, erkennen wir, wie eng unsere Wahrnehmung der Wirklichkeit mit unserem Wahrnehmungssystem gekoppelt ist. Wir nehmen nicht die »Wirklichkeit an sich« wahr, sondern das Abbild, das unsere Sinne uns davon liefern. Unsere Sinne wären somit eine Brille, und nur wenn wir Brillengläser gleicher Farbe tragen, sehen wir die Realität in den gleichen Schattierungen. Da wir Menschen über ein ähnliches Sinnes- und Wahrnehmungssystem verfügen, können wir die Abbilder, welche wir einzeln von der Wirklichkeit haben, miteinander austauschen.

Auch dies hat jedoch seine Grenzen. Wir wissen, dass verschiedene Völker von verschiedenen Axiomen ausgehen – insbesondere bezüglich dessen, was für richtig, und was für falsch gehalten wird. Hier hört die Verständigungsmöglichkeit also auf, weil die Inhalte, welche der Argumentation zugrundegelegt werden, Glaubenscharakter haben. Der Glaube, der dem Gegenplaneten Jupiter entspricht, ist als solcher nicht diskutabel. Er gründet zum grossen Teil auf kultureller und religiöser Ueberlieferung, welche von Generation zu Generation weitergereicht wid. (Jupiter, Schütze und 9. Haus).

Aus dem Gesagten können wir erkennen, dass die Kommunikation an dem Punkt abbricht, wo wir mit gegenseitigen Glaubenssätzen oder Wertvorstellungen in Berührung kommen. Dies wird immer dann der Fall sein, wenn wir nicht verstehen, dass der Merkur uns lediglich ein Abbild der Realität liefert, vergleichbar einer Photolinse, die Dreidimensionales auf eine Fläche reduziert.

»Die Landkarte IST nicht die Landschaft«: diesen Satz sollten wir beherzigen, wenn wir mit den Inhalten umgehen, welche uns die Fähigkeit des Merkurs, Abbilder zu schaffen, liefert, denn diese Abbilder sind per definitionem Abstraktionen. Solche Abbilder finden wir beispielsweise in Form des Wortes. Wir betiteln einen konkreten Gegenstand oder beispielsweise ein Gefühl mit einem Begriff. Dies ist soweit problemlos, wenn wir im Gedächtnis behalten, dass dies lediglich ein Kommunikationsmittel ist, ein System, mit Hilfe dessen wir die Dinge be-greifen können, (– das Wort »greifen« deutet an, dass der Prozess ebensoviel mit uns selbst zu tun hat, wie mit dem Objekt, nämlich mit unserer Art zu greifen).

Wenn wir jedoch dem Wahn verfallen zu meinen, die Begriffe SEIEN die Wirklichkeit, dann verraten wir die merkurische Funktion. Wir legen uns auf die Inhalte fest und vergessen den Prozess der Umwandlung, den dieser Planet symbolisiert. Wir werden dann zum Intellektuellen – einer häufigen Perversion des Merkurischen! Der Intellektuelle geht deswegen am Leben vorbei, weil er die Begriffe – und nicht mehr die Wirklichkeit wie sie ist – für das Wesentliche hält.

Wir kämen damit zu einer wichtigen weiteren Funktion des Merkurs, nämlich zu seiner Fähigkeit, Dinge in verschiedene Sprachen zu übersetzen. Dies kann auch wörtlich genommen werden, indem merkurische Menschen sich tatsächlich als Uebersetzer eignen. Dies wäre jedoch nur ein Spezialfall eines umfassenderen Prozesses, der uns befähigt, nach bestimmten Kriterien – bzw. bewusst oder unbewusst gewählten Gesetzmässigkeiten – eine Ebene der Wirklichkeit in eine andere umzusetzen. Wir haben vorhin das Beispiel der Uebertragung von Lichtstrahlen auf eine photographische Platte gewählt. Dasselbe spielt sich beim Sehvorgang ab: Die von den Objekten der Umgebung reflektierten Lichtstrahlen werden auf der Netzhaut des Auges registriert und als Wahrnehmungen vom Hirn aufgenommen. Da die Nerven und das Gehirn diese Umwandlung der Impulse der Aussenwelt in eine für uns verständliche Sprache vornehmen, werden diese Funktionen ebenfalls dem Merkur zugesprochen.

Auch hier lauert wiederum die Gefahr, dass wir diese Wahrnehmungen für die äussere Realität halten. Dann gehen wir in die Irre und gleichen jenen Gefangenen in Platos Höhlengleichnis, die in einer unterirdischen Höhle – an Schenkeln und Hals gefesselt – immer nur vor sich hin sehen können, durch die Fesseln gehindert den Kopf zurückzuwenden. In ihrem Rücken führt ein langer Weg aufwärts. Von dort leuchtet ein Feuerschein. Zwischen dem Feuer und den Gefesselten führt oben ein Weg, längs dessen eine niedrige Mauer errichtet ist. Hinter der Mauer tragen Leute, bald redend, bald schweigend, allerlei Gerätschaften und Bildsäuleln vorbei, die über die Mauer hinausragen. Die Gefesselten sehen von all diesen Dingen und von sich selbst die Schatten, die vom Feuer auf die ihnen gegenüber liegende Wand geworfen werden. Sie halten nichts anderes für wahr, als die Schatten der künstlichen Gegenstände und fassen das Gehörte als die Worte der vorübergehenden Schatten auf.

In diesem Gleichnis wird dann berichtet, wie den Gefangenen die Fesseln gelöst werden. Wenn sie den Hals wenden, so geschieht dies unter Schmerzen und ihre Augen sind geblendet vom Glanz des Feuerscheins. Sie sind nicht imstande, die Dinge zu erkennen, deren Schatten sie vorher sahen. Sie halten die vorher geschauten Schatten für wirklicher und wahrer als das, was man ihnen jetzt zeigt. Sie können das Feuer nicht direkt sehen, sondern müssen sich abwenden und den Dingen zustreben, deren Anblick ihnen geläufig ist. Diese halten sie für tatsächlicher und gewisser.

Es heisst dann weiter: »Aber nun wird ihm keine Ruhe gelassen. Gewaltsam wird er durch den steilen Ausgang aus der Höhle geschleppt. Er gelangt an das Licht der Sonne, aber er fühlt nur Schmerzen, sträubt sich, kann völlig geblendet im Glanz der Sonne gar nichts erkennen. Er muss sich langsam gewöhnen. Dann sieht er die Dinge oben in einer Stufenfolge: Am leichtesten und zuerst die Schatten, dann die im Wasser gespiegelten Abbilder, dann die wirklichen Gegenstände selber, dann in der Nacht die Erscheinungen am Himmel, das Licht der Sterne und des Mondes, dann am Tag das Sonnenlicht und die Sonne selbst. Nun sieht er nicht blosse Abspiegelungen, sondern alles selbst in voller Wirklichkeit,und dann schliesst er durch Folgerungen: dass wir der Sonne die Jahreszeiten verdanken, dass sie über allem waltet, dass sie in gewissem Sinn auch die Urheberin jener Erscheinungen sei, die er vorhin in der Höhle sah. Er gelangt in einen Zustand, in dem er sich glückselig preist, bei der Erinnerung an jene erste Wohnstätte.

Dort gab es Ehren und Auszeichnungen für die, die die Schatten der vorübergetragenen Gegenstände am schärfsten wahrnehmen, sich am besten erinnern und aufgrund dessen am besten das künftig Eintretende erraten konnten. Jetzt aber will er lieber alles ertragen, als wieder im Banne jener Trugmeinung zu stehen und ein Leben jener Art zu führen.

Nun kehrt er, um auch die andern zu befreien, in die Höhle zurück. Seine Augen, dort eingetaucht in Finsternis, sehen zunächst nichts. Dann wird er lächerlich, wenn er in der Deutung der Schattenbilder mit den Gefesselten wetteifern wollte. Sie sagen, sein Aufstieg nach oben sei schuld daran, seine Augen seien verdorben, der Versuch solchen Aufstiegs sei verwerflich, und wenn er sie zu befreien und hinauszuführen versuchte, würden sie ihn umbringen.« (Staat, 7. Buch).

Dieses Gleichnis weist eindrücklich auf die Gefahren hin, denen wir im Zusammenhang mit merkurischen Festlegungen, wenn wir uns auf Inhalt oder Form beschränken, ausgesetzt sind. Und diese Beschreibung hat der Merkur im Zusammenhang mit unserem westlichen, materialistischen (wir könnten auch sagen wissenschaftlichen) Denken auch in der Astrologie erfahren. Früher war Merkur ja der Götterbote, derjenige, der den Menschen das Wissen der Götter zugänglich macht. Heute ist er jedoch eher zum »Gegengott« geworden, indem er das Bedürfnis, alles zu erklären und im Bereich des Materiellen auch zu beweisen, verkörpert.

Seine tieferen Qualitäten sollten wir darob jedoch nicht vergessen – nämlich seine Fähigkeit, zwischen verschiedenen Ebenen zu vermitteln und den Prozess der Vermittlung selbst zu beobachten, ohne sich auf die eine oder andere Ebene festzulegen. Sobald wir uns festlegen, ist der Prozess der Vermittlung unterbrochen. Oft möchten wir den Prozess der Veränderung aber gerade unterbrechen, um im Erreichten und Bekannten Sicherheit zu finden. Dieses Sicherheitsbedürfnis im Denken macht sich insbesondere beim Zwilling- und Jungfrau-Zeichen (beide merkurische Zeichen) in einem unstillbaren Bedürfnis nach belanglosen Informationen bemerkbar. Beide möchten im Bekannten Sicherheit finden und glauben sich durch Geschäftigkeit und gierigen Informationsaustausch vor der Konfrontation mit verwandelndem Wissen ganzheitlicher Art schützen zu können. Es ist ihnen ungeheuer wichtig, gut informiert zu sein, um recht zu behalten – damit sie sich dem Neuen, Beunruhigenden nicht aussetzen müssen.

Bei einer solchen Fixierung auf den Inhalt kann die Wahrnehmung nicht mehr für neue, verändernde Erfahrungen offenbleiben, und erst, wenn die Wahrnehmung dem Denkprozess selbst gilt, kann eine Umkehr erfolgen. Der kartesische Satz »Ich denke, also bin ich«, könnte mit der einfachen Ergänzung von »Ich denke, und ich teile mich mit, also bin ich« die erste Stufe verdeutlichen. Die nächste könnte lauten: »Ich kann meine Gedanken und meinen Austausch beobachten, und ich weiss: ich bin mehr als meine Gedanken«. Die höhere merkurische Entsprechung liegt also in einer Bewusstmachung des Denkprozesses.

Aehnlich den Gefühlsgewohnheiten, die wir im vorigen Abschnitt (Mond) diskutierten, können sich im Bereich des Merkurs Denkgewohnheiten einschleichen. Diese finden wir häufig über die Merkur-Entsprechungen des dritten Hauses. Die Denkformen, die man uns eingetrichtert hat, bzw. die Wege, die wir als Kind entwickelten, um Schwierigkeiten aus dem Weg zu gehen und das zu erhalten, was wir suchten, können sich in Form von Denk- und Verhaltensprogrammen festgelegt haben. Diese Denkmechanismen und -Schablonen können sich so eingebürgert haben und zur Gewohnheit geworden sein, dass wir Mühe haben, sie zu durchschauen. Sie können uns jedoch in neuen Situationen so unangepasst machen, dass der Leidensdruck genügend gross wird, um zurückzugehen und zu untersuchen, welche Schritte des Programms mit der Art, wie wir heute denken möchten, nicht mehr übereinstimmen. Verbunden mit einem entsprechenden Willensakt und der dazu notwendigen Methodik (z. B. Transaktionsanalyse) können wir an die Ent-programmierung gehen. Dann können wir uns von früheren Verhaltensformen und Arten, die Realität wahrzunehmen, lösen. Alte Datenbanken, die immer noch in unserem Gedächtnis figurieren, können dann durch Informationen ersetzt werden, welche der heutigen Realität besser gerecht werden – oder, noch weiter gehend - wir können unsere bisherigen Denkprogramme durch neue ersetzen.

An diesem Punkt muss jedoch gesagt werden, dass Denkprogramme nie bloss über das Denken zu lösen sind. Sie sind meist mit Lust- und Unlustgefühlen verquickt, welche wir in Wertvorstellungen umsetzen. Um uns von Denkschablonen zu lösen, müssen wir daher immer auch Gefühlsblockierungen angehen. Sonst bleibt das Denken trotz sonst hochgradiger Klarheit dem – meist weniger bewussten – Fühlen verhaftet.

Biologische Entsprechung

Als Vermittler von Informationen zwischen Innen- und Aussenwelt in beiden Richtungen, aber auch innerhalb des Organismus selbst haben die Nerven eine direkte Entsprechung zum Merkurprinzip. Im weiteren spielen dabei auch die Sprach- und Hörorgane als Kommunikations- und Austauschmittel eine wichtige Rolle. Eine weitere Austauschfunktion finden wir in Form der Atemwege und insbesondere der Lunge. So drücken sich merkurische Schwierigkeiten organisch nicht nur in nervlichen Problemen, sondern auch in Asthma, Heuschnupfen und möglicherweise im Stottern aus. Diese entsprechen alle einer Beeinträchtigung der Austauschfunktion, wie wir sie des öfteren bei Spannungen zwischen Merkur und Saturn oder Merkur und Pluto beobachten können.

Psychologische Entsprechung

Es handelt sich beim Merkur um die Fähigkeit, zu lernen und die Dinge voneinander zu unterscheiden. Im frühkindlichen Stadium entspricht dies der Fähigkeit, zwischen Ich und Nicht-Ich zu unterscheiden, zu erkennen, dass man eine von anderen Personen, insbesondere von der Muttter getrennte Entität darstellt. Im gleichen Zeitraum fängt das Kind auch an zu sprechen – ebenfalls eine merkurische Funktion.

Später ist Merkur dann verantwortlich für das Bild von der Welt, das sich das Kind macht. Diese Vorstellung der Welt sollte sich dann laufend erweitern, ein Prozess, der beeinträchtigt sein wird, wenn merkurische Blockierungen stattfinden, beispielsweise wiederum im Zusammenhang mit harten Aspekten zum Saturn. In diesem Falle kann der Betreffende sich übermässig lange an einem Betrachtungs- und Erklärungssystem festklammern, das ihm Sicherheit vermitteln soll, jedoch neue Aspekte der Wirklichkeit ausschliesst. Diese mögen dann heruntergespielt werden, um das bisherige Weltbild aufrechtzuerhalten. Wir haben es dann mit Wahrnehmungsstörungen im Bereich des Sehens oder Hörens zu tun, oder aber mit Störungen der Kombinationsfähigkeit, indem nicht alle verfügbaren Fakten in eine Ueberlegung einbezogen werden. Dies kann zu Kommunikationsschwierigkeiten führen, indem das Bild, das man sich von der Realität macht, ein anderes ist als jenes, das die Umwelt wahrnimmt. Eine objektive Kommunikation wird dadurch erschwert.

Beim Merkur geht es weiter um die Fähigkeit, subjektive und emotionale Belange auf eine sachliche Ebene zu bringen, um diese mit anderen austauschen zu können.

Gesellschaftliche Entsprechung

Unsere Gesellschaft stellt die Forderung nach einem gut entwickelten Merkur. Dieser hilft uns, Informationen aufzunehmen und denkmässig zu verarbeiten. Wir können diese dann, ebenfalls mit Hilfe des Merkurs in ein System bringen und unsere Meinung gegenüber anderen vertreten. Wir können Argumente anführen, die unseren Standpunkt untermauern. Notfalls haben wir die Möglichkeit, in Lebenssituationen, welche unsere Gefühle mobilisieren würden, einen nüchternen Standpunkt einzunehmen. Mit Hilfe des Merkurs können wir auch die Schritte definieren, welche von der Idee zur Verwirklichung führen. Er hilft uns somit, strategisch vorzugehen.

Berufe, welche damit in Zusammenhang stehen, sind all jene, die mit Informationsaustausch zu tun haben, wie Literatur, Verlagswesen und Presse, Sekretärinnen und Korrespondenten, aber auch Redner und Werbeleute. Auch Berufe, welche eine hochgradige intellektuelle Spezialisierung erheischen, wie Wissenschaftler, Volkswirtschaftler und Anwälte gehören dazu. Weiter fördert der Merkur sämtliche kaufmännischen Berufe, bei welchen der Austausch im Vordergrund steht – dies insbesondere dann, wenn diese Berufe mit Reisen und Verhandeln verbunden sind.

Partnerschaftliche Entsprechung

Die Projektion des Merkurprinzips auf einen Partner ist insbesondere bei Frauen häufig, wenn sie aufgrund der Erziehung dazu angehalten wurden, nicht selbst zu denken, sondern vor allem Gefühle zu zeigen. Eine solche Frau mag dann anfänglich von einem intellektuellen Mann fasziniert sein, der für alles eine Erklärung weiss. Das Umgekehrte ist in unserer Gesellschaft seltener der Fall, weil der Mann schon früh dazu angehalten wird, klar zu denken und seinen Standpunkt logisch zu begründen. Die Unterschiede vermischen sich allerdings in der heutigen Zeit immer mehr.

Übung zur Merkurqualität

1. Setzen Sie sich bequem hin und schliessen Sie die Augen. Sobald ein Gedanke aufkommt, beobachten Sie ihn, bis ein anderer ihm folgt, dann wieder ein neuer, usw. Tun Sie das zwei Minuten lang. Sie sitzen einfach da und beobachten Ihre Gedanken. Sie nehmen keine Stellung dazu ein, Sie werten nicht. Nehmen Sie danach ein Stück Papier zur Hand und schreiben Sie nieder, was Sie beobachtet haben. Vielleicht erkennen Sie ein Motiv, welches Ihre Gedanken miteinander verknüpfte, vielleicht erkennen Sie, dass dieses Motiv eher durch ein Gefühl zu erklären ist, oder mit dem zusammenhängt, was Sie tun möchten. Vielleicht ertappen Sie sich dabei, wie Sie gewisse Gedankenn mögen und andere nicht. Wenn Sie dies tun, können Sie erkennen, wie sehr Ihr Denken von Gefühls- oder Forderungszwängen beherrscht ist.

Wiederholen Sie diese Uebung an verschiedenen Tagen.

2. Richten Sie Ihre Aufmerksamkeit auf ein einfaches Symbol, sei dies ein Kreis, ein Quadrat oder ein Strich oder sonst eine einfache Figur. Konzentrieren Sie sich auf diese Figur innerhalb ca. einer Minute so lang wie möglich. Wenn Sie sich abgelenkt fühlen, dann nehmen Sie einfach das Motiv der Ab-

lenkung zur Kenntnis und kehren zur Figur zurück. Schreiben Sie sich nach der Uebung auf, welche Motive oder Themen Sie insbesondere von der Konzentration auf die Figur abgelenkt haben.

3. Untersuchen Sie Ihren Ausdruck: Was können Sie gut ausdrücken, was können Sie ohne weiteres beschreiben und über welche Belange fehlen Ihnen die Worte? Sind Sie besser im Beschreiben von sachlichen Dingen, oder können Sie eher über Gefühle und die Qualität von menschlichen Kontakten sprechen?

4. Ueber welche Fragen geraten Sie in Meinungsdifferenzen mit anderen? Handelt es sich immer wieder um die gleichen Themen? Sind Sie dabei in Ihrem Austausch auf irgendeinem Gebiet unfrei, weil Sie gewisse Dinge grundsätzlich nicht akzeptieren wollen? In welchen Bereichen versagt Ihr klarer Verstand? Wann sind Sie stark wertend?

Diese Fragen können Sie darauf hinweisen, in welchen Bereichen sich Werturteile und Gefühlsschablonen mit Ihrem logischen Denken vermischen und dieses verfälschen. Schauen Sie anschliessend auf die Stellung des Merkurs in Zeichen und Haus, sowie seine Aspekte in Ihrem Horoskop und versuchen Sie Querverbindungen herzustellen, mit dem, was Sie gerade durch diese Untersuchungen erkennen konnten!

Das Zwillingezeichen als Yang-Entsprechung des Merkurs

Herrscher:	Merkur
Element:	Luft
Kreuz:	Veränderlich
Polarität:	Yang

Das, was über Merkur gesagt wurde, ist direkt übertragbar auf das Zwillingezeichen. Dieses entspricht viel deutlicher und unmittelbarer dem Merkurprinzip, als das vom Merkur in der Yin-Entsprechung geprägte Jungfrauzeichen. Wir finden in diesem Zeichen den Inbegriff der Austauschqualität: Nicht nur über Merkur, welcher für diese Funktion steht, sondern auch über das Luftelement und zusätzlich noch über das veränderliche Kreuz. So lohnt es sich, wenn wir über die Qualitäten des Denkens etwas erfahren wollen, uns näher mit dem Zwillingezeichen zu befassen.

Die grosse Stärke des Zwillingezeichens liegt in seiner Offenheit und Neugierde für alles, was sich ihm als noch unbekannt präsentiert. Damit hat dieses Zeichen eine ungeheure Fähigkeit zu lernen und auf eine nicht wertende Art und Weise Offenheit für alle Aspekte des Lebens zu entwickeln.

Probleme entstehen eigentlich erst dann, wenn sich bereits eine Informationsfülle angesammelt hat, an der festgehalten wird, sodass keine Informationen mehr Platz haben, die nicht ins bisherige System passen. Dies kann für den reinen Verstandesmenschen ein Hindernis im Erkennen der Wirklichkeit bedeuten: Wenn er nämlich den Anspruch erhebt, dass neue Erfahrungen in sein bisheriges System hineinpassen sollen. Eine solche Einschränkung des Blickfeldes ist jedoch nicht eigentlich für das Zwillingezeichen typisch, auch wenn sie hier oft zu beobachten ist. Sie hängt viel eher mit einem Bedürfnis nach Absicherung zusammen, einem Bedürfnis, welches hier über die Funktion des Denkens befriedigt wird, indem man an einem Abbild, das man sich von der Realität gemacht hat, festhält. Dies ist aber nicht für das Zwillingezeichen an sich typisch, sondern weist lediglich darauf hin, dass, aufgrund der hier stark verankerten Fähigkeit zur Ablenkung über neue Kontakte der leichtere Weg gewählt wurde. Es würde dem Zwillingezeichen besser entsprechen, wenn man auch später die Haltung des kleinen Kindes beibehalten könnte, das voller Verwunderung auf neue Dinge stösst und versucht, diese zu verstehen. Man käme damit dem Merkur, Herrscher des Zwillingezeichens, als Götterbote näher. Dieser kann alle Aspekte der Wirklichkeit vermitteln, die wir noch nicht kennen. Solange wir dabei das Staunen und die Ehrfurcht vor dem Neuen nicht aufgeben, entsprechen wir den Qualitäten des Zwillingezeichens.

Das Jungfrauzeichen als Yin-Entsprechung des Merkurs

Herrscher: Merkur
Element: Erde
Kreuz: Veränderlich
Polarität: Yin

Wir kommen nun zum ersten Zeichen, dessen Merkmale nur ungenügend mit dem herrschenden Planeten erklärt werden können. Das Zwillingezeichen entsprach sicher ganz direkt den Qualitäten, die wir dem Merkur zusprechen. Dies ist beim Jungfrauzeichen jedoch nur beschränkt der Fall, und es ist anzunehmen, dass im Laufe der Zeit ein neuer Planet entdeckt wird, der dem Jungfrauzeichen besser entspricht. Für den Moment wollen wir die Unterscheidung zwischen dem Yang-Merkur und dem Yin-Merkur machen, wobei wir dann dem Zwillingezeichen den Yang-Wert zusprechen und dem Jungfrauzeichen den Yin-Wert. Somit dürfte das Jungfrauzeichen Aehnlichkeiten mit den Eigenschaften des Merkurs in einem weiblichen Zeichen haben.

Was haben Zwillinge und Jungfrau gemeinsam, und was unterscheidet sie voneinander? Gemeinsam ist ihnen ihre Tendenz zum Analysieren, Erklären und Argumentieren. Der Verstand scheint ihnen das sicherste Instrument, um sich mit der Realität auseinanderzusetzen. Als abgeleitete Qualität können wir auch die Nervosität und Geschäftigkeit bezeichnen, durch welche sich beide auszeichnen. Der Unterschied zwischen den beiden Zeichen liegt vor allem darin, dass das Zwillingezeichen extravertiert, nach aussen und auf die Zukunft orientiert ist, während das Jungfrauzeichen zur Introversion neigt, und eher auf innere Prozesse, sowie auf die Vergangenheit gerichtet ist.

Möchten wir die beiden Zeichen aufgrund unseres heutigen Wissensstandes nach Planeten charakterisieren, so könnten wir sagen, dass das Zwillingezeichen eine Aehnlichkeit hat mit einer Merkur-Uranus-Stellung, während das Jungfrauzeichen eher einer Merkur-Saturn-Stellung gleicht. Diese Analogie macht den Gegensatz klar: Uranus als Planet der Zeitqualität bejaht die Ausrichtung auf die Zukunft, während Saturn lieber in der Vergangenheit lebt und versucht, die Zukunft aufzuhalten.

Jungfraugeborene haben hohe Perfektionsideale. Dies ist charakteristisch für Saturn im irdischen Bereich, indem dieser Planet ja auch die Qualität der Erde charakterisiert und von Neptun im transzendentalen Bereich (Fische als Gegenzeichen zur Jungfrau). Das Problem mit dem Ideal von Perfektion liegt in der Schwierigkeit, dieses jemals zu erreichen. Die Masstäbe können immer höher angesetzt werden, als das, was man verwirklicht hat oder verwirklichen kann. Wenn die Anforderungen an Perfektion nun nicht erreicht werden, so kommen Schuld- und Unzulänglichkeitsgefühle auf. Unter solchen haben praktisch alle Jungfraugeborenen im Zusammenhang mit den Planeten in diesem Zeichen zu leiden.

Wie setzt man sich nun mit Schuldgefühlen auseinander? Es gibt im Wesentlichen zwei Möglichkeiten: Entweder durch harte Arbeit und damit verbunden auch oft Ueberforderung, sodass wenig Zeit verbleibt, um sich mit sich selbst auseinanderzusetzen, oder durch Verdrängung der schuldbeladenen Bereiche. Dies gibt zunächt zwei Ausprägungen des Jungfrauzeichens: Einerseits haben wir den arbeitsamen, gewissenhaften, pünktlichen und angepassten Jungfraubetonten, andererseits denjenigen, der aufgrund allzu absoluter Forderungen an sich selbst resigniert hat. Diese zweite Entsprechung erklärt, warum es unter diesem Zeichen auch Manifestationen unerklärbarer Schlampigkeit und Unordentlichkeit gibt. In der Praxis kommt dieser zweite Typus jedoch selten in Reinkultur vor, weil er ganz einfach nicht lebensfähig wäre, sodass bei Vorherrschen der Verdrängung meist ein Mischtypus entsteht: in gewissen Bereichen sorgfältig und peinlich genau, in andern ausschweifend und undiszipliniert.

Die hohen Perfektionsansprüche ziehen auch andere Charakteristiken nach sich. Wenn jemand darunter zu leiden hat, dass er nicht so vollkommen sein kann, wie er es gerne möchte, so besteht auch die Möglichkeit, sich damit zu vertrösten, dass die andern ja auch nicht perfekt sind. So besteht unter den Jungfraubetonten oft eine starke Neigung, sich mit den Schwächen ihrer Mitmenschen auseinanderzusetzen. Im negativen Fall führt dies zu einer starken Tendenz zu Kritik und Nörgelei, im positiveren Fall zum Bedürfnis, sich auf helfende Art und Weise mit den Schwächen und Problemen anderer auseinanderzusetzen. So sind Jungfraubetonte oft recht gute Therapeuten, weil sie hervorragende Fähigkeiten besitzen, um komplexe Ganzheiten, welche nicht optimal funktionieren, in Einzelbestandteile zu zerlegen, (dazu gehören natürlich auch sogenannte psychische »Komplexe«). In einer solchen Betätigung können sie also ihr Bedürfnis Klarheit und Ordnung zu schaffen, befriedigen und haben gleichzeitig die Möglichkeit, dadurch, dass sie sich nützlich machen, ihre Schuldgefühle abzubauen. Auch ausserhalb der Psychotherapie ist eine solche Handlungsqualität für den Jungfraubetonten meist für seine Entwicklung förderlich. Dies kann im weiteren Sinn jedes Gebiet betreffen, so auch die physische Gesundheit, (z.B. Aerzte) oder das Lösen von Problemen in der Arbeitswelt (Büroorganisation und Rationalisierung).

Der Prozess, der sich dabei abspielt, entspricht einer Projektion der Probleme nach aussen. Man fühlt sich von Haus aus innerlich unzulänglich und sucht sich in der Aussenwelt Schwierigkeiten, die man lösen kann. Dadurch wächst die Fähigkeit zum Problemlösen, die nötigen Techniken und Disziplinen werden entwickelt, sodass in einem zweiten Anlauf bessere Gaben da sind, um auch die eigenen Probleme zu lösen. Das Wahrnehmen solcher Möglichkeiten erklärt in einem grossen Ausmasse den Arbeitseifer und das Bedürfnis der Jungfraubetonten, andern zu helfen.

Wir können dieses Thema auch von einer anderen Seite her angehen. Das Jungfrauzeichen steht dem Fischezeichen gegenüber, welches vom Ego her betrachtet, die Gefahr der Auflösung im Chaotischen darstellt. Dabei tritt Angst auf. Das Bedürfnis, sich an der Materie und an Sicherheiten zu halten, nimmt überhand, das Chaotische, das Thema des Gegenzeichens ist jedoch nach wie vor da. Wenn der Betreffende sich nun in der Aussenwelt chaotische Situationen sucht, innerhalb derer er organisatorisch und rationalisierend tätig werden kann, dann hat er gleichzeitig zwei Fliegen auf einen Schlag getroffen. Er kann in der Aussenwelt das bekämpfen und gleichzeitig verändern und verbessern, was ihm Angst macht. Würde ihm diese Möglichkeit entzogen, so würde er mit dem chaotischen in seiner eigenen Psyche in Berührung kommen. Ein Beispiel für einen solchen Prozess wäre der Alkoholiker, der sich von seinem Leiden befreit und sich anschliessend auf die Therapie von Alkoholikern zu spezialisiert.

Der Jungfraubetonte wird zur grössten Reife gelangen, wenn er fähig wird, seine Arbeit als Dienst an der Sache zu verrichten, ohne auf die Früchte zu schielen, die er dabei ernten könnte. Lernt er es, seine Freude aus einer gut verrichteten Arbeit zu beziehen, dann wird sich die Anerkennung durch die Umwelt automatisch einstellen. Auch das Bedürfnis, ein helfende Tätigkeit auszuüben, fällt unter diese Gesetzmässigkeit. Probleme damit tauchen nämlich nicht im Zusammenhang mit dem Helfen auf, sondern, weil damit oft unausgesprochene Erwartungen hinsichtlich Dankbarkeit gekoppelt sind.

Der Merkur in den Zeichen

Der Merkur als wertfreies, zur Abstraktion befähigendes Prinzip wird naturgemäss in ziemlich starkem Ausmass die Färbung des Zeichens übernehmen, in dem er sich befindet. Unsere Abbilder der konkreten Realität, unser Referenzrahmen, den wir uns schon als Kind zulegten, wird stark von der Zeichenstellung des Merkurs abhängig sein. Es ist hier von grosser Wichtigkeit, ob Sonne und Merkur im gleichen Zeichen stehen. In diesem Falle werden sowohl der zentrale Wille, als auch zweckgebundenes Verarbeiten der Wirklichkeit in die gleiche Richtung laufen. Sind die beiden Gestirne jedoch in Zeichen, welche sich stark voneinander unterscheiden, so kann eine Diskrepanz entstehen, zwischen Wollen und Denken. Bei Sonne in Zwillinge und Merkur im Krebs hätten wir beispielsweise von der Sonne her das Bedürfnis nach kühlem, sachbezogenem und denkmässig zweckgerichtetem Angehen der Dinge, während das Erfassen und intellektuelle Verarbeiten der Wirklichkeit gefühlsgeprägt und stimmungsabhängig wäre. Entsprechend würde der Ausdruck zwei Komponenten aufweisen: Eine Durchsetzung, welche unsentimental und zielgerichtet ist, während das Begründen des jeweiligen Vorgehens durch Gefühlsmomente immer wieder eine Durchkreuzung erfährt. Das gleiche gilt natürlich allgemein für Planeten, welche sich in verschiedenen Zeichen befinden. Es ist aber aufgrund der Aehnlichkeit von Sonne und Merkur (beide gehören zur Welt des Bewusstseins) in diesem Falle von besonderer Bedeutung.

Wie wir die Realität denkmässig verarbeiten, wie wir lernen, und wie wir unsere Einsichten weitergeben, wird also sehr stark von der Stellung des Merkurs im Zeichen geprägt. Es geht dabei nicht darum, dass die eine Zeichenstellung nun zu einer höheren Intelligenz führen würde – die Stellung weist lediglich darauf in, wie Intelligenz und Kombinationsvermögen gestaltet sind. In den Erdzeichen werden wir ein Denken vorfinden, welches auf Konkretes, Sachliches ausgerichtet ist, im Feuer eines, welches von Zielen und künftigen Möglichkeiten ausgeht, im Wasser eines, welches bildhaft und symbolträchtig ist, während wir in Luftzeichen eine besondere Fähigkeit vorfinden werden, in Begriffen zu denken und diese formelmässig miteinander zu kombinieren.

Die Libidokräfte Venus und Mars

Wir hatten als erstes Yang-Yin-Paar, die Himmelskörper Sonne und Mond. Wir sprachen in diesem Zusammenhang von den beiden Urkräften, die ihre Entsprechung finden in Tag und Nacht, aktiv und passiv, gebend und empfangend, Bewusstsein und Unbewusstes, männlich und weiblich. Aus unserer Beschreibung sollte hervorgegangen sein, dass es sich dabei nicht um ein Gegensatz- sondern um ein Ergänzungspaar handelt. Keiner kann ohne den andern existieren, beide brauchen einander. Erst durch ihr Zusammenkommen entsteht das Neue und Sichtbare. Als Kräfte sind sie noch unsichtbar. Das Sonnenlicht wäre ohne die Schatten, die es wirft, nicht erkennbar. Der Mensch, der nur dieses sehen wollte, würde erblinden. Der Mond wäre ohne das Licht der Sonne, welches er reflektiert, nicht erkennbar. Entsprechend entstehen die Dinge in der Welt durch das Zusammentreffen von Yin und Yang, was in der Astrologie auch bedeutet, dass wenn Sonne und Mond zusammenkommen, wichtige Dinge geschehen können.

Das nächste Yin-Yang-Paar erscheint uns in der Form von Venus und Mars. Auch bei diesen beiden Kräften ruft die eine die andere auf den Plan. Die Venus bedeutet Aufnahme, der Mars Ausscheidung. Die Venus ist ein Symbol für die Scheide, der Mars für die Scheidung und Ent-scheidung, ursprünglich auch für das Ent-scheiden des Schwertes. Die Venus bedeutet Ruhe und Entspannung, der Mars Aktivität und Spannung. Leben wir in unserem Horoskop vor allem die Venus, dann laufen wir Gefahr, im Erreichten zu verharren und damit unsere Weiterentwicklung zu blockieren. Wir werden träge und mutlos. Veränderungen ergeben sich höchstens dadurch, dass andere für uns Entscheidungen fällen. Leben wir jedoch nur den Mars, dann suchen wir ständig Kampf und Konkurrenzsituationen um jeden Preis. Wir erzeugen unnötige Unruhe, um uns in Bewegung zu halten. Im Extremfall lassen wir uns von unserem inneren Feuer verzehren, indem wir ständig neue Dinge in Gang bringen, aber nicht die Fähigkeit haben, das, was wir damit erreichen, zu geniessen. In diesem Fall werden andere die Früchte unserer Arbeit ernten.

Auch hier können wir wieder erkennen: keine dieser polaren Kräfte kann ohne die andere sein. Sollten wir sie deshalb als Gegensätze betrachten wollen, so ist es wichtig, dass wir gleichzeitig den Ergänzungsaspekt sehen, denn Mars und Venus herrschen jeweils über Zeichen, welche einander gegenüberliegen. So haben wir im Stierzeichen beispielsweise das Prinzip der Nahrungsaufnahme, im Skorpionzeichen jenes der Ausscheidung. Es ist ohne weiteres klar, dass das eine nicht ohne das andere sein kann. Vielen mag hingegen weniger klar sein, dass Widder und Waage keine Gegensätze darstellen, sondern einander gegenseitig bedingen. Dies heisst nämlich im Klartext: nicht Widerspruch zwischen Individualität und Eigenausdruck (Widder) einerseits und Partnerschaft und Beziehung (Waage) andererseits, sondern, dass wir erst dann eine richtige Partnerschaft und Beziehung eingehen können, wenn wir uns selbst sind, das heisst, einen eigenen Ausdruck gefunden haben. Das erste Beispiel ist einleuchtend, weil es sich um die organische, körperliche Ebene handelt. Hier lässt sich am wenigsten vertuschen. Im zweiten Fall bewegen wir uns jedoch auf der Ebene der Vorstellung, wo wir uns viel eher etwas vormachen können. Es würde niemandem einfallen, er könne soviel essen wie er will, ohne jemals auszuscheiden, oder umgekehrt. Viele meinen jedoch, sie müssten sich zwischen Eigendurchsetzung und dem Kompromiss der Beziehung entscheiden.

An diesen Beispielen mag ein Grundgesetz der Astrologie zutage treten, nämlich jenes, dass ein Zeichen oder Haus nie ohne sein Gegenzeichen oder Gegenhaus zu betrachten ist, weil sonst eine einseitige Fixierung auf den einen Pol der polaren Ganzheit stattfindet.

Die Venus und ihre Entsprechungen

Wie der Merkur das Verstandesmässige, in Worten Fassbare oder Messbare verkörpert, steht die Venus für das Prinzip der Harmonie und der ausgewogenen Proportion. Diese Harmonie und dieses Mass wird eher auf der Gefühlsebene, als mit abstrakten, formal-logischen Ueberlegungen erreicht. Man kann wohl messen und in Zahlen ausdrücken, wie gross eine Fläche ist – das wäre ein merkurischer Vorgang – aber man kann nicht ohne weiteres in Zahlen ausdrücken, warum ein Gesicht oder eine Landschaft »schön« sind. Eine kleine, kaum messbare Abweichung kann die empfundene Schönheit zerstören. Wir

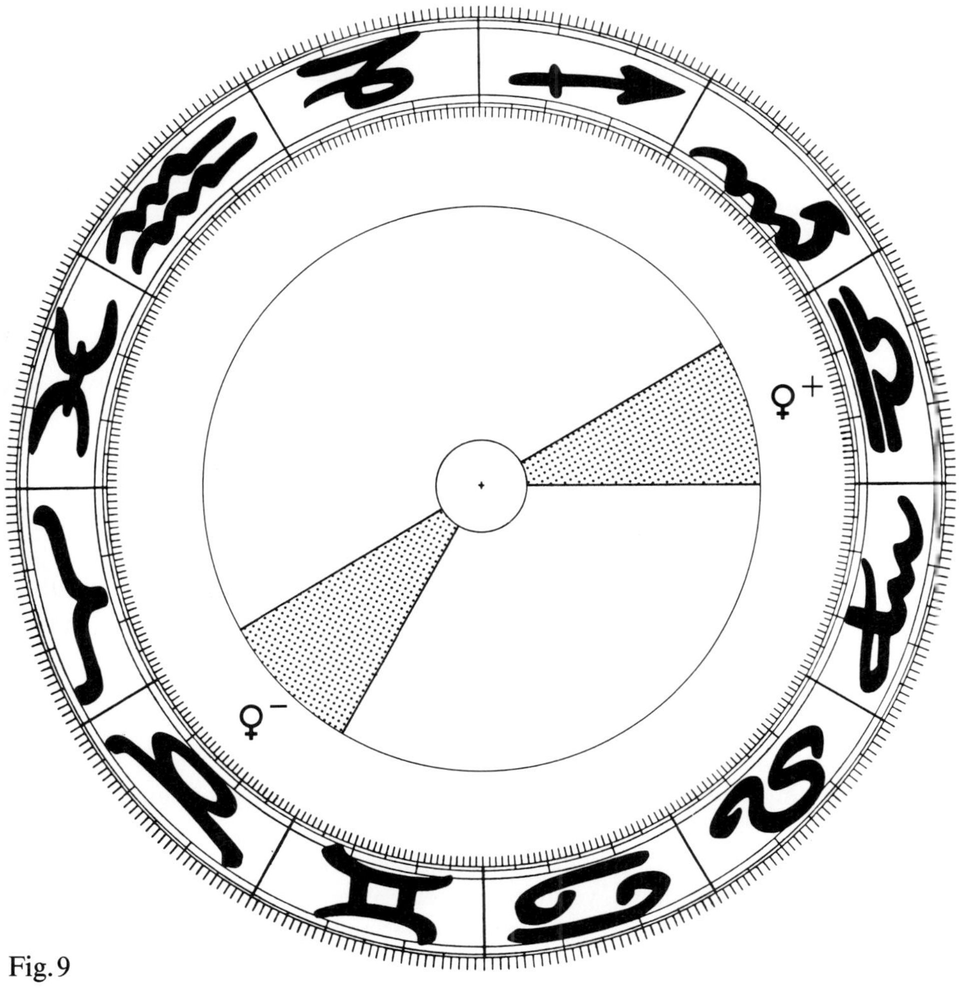

Fig. 9

stossen somit neben dem Sinn für Harmonie und Proportion auf eine andere Entsprechung der Venus, dem Sinn für Formen und damit dem Prinzip des Aesthetischen.

Die Venus hilft uns, Unterschiedliches miteinander in Einklang zu bringen, weshalb sie für das Eingehen von Beziehungen, dem Bestreben mit dem Du ein Gleichgewicht zu finden, verantwortlich ist. Auch die Erotik ist der Venus zugeordnet, als etwas, das nur empfunden werden kann, wenn das Gefühl des »Stimmenden« vorhanden ist.

Die Frau ist naturgemäss Künstlerin auf diesem Gebiet. Bei einer stark entwickelten Venus folgt sie untrüglichen Masstäben der Zu- und Abneigung. Urinstinkte leiten ihr Spiel von Gewährung und Ablehnung, das die Marsqualität des Mannes in Schranken hält, verfeinert und kultiviert. Während das Marsische stets in Bewegung ist, steht die Welt im Augenblick harmonischer Liebesvereinigung still – der Inbegriff des venusischen Prinzips. Darin lauert allerdings schon die Gefahr: Wenn etwas so schön und genüsslich ist, dann möchten wir es halten, wir möchten es organisieren, unter Kontrolle bringen, damit es uns immer zur Verfügung steht. Wir möchten es stabilisieren, und wenn wir dies tun, so verlieren wir die Intensität, wir verlieren das, was im Moment echt war. Dann stellt sich Trägheit ein, wir lieben nicht mehr, sondern gleiten unmerklich in eine Konsumhaltung hinein, eine pervertierte Entsprechung der Venus, denn Liebe und das Herstellen eines Gleichgewichts, einer »Be-ziehung« mit dem Geliebten, war ein Prozess bei dem ein Risiko im Spiel war (Marsprinzip als Gegenpol): Im Konsum oder im Anhäufen von Besitz schalten wir das Moment des Risikos aus: Wir kontrollieren die Situation. Das Risiko lauert später, wenn wir durch »Fettleibigkeit« in unserer Bewegungsfreiheit eingeschränkt sind, oder wenn wir Angst haben, unser Haus zu verlassen, weil uns unser Besitz weggenommen werden könnte.

Das Schlimmste daran ist allerdings wohl die Schalheit, die sich einstellt, wenn wir zwar alles haben, uns jedoch nicht mehr freuen können, weil wir keine Intensität mehr verspüren. Bei den durch die Venus beherrschten Zeichen liegen die Entgleisungen, beim Stierzeichen insbesondere im Anhäufen von unnötigem Besitz von Menschen und Dingen und bei der Waage in einem überspitzten Bedürfnis nach Anerkennung, welches aus Angst vor Ablehnung schliesslich jegliche Eigenregung und Eigendurchsetzung unterbinden kann. Das Problematische solcher Entwicklungen ergibt sich immer in der Verdrängung des Gegenprinzips, nämlich jenem des Mars, der, würde er zugelassen, diese Erstarrung auflösen könnte.

Es ist wichtig zu verstehen, dass die Venus ein qualitatives und nicht ein quantitatives Prinzip darstellt. Ihre Funktion ist die Herstellung eines Gleichgewichts, eines Verhältnisses, einer Gleichung zwischen unterschiedlichen Dingen. Sie möchte verbinden, vermitteln. Fehlen jedoch die Unterschiede, ist keine Spannung mehr vorhanden, so kann sie auch nicht mehr ihrem Prinzip entsprechend wirken!

Aus der Qualität wird dann die Quantität. Ursprünglich war sie das Instrument, das uns das Erlebnis der Dinge um uns herum vermittelte – nicht einfach, dass wir vielleicht einen Baum vor uns haben und ihn dadurch, dass wir ihn als Baum bezeichnen, klassifizieren können. Viel eher gab sie uns die Fähigkeit, diesen Baum als Ganzes zu sehen, seine Form, seine Farbenpracht, ihn zu erleben, seine Schönheit zu empfinden. Das Gesetz der Venus, um in Harmonie zu bleiben, lautet etwa folgendermassen: »Tu das, was du liebst, und tu das nicht, was du nicht liebst«. Damit ist auch ausgedrückt, dass die Venus Vermittlerin von Freude ist – die Freude der Verbundenheit mit der Umgebung, in der wir leben.

Vielleicht ist es wichtig, das Venusprinzip auch gegenüber dem Mondprinzip abzugrenzen. Der Mond bezeichnet das seelisch Empfängliche in seiner allgemeinen und wertungsfreien Form. Er macht uns durchlässig für Fremdeinflüsse, erlaubt uns, die Psyche der andern nonverbal und wertungsfrei zu sehen, ohne uns zu fragen, ob dieses andere zu uns passt. Beim Venusprinzip ist dies anders: Man sucht eine viel intensivere Beziehung zum Du oder zum Andersartigen, wobei schon bei der Wahrnehmung des andern tiefverwurzelte Selektionsmechanismen ins Spiel kommen. So lassen wir nur jenes Du auf uns einwirken, welches wesensmässig zu uns passt. Diese Entsprechung ermöglicht dann auch die tiefe Beziehung, die auf eine körperlich-seelische Verschmelzung zweier Personen hinzielt.

Die Stellung der Venus in Zeichen und Haus, sowie ihre Aspekte geben uns Hinweise über das Harmoniegefühl, den Sinn für Schönheit und Porportion, sowie über das erotische Empfinden. Beim Mann gibt die Venusstellung Anhaltspunkte für den erotisch-anziehenden Teil der Anima-Funktion, bei der Frau zeigt sie vor allem, wie sie gegenüber dem anden Geschlecht eingestellt ist, und wie sie ihre physische Weiblichkeit akzeptiert. Besonders bei schwierigen Venusstellungen und disharmonischen Aspekten sind künstlerische Leistungen zur Sublimierung möglich. Diese sind Ausdruck eines Venusprinzips, das zu überspannt ist, um reibungslos in der täglichen Realität gelebt zu werden, sodass es zu einer ästhetischen Stilisierung drängt.

Biologische Entsprechung

Die Venus entspricht den Drüsen und dem weiblichen Hormonsystem. Entsprechend dem Stier- und Waage-prinzip finden wir einen direkten Bezug zu Mandeln einerseits, sowie Niere, Venen und venösem Blut andererseits. Als weitergehende Herleitung können wir aufführen, dass die Venus verantwortlich ist für die Aufnahme dessen, was einem zuträglich ist und als genussvoll empfunden wird. Dies ergibt eine Entsprechung zum Geschmackssinn und zum Mund als Organ der Nahrungsaufnahme – bei der Frau auch der Scheide, im Sinne der Aufnahme des männlichen Samens. Wir erkennen damit die Korrespondenz der Venus mit dem oralen und vaginalen Prinzip, im Gegensatz zum Mars, welcher der Nase und dem Geruchsinn, aber auch dem Ausscheidungsprinzip des analen und phallischen entspricht.

Psychologische Entsprechung

Die Venus steht für unser Wertsystem und das, was wir aufgrund von frühen Lust- oder Unlustgefühlen wertmässig mit einem positiven oder negativen Vorzeichen belegen. Diese Erlebnisse prägen unseren Geschmack, gewisse Dinge mögen und lieben wir, andere finden wir unbekömmlich, und wir meiden oder hassen sie. In diesem Sinne ist die Venus ein passives Selektionsprinzip: Das, was aufgrund der Venus mit positivem Wert belegt wird, suchen wir zu besitzen oder uns einzuverleiben (Stierprinzip), oder wir suchen mit dem, was wir lieben, den intensiven partnerschaftlichen Austausch (Waageprinzip). Bei beiden Entsprechungen handelt es sich jedoch unweigerlich darum, dass wir das suchen, was uns zum Erlebnis der Ganzheit fehlt. Dementsprechend gilt: Je angeschlagener unser Selbstwert-Gefühl ist, umso zwanghafter verhalten wir uns im Bereich des Strebens nach Besitz oder Ergänzung durch einen Partner. Bei Venus-Problemen geht es in der Therapie somit immer darum, ein Gefühl für den eigenen Wert zu entwickeln, damit die Abhängigkeit von den Werten, die in der Aussenwelt erblickt werden, abnimmt.

Derartige Probleme hängen mit Erlebnissen in der frühen Kindheit zusammen, wo wir zu wenig Liebe erhielten, oder wo jegliche Zuwendung an Bedingungen geknüpft war (z. B. »Ich mag Dich, wenn du das tust, was sich von Dir erwarte«, oder »Ich mag Dich, wenn Du höflich und ordentlich bist« etc.)

Gesellschaftliche Entsprechung

Das gesellschaftliche Vorankommen geschieht eher über das Entwickeln und Ausbauen von persönlichen Beziehungen, welche durch die eigene Kompromissbereitschaft unterstützt werden, als durch Kampf und harte Durchsetzung. Man verwirklicht sich mit diesem Prinzip somit besser in Zeiten, wo Höflichkeit, Eleganz und Harmonie vorherrschen, als in solchen, wo Härte und Konkurrenzstreben an der Tagesordnung sind. Das Hauptmotiv ist das Verbindende und die Fähigkeit, zwischen verschiedenen Tendenzen eine Brücke zu schlagen und das Gemeinsame herauszustreichen.

Alle Berufe, welche mit Kunst, Geselligkeit, Freizeit, Schönheit, Public Relations und Diplomatie in Zusammenhang stehen, können in Frage kommen, z. B. Graphik, Dekoration, Freizeit und Unterhaltungsindustrie, Mode, Schönheitspflege etc.

Partnerschaftliche Entsprechung

Bietet der Beruf wenig Möglichkeiten für venusische Aeusserungsformen, wie dies bei vielen typisch »männlichen« Betätigungen, welche vor allem Rationalität und Leistung fordern, der Fall ist, so wird die Venuskomponente oft in Form einer Partnerin oder eines Partners gesucht, welche Schönheit und Harmonie verkörpern. In diesem Fall kann äussere Schönheit bei der Partnerwahl eine Ueberbetonung erfahren. Der Partner soll dann über seine Person und sein Verhalten all das an Aesthetik und Genüsslichkeit erbringen, was einem durch zu starke Identifikation mit Leistung und Effizienz an eigener Genussfähigkeit und innerem Gleichgewicht verlorengegangen ist. Dass diese projektive Aeusserung der Venusqualität beim Mann häufiger auftritt als bei der Frau, ist ohne weiteres zu verstehen. Sie kann zu einer bedenklichen Abhängigkeit von Anima-Projektionen führen, was in der Hilflosigkeit vieler Männer, im Moment, wo sie von einer Frau verlassen werden, zum Ausdruck kommt. Die Flucht in Arbeit und Leistung versagt dann, zum eigenen Erstaunen, und wenn es nicht gelingt, bald eine neue Projektionsfigur zu finden, so verbleibt dem Betreffenden nur der mühsame, weil ungewohnte Weg, die Projektion zurückzunehmen und Qualitäten von Gleichgewicht und Schönheit in sich selbst zu entwickeln. Dies kann bedeuten, dass ein Mann kochen lernt, sich seinen Kindern oder seinen Freunden widmet und überhaupt die Fähigkeit entwickelt, eine Situation hinzunehmen und zu geniessen wie sie ist, ohne etwas erreichen oder verändern zu wollen. Die in diesem Zusammenhang häufige Flucht in den Alkohol bringt zwar auch Entspannung, erzeugt aber eine neue Abhängigkeit, über eine andere Anima-Entsprechung, jene des Neptuns.

Übung zur Venusqualität

1. Denken Sie über die Frage nach:

Was habe ich gerne, was liebe ich? Schreiben Sie dazu die Sätze auf, die Ihnen in den Sinn kommen, in der Form von

Ich mag... Ich liebe..., ich schätze...

Vielleicht kommen Ihnen dabei gleich auch Dinge in den Sinn, die Sie nicht mögen; Dinge, welche bei Ihnen vielleicht auch Widerwillen erzeugen. Schreiben Sie diese auf einer separaten Seite auf, und lassen Sie die zweite Hälfte dieser Seite frei, um dort die Dinge aufzuschreiben, die das Gegenteil dazu bilden, und welche sie mögen.

Ergänzen Sie diese Zusammenstellung während einigen Tagen und versuchen Sie anschliessend, die Gemeinsamkeiten zwischen den Dingen, die Sie mögen, herauszuschälen. Sie werden damit Ihre wichtigsten Wertvorstellungen zusammengestellt haben.

2. Wie steht es um Ihren Besitz, was für Dinge haben Sie bisher angehäuft,

und was möchten Sie sich noch aneignen? Welche Dinge möchten Sie auf keinen Fall verlieren und was davon ist Ihnen relativ gleichgültig?

Sie können für diese Uebung ebenfalls einige Tage verwenden; diese wird Ihnen vieles über Ihr zweites Haus, das Stierzeichen und die Stierkomponente Ihrer Venus verraten.

3. Von welchen Leuten fühlen Sie sich angezogen? Welches waren die Eigenschaften Ihrer Partner früher, und welche sind es jetzt? Was fasziniert oder faszinierte Sie bei ihnen? Faszinierte Sie früher eine Eigenschaft, die Sie jetzt selbst zum Ausdruck bringen? Hat sich in Ihrem Wahlverhalten somit etwas verändert?

Gibt es jemanden neben dem Partner, den Sie zur Zeit haben, der Sie auf eine andere Art fasziniert? Spüren Sie zusammen mit dieser Faszination auch Aengste? Schreiben Sie beides auf: Anziehung und Angst!

4. Wie wirken Sie auf andere? Was zieht andere bei Ihnen an? Was mögen Sie bei sich? Welche Ihrer Züge lehnen Sie ab?

5. Was ist Ihnen in einer Beziehung wichtig? Worauf legen Sie Wert? Wann fühlen Sie sich geliebt? Schreiben Sie einige Sätze auf in der Form:

Ich fühle mich geliebt, wenn mein(e) Partner(in)...

Wie bringen Sie selbst Ihre Liebe zum Ausdruck?

Wann fühlen Sie sich von Ihrer Umgebung geschätzt und geliebt? Wann zum letzten Mal (schreiben Sie sich dazu eine Situation auf, die Ihnen spontan in den Sinn kommt)? Was mussten die andern dazu tun, dass Sie sich so fühlten?

6. Was für Gefühle treten auf, wenn Sie sich verlieben? Fühlen Sie sich dabei einfach wohl, oder treten in diesem Zusammenhang auch Aengste auf? Wann spüren Sie Possessivität und Eifersucht?

7. Ist es Ihnen schon passiert, dass ein Partner (eine Partnerin) Sie verlassen hat, in einem Moment, wo Sie es am wenigsten erwarteten oder wollten? Wie haben Sie darauf reagiert? Mit Rückzug oder Kampf, mit Flucht in die Arbeit oder mit einer Lähmung Ihres Willens? Setzten Sie sich damit auseinander, oder versuchten Sie sich irgendwie abzulenken?

Diese Uebung kann Ihnen helfen zu verstehen, wie Sie mit persönlichen Werten oder mit Zuwendung umgehen, die Ihnen entzogen wird. Vielleicht finden Sie dabei heraus, welcher andere Teil Ihrer Persönlichkeit aktiviert wird, wenn die Venus plötzlich zu kurz kommt! Vielleicht erkennen Sie etwa eine sumverhalten, Lust auf Süssigkeiten oder den Versuch, durch Aufräumen oder einen Reinigungsfimmel Harmonie herzustellen!

Das Stierzeichen als Yin-Entsprechung der Venus

Herrscher: Venus
Element: Erde
Kreuz: Fix
Polarität: Yin

Der Stier ist die zodiakale Entsprechung zur Yin-Venus, das heisst, zur passiven Form des Venus-Prinzips. Von der zodiakalen Entwicklung her betrachtet, können wir im Stierzeichen, nach der Identitätsfindung im Widder, das Erlebnis der Substanz, der Materie und des eigenen Körpers erkennen. So entwickelt der Stierbetonte eine starke Verbundenheit mit der Natur und dem Organischen. Die Venus wirkt sich hier vor allem im Sinne des Geniessens und des Empfindens, sowie des Berührens aus. Grundsätzlich ist die Venus ein Prinzip, welches Verbindung und Beziehung sucht. Die Verbindung wird hier auf eine sehr urtümliche Art erlebt, eher im Sinne eines sich Einverleibens des Andersartigen, als des gleichberechtigten Austausches zwischen zwei Ganzheiten. Das, was er liebt und mit Wert besetzt, wird der Stierbetonte auch haben wollen. Daher kommt die häufige Assoziation des Stierprinzips mit dem Thema des Besitzes. Dies ist jedoch nur eine abgeleitete Entsprechung, gültig für eine Zivilisation, in der Sinnlichkeit und passives Geniessen, im Vergleich zum Prinzip des Handelns und der Veränderung, abgewertet werden. Wenn Genuss und Sinnlichkeit keine Werte sind, mit denen er sich identifizieren darf, wird der Stier kompensatorisch zum Besitzgierigen. Das Streben nach Besitz über das hinaus, was man tatsächlich braucht, tritt dann auf, wenn Eigensubstanz und Selbstwert in einer Kultur keine anerkannten Masstäbe darstellen.

Im Stierzeichen ist gemäss der Tradition der Mond erhöht. Dies würde eine Verbindung nicht nur mit den Yin-Qualitäten allgemein, sondern auch mit dem Verdauungsprinzip nahelegen. Die Stierkomponente bereitet diesen Prozess biologisch vor, indem der Stier das orale Prinzip, also jenes, der Nahrungsaufnahme, verkörpert. Seine Fähigkeit, Inhalte aufzunehmen und der Nahrung – sei diese nun körperlicher, seelischer oder geistiger Art – das für ihn Brauchbare zu entnehmen und zu verwandeln, macht ihn – ähnlich wie das Krebszeichen – zu einem Symbol der Fruchtbarkeit. Am wohlsten wird er sich fühlen, wenn er sich als fruchtbaren Boden erlebt für Impulse, die von aussen auf ihn zukommen, und welche er auf ihre Tauglichkeit hin selektioniert. In diesem Sinne verkörpert das Stierzeichen eine mütterliche Form der venushaften Erotik, welche – im Gegensatz zum Waageprinzip – der Fruchtbarkeit der Natur sehr nahe steht. Alte Mythen berichten auch von Liebesgöttinnen, welche gleichzeitig Erdgöttinnen waren und damit über die Fruchtbarkeit des Bodens herrschten. Es ist auch leicht zu beobachten, wie Stierbetonte nicht nur eine sinnliche, sondern – über ihre Ruhe – auch eine mütterlich-beschützende Ausstrahlung haben.

Im typischen Falle ruht der Stierbetonte in sich selbst. Er ist zufrieden mit dem, was er hat, geniesst dies und braucht wenig äusseren Zuspruch. Seine Ruhe verlässt ihn erst dann, wenn er in dem, was er zu seinem Revier gemacht hat, gestört wird. Dann kann er eine Härte und Verbissenheit zeigen, welche man sonst eher vom Gegenzeichen, dem Skorpion kennt.

Das Waagezeichen als Yang-Entsprechung der Venus

Herrscher: Venus
Element: Luft
Kreuz: Kardinal
Polarität: Yang

Die Waage steht unter der Herrschaft der Yang-Entsprechung der Venus. In diesem Sinne ist sie die extravertierte Schwester des Stier-Zeichens. Dass die beiden ausser der Herrschaft der Venus wenig Gemeinsamkeit haben, zeigt der Quincunx-Aspekt zwischen den beiden Zeichen. Sie gehören beide einem unterschiedlichen Element, einem anderen Kreuz und einer verschiedenen Polarität an. Im Gegensatz zum Stier will sich die Waage nichts »einverleiben«, sie sucht nicht die Verschmelzung, sondern viel eher, zwischen zwei Ganzheiten eine Beziehung und eine Harmonie zu schaffen. Bezeichnend ist ihre Stellung am zodiakalen Deszendent, wo sie das zodiakale Prinzip des Aszendenten, den Widder, anzieht, sich in dem Sinne auf das Du »be-zieht«, im Gegensatz zu den Zeichen Steinbock und Krebs am zodiakalen MC und IC, wo man »er-zogen« wird oder »er-zieht«. Ihre Stärke liegt also darin, dass Du anzuziehen und sich auf es zu beziehen.

Die Waage bringt unterschiedliche Dinge in ein »Ver-hältnis«, ähnlich wie ihr »Verhältnisse« oder Beziehungen wichtig sind. Sie geht in ihrer Anpassung an die äussere Realität auch von den vorhandenen Verhältnissen aus und richtet ihre Aufmerksamkeit sehr stark auf das »Ver-halten« und damit die Manieren und Höflichkeitsformen. Das Waage-Zeichen steht auch symbolisch für den weiblichen Charme und die Fähigkeit, die Initiative zu ergreifen, ohne dass der andere dies merkt und sich dessen bewusst wird. Charme und Eleganz prägen also dieses extravertierte, umweltsbezogene Zeichen.

Im besten Fall stellt die Waage eine perfekte Harmonie dar zwischen dem Ich und dem Du oder der Umgebung. Dies drückt sich beispielsweise über den sich darbietenden Künstler aus. Er ist bezogen auf sein Publikum und doch sich selbst. Er nimmt gleichzeitig beides wahr; einerseits das Publikum, das zuschaut oder zuhört und andererseits sich selbst als Darbietenden. Die beiden Wahrnehmungen sind nicht voneinander getrennt. Die Eleganz und Leichtigkeit besteht eben darin, dass er nicht das eine zu Ungunsten des anderen überbetont. Würde er sich ausschliesslich auf das Publikum konzentrieren, so würde die Eleganz dahinfallen, indem Angst aufkommen könnte, es nicht gut genug zu machen und so von den anderen abgelehnt zu werden. Würde er sich hingegen nur auf sich selbst als Darbietenden konzentrieren, so dürfte es ihm kaum gelingen, die anderen zum Mitschwingen anzuregen, indem seine Darbietung an den Bedürfnissen des Publikums vorbeigehen könnte. So bringt er das schwierige Kunststück zustande, ein Gleichgewicht zwischen seinen eigenen Bedürfnissen und den Bedürfnissen der anderen herzustellen.

Das gleiche geschieht in einer Beziehung: das zu wollen, was das Du auch will, muss nicht immer ein Kompromiss sein und den eigenen Bedürfnissen zuwiderlaufen. Wenn die venusische Selektion als sicheres Instrument gebraucht wird, dann wird ja schon im Du nur das ausgesucht, was zu einem passt. In diesem Falle sind kaum Kompromisse notwendig. So sind Ich-Verlust und übertriebene Kompromissbereitschaft nicht eigentliche Waage-Qualitäten, sondern Pervertierungen des Waage-Prinzips. Die diesem Zeichen sonst innewohnende Eleganz geht dabei verloren.

Die Waage stellt die zweite Stufe einer Auseinandersetzung mit dem Du dar. Die erste Stufe fanden wir im Jungfrau-Zeichen in Form der Hilfeleistung. Für das Ich war dabei das Risiko noch gering: Wenn jemand helfen kann, so kann er sich gegenüber dem, dem geholfen wird, überlegen fühlen. Er muss sein Ich also noch nicht in weitgehendem Masse einbringen, muss sich selbst kaum in Frage stellen. Im Zeichen der Waage haben wir jedoch die Beziehung mit dem Du auf gleicher Stufe. Das Ich geht mit dem Du dabei einen Vertrag ein, mit gleichen Rechten auf beiden Seiten. Damit ist jedoch noch nicht die für das Ich bedrohlichste Stufe erreicht. Jene finden wir im Skorpion-Zeichen, wo das Ich mit dem Du, nicht nur eine geistig-mentale Verbindung eingeht, sondern auch eine körperliche Verschmelzung, welche die Möglichkeit der Verwandlung in sich einschliesst. Verschmelzung und Verwandlung muss jedoch von Seiten des Ichs als bedrohlich erlebt werden, denn es ist dabei unmöglich, im voraus zu wissen, was von der eigenen Art beibehalten werden kann und was aufgegeben werden muss.

Die Voraussetzungen dafür, dass diese Verschmelzung mit der richtigen Person, die auch zu einem passt, stattfinden soll, werden im Waage-Zeichen aufgrund des venusischen Selektionsprinzips geschaffen. Darum haben wir in der Waage auch die Institution der Ehe und der Verträge, welche dafür sorgen sollen, dass Menschen mit sich ergänzenden Bedürfnissen zusammenkommen, um gemeinsam etwas zu erschaffen, indem sie ihre jeweilige Substanz und ihre Ressourcen einbringen. Wenn dies auf die richtige Art erfolgt, dann werden dabei beide verwandelt, und aus der Zusammenlegung der Mittel oder Werte beider entsteht etwas Neues; wir könnten auch sagen, es wird ein Mehrwert erzeugt. Das elementarste Beispiel dazu erkennen wir in Form der Zeugung. Aber das Prinzip erstreckt sich weiter auf alle Bereiche, wo verschiedene Menschen ihr Potential einbringen, um zusammen gemeinschaftlich etwas zu leisten.

Dafür, dass dieser Prozess richtig abläuft, sorgt eben die Waage-Entsprechung der Venus. So bringt sie auch Menschen zusammen, welche aneinander Gefallen finden und erzeugt zwischen Ihnen eine Anziehung, die Liebe und Erotik einschliesst. Diese haben noch nichts mit eigentlicher Sexualität zu tun, sind jedoch die Vorbereitung für die, im Sinne einer Verwandlung weiterreichende Sexualität.

Die Venus in den Zeichen

Das Selektionsprinzip der Venus wird durch ihre Stellung in den verschiedenen Zeichen, im Sinne dessen, was einem wichtig ist, abgewandelt. So werden, je nach Zeichenstellung, unterschiedliche Dinge als lust- oder unlustbetont erlebt.

Entsprechend verschiedenartig sind auch das Kontakt-Bedürfnis und der Ausdruck von Sinnlichkeit. Bei einer Venus in den Feuerzeichen ist das Kontaktverhalten von der diesem Zeichen innewohnenden Dynamik geprägt, und somit impulsiv, spontan und wenig über Vernunftsgründe rationalisierbar. Dabei kommt meist ein forderndes Verhalten zum Ausdruck. In den Erdzeichen wird das Zugehen auf das Du von jeglicher Ueberschwenglichkeit frei sein, dafür umsomehr vom Konkreten und Praktischen ausgehen. In den Wasserzeichen spielen seelische Schwingungen und gemütsmässige Resonanz gegenüber praktischen Aspekten eine übergeordnete Rolle. Beim Eingehen von Verbindungen werden dabei Motive aus der Vergangenheit sich geheimnisvoll mit der jetzigen Wirklichkeit verflechten. Mit der Venus in den Luftzeichen ist andererseits der Kontakt stark von der Vorstellungswelt geprägt, von dem, was gemäss Modell-Vorstellungen der Wirklichkeit erstrebenswert ist. So können Vorstellungen über die Liebe eine ebenso wichtige Rolle einnehmen, wie die Liebe an sich. In diesem Sinne ergibt sich auch eine experimentierfreudige Sinnlichkeit, über deren Kanal neue geistige Erkenntnisse gewonnen werden.

Der Mars und seine Entsprechungen

Beim Mars haben wir es mit Energie und Trieben zu tun. Er ist der Planet, der es uns ermöglicht, uns in der Umwelt durchzusetzen und Fremdeinflüssen gegenüber Widerstand zu leisten. Ohne den Mars könnten wir unsere Individualität nicht nach aussen hin zum Ausdruck bringen. Wir würden dem Druck der Gesellschaft erliegen und uns nicht als eigenständige Wesen behaupten können. Wir erkennen hier auch den positiven Wert der Aggressivität, da wir ohne sie weder individuell ausdrucksfähig noch arbeitstüchtig wären.

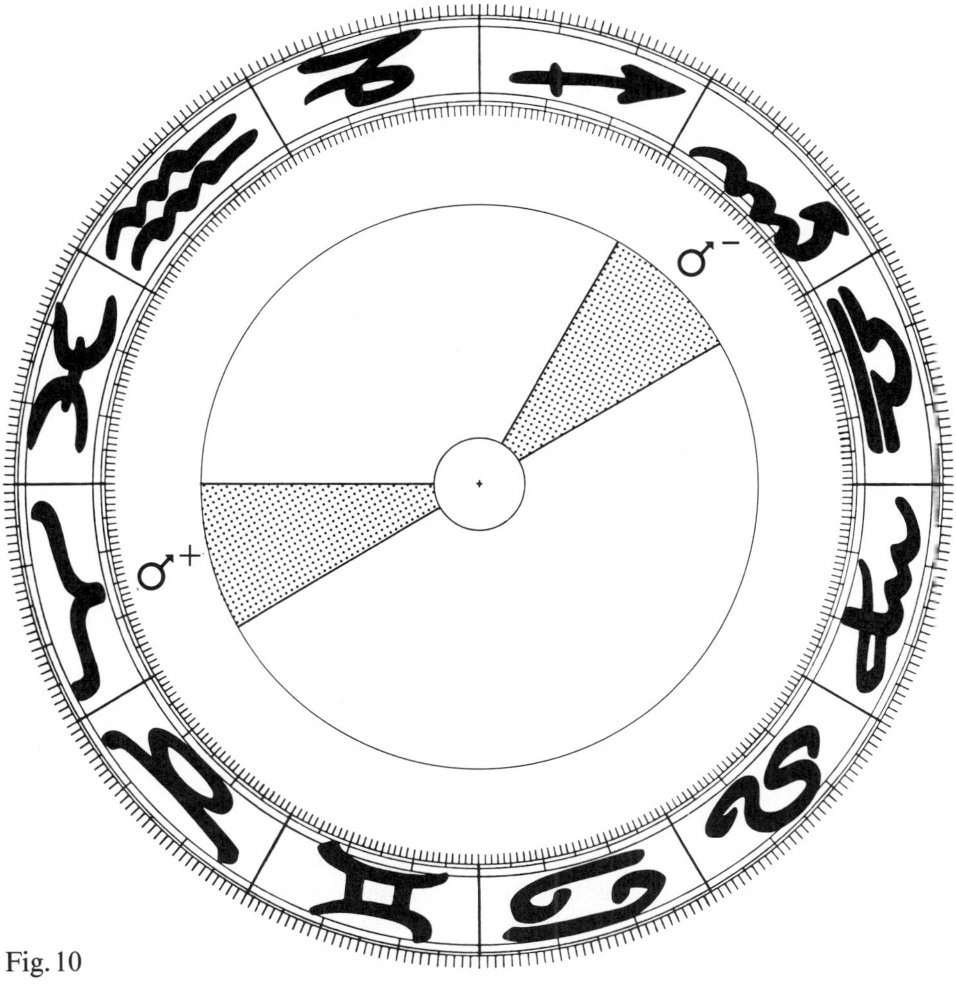

Fig. 10

Damit klingt eine wichtige zusätzliche Dimension des Planeten Mars an: Seine Fähigkeit zur Identifikation mit einem Ziel oder einer Aufgabe. Dabei können wir zwei Fälle unterscheiden:

Im ersten Falle liegt das Zentrum des Wollens in der Person selbst, in Form der Sonne. Ist diese stark entwickelt, dann sind die Ziele nicht nur auf die Durchsetzung des Egos gerichtet, sondern es handelt sich um Ziele, welche jeder freie Mensch auch verfolgen kann, ohne dass dadurch Konflikte entstehen müssen. Es herrschen also grosszügige Ziele vor, welche nicht nur der Person selbst entsprechen, sondern auch der Gemeinschaft als Ganzes zugute kommen, weil diese nicht gegen andere gerichtet sind bzw. andere nicht ausschliessen. In einem solchen Fall kann der Mars ungestraft als verlängerter Arm oder Durchsetzungsmodus der Sonnenqualität funktionieren: In Form eines Selbstdurchsetzungsdranges, der den gesunden Wettbewerb nicht scheut und erst dann kompromisslos wird, wenn individuelle Freiheiten und die menschliche Würde durch das Kollektiv eingeschränkt werden. Dieser Fall entspricht jedoch einer sehr hohen Selbstverwirklichungsstufe und ist entsprechend selten. Deshalb herrscht meist die zweite Entsprechung vor.

Im zweiten Fall hat der Betreffende erleben müssen, dass er allein zu schwach ist, um die ihm wichtigen Ziele durchzusetzen. Aus Niederlagen hat er gelernt, dass es besser ist, sich mit andern zusammenzutun, einerseits, um gemeinsamen Zielen durch geeinte Kraft zum Durchbruch zu verhelfen und andererseits, um sich ebenfalls gemeinsam gegen äussere Widerstände durchzusetzen. Dies hat zur Bildung von Sippengemeinschaften und Staaten geführt. Die marsische Energie wurde durch Zusammenlegung der Kräfte im aktiv-aggressiven Sinn der Produktion zugeführt und im defensiven Sinn der Verteidigung. Wir können sagen, dass in einem solchen Zusammenhang ein Teil der Sonnenqualität als gemeinsames Ziel nach aussen projiziert wurde, in Form eines Herrschers und Königs, der die gemeinsamen Anstrengungen leitete und unter seiner Obhut hatte. Solange das gemeinsame Ziel auch den individuellen Zielen entspricht, funktioniert ein solches System recht gut. Problematisch wird es erst dann, wenn der Herrscher Ziele verfolgt, welche nicht mit denen des Volkes parallel laufen. Dann kann nicht nur die Arbeit unbefriedigend werden, sondern eine ganze Nation kann ungewollt oder unbewusst in einen Krieg gerissen werden, den sie sich gar nicht wünscht. Dann ist es Zeit, dass jeder einzelne seine Projektion zurücknimmt und seine Marsenergien wieder selbst verwaltet. Je unselbständiger die Individuen jedoch sind, umso weniger werden sie es aber verstehen, den dafür richtigen Moment zu ergreifen.

In seiner ursprünglichen Form dient der Mars ja dem biologischen Ueberleben. Wenn das Ueberleben jedoch kein eigentliches Problem mehr darstellt, werden für den Ausdruck der Marsenergie andere Kanäle gewählt. Dafür kommt jegliche Form von Identifikation mit einem Ziel, einer Aufgabe oder einer Ueberzeugung in Frage. Je nach seiner Stellung in Zeichen, Haus und Aspektgefüge kann er sich so auf ganz verschiedene Ziele beziehen. Er funktioniert dann in der gleichen Form, wie wenn nun das gewählte Ziel »das eigene Leben« wäre. In diesem Sinne bietet er auch eine gute Möglichkeit, um durch Arbeit und Einsatz über sich selbst hinauszuwachsen. Wie förderlich die Identifikation für die Gemeinschaft ist, hängt jedoch davon ab, welche Art Ziel man sich zu eigen gemacht hat. Findet beispielsweise die Identifikation mit der Philosophie »Faschismus« oder »Terrorismus« statt, so läuft die Verfolgung dieses Zieles der Freiheit der anderen zuwider. Da der Mars als solcher keine ethische Rückkoppelung beinhaltet, muss diese von anderen Planeten kommen. Wir werden übrigens diese Fähigkeit zur Identifikation bei der höheren Oktave des Mars, dem Pluto, nochmals in gar markanterer Form kennenlernen.

Für die Aktivierung des Marsprinzips braucht es einen auslösenden Reiz, ein triebmässig begehrtes Ziel. Die Motivkonstellation wird durch die Stellung des Mars im Horoskop vorgegeben. Wie wir gesehen haben, kann es sich dabei sowohl um Arbeits- als auch Verwirklichungsziele, aber auch um sexuelle oder geistige Ziele handeln. Ist ein entsprechender Reiz vorhanden, so kommt der motorische Apparat in Bewegung, und man steuert auf dieses Ziel zu. Der Mars verkörpert das spontane Vorandrängen, das sich sowohl in einem implusiven Verhalten, als auch in einer geistigen Initiative manifestieren kann. Ihm entsprechen alle Formen von Kampfbereitschaft, aber auch von Arbeitstüchtigkeit, da ihm alles zum Wettkampf werden kann. Damit hängen auch seine Qualitäten wie Mut, Tapferkeit, sowie entschlossener Einsatz und Stosskraft zusammen.

Das Primäre beim Mars ist also die Mobilisierung der Angriffs- oder Verteidigungskräfte und damit die Ausschüttung von Adrenalin ins Blut. Ob dies zum Angriff, zum Festhalten der Position, zum Ausweichen oder zur Flucht führt, hängt vom subjektiven Erlebnis der Gefährlichkeit der Situation ab und somit sehr stark von der Marsstellung im Horoskop. Der Flucht- und Ausweichreflex wird viel schneller einsetzen, wenn der Mars beispielsweise eine Konjunktion oder einen Spannungsaspekt zum Neptun aufweist, oder sich im zwölften Haus bzw. im Fischezeichen befindet. Solche Stellungen bewirken in den meisten Fällen eine Angst vor offenen Konfrontationen.

Wir haben schon gesagt, wie wichtig die Rückkoppelung des Mars zur Sonne ist, weil erst diese ihm verbindliche Ziele und Ausrichtung vorgeben kann. Dies ist auch der wesentliche Unterschied zwischen Mars und Sonne. Letztere stellt die für die Persönlichkeit verbindlichen Ziele und die Selbstzentriertheit dar. Der Mars ist hingegen auf unmittelbare Reizziele ausgerichtet, welche einer Lenkung bedürfen.

Wie bei der Venus haben wir es beim Mars mit einem Selektionsprinzip zu tun. Bei diesem handelt es sich jedoch um eine aktive Selektion, während bei der Venus die passive Selektion ausschlaggebend ist. Während die Venus das verbindende Element zwischen Verschiedenartigem darstellt, beinhaltet der Mars ein aktives und trennendes Element. Im marsischen Ansturm ist der Mensch vorwiegend allein und höchstens durch gemeinsame Aktivitäten mit andern verbunden. Diese Verbundenheit hört jedoch auf, sobald das verbindende Ziel erreicht ist. Dies erklärt, warum marsische Gemeinschaften nur bestehen können, solange es etwas zu erobern gibt, und auseinanderfallen, wenn Ruhe einkehrt.

Der Mars entspricht auch dem männlichen Geschlecht mit seiner Eroberungslust. Bei der Frau ergibt ein stark gestellter Mars daher einen männlichen Einschlag und Ausdruckstendenzen, die gewöhnlich mit dem männlichen Geschlecht in Zusammenhang gebracht werden.

Entscheidungen und insbesondere ihre Umsetzung in die Tat sind ebenfalls eine marsische Betätigung. Nicht nur »scheiden wir« dabei von zwei Alternativen die eine aus, sondern wir ent-scheiden das Schwert, um den Knoten zu durchschneiden. Der Knoten mochte sich ergeben haben aus übertriebener Kompromissbereitschaft und mangelnder Klarheit – negative Züge der Venus, insbesondere im Zusammenhang mit dem Waagezeichen.

Biologische Entsprechung

Der Mars entspricht den Muskeln, dem Wärmehaushalt, den männlichen Sexualfunktionen und Hormonen, der Nase und dem Riechsinn, sowie – im Gegensatz zur Venus, welche das Orale verkörpert – dem Prinzip des Analen und somit der Ausscheidung. Wir wollen die einzelnen Punkte kurz durchgehen.

Mit dem Wärmehaushalt eng verknüpft sind Entzündungen und fiebrige Erkrankungen, welche astrologisch auch mit dem Mars in Zusammenhang gebracht werden. Diese stellen sich dann ein, wenn Konflikte nicht in der Aussenwelt ausgetragen werden, d.h. wenn man Entscheidungen aus dem Weg geht. Dann findet der Konflikt innerhalb des Körpers statt, indem die Erreger nun auf der inner-stofflichen Ebene bekämpft werden müssen. Durch Fieber beantwortet der Körper die Entzündung über eine Intensivierung der Abwehrvorgänge. Kampf und schliesslich Ausscheidung der besiegten Erreger ist das Ziel des Prozesses, der hätte aussen stattfinden sollen. Marsisch sind aber nicht nur Erreger, welche in den Körper eindringen, sondern auch die Erregung, die uns befällt, im Falle von Wut oder erotisch-sexuellem Angesprochensein. Auch in diesem Fall gibt es Verschiebungen im Rahmen des Wärmehaushaltes, indem Blut zu den Stellen fliesst, wo es benötigt wird, in diesem Fall in die Muskeln oder in die Sexualorgane. Blut, welches stattdessen in den Kopf schiesst und zu einem roten Kopf infolge von Wut oder Scham führt, darf in diesem Zusammenhang als eine durch Antriebsblockierung fehlgeleitete Energie angesehen werden (mögliche Entsprechung für Mars-Saturn-Spannungen).

Die Entsprechung des Mars für die männlichen Sexualorgane und die männlichen Hormone ist naheliegend und bedarf keiner besonderen Erläuterung. Marsprobleme können sich entsprechend beim Mann in Form von Potenzstörungen und Ueberkompensation auf diesem Gebiet zeigen.

Die Entsprechung des Mars zur Nase und zum Geruchssinn wird leicht verständlich, wenn wir bedenken, wie wir mit jemandem umgehen, oder umgehen möchten, den wir »nicht riechen können«. Wir werden ihm marsisch begegnen wollen, aggressiv oder defensiv. Entsprechend dem Mars ist ja auch der Geruchssin ein aktives Selektionsprinzip. Wir riechen meist schon auf Distanz und brauchen in Gegensatz zum Geschmackssinn nicht erst etwas zu berühren oder in den Mund zu nehmen, um zu wissen, ob es uns entspricht oder nicht. (Wie wir gesehen haben, entsprechen im Gegensatz dazu Mond und Geschmackssinn der Venusfunktion). Als Marssymbole mögen auch die Hunde gelten, welche nicht nur aggresssiv-defensiv sind, sondern viele Lust- Unlust-Entscheidungen über den Geruchssinn vornehmen.

Das Prinzip der Analität und der Ausscheidung ist nicht nur eine direkte astrologische Beobachtung, sondern lässt sich auch aufgrund der Symmetrie des Tierkreises direkt aus der Mars-Skorpion-Thematik herleiten: Was im Zusammenhang mit dem Venusprinzip oral an Nahrung aufgenommen wird, muss später anal und genital ausgeschieden werden. Ausscheidungsprobleme, beispielsweise in Form der Verstopfung ergeben sich dann, wenn jemand Schwierigkeiten hat, Dinge, die ihren Dienst erfüllt haben, zurückzulassen und auszuscheiden, – wenn jemand mehr behalten will, als er braucht. So wäre zu erklären, warum Geiz und Verstopfung oft einhergehen (Ueberbetonung des Venus-Stier-Prinzips, zuungunsten des Mars-Skorpion-Prinzips).

Psychologische Entsprechung

Die marsische Energie muss ausgedrückt werden können, damit uns Motivation und Lebensfreude erhalten bleiben. Dies ist nicht immer einfach, weil die marsische Impulsivität oft schon in der frühen Kindheit durch Eltern und Erzieher zwecks Sozialisierung und Anpassung an die Gesellschaft der Erwachsenen eingedämmt wird. Wenn wir eine Erziehung genossen haben, die uns beibringen wollte, nicht wild und spontan, sondern vernünftig und höflich zu sein, dann liegt die Gefahr nahe, dass wir hier einige Abstriche machen mussten.

Vielleicht haben wir gelernt, unsere Wut und unseren Aerger nicht zum Ausdruck zu bringen. Dies erfüllte damals unsere Lehrer und Eltern vielleicht mit Freude, hat aber für unseren späteren Werdegang einige Konsequenzen. Schlagen wir diesen Kurs nämlich konsequent ein, dann können wir im Leben vielleicht eine gesicherte Stellung erreichen, sowie zu Besitz und Ansehen kommen, können jedoch gleichzeitig feststellen, dass uns dies alles keine Freude mehr bereitet. Der Grund liegt in einem solchen Falle darin, dass wir selbst nicht mehr wissen, was uns persönlich wichtig ist, indem wir nur noch die Ziele und Vorstellungen unserer Eltern und der Gesellschaft verwirklichen. Eine solche Entwicklung ist bei Mars-Saturn-, Mars-Pluto- und Mars-Neptun-Konjunktionen und Spannungsaspekten zu befürchten.

Kommen wir in eine solche Situation, so müssen wir lernen, unsere unter einer tiefen Schicht von Tabus und gesellschaftlichen Normen begrabenen, persönlichen Bedürfnisse und Wünsche an die Oberfläche zu bringen und auszudrücken. Wir müssen also lernen unsere Wut, die wir hinter verschiedenen Spielen und Verhaltensmaschen verdeckten, neu zu spüren und einzusetzen, um unsere persönlichen Motivationen zum Ausdruck zu bringen. Dies ist ein langwieriger Prozess, der jedoch notwendig werden kann, damit uns die Lust am Leben nicht vergeht. Das Problem liegt meist vor allem darin, dass unsere Umwelt sich an unser angepasstes Verhalten gewöhnt hat und nicht unbedingt gewillt ist, unsere Veränderungen mitzumachen. So kann dieser Prozess, wenn er unumgänglich geworden ist, zu Trennungen führen.

Wir könnten sagen, der Mars entspricht auch beim Erwachsenen der Lust auch »unvernünftige« Dinge spontan zu tun, ganz einfach weil sie Freude bereiten, ohne nachzufragen, ob diese andern passen oder nicht.

Gesellschaftliche Entsprechung

Diese beinhaltet das Bedürfnis nach Wettbewerb – im gesunden Fall offen ausgetragen – im pathologischen Fall über den Versuch, mit allen Mitteln, gemäss der Stellung des Mars in Haus, Zeichen und Aspektgefüge an die Macht zu kommen – allerdings dann von der Angst geplagt, diese einmal einem Konkurrenten abtreten zu müssen, was zu übermässigen Abwehrreaktionen führen kann. Im gesunden Fall haben wir Spass am Erobern von neuen Positionen und drängen weiter, sobald Stagnation eintritt. In diesem Sinne bedeutet das marsische Prinzip auch Mut zum Wagnis und zur Weiterentwicklung, mitunter enormes Leistungsstreben, das sich beruflich auch bezahlt macht.

Beruflich hätten wir somit das Angezogensein von Postionen, wo Wettbewerb und Höchstleistungen angestrebt werden können. Dazu gehören Berufe im Bereich des Sports, der Technik, des Ingenieurwesens, sowie allgemein technische Berufe, welche mit Maschinen und Metallen in Zusammenhang stehen. Dies schliesst auch alles, was mit Schneiden und schneidenden Eingriffen zu tun hat ein, so Chirurgie oder Zahnmedizin. Eine weitere Entsprechung liegt im Sicherheitsdienst, beispielsweise in Form von Polizei oder Militär.

Partnerschaftliche Entsprechung

Im Falle einer Erziehung zu Höflichkeit und Anpasssung ergeben sich später Schwierigkeiten, den Mars im Sinne eines spontanen Verhaltens selbst zum Ausdruck zu bringen. Dies wird insbesondre dann der Fall sein, wenn die Erziehung eine Unterdrückung von Aerger und Wut bewirkte. In einem solchen Falle wird die Marsenergie auf einen Partner projiziert, also auf jemanden, der seine Impulsivität und Durchsetzung besser zum Ausdruck bringt, als man selbst dazu in der Lage ist. Bedingt durch die unterschiedliche Erziehung, welche Mädchen und Knaben zukommt, tritt dies sehr häufig bei der Frau auf, die in vielen Fällen einen starken Mars in ihrem Horoskop zumindest in ihren ersten Beziehungen in Form eines Partners erleben wird, der Züge von Aggressivität zeigt und in der Lage ist, sich energisch durchzusetzen. Sobald die Frau dann mit ihren eigenen Marsenergien in Berührung kommt, kann dies umschlagen, indem sie nach einer Phase von intensiven Auseinandersetzungen mit dem durchsetzungsfähigen Partner lernt, ihre Energie selbst in die Hand zu nehmen und dann angezogen sein kann vom weicheren Typ des Mannes.

Übung zur Marsqualität

1. Denken Sie darüber nach, wie Sie Ihre Wünsche und Bedürfnisse zum Ausdruck bringen. Nehmen Sie einige Beispiele von Dingen, die Ihnen am Herzen liegen. Wie gehen Sie damit um, wenn Sie disese Bedürfnisse befriedigen wollen?

Schreiben Sie während zwei bis drei Tagen auf einem Blatt links Ihr Bedürfnis und rechts die Art, wie Sie dieses Bedürfnis befriedigen könnten, auf. Vielleicht stossen Sie dabei auf wichtige Motivationen, welche Ihnen vorher nicht bewusst waren. Vielleicht erleben Sie bei den Möglichkeiten zur Durchsetzung dieses Bedürfnisses Angst, von andern abgelehnt zu werden (der Gegenpol Venus sucht Angenommensein und Beliebtheit).

Wenn Sie dies getan haben, so überlegen Sie sich, wie andere Leute des gleichen Geschlechts mit diesem Thema der Durchsetzung eines bestimmten Bedürfnisses umgehen würden. Nehmen Sie vor allem Leute, die Sie für ihre Fähigkeit in diesem Zusammenhang bewundern. Wie tun diese es? Schreiben Sie sich das auf!

Ueberlegen Sie sich anschliessend, was Sie davon lernen oder übernehmen könnten und welche Konsequenzen dies hätte.

Sie haben mit dieser Uebung zwei Dinge verstehen können: Ihre vielleicht nicht ausgesprochenen Bedürfnisse und mögliche Alternativen zu Ihren üblichen Verhaltensweisen, um diese Bedürfnisse zu befriedigen.

2. Wann fühlen Sie sich erregt, wann werden Sie aggressiv, in welchen Situationen spüren Sie den Angriffs-, Verteidigungs- oder Fluchtreflex? Was haben diese Situationen miteinander gemeinsam?

Vergleichen Sie nun diese Antworten mit den Werten, welche Sie unter dem Kapitel der Uebung zur Venus aufgeschrieben hatten. Werden Sie aggressiv, wenn jene Werte in Frage gestellt werden?

Stellen Sie auch fest, ob Sie vielleicht dann Aggressionen zeigen, wenn jemand Schwächen zeigt, die Sie bei sich bekämpfen und vielleicht schon weitgehend zurückgelassen haben, welche in Ihrem Bewusstsein jedoch immer noch eine Gefahr darstellen.

3. Welche Art zu kämpfen fällt Ihnen leicht? Ueber Worte, durch gefühlsmässige Abwendung oder gar physisch? Entziehen Sie sich lieber, wenn Ihnen eine Situation als gefährlich erscheint (Fluchtreaktion)? Fällt es Ihnen leichter, statt offen zu kämpfen, eine Leidensmiene aufzusetzen, sodass sich der andere schuldig fühlt, oder warten Sie, bis Sie dem andern in einer günstigen Situation seine Angriffe zurückgeben können – nämlich dann, wenn er eine Schwäche zeigt?

4. Welchen Dingen gilt Ihr Streben im besonderen? Für welche Dinge können Sie sich voll einsetzen und harte Arbeit leisten?

Falls sie schon genügend Astrologiekenntnisse haben, können Sie das, was Sie sich aufgeschrieben haben, mit Ihrer Marsstellung in Zeichen, Haus und Aspektgefüge vergleichen. Stellen Sie fest, was Sie dabei über die Marsenergie gelernt haben, und was Sie dabei in Zukunft anders machen möchten!

Das Widder-Zeichen als Yang-Entsprechung des Mars

Herrscher:	Mars
Element:	Feuer
Kreuz:	Kardinal
Polarität:	Yang

Das Widder-Zeichen ist eine ziemlich unmittelbare und übereinstimmende Entsprechung zum Planeten Mars, so wie wir ihn von seiner Dimension des »ungestüm- vorwärtsdrängenden« her kennen. Die marsische Kraft als Arbeitsleistung und als Verteidigung der gesellschaftlichen Werte entspricht andrerseits weniger dem Widder-Zeichen, sondern viel eher der Skorpion-Komponente. Daraus können wir auch schliessen, dass Mars-Stellungen in einem Yang-Zeichen eher zu einer widdermässigen Ausprägung führen werden, während solche in einem Yin-Zeichen durchaus Züge der defensiven Mars-Entsprechung beinhalten, wie wir sie über das Skorpion-Zeichen erfahren.

Der Widder ist sehr urtümlich und symbolisiert eine noch unverfeinerte Energie, welche spontan zum Ausdruck kommt. In diesem Sinne ist er ein zodiakales Symbol der Aggressionskräfte. Im Normalfall handelt es sich dabei jedoch um eine sehr gesunde, weil unmittelbare Aggressivität, die natürliche Aggressivität nämlich, die wir oft im nachhinein wieder erlernen müssen, wenn wir es durch zuviel Anpassung (Waage oder Steinbock-Zeichen, zodiakal im Spannungsaspekt zum Widderzeichen) verlernt haben, uns nach unserem Anlageplan zum Ausdruck zu bringen. Dann müssen wir wieder lernen zu sagen »ich will« und damit in einem zweiten Anlauf eben diese Qualitäten erlernen, welche das Widder-Zeichen hervorragend meistert.

In seiner unverfälschten Form ist der Widder absichtslos. Er handelt ganz einfach, um seine überschüssigen Energien loszuwerden. Was ihm auch immer als Reizziel entgegentritt, kann sich für seine Entladungen eignen. So nimmt der Widder auch gerne anderen gegenüber eine leitende Rolle ein. Diese ist jedoch weniger vom Bedürfnis geprägt, Macht auszuüben, als vielmehr davon, sich selbst sein und bleiben zu können. Wie gut er sich in der Gemeinschaft mit anderen verwirklicht, wird somit davon abhängen, ob er die Fähigkeit entwikkelt, seine Umwelt wahrzunehmen, sich andere anzuhören und ihre Bedürfnisse mitzuberücksichtigen (die Qualitäten des Gegenzeichens Waage). Ist er dazu nicht bereit, so wird er zum Rückzug auf sich selbst und damit zur zunehmenden Isolation gezwungen werden. Es ist gerade seine Fähigkeit, mit Konfrontationen als Ausdruck des marsichen Prinzips umzugehen, welche darüber entscheiden wird, wie gut er sich in unserer Gesellschaft durchsetzt.

Anpassung sollte zumindest dort vorhanden sein, wo er sich das nötige Rüstzeug aneignen muss, um damit später auf effiziente Weise seine persönlichen Bedürfnisse zum Ausdruck zu bringen. Dazu wird er Geduld lernen müssen

Eine bewältigte Widder-Thematik bedeutet, soviel Sensitivität für das, was um einem herum geschieht, entwickelt zu haben, dass man weiss, in welchem Moment man vorangehen kann. Bis zum Zeitpunkt, wo er dies gelernt hat, wird der Widderbetonte seine Energie in vielen, scheinbar nutzlosen Auseinandersetzungen mit anderen über einen Bumerang-Effekt, der darin besteht, dass Aggression Gegenaggression auslöst, oft unliebsam kennengelernt haben.

Erfolgen solche Konfrontationen schon sehr früh in der Kindheit, so kann sich auch der Typus des Wolfs im Schafspelz herauskristallisieren. Dies tritt infolge des Erziehungsdrucks bei Mädchen besonders oft zu Tage. Ein widderbetontes Mädchen mag nämlich in der Kindheit erleben, dass vieles von dem, was ihm Freude macht – wie beispielsweise: wild sein dürfen, und an Knabenspielen Spass haben – von den Eltern systematisch bekämpft und unterdrückt wird. In diesem Falle mag es sich dazu entschliessen, sich äusserlich anzupassen und sein Bedürfnis nach Spontaneität zu unterdrücken. Die Aggressivität wandert in einem solchen Falle nach innen, und das Resultat ist der Entsprechung des defensiven Marses, wie wir ihn im Zusammenhang mit dem Skorpion kennen, ähnlicher, als der des Widders. Diese Person mag erst später, in einem zweiten Anlauf ihre impulsiven und spontanen Seiten zurückerlangen und zum Ausdruck bringen. Dies wird vielleicht erst nach intensiven Auseinandersetzungen mit einem marsischen, männlichen Partner geschehen, den sie sich damals gerade deshalb ausgesucht hatte, weil er das zum Ausdruck brachte, was sie selbst verdrängte.

Im Gegensatz dazu hat ein widderbetonter Knabe im allgemeinen weniger Probleme, seinen Neigungen gemäss zu leben, weil die Umwelt die Durchsetzungskomponenten bei einem Mann eher erwartet und damit auch fördert. Er gilt dann als ausgesprochen männlich und passt damit meist gut in die Rolle, die ihm von den Eltern zugedacht wird.

Das Skorpionzeichen als Yin-Entsprechung des Mars

Herrscher:	Mars und Pluto
Element:	Wasser
Kreuz:	Fix
Polarität:	Yin

Es ist heute nicht mehr sehr gebräuchlich, das Skorpionzeichen mit dem Mars in Zusammenhang zu bringen. Tatsächlich ist es so, dass der Pluto die Qualitäten des Skorpions differenzierter verkörpert als der Mars. Ich glaube aber, dass es dennoch nützlich ist, herauszuschälen, wie sich die Eigenschaften des defensiven, und im negativen Falle repressiven Mars (Yin-Mars) in Form des Skorpion-Zeichen ausdrücken. Schliesslich können wir diese Qualitäten bei vielen Marsstellungen in Yin-Zeichen oder -Häusern wiedererkennen.

Was bedeutet denn die Yin-Entsprechung des Mars? Ganz einfach, dass sich die marsische Kraft nicht ohne Grund aus eigenem spontanem Antrieb heraus, d. h. absichtslos manifestieren kann, sondern dass entweder ein äusserer Grund oder eine, in der eigenen Vergangenheit liegende Veranlassung vorhanden sein muss, damit es zur marsichen Entladung, bzw. zum Handeln kommt. Damit fällt die momentbezogene, und nur im Hier und Jetzt begründete Aktion zugunsten einer in der Vergangenheit begründeten Reaktion weg. Das Handeln ist nicht mehr aus dem Jetzt heraus zu verstehen, sondern die Vorgeschichte des Betreffenden wird wichtig, um zu erkennen, warum er jetzt gerade handelt oder aggresssiv wird. Diese Vorgeschichte ist in vielen früheren Konfrontationen, deren wichtigste auf die Kindheit zurückgehen, begründet. Dabei spielen insbesondere die Niederlagen, die der Betreffende in der Auseinandersetzung mit Stärkeren hinnehmen musste, eine grosse Rolle. Dazu gehören natürlich die zahlreichen Verbote, welche mit Vehemenz und Wut von Seiten der Eltern ausgesprochen wurden. Diese bilden die Achillesferse des Skorpionbetonten, und wenn solche Punkte angesprochen werden, so wird aus dem defensiven Mars dadurch, dass solche Situationen subjektiv als lebensgefährdend erlebt werden, ein repressiver Mars, dessen Zerstörungswut unvergleichlich nachhaltiger ist als die Manifestationen des Widder-Mars.

Die Tatsache, dass der Skorpionbetonte schon früh, einerseits mit Tabus, andererseits über Konflikte mit dem Thema Macht konfrontiert war, bringt es mit sich, dass er sich auch später sowohl für die Gesellschaft, welche diese Tabus ausspricht, als auch für das Thema Macht ganz besonders interessiert. So haben wir unter den Skorpionbetonten nicht nur marsische Sicherungsfunktionen der Gesellschaft, wie Militär und Polizei, sondern auch viele Verfechter der gesellschaftlichen Ordnung, welche sich durch unermüdliche Arbeit an die Hebel gesellschaftlicher Macht gebracht haben.

In diesem Sinn ist die Skorpion-Entsprechung des Mars im Vergleich zur Widder-Entsprechung wesentlich stärker identifikationsbedüftig. Der Betreffende lernt, seine Energie in den Dienst einer Sache oder einer Idee zu stellen, und wird dann meist zu einem unermüdlichen Verfechter dieser Richtung bis zum Zeitpunkt, wo er diese als überholt ansieht und sich dann nach harten, inneren und äusseren Kämpfen einer andern Sache zuwendet.

Wenn wir den Vergleich ziehen zum Widder, so könnten wir sagen, dass der Widderbetonte eigene Ziele verfolgen will, während der Skorpionbetonte von gesellschaftlichen Zielen angezogen ist. In diesem Sinne ist dieses Zeichen sehr berufswirksam und symbolisiert die Du-Entsprechung des Mars-Prinzips, welche in diesem Fall mit Identifikation einhergeht – eine Eigenschaft, welche wir beim Pluto, von einer andern Warte her betrachtet, nochmals vorfinden. Wesentlich ist, dass bei Skorpionbetonten die Impulse für das Handeln letztlich dem Innenleben entstammen und äussere Reize lediglich als Motiv zum Ausdruck der marsischen Energie dienen. Nach Innen geht auch das Bedürfnis nach marsischer Aktivität. So sind Betätigungen und Berufe, welche mit irgendeiner Form des Eindringens in Zusammenhang stehen, Hauptinteressen des Skorpionbetonten. Entsprechend den verschiedenen Ebenen können dazu als Beispiele die Berufe des Chirurgen, des Zahnarztes, des Psychiaters, aber auch des Detektivs angeführt werden. Dazu gehört natürlich auch die Entsprechung dieses Zeichens zur männlichen Sexualität.

Die grosse Möglichkeit des Skorpionbetonten liegt darin, durch Identifikation mit einer grösseren Aufgabe über seinen ursprünglichen Groll wegen erlittener Ungerechtigkeiten hinwegzukommen. Dies geschieht in erster Linie, indem er durch seine Begeisterung für eine Aufgabe, die ihn überzeugt, sein persönliches Ich zurückstellen kann.

Der Mars in den Zeichen

Die Durchsetzung, die der Mars symbolisiert, wird durch seine Stellung in den verschiedenen Zeichen abgewandelt und verändert. Nicht nur die Art, wie Energie und Tatkraft zum Ausdruck kommen, sondern auch die Ziele, welche tatkräftig angestrebt werden, sind von der Stellung des Mars im Zeichen abhängig. Dabei spielen nicht nur die Elemente, sondern auch die Kreuze eine grosse Rolle. So haben wir in den kardinalen Zeichen ein stossweises, von einem unmittelbaren Ansporn ausgehendes Vorgehen. In den fixen Zeichen ist vor allem eine Beharrlichkeit vorhanden, welche auf beständige und längerfristige Art Ziele angeht, die stark wertbesetzt sind. In den veränderlichen Zeichen passt sich die Energie hingegen stark den vorhandenen Umständen und Situationen an. Der Einsatz ist somit in stärkerem Masse Schwankungen unterworfen.

Diese Stellung in den verschiedenen Kreuzen vermischt sich mit der Färbung, welche durch die Elementzugehörigkeit angezeigt ist. So gehorcht die Marsenergie in den Feuerzeichen ihrer eigenen Dynamik. Solange die spontane Begeisterung anhält, ist der Betreffende in Bewegung. In diesen Momenten kann er Hindernisse überrennen und mit dem Kopf durch die Wand gehen wollen.

In den Erdzeichen richtet sich die Mars-Energie stärker auf konkrete Ziele, welche durch die äussere Wirklichkeit vorgegeben werden und ist damit weniger abhängig von inneren Impulsen. Oft muss diese Marsstellung durch die Umwelt aktiviert werden, um in Bewegung zu kommen.

In den Wasserzeichen kommt der Betreffende durch Gefühlsmotive zum Handeln. Diese liegen sowohl in der ihn umgebenden Stimmung, als auch in den Assoziationen, die er im Zusammenhang mit früheren Situationen damit verbindet. Aeusserer Zuspruch und vorgefundene Sympathie sind für den Energie-Einsatz sehr wesentlich. Bei verletzter Empfindlichkeit hat er oft eine Art zu reagieren, die am Ziel vorbei geht, weil die Abwehr einer früheren Situation gilt. Mitunter vermischt sich dies mit Aggressionen gegen die eigene Person.

Bei Mars in den Luftzeichen wird die Energie nicht nur verbal zum Ausdruck gebracht, sie richtet sich auch mehr als bei anderen Stellungen auf die Welt der Begriffe und Konzepte. Damit sind sowohl ein gutes Diskussionstalent, als auch viel Wendigkeit und Schlagfertigkeit gegeben. Oft liefert dabei die Welt der Ideen den Anlass zum Tatendrang.

Die gesellschaftlichen Planeten Jupiter und Saturn

Die fünf bisher behandelten Gestirne würden genügen, um die Grundbedürfnisse des Menschen unabhängig von seiner gesellschaftlichen Einordnung zu beleuchten. Um sich jedoch in eine Gemeinschaft einfügen zu können, sind weitere Funktionen notwendig. Es braucht dazu sowohl einen Glauben an die Institutionen der Gemeinschaft und deren kulturellen Wert, als auch an deren künftige Möglichkeiten. Damit lernt der Mensch, sich zu öffnen für die Zugehörigkeit zu einem grösseren Ganzen. In der astrologischen Terminologie sorgt dafür der Planet Jupiter.

Andererseits ist jedoch eine weitere Funktion ebenfalls notwendig: nämlich eine Instanz, die uns veranlasst, die Grenzen zu akzeptieren, die uns durch ein Leben in der Gemeinschaft gegeben sind, und ohne die wir unseren Mitmenschen dauernd zu nahe treten würden. Es handelt sich also um eine Funktion, die uns Grenzen setzen soll, die uns lehrt, dass unsere Freiheit da aufhört, wo die Freiheit des Nächsten beginnt. Diese Funktion hat der Saturn inne. Unter den traditionellen Planeten ist er der einzige, der uns unsere Grenzen aufzeigt, nicht nur im Hinblick auf ein Zusammenleben mit andern, sondern auch in Bezug auf unsere geistige Entwicklung. Er gilt als Hüter der Schwelle, und nur wenn wir ihn mit seiner ganzen Bedeutung erfasst und in unser Leben integriert haben, finden wir Zugang zu den transsaturnischen Planeten.

Somit sind Jupiter und Saturn die Planeten der Integration in die menschliche Gemeinschaft. Sie waren zusammen mit den vorher beschriebenen fünf persönlichen Gestirnen bis zur Zeit um die französische Revolution die einzigen dem Menschen bekannten Hauptgestirne. Mit diesen beiden letzten Planeten war eine Siebenerreihe konstelliert, welche für viele Jahrtausende den astrologischen Hintergrund ergab. Unsere sieben Wochentage sind davon hergeleitet, jeder trägt den Namen eines Planeten.

Jupiter und Saturn als Vertreter des bisherigen Weltbildes

Es ist wichtig und bezeichnend, dass Saturn den letzten Planeten der traditionellen Reihe darstellt. Mythologisch bedeutet er ja eine Neigung der Zeit und den Versuch, die Entwicklung aufzuhalten: Saturn frass seine Kinder auf, damit sie ihm dereinst seine Vorrangstellung nicht streitig machen würden. Dies tat er aus Angst, das gleiche zu erleiden, wie sein Vater Uranus, den er selbst kastriert hatte. Wir finden hier ein interessantes Detail, das zeigt, wie Angst (astrologisch das Attribut Saturns) zur Verneinung der Dimension »Zeit« führt. Daraus lässt sich im Hinblick auf das bisherige Weltbild folgendes ableiten:

1. In der Welt der Planeten bis Saturn besitzt die Zeit keine eigentliche Qualität. Die Zukunft ist die Extrapolation der Vergangenheit gemäss den Gesetzen der Kausalität. Die Irrtümer der Vergangenheit bedingen die Prüfungen und Schwierigkeiten, die man in Zukunft zu erwarten hat.

2. Das dieser Anschauung zugrundeliegende Prinzip ist jenes der Kontinuität. Dies ist auch die Grundlage des aristotelischen wissenschaftlichen Systems, welches bis in die Neuzeit galt. Es besagt, dass die Natur keine Sprünge macht (Natura non facit saltus). Auch dies ist eine Negation der Qualität der Zeit. Gemäss dieser Auffassung können sich Dinge nicht in Funktion der Zeit von einem Moment zum andern grundlegend verändern. Das daraus resultierende Weltbild ist linear, kausal und auf den sogenannten »Fortschritt« als Motor der Evolution ausgerichtet.

Der Jupiter und seine Entsprechungen

Wenn der Merkur, so wie wir ihn heute verstehen, der logischen Verstandestätigkeit entspricht, sowie der Fähigkeit, Abbilder oder Abstrakte der konkreten Realität zu schaffen, so hat der Jupiter mit der Vernunft zu tun, mit einer sinnbezogenen Auseinandersetzung mit der Wirklichkeit. Er befähigt uns, die Dinge in einem grösseren Zusammenhang zu sehen, uns nicht nur kurzfristig zweckmässig, sondern auch langfristig sinnvoll zu verhalten. Unser Denken und Handeln soll dadurch einen tieferen menschlichen Sinn erhalten. Mit dem

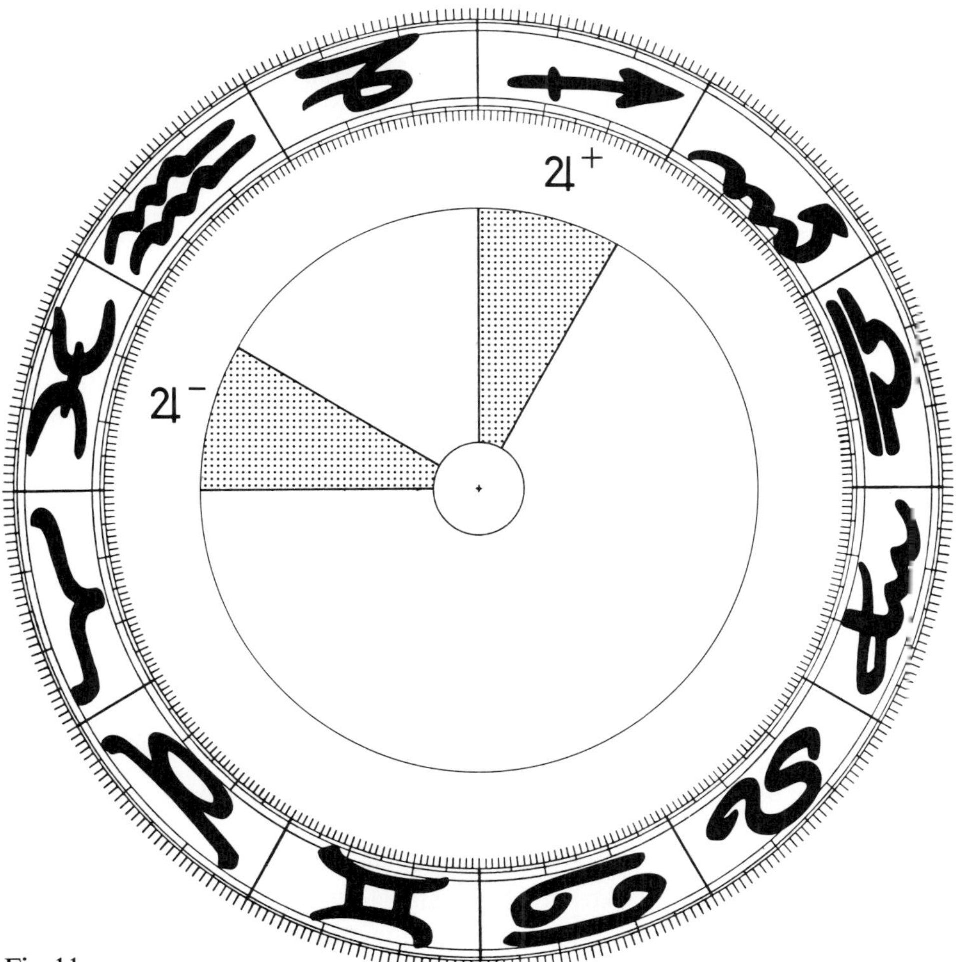

Fig. 11

Jupiter tritt der Mensch in eine lebendige Auseinandersetzung mit der Umwelt, welche nicht nur vom Kopf bestimmt ist, sondern wo das Herz ebenfalls mitspielt. Er lernt seine Ziele zu verwirklichen, indem er sich an die vorhandenen Gegebenheiten anpasst, diese einschliesst und dadurch mitgestaltet. Diese Fähigkeit zur Anpassung, die gleichzeitig ein Mitschwingen ist, macht ihn beliebt und trägt zu dem bei, was man gemeinhin als Glück bezeichnet (Jupiter als traditionelles Symbol des »grossen Wohltäters«).

Unter dem Einfluss des Jupiter gelingt es, zur rechten Zeit, am rechten Ort, das richtige Verhalten zu zeigen. Deshalb wird der Jupiter oft mit dem »Optimum« in Verbindung gebracht. Unter seinem Einfluss ist man bestrebt, mit den gegebenen Umständen und Mitteln das bestmögliche zu erreichen. Im Gegensatz dazu war der Merkur rein quantitativ und strebte das »Maximum« an. Dieser bezieht sich also auf die Quantität, das Messbare, während der Jupiter mit Qualität und Proportion zusammenhängt. Unter dem Einfluss des Jupiters wird somit automatisch ein lebensfähiger Kompromiss gesucht, der nicht nur vom eigenen zweckorientierten Verhalten ausgeht, sondern die andern mit einschliesst. Dadurch wird die Umwelt zur Kooperation veranlasst, was schliesslich der Verwirklichung der eigenen Ziele zugute kommt. Während andere sich im Zusammenhang mit den einseitigen Abstraktionen des Merkurs oft ausgeschlossen fühlen und somit zur Rivalität ermuntert werden, fühlen sie sich im Zusammenhang mit jupiterhaftem Ausdruck mit-einbezogen und -berücksichtigt.

In seiner positiven Manifestation symbolisiert der Jupiter somit eine Haltung, die von Reife und Weisheit zeugt. Sie schlägt sich in Güte und Expansivität nieder, welche wiederum Reichtum und Fülle bringen können.

In der traditionellen Astrologie finden wir die Verbindung des Jupiters mit Glauben, Religion und Philosophie, und dies ist heute noch wichtig, wenn die Religion lebendigen Glauben im Gegensatz zu Dogma und leerem Ritual verkörpern soll. Einer lebendigen Religion, die von ihren Anhängern mitgetragen wird, können wir viele der Jupiterqualitäten entnehmen: einerseits das Gefühl des Eingebettetseins in einem grösseren Sinn und Rahmen, andererseits das gemeinsame Erlebnis der symbolträchtigen Rituale, wie wir sie in unseren Breitengraden im Zusammenhang mit der katholischen Kirche kennen. Beim echten Glauben gehört dazu die Qualität des Ergriffenseins, welche die Menschen aufgrund von Qualitäten des Herzens und damit letztlich der Liebe zusammenbringt. Es können damit Erfahrungen gemacht werden, die weiterreichen, als diejenigen des einzelnen Individuums.

Diese Jupitersymbolik ist sehr schön dargestellt im 16. Zeichen des I-Gings: »Die Begeisterung«. Es heisst dort:

»Es wird also eine Bewegung begonnen, die auf Hingebung stösst und daher mitreissend, begeisternd wirkt«... »Die Zeit der Begeisterung beruht darauf, dass ein bedeutender Mann da ist, der in Fühlung mit der Volksseele ist und in Uebereinstimmung mit ihr handelt. Darum findet er allgemeinen, willigen Gehorsam. Um Begeisterung zu wecken, ist es daher nötig, dass man sich mit seinen Anordnungen nach der Natur der Geführten richtet. Auf dieser Regel der Bewegung auf der Linie des geringsten Widerstandes beruht die Unverbrüchlichkeit der Naturgesetze. Sie sind nicht etwas ausserhalb der Dinge, sondern die den Dingen immanente Harmonie der Bewegung. Darum weichen die Himmelskörper nicht ab von ihren Bahnen,und alles Naturgeschehen vollzieht sich in fester Regelmässigkeit. In ähnlicher Weise liegen die Dinge auch in der menschlichen Gesellschaft: Auch hier werden sich nur solche Gesetze durchführen lassen, die im Volksempfinden ihre Wurzeln haben, während Gesetze, die diesem Empfinden widersprechen, nur Erbitterung wecken.«

Diese uralten Texte legen uns sehr schön nahe, wie der Jupiter wirkt. Er wirkt durch Einschluss und durch Rückkoppelung mit der Volksseele einerseits, und mit der kosmischen Harmonie, d.h. den Gesetzen des Himmels andererseits. Er stellt also eine Verbindung her zwischen Ursprung, Tradition und Zukunft. Dabei schliesst er alle ein.

Auf der individuellen Stufe gibt er uns ein Bedürfnis nach Reisen im Raum, z.B. in ferne Länder, sowie in der Zeit, insbesondere in die Zukunft. Er hilft uns, über den vielleicht kleinlichen Horizont unserer Familie hinauszuwachsen und uns dem Neuen, noch Unbekannten, in Form von Gruppen oder Völkern mit ganz anderen Prägungen, zu öffnen. Damit ist er der traditionelle Reiseplanet – jedenfalls für Reisen, die uns in eine Kultur versetzen, die genügend andersartig ist, dass unser Bewusstsein dabei erweitert werden kann. Wir können uns leicht vorstellen, dass früher schon Reisen von wenigen Kilometern dazu ausreichen konnten; z.B. im Zusammenhang mit einer Reise vom Land in die nächste Stadt. Heute genügt das nicht mehr, indem die Medien uns fortwährend und ohne weitere Anstrengung ständig Informationen über andere Länder vermitteln. Deshalb sind für den heutigen Menschen Reisen nach innen, oder in andere Bewusstseinszustände im Sinne eines jupiterhaften Erlebnisses mindestens so wichtig wie Reisen mit geographischer Veränderung.

Dieser Zusammenhang ermöglicht uns, zu verstehen, warum der Jupiter innerhalb der traditionellen Siebenerreihe nicht nur das Schützezeichen, sondern auch das Fischezeichen beherrscht. Das Schützezeichen würde dann der Bewusstseinserweiterung durch äussere Reisen (Yang-Entsprechung des Jupiters) entsprechen, das Fischezeichen jener durch die Reise nach Innen (Yin-Entsprechung des Jupiter). Wir haben, um diese Komponente zu verstehen, heute allerdings auch das Symbol des Neptuns zur Verfügung, welches dieses Thema noch klarer und prägnanter zum Ausdruck bringt.

Wir können also sagen, dass der Jupiter die Brücke zu verschiedenen Welten schlägt, seien diese nun äusserer oder innerer Art. Er hilft uns dabei auf angenehme Art und Weise, die grosse Weite des Kosmos und des Menschseins zu erleben. Da dies für das Ich jedoch oft angsterregend ist, indem es der Furcht anheimfällt, in dieser Weite unterzugehen, braucht es zum Erleben der Sphären des Jupiters das Vertrauen in eine kosmische Ordnung und damit den Glauben.

Den Rahmen für diese Erlebnisse lieferten früher – und z.T. heute noch – vor allem Religion und Philosophie. Das Vorhandensein oder das Fehlen dieses Vertrauens ergeben zwei verschiedenartige Jupiterentsprechungen:

Ist das Vertrauen vorhanden, so haben wir den Typus des grosszügigen, offenherzigen und initiativen Menschen, der andere durch seinen Enthusiasmus mitreisst und durch seinen Glauben scheinbar Unmögliches möglich macht. Gleichzeitig fest verankert auf dem Boden der realen Welt, verändert er diese Realität ständig, indem er sich für Neues öffnet und diesem zum Durchbruch verhilft. Er ist getragen von einer Suche nach Sinn, welcher seine Handlungen ständig befruchtet.

Fehlt dieses Urvertrauen jedoch, so ist die Suche nach mehr Freiraum und Weite deswegen jedoch nicht ausgeschaltet. Die Verbindung mit der Realität fällt in diesem Fall aber umso schwerer. Es besteht dann die Gefahr, dass eine Abkoppelung stattfindet, und das Bedürfnis nach Grösse und Freiheit in die Zukunft projiziert wird, auf eine erdachte Welt, die schöner und reicher ist, als jene, die einen zur Zeit umgibt. In diesem Fall fehlt die Verbindung zwischen dem, was wir möchten, und dem, was wir tun. Das Resultat kann Wirklichkeitsverlust sein, was bis zu hochstaplerischen Allüren gehen kann, wobei beide mit dem unangenehmen Gefühl verbunden sind, im Leben schlecht weggekommen zu sein, und nicht seinen Fähigkeiten entsprechend von der Umwelt eingeschätzt zu werden.

Problematisch wird Jupiter gewöhnlich, wenn das Selbstvertrauen gemäss der Sonnenstellung geschwächt ist, d.h. wenn die Sonne schwach gestellt oder zu wenig ins Aspektgefüge integriert ist. Dann manifestiert sich die Expansivität des Jupiters oft bloss als Streben nach Prestige und rein äusserlichem Status, der die innere Leere überbrücken soll. Man sieht sich dann gerne grösser als man ist, übertreibt und lebt über seine Mittel. Anstelle eines gesunden Wachstums, das Jupiter sonst fördert, erfolgt ein krankhaftes Wachstum, das von den zentralen Anliegen der Person losgelöst ist.

Die grosse Möglichkeit des Jupiters liegt darin, über den Glauben zu einer Auflösung von Kristallisierungskomplexen, die zur Vergangenheit gehören, zu gelangen. Das Zulassen des Neuen bewirkt, dass man fähig wird, das Alte zurückzulassen. Dazu gehört jedoch unweigerlich das Handeln. Das blosse Sich-Ausdenken dessen, was als nächstes möglich wäre, löst keine Schwierigkeiten und führt höchstens zum Erlebnis der Diskrepanz zwischen Wünschenswertem und Vorhandenem.

Jupiter hat auch gewisse Aehnlichkeiten mit der Venus. Bekanntlich wurden beide in der traditionellen Astrologie als »Glücksbringer« bezeichnet. Die Venus beinhaltet tatsächlich ebenfalls das Element von Gleichgewicht und Kompromiss, das wir bei Jupiter finden. Nur haben wir beim Jupiter statt eines momentanen Gleichgewichtes eines, das dynamisch und zukunftsorientiert ist, sodass zum situationsgerechten Verhalten im Hier und Jetzt ein Element von Zukunftsträchtigkeit, ein Streben nach Verwirklichung hinzukommt. Während andererseits Venus vorwiegend das Gleichgewicht zwischen Ich und Du verkörpert, drückt Jupiter das Gleichgewicht zwischen Ich und Gesellschaft aus. Diese Bezugnahme auf die Gesellschaft zieht eine expansive Haltung nach sich, welche grundsätzlich auf Verwirklichung ausgerichtet ist.

Im Zusammenhang mit unserer Kindheit und der Erziehung, die wir genossen haben, entspricht der Jupiter dem Prinzip des Nährenden und Gewährenden. Dies heisst, dass wir im Bereich, wo sich dieser Planet im Horoskop befindet, insbesondere häuser- und aspektmässig, von unseren Eltern und Erwachsenen ganz allgemein Unterstützung und Ermunterung erfuhren. In diesem Bereich durften wir uns selbst sein und unsere Unternehmungen wurden gutgeheissen. Dies ist ein wichtiges Korrektiv zum Saturn, welcher die Verneinung und Einschränkung symbolisiert. Um zu wachsen, brauchen wir beides, es sollte jedoch ebensoviel Unterstützung wie Einschränkung vorhanden sein, weil sonst das Selbstvertrauen darunter leidet!

Da die meisten von uns Wachstum und Expansion mögen, kommt der Jupiter in der astrologischen Beurteilung meist recht gut weg. Wachstum kann jedoch ebenfalls schädlich sein, wenn es sich um ein unnatürliches und vielleicht krankhaftes Wachstum handelt (z. B. Krebszellen). Auch wenn dafür die Ursache bei Jupiter liegt, erleben wir dessen Konsequenzen doch meist über andere Planeten, sodass diese Tatsache den guten Ruf des Jupiters in der astrologischen Literatur nicht beeinträchtigte. Wir wollen ihn hier deshalb ganz einfach als Planeten des Wachstums und des Einschliessens sehen, ohne ihn deshalb mit einem positiven oder negativen Vorzeichen zu versehen.

Biologische Entsprechung

Entsprechend dem psychologischen Thema des Aufnehmens und Zulassens von Komponenten der Aussenwelt, im biologischen Sinne von Nahrungsbestandteilen, hat der Jupiter einen Bezug zu den Organen, dem Blut und der Leber. Er beeinflusst somit die Ernährungsfunktionen und unser körperliches Wachstum. Aus diesem Themenkreis stammen auch die gesundheitlichen Probleme, die im Zusammenhang mit dem Jupiter auftreten können. Setzt nämlich die Bereitschaft zu geistigem Wachstum, und in diesem Sinne zu Veränderungen aus, so tritt unter dem Einfluss des Jupiter ein Dickenwachstum auf. Wir erleben unser Bedürfnis nach Fülle in Form von Uebertreibungen im Bereich des Essens und Trinkens. Dabei nehmen wir zu und belasten unsere Leber. Dies tritt dann ein, wenn das »Haben« wichtiger wird als das »Sein». Dann verlieren wir den Sinn, sowie den Glauben und versuchen das damit verbundene Gefühl von Intensität über allzu reiche Nahrung und vielleicht Alkohol stellvertretend zu erleben. Das wird dann andrerseits von unserer Leber schlecht ertragen (beachten Sie dabei die Aehnlichkeit zwischen dem französischen Wort für Glauben, »la foi« und demjenigen für Leber »le foie«). Leberkrisen sind in diesem Sinne als Sinnkrisen aufzufassen. Der Alkohol, der am ehesten zu Schädigungen der Leber führt, ist ja andererseits eine Möglichkeit zur Flucht in eine Welt, wie wir sie haben möchten. Er unterstüzt unsere Phantasien darüber und erschwert die Synthese mit der Wirklichkeit. Diese Komponente haben wir als negative Jupiterentsprechung kennengelernt.

Interessant ist auch der folgende Zusammenhang: Die Leber erzeugt auch den Zucker, den wir benötigen, um aktiv zu werden und Initiative zu zeigen, damit wir die Welt um uns verändern. Statt es zu tun, können wir uns ein entsprechendes Gefühl erborgen, indem wir vergorenen Zucker (d.h. bereits veränderten Zucker in Form von Alkohol) zu uns nehmen. Darunter leidet jedoch auch die Leber, weil ihr damit die Funktion abgenommen wird, die sie eigentlich innehätte.

Psychologische Entsprechung

Im Bereich, wo sich in unserem Horoskop der Jupiter befindet, erlebten wir schon in der Kindheit Unterstützung und Förderung. Wir konnten uns dort wohl und frei fühlen. In diesem Lebensbereich entwickeln wir somit eine zuversichtliche, vertrauensvolle Haltung. Dort bringen wir andern ebenfalls Vertrauen und Wohlwollen entgegen.

Das Problem kann somit höchstens darin liegen, dass wir in diesem Bereich unsere Grenzen, welche uns durch die Mitmenschen gegeben sind, nicht ohne weiteres erkennen und somit zu Uebertreibungen neigen. Probleme ergeben sich dort also am ehesten als solche der Fülle und des übersteigerten Anspruchs.

Gesellschaftliche Entsprechung

Der Expansions- und Eroberungsdrang des Jupiters macht im sozialen Bereich viele Verwirklichungen möglich. Der Erfolg stellt sich durch die vermittelnde und Vertrauen erweckende Ausstrahlung ein, sowie durch die Fähigkeit, sich die Gunst der Umstände nutzbar zu machen.

Als Berufe kommen Betätigungen in Frage, welche einen grossen persönlichen Spielraum erlauben, oder die Möglichkeit bieten, repräsentative Rollen zu übernehmen. Vermieden werden Beschäftigungen, welche im kleinkarrierten, eng abgesteckten Rahmen auszuführen sind. Das Bedürfnis nach Weite und Grosszügigkeit, ist dem Jupiterbetonten zu wichtig, als dass er ohne harten Zwang durch äussere Umstände darauf verzichten würde. Für seine Verwirklichung wird deshalb vor allem wichtig sein, dass Anspruch und Fähigkeiten nicht übermässig auseinanderklaffen.

Somit finden wir unter den Jupiterbetonten Politiker, Schauspieler, Priester, Philosophen, Unternehmer, Juristen, aber auch Angehörige verschiedener helfender Berufe wie Aerzte, Therapeuten, Pfleger und Krankenschwestern.

Partnerschaftliche Entsprechung

Die Qualitäten des Jupiters geniessen so sehr allgemeine Anerkennung und Akzeptanz, dass ausser bei extremen Spannungsaspekten wenig Anlass besteht, diese Qualität an eine andere Person zu delegieren, oder auf diese zu projizieren. Am ehesten kommt dies vor, falls aspektmässig eine Spannung zwischen Jupiter und Saturn oder Jupiter und Merkur besteht, und der Betreffende sich lieber mit der rein rationalen und auf Absicherung bedachten Qualität des Merkurs oder Saturns beschränkt, und das Element von Grosszügigkeit und Oeffnung dann über den Partner erleben muss. Dann kann dieser Züge verkörpern wie grosszügiges, mitunter schlampiges über Details hinweggehen, oder auch in einer sozial anerkannteren Form: grosszügiger Lebensstil und Freiheitsbedürfnis. In beiden Fällen besteht dann die Möglichkeit, über die Beziehung die nicht gelebte Qualität zu vertiefen und besser kennenzulernen.

Übung zur Jupiterqualität

1. Nehmen Sie sich zwei bis drei Tage Zeit, um Ihre Wünsche nach Wachstum und Erweiterung Ihres Horizontes und Einflussbereiches aufzuzählen. Sortieren Sie anschliessend diese Ambitionen nach dem Kriterium, ob sie Ihnen selbst zutiefst wichtig sind, oder vielleicht eher den Erwartungen Ihrer Eltern oder der Gesellschaft entsprechen.

Schreiben Sie auf, wie Sie die wichtigsten Ihrer Vorstellungen verwirklichen könnten, und was Sie dazu in Ihrem Leben verändern müssten.

2. Gehen Sie in die Vergangenheit zurück und fragen Sie sich, wann Gelegenheiten vorhanden waren, um Ihre Hoffnungen und Erwartungen an das Leben zu verwirklichen. Wann haben Sie die Gelegenheit genutzt, wann haben Sie sie vorbeistreichen lassen? Welche äusseren Umstände oder inneren Aengste hinderten Sie daran, die Gelegenheit zu wahrzunehmen? Wie können Sie erreichen, dass diese inneren Aengste oder äusseren Umstände Sie in Zukunft nicht mehr daran hindern, Ihr Potential zu verwirklichen?

3. Wann fühlen Sie sich sehr wohl und optimistisch? In welchen Situationen treten solche Gefühle auf? Was ist nötig, um Ihre Lebensumstände so zu ändern, dass Sie dieses Gefühl öfters haben können? Was müssten Sie dazu in Ihrem Privatleben, Berufsleben etc. ändern?

4. In welchen Lebensbereichen haben Sie eine glückliche Hand, und wo haben Sie oft den Eindruck zu versagen? Versuchen Sie dies in Zusammenhang

zu bringen mit den verschiedenen Häuserbereichen des Horoskops, sowie mit den Aspekten des Jupiters zu anderen Planeten.

5. In welchen Bereichen neigen Sie zu Uebertreibungen und zu Hoffnungen, welche sich im allgemeinen nicht realisieren lassen? Wo machen Sie sich Illusionen? Versuchen Sie das echte Bedürfnis, das hinter diesen unrealistischen Hoffnungen steckt, herauszuschälen! Wie könnten Sie diesem Bedürfnis zum Durchbruch verhelfen?

6. In welchen Bereichen fühlen Sie sich grosszügig und andern gegenüber offen? Hat dies damit zu tun, dass Sie dort keine Angst haben? Wurden Sie in diesem Bereich während Ihrer Kindheit unterstützt und ermuntert? Welche Lehren können Sie daraus ziehen, um in andern Lebensbereichen, welche Ihnen mehr Mühe machen, souveräner zu werden?

Das Schützezeichen als Yang-Entsprechung des Jupiter

Herrscher:	Jupiter
Element:	Feuer
Kreuz:	Veränderlich
Polarität:	Yang

Das Schützezeichen symbolisiert recht gut die Qualitäten des Jupiters in einem Yang-Zeichen. Bei beiden finden wir das Expansive, auf Erweiterung des Lebensbereichs ausgeweitete Prinzip. Allerdings fördert das Schützezeichen nicht im gleichen Masse die Qualität des »Glücks« oder »Optimums« durch Mitberücksichtigung und Miteinschluss der vorgegebenen Umstände wie dies beim Jupiter der Fall ist. Höchstens könnte man den oft kompromisslosen Einsatz schützebetonter Menschen für ihre Freiheit und die Organisation ihres Lebens nach eigenen Prinzipien, mit der Tendenz zu Masslosigkeit, aber auch Uebertreibungen, welche wir bei Spannungsaspekten des Jupiters manchmal vorfinden, vergleichen. Beiden gemeinsam ist jedenfalls das Bedürfnis nach Wachstum.

Man kann auch sagen, dass das Schützezeichen im gesellschaftlichen Bereich etwas ähnliches verkörpert wie das Widderzeichen auf persönlichem Gebiet. Aehnlich wie im Widder die eigene Identität zum Ausdruck gebracht wird, welche sich dann im Stierzeichen durch Anreicherung von Substanz materialisiert, haben wir beim Schützezeichen das Entwerfen der gesellschaftlichen Prinzipien, welche dann im Steinbockzeichen zum konkreten Ausdruck gelangen. Damit entdecken wir im Schützezeichen, über seine Entsprechung zur Philosophie und Religion, den Architekten und Planer der Gesellschaft, welcher im Steinbockzeichen über gesellschaftliche Struktur und Gesetze zum Ausdruck kommt.

Allerdings haben wir beim Schützezeichen im Vergleich zum Jupiterprinzip eine ausgeprägtere Dualität. So können wir je nach Erziehung die der Betreffende genossen hat, zwei verschiedene Schützetypen unterscheiden:

Wurden die Eltern als Leitbilder und als Repräsentanten der Gesellschaft akzeptiert, so wird die Schützekomponente in gesellschaftlicher Expansion und im Aufstieg verwirklicht. In diesem Falle werden innerhalb der Struktur der Gesellschaft Wege für ein erfüllteres und grosszügigeres Leben gesucht. Dies wird insbesondere dann der Fall sein, wenn die Eltern sich mit dem Kind gewährend, unterstützend und grosszügig verhielten, und wenn viele Ermunterungen im Sinne von: »das hast du gut gemacht« und »mach so weiter, so wirst du es im Leben schaffen«, erhalten wurden. Der Optimismus der Eltern und insbesondere das Vorbild einer starken Vaterfigur werden dann integriert und führen zu einer konstruktiven Haltung gegenüber den gesellschaftlichen Normen.

Der zweite Typus, der sich vor allem durch ein grosses Bedürfnis nach persönlicher Freiheit auszeichnet, und dabei auch eigene Wege geht, welche vielleicht im Widerspruch zur Gesellschaft stehen, wird sich dann herauskristallisieren, wenn die Eltern nicht den Erwartungen entsprachen, die das Kind an das Leben hatte. Waren diese beispielsweise ängstlich, kleinlich und vor allem auf Absicherung bedacht, der Vater vielleicht eine schwache Figur, ohne Ausstrahlung, so fühlte sich das Kind gezwungen, um seinen Glauben an die grosszügigen Möglichkeiten des Lebens aufrecht zu erhalten, früh schon eine rebellische Einzelgängerhaltung einzunehmen. In diesem Falle dürfte sich die betreffende Person im ersten Teil des Erwachsenen-Lebens darauf spezialisieren, von niemandem eingeschränkt oder bevormundet zu werden und sich lieber nicht zu binden und nicht in die Gesellschaft zu integrieren, als irgendwelche Kompromisse zu machen. Der dann vorhandene Freiheitsdrang wird erst um die Lebensmitte oder in der zweiten Hälfte – falls bis dann die eigenen Ziele verwirklicht werden konnten – zu einer gesellschaftlichen Integration führen. Sie erfolgt dann aus eigenem Antrieb und über das Begehen von eigenen Wegen.

Gelingt dieser Durchbruch nicht, so bleibt dieser Typus unbefriedigt und in gewissen Bereichen rebellisch, vor allem wenn er, um sich in der Existenz zu behaupten, dennoch Kompromisse eingehen musste, die er nicht wollte und die ihm durch die Umstände aufgezwungen wurden. Er hat dann oft das Gefühl, im Leben schlecht weggekommen zu sein.

Die wichtigste Aufgabe für den schützebetonten Menschen liegt in der konkreten Auseinandersetzung mit der Realität. Bringt er es fertig, seine Ideale aufrecht zu erhalten und gleichzeitig die äussere Realität so zu nehmen wie sie sich anbietet, so kann er seinen Vorstellungen zum Durchbruch verhelfen. Andernfalls ist er vor das Dillemma gestellt, entweder seine Vision und seine Erwartungen an das Leben aufzugeben, was sehr schmerzlich ist und zur Beeinträchtigung der Lebensfreude führt, oder die Realität so umzudeuten, dass sie in seine Vision passt. Im letzteren Fall entfernt er sich immer mehr vom Konkreten und von der Kommunikation mit der Mitwelt. Er wird dann zum Einzelgänger, welcher von einer besseren Welt träumt und sich als »verkanntes Genie« vorkommt, wenn er nicht gar zeitweilig hochstaplerische Allüren annimmt, die ihm helfen sollen, das Bild, das er von sich haben möchte, aufrecht zu erhalten. In diesem Falle wird er seine Schwierigkeiten im Zusammenhang mit der Gesellschaft erleben, welche im zodiakalen Ablauf durch das nächste Zeichen Steinbock symbolisiert wird. Er wird ausgestossen und sein Verkennen der äusseren Realitäten gibt ihm dann eine Aehnlichkeit mit den negativen Entsprechungen des andern Jupiterzeichens wie es sich im Tierkreisabschnitt der Fische manifestiert.

Das Fischezeichen als Yin-Entsprechung des Jupiter

Herrscher:	Jupiter und Neptun
Element:	Wasser
Kreuz:	Veränderlich
Polarität:	Yin

Obwohl das Fischezeichen präziser durch den Planeten Neptun symbolisiert wird, wollen wir hier seine Entsprechung zum Jupiter diskutieren. Dies scheint auch deshalb angebracht, weil mit der Yin-Entsprechung des Jupiters in einem gewissen Sinne auch sämtliche Stellungen des Jupiters in Yin-Zeichen und dabei insbesondere in den Wasserzeichen angesprochen sind.

Greifen wir auf die Definition von Yang- und Yin-Entsprechungen zurück, so würden wir hier die introvertierte Jupiter-Komponente vermuten. Das Bedürfnis nach Expansion und nach Fülle richtet sich also hier nicht auf die äussere, sondern auf die innere Welt. Die religiöse Dimension und der Glaube, aber auch die Empfänglichkeit für Stimmungen und für die Traumwelt erhalten dabei Auftrieb. Das Interesse richtet sich somit nicht mehr auf die Gesellschaft und auf äussere Reisen, wie dies beim Schützezeichen der Fall war, sondern auf den Kosmos und die Reisen, die ins Innerste der Seele führen. Beiden Zeichen, sowohl Schütze als auch Fische, ist jedoch gemeinsam, dass sie uns vom Alltag wegführen wollen. Der Alltag ist dabei bezeichnenderweise durch die Gegenzeichen Zwillinge und Jungfrau symbolisiert. Wir streben in diesen Zeichen nach einer Verbindung mit etwas Grösserem und Umfassenderem und werden damit zum »Sucher«.

Durch die Betonung der inneren Werte rückt natürlich beim Fischezeichen das Thema des Mitgefühls und der Anteilnahme stark in den Vordergrund. So ist das Bedürfnis zu helfen in diesem Zeichen sehr gross.

Beide Zeichen verkörpern Religion, im Schützezeichen allerdings die Religion, die im gesellschaftliche Gefüge ihren Platz finden kann und gar als Staatsreligion zu vermehrter Struktur und vielleicht auch Eroberungsdrang (Kreuzzüge) führen kann, während die Religion des Fischezeichens letztlich durch die Mystik verkörpert wird.

Definieren wir das Jupiterprinzip als jenes des Entwurfs eines Projektes; wir könnten auch sagen, als den Samen, der erst durch Pflege zur konkreten Ausgestaltung in Form der Pflanze gelangt, so können wir ebenfalls den wichtigen Unterschied zwischen den Jupiter-Entsprechungen des Schütze- und des Fischezeichens erkennen. Im ersten Falle legen wir den Samen zu einer auf kulturellen und religiösen Richtlinien aufgebauten Gesellschaft, welche dann im Steinbock-Zeichen ihre Ausgestaltung findet. Im zweiten Falle handelt es sich jedoch darum, die Saat zu einer Erneuerung des Ichs- und der eigenen individuellen Existenz zu legen, welche in Form des Widderzeichens ihren neuen Ausdruck findet. Dazu kann nicht auf die Gesellschaft zurückgegriffen werden. Der Mensch muss in sein Innerstes eintauchen, in die Tiefen seines Unbewussten, damit er mit den regenerierenden Kräften in Berührung kommt, die ihm erst ermöglichen werden, sich gänzlich zu erneuern. Die Dimension, welche jedoch für beide Prozesse, den gesellschaftlichen wie auch den persönlichen erforderlich ist, nennen wir den Glauben oder, mit anderen Worten, den Mut, sich auf etwas zu beziehen, was noch nicht ist, sondern erst werden kann. In beiden Zeichen symbolisiert der Jupiter diese Dimension.

Der Jupiter in den Zeichen

Die Stellung des Jupiters in den Zeichen zeigt, auf welche Art wir unser Bedürfnis nach Sinnhaftigkeit und Rückverbindung mit der menschlichen und kosmischen Gemeinschaft verwirklichen können. Die Jupiterstellung deutet damit auch an, wie wir menschlichen Werten durch Zulassen und Einschliessen der anderen verpflichtet sind; wie wir uns in das grössere Ganze der menschlichen Gemeinschaft einfügen möchten, und wie wir das am besten verwirklichen können. Damit ist auch unsere Glücksfähigkeit angesprochen. Astrologisch gesehen bedeutet ja Glück auch Streben nach dem Optimum in Form von Kooperation mit den andern. Wir können somit sagen, dass die Jupiterstellung auch ausdrückt, auf welche Art wir durch Zusammenarbeit mit andern, dadurch dass unsere Ziele denen der andern nicht zuwiderlaufen, Unterstützung von der Umwelt erhalten. Diese Unterstützung symbolisiert dann eben »die glückliche Hand« in diesem Bereich.

Mit dem Jupiter in den Feuerzeichen wird die Verwirklichung von Sinn und Streben vor allem in Taten gesucht. Ueber sein Handeln erlebt sich der Betreffende als wertvoll und sinnverbunden. Dies kann einen Pioniergeist fördern, der – falls es nicht an Realitätsbezug mangelt – zu wichtigen konkreten Veränderungen führt.

Mit dem Jupiter in einem Erdzeichen bemächtigt sich die Sinnsuche der konkreten materiellen Welt. Ueber greifbare Dinge wird versucht, ein Gefühl von Sinn zu erleben, indem diese grosszügiger, umfassender und ganzheitlicher gestaltet werden. Damit sind günstige Voraussetzungen für materielle Verbesserungen der eigenen Existenz geschaffen.

Mit dem Jupiter in den Wasserzeichen richten sich Glauben und Streben auf einen inneren Sinn, der seine Kraft aus gefühlsbetonter Identifikation nimmt. Damit wird die Beziehung zu den Mitmenschen sowie zu Natur und Kosmos zum Erlebnis des Sinn- und Wertgefühls.

Beim Jupiter in den Luftzeichen werden Glaube und Sinn sowohl über den Austausch als auch über Erklärungsmodelle der Wirklichkeit gesucht. Das Denken erhält damit eine grosszügigere Dimension und die Aufmerksamkeit richtet sich auf Erkenntnisgebiete, die eine Erweiterung des Horizonts ermöglichen.

Obwohl der Jupiter bereits zu den gesellschaftlichen Planeten gehört, können wir ihn im Zusammenhang mit seiner Entsprechung zur Sonne ebenfalls stark als persönlich wirksam ansehen. Im Zeichen zeigt er damit an, auf welche Art und mit welchen Mitteln wir mehr Sinn und Fülle in unser Leben bringen können.

Der Saturn und seine Entsprechungen

Während Jupiter die expansive und zu Enthusiasmus neigende Planetenkraft verkörpert, bezeichnet Saturn die Einschränkungen, die unserer Expansivität und unserem Bedürfnis nach mehr Lebensraum auferlegt werden. In diesem Sinne ist Saturn auch der Gegenspieler der Sonne und des Mondes. Dies geht deutlich aus der Anordnung der traditionellen Siebenerreihe der Planeten hervor, wo wir Saturn als Herrscher über Steinbock und Wassermann finden – über jene beiden Zeichen also, welche Krebs und Löwe gegenüberstehen. Das

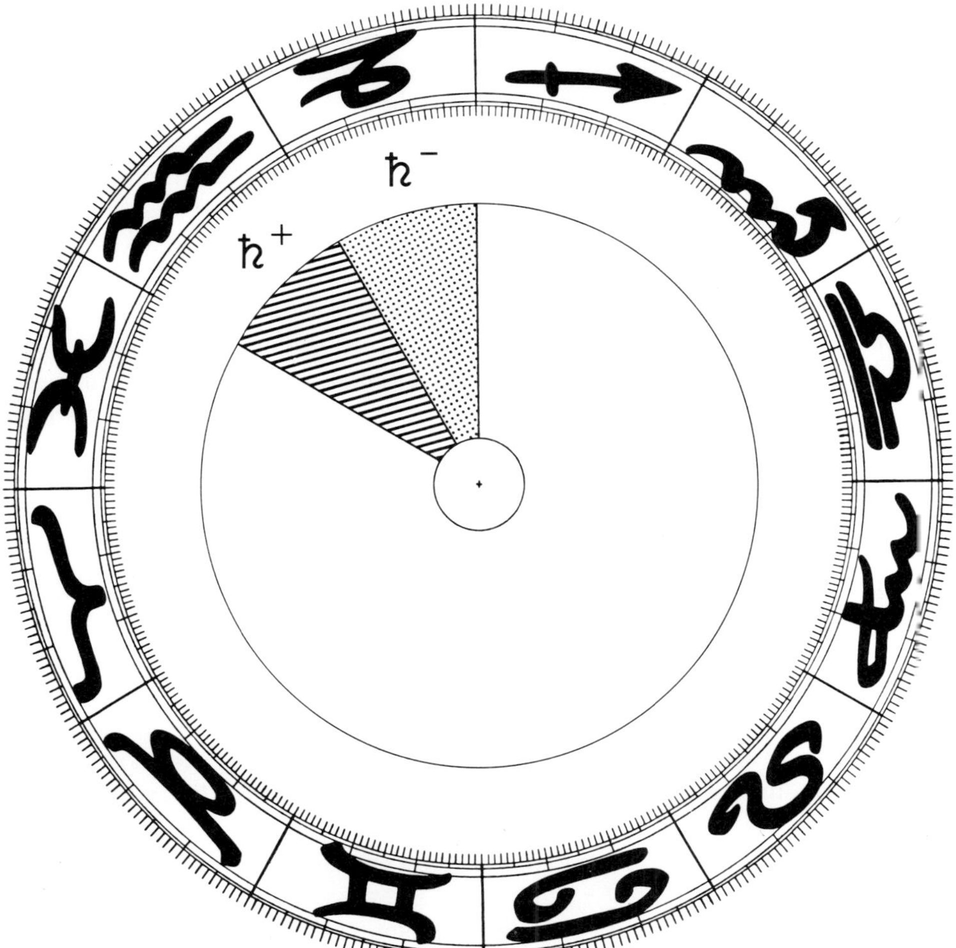

Fig. 12

Ich, das sich sonnenhaft in der Welt darstellen möchte, oder sich mondhaft über seine Wünsche und Bedürfnisse erlebt, wird mit dem Anspruch der andern konfrontiert und lernt, sich um der sozialen Integration willen Grenzen zu setzen. Der Saturn wird somit schon früh als Beschneidung der individuellen Möglichkeiten erlebt. Allerdings gibt erst dieser Prozess der Grenzsetzung dem Menschen seine feste Form, seine Abgrenzung, mit Hilfe welcher er sich gegen fremde Eingriffe zur Wehr setzen kann.

Saturn hat also zwei Aspekte: Einerseits wird er als das Nicht-Ich, als »die Andern« erlebt, deren Erwartungen sich dem Anspruch des Ichs entgegensetzen. Insofern hat Saturn auch mit Gesellschaft und Gesetz zu tun, denen sich das Ich unterwerfen muss, und durch welche es eine Einschränkung seiner individuellen Freiheit erfährt. Damit setzt Saturn allerdings auch einen Reifeprozess in Gang, der zur Erkenntnis führen kann, dass wirkliche Freiheit nur dadurch zustande kommt, dass man sich selbst Grenzen setzt, sodass sie einem nicht von andern gesetzt werden müssen.

In diesem Sinne verkörpert Saturn die Gewissensfunktion, die in die Persönlichkeitsstruktur aufgenommen werden muss. Das Gewissen vertritt den kategorischen Imperativ: dass wir andern nichts antun, was wir nicht möchten, dass der andere uns antäte. Indem wir gewisse Einschränkungen unserer Handlungsfreiheit freiwillig auf uns nehmen, können wir verhindern, dass wir uns dem Gesetz oder Schicksal unfreiwillig unterwerfen müssen.

Wir erkennen darin eine Doppelfunktion des Saturnprinzips: Je nach Einstellung kann dieser nämlich aussen oder innen erlebt werde. Derjenige, der sich von innen keine Grenzen setzt, erlebt diese von aussen, der andere, der sich aus Einsicht und Weisheit selbst Grenzen setzt, indem er freiwillig auf gewisse Dinge verzichtet, braucht die Einschränkungen von aussen nicht mehr. Damit ist astrologisch auch der Schlüssel gegeben zum Hinauswachsen über die Beschränkungen des eigenen Horoskops und des Schicksals. Goethe hat dieses Thema mit folgenden Worten sehr treffend formuliert: »Die Freiheit des Willens besteht darin, frohen Mutes das zu tun, was wir tun müssen.« Gewissen, Erkenntnis und Bewusstheit helfen uns also, keinen Widerspruch mehr zu erleben zwischen äusseren Grenzen und dem, was für uns letztlich das Richtige ist.

Es ist in diesem Zusammenhang interessant festzustellen, dass in lateinischen Sprachen das Wort für Gewissen mit dem Wort für Bewusstsein und Bewusstheit identisch ist (franz. z. B. conscience). Dies lässt uns klar erkennen, dass dieses Gewissen nicht zu verwechseln ist, mit einem »Pseudo-Gewissen«, das uns nur durch die Angst vor einer Strafe von dem abhält, was wir sonst gerne tun würden. Herrscht das Pseudogewissen vor, so wird man unzufrieden, weil man sich ständig in seiner Freiheit beschnitten fühlt, ohne darin einen Sinn zu sehen.

Der oben erwähnte semantische Zusammenhang zwischen Gewissen und Bewusstsein hilft uns, eine andere Wirkungsweise des Saturns zu verstehen:

Dieser verlangsamt nämlich im Bereich, wo er wirksam ist, die äusseren Ablaufprozesse derart, dass sie sich unserem Bewusstsein aufdrängen. Er hilft uns also, die äussere Wirklichkeit, das, was Nicht-Ich ist, kennenzulernen und zu integrieren. Er tut dies allerdings auf eine nicht immer angenehme Weise, indem die mangelnde Bereitschaft zur Integration äusserer Erfahrungen und damit von Belangen der konkreten Realität, zu Enttäuschungen und Leidensprozessen führt. Im Extremfall führt diese mangelnde Bereitschaft zu sogenannten »Schicksalsschlägen«, die ja von jeher, von Seiten der astrologischen Tradition dem Saturn zugesprochen wurden. Solche Schicksalsschläge sind immer eine Aufforderung, uns mit bestimmten Erfahrungen, die wir nicht akzeptieren wollen, auseinanderzusetzen. Statt die Realität (Saturn) zur integrieren, und damit zu einem Bestandteil unseres Bewusstseins zu machen, erleben wir diese als Projektion, und wir müssen uns in der äusseren Welt damit auseinandersetzen. Das Umgekehrte, bzw. die Bewältigung, wäre in letzter Konsequenz die Bejahung der kosmischen Gesetze und der Verzicht auf die Vorstellung einer individuellen Freiheit, die sich über die kosmischen Gesetze hinwegsetzen könnte.

Es geht also um die Erkenntnis, dass Freiheit nur innerhalb der kosmischen Gesetze möglich ist. Ohne auf die kosmische Gesetzmässigkeit zurückgreifen zu müssen, können wir die Analogie auch darin sehen, dass derjenige, der die Gesetze der menschlichen Gesellschaft akzeptiert, in Freiheit innerhalb dieser Gesellschaft leben kann, währenddem jemand, der sich dagegen auflehnt, durch Konflikte mit dem Gesetz seine Unfreiheit erleben wird. Er gewärtigt dann den Anspruch der Gesellschaft als ein kollektives, massives »Nicht-Ich«, welches ihn bedroht und ihm Angst einflösst.

Damit kämen wir zum Thema der Angst, einer altbekannten Entsprechung des Saturns. Wir können das Entstehen dieser Angst folgendermassen darstellen:

Das Kind meldet auf naive, unreflektierte Art seine Ansprüche an. Die Eltern, die älteren Geschwister und später die Lehrer verneinen in gewissen Bereichen diese Ansprüche und stellen vielleicht Gegenansprüche. Daraus resultiert Angst – die Angst, nicht sich selbst sein zu dürfen und in seiner Existenz durch andere kontrolliert zu werden. Das Kind, weil es so klein ist, und für seine Sicherheit auf die Erwachsenen angewiesen ist, wird sich anpassen, oder für die Befriedigung seiner Bedürfnisse andere Wege suchen müssen. Es wird gleichzeitig im Bereich, wo es eingeschränkt und von aussen begrenzt wurde, das starke Bedürfnis entwickeln, später nicht mehr in solche Situationen zu kommen, indem es in jenen Bereichen eigene Stärken entwickelt. Diese wird es, sobald sich eine Gelegenheit dazu bietet, gegenüber Schwächeren ausprobieren. Damit wird schon früh aus der erlebten Angst ein Streben nach Stärke.

Dies ist ein sehr wesentlicher Aspekt des Saturns, dass das Erlangen von Stärke im Bereich, wo man sich besonders schwach fühlte und Angst erlebte, zu einem dominanten Lebensthema wird. Der Umgang mit dieser Thematik wird letztlich darüber entscheiden, ob wir unser Leben als erfüllt oder unerfüllt, als glücklich oder unglücklich bezeichnen werden. Saturn beinhaltet nämlich das Thema der Auseinandersetzung mit dem eigenen Schatten: Erst wenn wir dem, was uns am meisten Angst macht,in die Augen sehen können, lassen wir unsere Unfreiheit zurück. Bis zu diesem Punkt werden sich die unbewältigten Bereiche immer wieder melden. Die Integration des Schattens ist natürlich lediglich ein Ausdruck für die Integration des nach Aussen projizierten Nicht-Ichs, jenes Teils in uns, den wir nicht sehen wollen und der, nur weil wir ihn nicht sehen wollen, sich in Form von unangenehmen, weil ungewollten Dingen manifestiert wie z. B. Schicksalsschlägen und Krankheiten.

Mit der saturnischen Angst hat es jedoch noch eine andere Bewandtnis, welche vor der gekonnten Bewältigung in den meisten Fällen das Feld beherrscht. Es handelt sich dabei um das Bedürfnis nach äusserer Absicherung in jenem Bereich, wo Angst erlebt wurde. In dieser Phase leiden wir im betreffenden Bereich an mangelnder Spontaneität, an Misstrauen und meist an starren Vorstellungen über das, was richtig und was falsch ist. Die negativen Erfahrungen, die aufgrund einer solchen Verhaltensstruktur gemacht werden, rechtfertigen ihrerseits immer wieder das ursprüngliche Misstrauen. Wir müssen also erleben, dass es keine Möglichkeit gibt, durch äusssere Absicherung, z. B. durch Besitz oder Autoritätsstellung, diese Aengste auf endgültige Art und Weise zu beseitigen. Dies geschieht dadurch, dass wir mit unserem Verhalten diejenigen Leute immer wieder auf den Plan rufen, welche uns trotz der Mauern, die wir um uns herum gebaut haben, in Frage stellen und dazu auffordern, aus unserer Reserve herauszukommen.

Dieses Absicherungsbedürfnis kann allerdings auch subtile Formen annehmen, z. B. können wir, wenn wir uns ein Bild der Realität konstruiert haben, das uns Struktur und Sicherheit vermitteln soll, sämtliche Signale der Aussenwelt, welche dieses Bild in Frage stellen würden, ausschalten. Wir können dann quasi das, was uns nicht passt, überhören und übersehen, indem wir unsere Wahrnehmungen so umdefinieren, dass sie ins bisherige Erfahrungsbild passen. Dies ist eine saturnische Entsprechung, welche meist im Alter deutlicher zu beobachten ist, aber bei »heissen Themen« ohne weiteres auch bei sehr jungen Personen auftreten kann. Sie entspricht einer Auflehnung dagegen, dass sich am bisherigen Weltbild, das man sich zurechtgelegt hat, etwas ändern sollte. Es ist in dem Sinn eine saturnische Entsprechung, als ja auch der Saturn mythologisch die Zeit und die Entwicklung aufhalten wollte, indem er seine Kinder auffrass. Wir erkennen auch darin die Gegenüberstellung von Saturn und Sonne, indem ja bekanntlich das Sonnenhaus im Horoskop (fünftes Haus) symbolisch dem Umgang mit Kindern zugesprochen wird. Entsprechend haben wir, wenn der Saturn bei uns im fünften Haus steht, meist Schwierigkeiten mit Kindern, indem diese sich von uns bemuttert fühlen, weil wir zu wenig bereit sind, sie ihrer eigenen Entwicklung zu überlassen.

Diese Ausführungen können uns verständlich machen, dass es zur Bewältigung des Saturnischen nicht genügt, lediglich gewissenhaft und pflichtbewusst zu werden, sondern, dass wir gerade in der heutigen Zeit, wo sich die Erklärungsmodelle der Wirklichkeit schnell ändern, flexibel bleiben müssen, weil wir bei übertriebenem Festklammern an überholten Normen »saturnische Schicksalsschläge« zu erleiden haben. Somit verkörpert die Integration des Saturns eine nicht sehr einfache Aufgabe.

Wie lässt sich nun das Gesagte mit der Bedeutung Saturns als Vermittler von Sicherheit und Struktur verbinden? Dies wird erst verständlich, wenn wir akzeptieren, dass echte Sicherheit nicht in äusseren Dingen der materiellen Welt zu finden ist, sondern eine Verankerung in der Sicherheit der geistigen oder kosmischen Gesetzmässigkeit erheischt.

Man kann dies an folgendem Beispiel veanschaulichen: Wenn wir den Sommer lieben, weil es dann warm ist, wir viel draussen sein und regelmässig Sonne auftanken können, dafür den Winter wegen seiner Kälte und Kargheit verabscheuen, dann legen wir uns auf einem Pol der materiellen Ebene fest. Wenn wir jedoch den Wechsel der Jahreszeiten schätzen und Spass haben an den Gesetzmässigkeiten des Werdens und Vergehens, in diesem Falle beispielsweise der Vegetation, aber im weiteren Sinne auch des Lebens, d.h. des Auf und Ab von Aktivität und Passivität, von Tag und Nacht, von äusserem Wirken und innerer Einkehr, dann ist unsere Aufmerksamkeit nicht mehr auf den einen oder anderen Pol fixiert, sondern wir haben einen Sinn entwickelt für die Gesetzmässigkeiten des Wechsels. Wir sind auf unserer Suche nach Sicherheit bereits einen Schritt weiter vorgedrungen, wo das Fehlen des einen Pols uns nicht unglücklich machen wird. Das, was wir vorher verabscheuten, nämlich den Winter, als Schatten des Sommers, haben wir nun in einer überbauenden Betrachtungsweise integriert.

Mit diesem Beispiel wird allerdings auch gleichzeitig die Brücke zwischen Saturn und Uranus geschlagen, oder mit andern Worten, zwischen Steinbock und Wassermann. Währenddem das Problem beim Saturn in der Festlegung auf das jetzt Vorhandene beruht, d.h. im Versuch, Zeit aufzuhalten, erfolgt die Ueberwindung des Problems durch das Akzeptieren der Veränderung, welche durch die Gesetze der Zeit vorgegeben wird. Dies entspricht der uranischen oder wassermännischen Seite des Saturns. Er befindet sich als Hüter der Schwelle damit auch an der Schnittstelle zwischen materieller und geistiger Welt. Die Bewältigung der saturnischen Probleme ist somit der Schlüssel nicht nur zur Freiheit, sondern auch zu geistiger Entwicklung. Durch den Schmerz zeigt uns Saturn den Preis, den wir für überflüssige Wünsche und Festlegungen zu zahlen haben. Dadurch fördert er in uns die Auseinandersetzung zwischen dem, was uns wirklich wichtig ist, und dem, worauf wir mit Vorteil verzichten würden. Allerdings wird es erst dann möglich sein, auf Ersatzwünsche zu verzichten, wenn wir unsere grundlegenden Bedürfnisse gemäss den Planeten in der Reihe vor dem Saturn befriedigt haben. Dadurch zeigt uns dieser auf, dass wir im Zusammenhang mit unserem Inkarniert-Sein eine doppelte Aufgabe haben: Die Verwirklichung in der materiellen Welt einerseits, damit wir unsere Bedürfnisse nach Eigenausdruck, Zugehörigkeit und Liebe, sowie Wachstum durch Austausch und Erkenntnis befriedigen können, andererseits die Zugehörigkeit zur Welt des Geistes. Die eine Seite ist dem Diesseits zugewandt, die andere auf das Jenseits gerichtet. Erstere verkörpert das Ego, letztere das Selbst. Wir sind Bürger in beiden Welten, aber das Eintreten in die zweite verlangt das sorgfältige Durcharbeiten der letzten Reste der ersteren.

Die geistigen Planeten, die man auch transpersonale Planeten nennt, können sich also erst dann positiv auswirken, wenn wir unsere Grenzen akzeptiert haben. Dieses Akzeptieren der eigenen Grenzen ist aber meist nur möglich, wenn wir bereits über ein gesundes Selbstvertrauen verfügen, wenn also die Integrität der Persönlichkeitsstruktur durch die Reihe der Planeten vor Saturn gewährleistet ist.

Ansonsten besteht die Gefahr, dass sich das Ego kompensatorisch der transsaturnischen Mächte bemächtigt, indem etwa versucht wird, Ansätze zu übersinnlichen Kräften für rein ichhafte Ziele einzusetzen. Da diese Kräfte jedoch einen Anspruch auf Universalität oder Transzendenz erheben, führt ein solcher Missbrauch unweigerlich zu schmerzlichen Erfahrungen.

Daher entspricht Saturn in der Ordnung der zehn planetarischen Kräfte tatsächlich einer Schwelle, von der aus man entweder in den Bereich des Lichten und Hellen, oder in jenen des Dunkels treten kann: Die Bewältigung des Saturns, und damit der eigenen Grenzen entscheidet darüber, ob man sich zu grösserer Freiheit entwickelt, oder sich noch fester an die Materie binden lässt.

Biologische Entsprechung

Saturn entspricht dem Knochengerüst, den Gelenken, insbesondere dem Kniegelenk, den Kristallisierungsprozessen und damit auch Verhärtungen und Steinbildungen. Als Prinzip der Abgrenzung herrscht Saturn auch über die Haut. Seine Tendenz zur Zurückhaltung, zum Nicht-Abgeben-Wollen macht ihn auch verantwortlich für den chronischen Verlauf von Krankheiten, das Beibehalten von schädlichen Gewohnheiten und physiologisch insbesondere für Verstopfungsprozesse. Er gibt uns allerdings gleichzeitig durch Disziplin die Mittel an die Hand, störende Gewohnheiten abzulegen.

Die Wirkung des Saturns lässt sich physiologisch jedoch am besten präzisieren im Zusammenhang mit dem Bereich, den er beeinflusst, sei dies über starke Aspekte zu persönlichen Planeten, oder über seine Stellung im Häusersystem.

So kann ein Saturn-Mond-Komplex nicht nur eine Fixierung an gefühlsmässige Frustrationen der Kindheit bedeuten, sondern auch Verdauungsprobleme und daraus hervorgehende gesundheitliche Schwierigkeiten.

Saturn-Sonne bedeutet entsprechend nicht nur mangelnde Erlaubnis, sich selbst zu sein, sondern – falls der Durchbruch zur eigenen Wesenart nicht gelingt – Herzprobleme oder Schwierigkeiten mit dem Rücken infolge »mangelnden Rückgrats«.

Saturn-Merkur entspricht nicht nur Ausdrucks- und Kommunikationsschwierigkeiten, sondern kann auch eine Anfälligkeit für Erkältungskrankheiten und sonstige Probleme der Atemwege wie Asthma, Heuschnupfen etc. bedeuten.

Saturn-Venus wird nicht nur erlebt als mangelnde Zuwendung in der Kindheit oder Liebesverlust, sondern auch in Form von Halskrankheiten und Mandeloperationen einerseits, sowie Blasen- und Nierenleiden andererseits. Insbesondere im Zusammenhang mit Venus-Saturn können auch Prozesse in Frage kommen, welche das äussere Aussehen beeinträchtigen, zum Beispiel die Haut, im Zusammenhang mit Hautausschlägen.

Mars-Saturn dürfte nicht nur erlebt worden sein als eine Blockierung der eigenen Spontaneität und des eigenen Antriebs in der Kindheit (Aggressionshemmung), sondern er könnte sich niederschlagen in Form von Zahnproblemen, Rheuma und Gelenkschwierigkeiten. Beim Mann können auch Potenzschwierigkeiten zu diesem Problemkreis gehören.

Psychologische Entsprechung

Der Saturn entspricht den Geboten der Gesellschaft, welche wir als Kind meist in Form unserer Eltern und später von Lehrern erleben. Saturnische Gebote nehmen wir auf über Formulierungen wie »Du sollst« und »Du musst«. Allerdings ist zu sagen, dass wir im Bereich der Saturnstellung solche Gebote und Verbote suchen, denn wir möchten uns früh schon darüber klar werden, wo die Grenzen abgesteckt sind. Erfüllen unsere Eltern diese Funktion zu wenig, so gehen wir entweder so weit, bis die entsprechenden Grenzen dann doch formuliert werden, oder wir setzen sie uns selbst. Die Fälle, wo das Kind sich selbst Grenzen setzt, werden vor allem dann auftreten, wenn die Eltern selbst zu wenig Struktur anbieten und in extremen Fällen die Verantwortung für sich selbst nicht übernehmen. Dann mag das Kind die Elternrolle einnehmen, was den Nachteil hat, dass es um die Unbekümmertheit seiner Kindheit gebracht wird. Es erscheint dann schon früh als Inbegriff des »Vernünftigen« und wirkt altklug. Dies tritt insbesondere im Zusammenhang mit Eltern auf, welche depressiv oder Alkoholiker sind.

Diese Suche nach Grenzen können wir erst dann richtig verstehen, wenn wir auch erkennen, dass Grenzen Struktur und Sicherheit bieten, etwas, das das Kind unbedingt braucht.

Nehmen wir jedoch den häufigsten Fall an, nämlich jenen, wo der Saturn in Form von Einschränkungen durch die Eltern erlebt wurde. In der Folge gibt es zwei Möglichkeiten: Entweder wir bleiben im Bereich des Saturneinflusses gehemmt und ständig unter dem Eindruck, nicht ganz zu genügen, d.h. unserem Perfektionsideal nicht zu entsprechen, oder wir münzen die Schwäche in eine Stärke um, indem wir uns bemühen, in diesem Bereich besonders stark und erfolgreich zu werden. In diesem Fall wird die Saturnstellung sehr viel darüber aussagen, welchen Beruf wir wählen und was uns im Leben wichtig sein wird. Unser Perfektionsideal lähmt uns dann nicht mehr, sondern spornt uns immer wieder zu neuer Leistung an. Auch wenn unser Verhalten dabei eine Zeitlang etwas verkrampft und zwanghaft wirken kann, besteht die Möglichkeit, dass wir es im Lauf der Zeit zu einer besonders gekonnten Verwirklichung auf diesem Gebiet bringen. Dies dürfte dann eine wichtige Quelle für unsere Zufriedenheit im Leben werden.

In der Saturnbewältigung sind meist zwei Stufen zu unterscheiden: in einer ersten werden wir uns bemühen, die Erwartungen unserer Eltern hinsichtlich gesellschaftlicher Verwirklichung zu erfüllen. Meist werden wir erst zum Zeitpunkt, wo wir dies erreicht haben die zweite Stufe angehen, nämlich uns zu fragen, was unsere eigenen Erwartungen hinsichtlich Selbstverwirklichung sind, und wie wir diese erfüllen können.

Eine nicht ungewöhnliche Abwandlung dieses Entwicklungsschemas ergibt sich, wenn wir, statt die Erwartungen unserer Eltern zu erfüllen, genau das Umgekehrte tun: Wir sind auch in diesem Fall noch unfrei, weil wir immer noch bezogen sind auf die Erwartungen unserer Eltern – allerdings mit negativem Vorzeichen. Die Abkoppelung mag in diesem Fall noch schwieriger sein, weil wir uns leichter der Illusion hingeben können, wir würden etwas Eigenes verwirklichen, denn unser Verhalten ist ja offensichtlich ein anderes als das, was unsere Elteren erwarteten.

Gesellschaftliche Entsprechung

Wir haben bereits darauf hingewiesen, wie sehr es bei der saturnischen Bewältigung um die Gesellschaft geht. Dies wird auch dadurch nahegelegt, dass der Saturn für Pflichterfüllung und Arbeit steht. Er legt uns nahe, durch Disziplin und Arbeit frei zu werden von den Hemmungen, welche uns bedrücken. Dies hängt eng zusammen mit dem Perfektionsideal, das er verkörpert. Wenn wir nichts tun, überwältigen uns Schuldgefühle, wenn wir durch harte Arbeit etwas erreichen, befreien wir uns davon. Damit verkörpert er Erfolge, welche durch beharrlichen Einsatz errungen werden, während wir uns bei Stellungen und Ehren, die wir auf unverdiente Art erlangt haben, über die Wirkung des Saturns derart selbst sabotieren, dass wir dabei über kurz oder lang zu Fall kommen. Dies wird durch die Schuldgefühle bewirkt, die sich in einem solchen Fall automatisch einschleichen.

Je nach dem, ob wir den Saturn projizieren oder integrieren, gibt es zwei Stufen der beruflichen Verwirklichung. Sie gelten naturgemäss nicht nur für den Saturn-, sondern auch für den Steinbock-Betonten: Die erste liegt darin, dass wir autoritätsgläubig im Rahmen einer Firma oder einer Organisation, welche uns Schutz und Sicherheit bietet, und wo unsere Rechte und Pflichten klar definiert sind, durch unermüdliche Arbeit die hierarchische Leiter emporklimmen. Die Autorität, der wir uns unterstellen, erblicken wir in unserem Chef oder zumindest im Präsidenten dieser Firma oder Organisation. Wir übernehmen hier noch nicht die volle Verantwortung für unser Tun, sondern lassen uns unsere Grenzen von aussen auferlegen.

Die zweite Stufe entspricht der Integration des Saturns, indem wir die Verantwortung für unser Tun selbst übernehmen und uns selbständig machen. In diesem Fall müssen wir lernen, uns zu disziplinieren und uns selbst die Grenzen zu setzen, die wir sonst von aussen erlebt hätten. Vielleicht müssen wir dabei auch lernen, nach Prinzipien, die wir selbst zu definieren haben, anderen, nämlich unseren Angestellten, Grenzen zu setzen. Wir werden dabei freier, haben jedoch die Verantwortung für unser Tun selbst zu tragen und können die Schuld für eventuelle Versagen nicht mehr auf einen unfähigen Vorgesetzten oder ähnliches mehr abwälzen.

Was für einen das Richtige ist, muss man selbst entscheiden. Das folgende Dystichon drückt dies sehr schön aus:

»Immer strebe zum Ganzen, und kannst Du selbst kein Ganzes werden, als dienendes Glied schliess an ein Ganzes Dich an«.

Partnerschaftliche Entsprechung

Infolge seiner Funktion, welche einerseits Einschränkung, andrerseits aber Struktur und Sicherheit gibt, ist insbesondere bei einem jüngeren Menschen oder bei jemandem, der gerne noch in der Kindrolle bleiben möchte, die Projektion auf einen Partner sehr häufig. Es kommt dabei oft vor, dass dieser, wie einem nach einiger Zeit bewusst wird, haargenau in die Rolle von Vater oder Mutter geschlüpft ist, und wir damit unter anderem Konstellationen suchen, die uns ermöglichen, die noch nicht verdauten Kindheitserfahrungen nochmals durchzumachen. Dies führt dann zu den Beziehungen, wo man oft den Satz hören kann. »Wenn Du nicht wärst, dann könnte ich...«.

Einem aussenstehenden Beobachter mag es bei ständiger Wiederholung solcher Aussagen unverständlich erscheinen, warum die Beziehung weiter aufrechterhalten wird. Die Erklärung liegt jedoch darin, dass gewohnte Strukturen viel Sicherheit bieten und der Betreffende bei Wegfallen der Projektionsperson die Verantwortung für seine Begrenzungen selbst übernehmen müsste, was auf diese Art nicht der Fall ist. Er müsste den Saturn selbst integrieren und könnte für die Schwierigkeiten, die er erleidet, nicht eine andere Person verantwortlich machen. Der Partner oder die Partnerin übernimmt in einem solchen Fall eine ähnliche Funktion wie der Chef, über den man herziehen kann.

Oft werden die Mühsale und Einschränkungen, die man sich damit auferlegt, rationalisiert, indem man von einer »karmischen Beziehung« spricht und die Ursache für dieses Verhalten in einer Schuld sucht, die man in einem früheren Leben den andern gegenüber eingegangen sein soll und nun abzuzahlen hat. Es wäre in solchen Fällen ehrlicher, sich einzugestehen, dass man mit einer grösseren Freiheit noch nicht fertig würde, und derartige Einschränkungen jetzt eben noch braucht. Es zeigt sich nämlich in der Praxis ohne weiteres, dass wenn der Betreffende durch eine Therapie oder durch tiefgreifende Ereignisse zu einer grösseren Freiheit gelangt, solche Einschränkungen mit einem Schlag hinfällig werden.

Falls die Projektion des Saturns auf einen Partner zurückgenommen wird, (und dies gilt insbesondere für Stellungen von Saturn im siebten Haus oder Spannungsaspekten des Saturns zur Venus), dann ist der Uebergang zum gegenteiligen Verhalten die häufigste Folgestufe. In diesem Falle verhält sich der Betreffende gegenüber dem Partner saturnisch, d.h. der andere wird in die Kindrolle gedrängt. Auch hier mag das frühere Erziehungsmuster wieder zum Ausdruck kommen, ganz einfach mit umgekehrten Vorzeichen, indem nun vom Betreffenden die Elternrolle übernommen wird.

Übung zur Saturnqualität

1. Denken Sie darüber nach, in welchen Situationen Sie Angst verspüren. Schreiben Sie dazu einige Situationen auf, die Ihnen klar im Gedächtnis sind. Versuchen Sie diese zu formulieren in der Form: wann, wo, und mit wem Sie das erlebten. Wenn Sie einige solcher Erlebnisse aufgezählt haben, so fragen Sie sich, welchem möglichen Ausgang Ihre Angst galt. Was wäre das Schlimmste, was dabei hätte passieren können?

Versuchen Sie, für diese verschiedenen Aengste, einen gemeinsamen Nenner zu finden. Können Sie dabei vielleicht eine Vorstellung von sich selbst herauskristallisieren, die dadurch erschüttert worden wäre? Vielleicht stossen Sie dabei auf einen Bereich, wo Sie besser und perfekter sein möchten, als Sie es sind.

Fragen Sie sich, was Sie alles schon unternommen haben, um in diesen Bereich »besser« oder effizienter zu sein. Haben Sie sich dem Risiko gestellt, um daraus zu lernen, oder haben Sie sich auf diesem Gebiet soweit als möglich abgeschirmt?

2. Wenn Sie aufgrund der ersten Uebung auf Erwartungen an sich selbst gestossen sind, die Sie nicht in dieser Form erfüllen können, so stellen Sie sich die Frage, woher diese Erwartungen kommen. Waren dies Erwartungen Ihrer Eltern, oder sind sie auf Ihrem eigenen, individuellen Boden gewachsen? Wollen Sie diese so beibehalten, oder können Sie sich in diesem Bereich vielleicht die Erlaubnis geben weniger perfekt zu sein? Eventuell erkennen Sie dabei die Verknüpfung zwischen Perfektionsanspruch und Angst. Wenn Sie zu perfekt sein wollen, müssen Sie sich unweigerlich immer wieder als unzulänglich erleben.

3. Denken Sie darüber nach, in welchen Situationen Sie sich schuldig fühlen. Welcher Instanz gegenüber fühlen Sie sich schuldig? Wenn Sie sich eine Person

vorstellen könnten, welche Sie in diesem Zusammenhang rügt, wer wäre das? Fragen Sie sich anschliessend, ob Sie dieser Instanz gegenüber noch Rechenschaft schuldig sind, und warum diese Person Ihnen noch so wichtig ist. Machen Sie sich damit vielleicht unnötig unfrei?

4. In welchen Bereichen und Situationen hatten Sie früher Angst, jedoch heute nicht mehr? Wie lernten Sie diese Angst überwinden? War es vielleicht dadurch, dass Sie die Auseinandersetzung mit solchen Situationen suchten bis Sie merkten, dass diese gar nicht so bedrohlich sind? Geschah dies vielleicht durch Disziplin, indem Sie sich dazu zwangen das zu tun, was Ihnen schwerfiel? Halten Sie einen Moment inne, um die Befriedigung darüber zu spüren, dass Sie diese Aengste überwunden haben.

Fragen Sie sich anschliessend, ob es in Ihrem Leben noch weitere Bereiche gibt, wo Sie dies auch erreichen möchten. Wie könnten Sie dabei vorgehen? Machen Sie dafür einen Plan und nehmen Sie sich die konkreten Schritte vor. Beschliessen Sie, wann, wo und mit wem Sie dies als nächstes tun wollen.

5. Denken Sie über das Thema Autorität nach. Welche Formen von Autorität bewundern Sie? Vor welchen Autoritätspersonen haben Sie Angst? Fragen Sie sich, was diese Bewunderung einerseits und die Angst andererseits vielleicht mit Ihnen selbst und Ihrer Saturnstellung zu tun haben. Ueberlegen Sie sich auch, wie Sie die Form von Autorität erlangen könnten, die Sie bei anderen bewundern. Wie tun es die anderen? Wie setzen Sie sich durch? Können Sie vielleicht davon etwas übernehmen?

6. In welchen Bereichen erleben Sie des öfteren Enttäuschungen, weil Sie die Realität nicht so sehen wollen, wie sie ist? Welche Signale übersehen oder überhören Sie? Dürfen gewisse Dinge für Sie ganz einfach nicht sein, sodass Sie diese verdrängen? Fragen Sie sich, ob dies mit Ihrer Erziehung und den Richtlinien Ihrer Eltern im Zusammenhang steht?

Wenn Sie einige dieser Uebungen gemacht haben, so versuchen Sie, die daraus gewonnenen Erkenntnisse in Zusammenhang zu bringen mit der Stellung des Saturns im Aspekt-Gefüge und im Häusersystem Ihres Horoskops.

Das Steinbockzeichen als Yin-Entsprechung des Saturn

Herrscher:	Saturn
Element:	Erde
Kreuz:	Kardinal
Polarität:	Yin

Der Steinbock ist wohl das aktivste Yin-Zeichen, das wir kennen. Es ist nach den gängigen Kriterien darüber, was wir unter Aktivität verstehen, sicher aktiver als das Yang-betonte Waagezeichen. Daraus können wir ersehen, dass die Unterteilung in Yin- und Yang-Zeichen nicht geeignet ist, um zwischen passiv und aktiv zu unterscheiden. Das Yin-Element weist lediglich darauf hin, dass die Motivation stärker von innen als von aussen kommt.

Dies können wir am Steinbockzeichen in dem Sinn beobachten, als dieser während eines grossen Teils seines Lebens damit beschäftigt ist, die Erwartungen seiner Eltern und der sozialen Umwelt, die ihn als Kind umgab, zu erfüllen. So hat der Steinbockbetonte in sehr frühen Jahren Entscheidungen darüber gefällt, was es im Leben zu erreichen gilt, und er wird mit diesen vergangenen Motivationen beschäftigt sein, bis er deren Anforderungen erfüllt hat. Dies hindert ihn allerdings nicht daran, sein Augenmerk sehr stark auf die äussere Wirklichkeit zu richten um zu erkennen, wie er seine vorgefassten Ziele am besten erreichen kann. Dabei passt er sich äusserlich an, um Kräfte zu sparen und keinen Anstoss zu erregen.

Im Laufe seines Lebens wird er auch immer wieder mit Autoritätsfiguren in Berührung kommen, die ihn entweder an elterliche Figuren erinnern, oder aber jene Autorität verkörpern, die er bei seinen Eltern vermisste. Da er sich sein Weltbild jedoch schon sehr früh gemacht hat, wird er diese Vorbilder gesellschaftlicher Macht sehr genau unter die Lupe nehmen, um zu prüfen, ob er sie in seinem Innersten wirklich als die perfekte Autorität anerkennen kann, die er insgeheim immer wieder sucht. Meist werden diese unter seinem kritischen Auge dann doch nicht das Perfektionsideal verkörpern, das er in seinem Innersten sucht, sodass er immer wieder dazu angespornt wird, sich weiter auf die Suche zu begeben – bis er realisiert, dass die Vollkommenheit, die er anstrebt, nur durch Arbeit an sich selbst, sowie Arbeit in der Aussenwelt zu finden ist.

An diesem Punkt setzt die Umkehr ein: er beginnt Verantwortung für sich zu übernehmen und verzichtet immer mehr darauf, seine Vorbilder für die Nicht-Erfüllung seiner Erwartungen verantwortlich zu machen. Schliesslich waren seine Erwartungen auch nicht seine ureigensten, sondern diejenigen seiner Eltern, bzw. einer Instanz, die sich unter elterlichem und sozialem Druck in seiner Psyche herausgebildet hatte.

Im Moment, wo er erkennt, dass die gesuchte Wahrheit nur durch ihn selbst verkörpert werden kann, beginnt er, seine ureigensten Motivationen zu hinterfragen. Dann ist er auf dem Weg zu eigener Verwirklichung, und er überbrückt die Schwelle der saturnischen Festlegung an die Materie zugunsten einer Ausrichtung auf seine eigene Individualität. Er bahnt damit den Uebergang vom Steinbock- zum Wassermannzeichen an; Konstellationen, welche gemäss der Tradition beide der Herrschaft des Saturn unterstellt sind.

Dies ist für den Steinbockbetonten jedoch die höchste Verwirklichungsstufe, und sie kommt entsprechend selten vor. Zuvor werden ihn seine Integration in die Gesellschaft und die Bestätigung seines Selbstwertes durch Anerkennung für seine Leistungen derart in Anspruch nehmen, dass sein Blick für individuelle Verwirklichung wenig offen sein wird. Er wird seine Aufmerksamkeit eher dem Erlangen von gesellschaftlicher Macht und Ansehen widmen und dabei viel Persönliches zurückstellen, denn ein innerer Zensor sagt ihm, dass Leistung, Anerkennung und Pflichterfüllung wichtiger sind, als Spass und unbekümmerte Freude am Geschehen.

So werden wir den Steinbockbetonten meist als pflichtbewussten und autoritätsgläubigen Menschen kennenlernen, dessen Wahrnehmung der Wirklichkeit vor allem auf Dinge ausgerichtet ist, die die Gesellschaft ebenfalls als wichtig erachtet. In diesem Sinne bemüht er sich schon früh um Effizienz und darum, die Gesetze des gesellschaftlichen Machtspiels zu beherrschen. Dadurch, dass er sich äusserlich anpasst, gleichzeitig jedoch im Persönlichen Distanz wahrt, kann er die Kontrolle über die Situation wahren. Der Gedanke, von andern kontrolliert zu werden, ist ihm nämlich unerträglich. Um dies zu vermeiden, wird er lieber durch Disziplin seine Schwächen bekämpfen, um möglichst wenig Anlass zu Abhängigkeit zu geben.

Gelingt es ihm, sich zu kontrollieren, so kann er auch die Aussenwelt schrittweise immer mehr unter seine Kontrolle bringen. Damit kann er sich von seiner ursprünglichen Autoritätsgläubigkeit selbst zu einer Autoritätsposition heraufarbeiten. Zunächst vom elterlichen Prinzip abhängig, wird er als Person selbst zur Verkörperung elterlicher Autorität. Dies wird dem Steinbockbetonten meist etwas Strenges und Ernstes verleihen. Er hat Mühe, aus spontanem Antrieb etwas zu geniessen, weil er von sich fordert, dass das, was er geniesst auch von der Gesellschaft als erstrebenswert angesehen wird. So ist es für ihn schwierig, die Grenze zu ziehen zwischen dem, was ihm als persönlich angenehm und erstrebenswert erscheint, und jenem, was offensichtlich nützlich und von öffentlichem Interesse ist. Er wird viele Dinge, die ihm persönlich Spass machen, unter dem Vorwand tun, dass sie getan werden müssen – sei dies nun aus Gründen der Pflicht, der Gerechtigkeit oder anderer überpersönlicher Ziele. Es fällt ihm schwer, ganz einfach zu sagen, »ich will«, oder »ich wünsche mir« ohne dies auch gleich als allgemein gültiges Ziel begründen zu müssen.

Diese Züge machen den Steinbockbetonten sehr geeignet für das Erklimmen der Karriereleiter. Es fällt ihm nämlich leicht, unmittelbare persönliche Bedürfnisse zugunsten längerfristiger Ziele zurückzustellen. Allerdings entspricht diese Stufe wie schon gesagt, nicht der höchsten Verwirklichung des Steinbocks. Jene ist erst dann erreicht, wenn er die Bedürfnisse seines Egos nach Macht und Kontrolle befriedigen konnte, sodass seine Energie frei wird für überpersönliche Ziele. In diesem Moment muss dann kein Konflikt mehr vorhanden sein, zwischen dem, was er sich persönlich als Individuum wünscht, und dem, was für die Gesellschaft oder die andern um ihn herum wünschenswert ist. An diesem Punkt fällt auch die Autoritätsgläubigkeit dahin, weil er selbst zur Autorität geworden ist. Diese Entwicklung wird dem Steinbockbetonten jedoch nicht geschenkt, sondern er kann sie sich nur mit harter Arbeit erringen. Wollte er eine Abkürzung einschlagen, und nicht Punkt für Punkt Pflichten – die er sich letztlich selbst setzt, welche jedoch auch durch die Forderungen seiner Umgebung zum Ausdruck kommen – erfüllen, so würden ihn Schuldgefühle befallen, welche seine Stellung bald untergraben würden. Auch wenn dabei die Herausforderung von aussen erlebt wird, so wäre für einen aussenstehenden Beobachter leicht festzustellen, dass der Betreffende seiner weiteren Entwicklung in erster Linie selbst im Wege steht.

Die Analogie zwischen Saturn und dem Steinbockzeichen ist augenfällig. Beide rufen nach Disziplin und Selbstbeherrschung , oder, falls die Verantwortung nicht selbst übernommen wird, nach Disziplinierung durch Autoritätspersonen. Das Steinbockzeichen ist jedoch im Vergleich zum Saturn – insbesondere in seinen harten Manifestationen über Aspekte und Häuserstellungen als milde zu bezeichnen. Beiden gemeinsam bleibt die Aufforderung, durch unermüdliche Arbeit an sich selbst und in der Aussenwelt über sich hinauszuwachsen.

Das Wassermannzeichen als Yang-Entsprechung des Saturn

Herrscher: Uranus und Saturn
Element: Luft
Kreuz: Fix
Polarität: Yang

Das Wassermannzeichen wird heute kaum mehr mit dem Saturn in Zusammenhang gebracht, sondern praktisch ausschliesslich mit dem Uranus. Da wir jedoch mit überpersönlichen Werten und einem nicht auf der Materie aufgebauten Weltbild, wie sie der Uranus verkörpert, immer noch Mühe haben, mag es von Vorteil sein, auch die Entsprechung des Saturn zum Wassermannzeichen zu beleuchten, da diese vielleicht leichter greifbar ist als die uranische.

Beispielsweise dürfte es vielen schwerfallen, die Verbindung herzustellen zwischen Uranus dem Planeten des Wechsels sowie der Veränderung und dem Wassermannzeichen, welches als fixes Zeichen gilt. Dies bleibt unverständlich, wenn nicht begriffen wurde, dass fixe Qualitäten auf der Stufe des Geistigen oder der Gesetzmässigkeiten durchaus mit Bewegung im Konkreten einhergehen können. Mühe kann einem im Zusammenhang mit der Uranus-Wassermann-Entsprechung auch die Tatsache machen, dass der Uranus ein höchst individualistischer Planet ist, der Schwierigkeiten hat, sich in ein Kollektiv oder Team einzupendeln, während der Wassermannbetonte den Kontakt ausgesprochen sucht und von Haus aus gesellig ist. Diese Widersprüche, wenn sie letztlich auch bloss scheinbare Widersprüche sind, können uns nahelegen, unsere Aufmerksamkeit auch dem Saturn als Herrscher dieses Zeichens zuzuwenden.

Wie dies für die astrologischen Zeichen gemäss der Reihenfolge im Zodiak ganz allgemein zutrifft, ist das Wassermannzeichen eine Weiterentwicklung des Steinbockzeichens. Hat nämlich der Steinbockbetonte durch peinlich genaue Erfüllung seiner Pflichten gegenüber der Gesellschaft auch sein Bedürfnis nach Macht und Ansehen befriedigt, so kann er sich die Erlaubnis geben, sich seiner

Individualität und dem Individuellen im Menschen zuzuwenden. Er braucht dann nicht mehr die Anerkennung durch alle, in Form von Status und gesellschaftlicher Position, sondern es genügt ihm, einen intensiven persönlichen Austausch mit andern Menschen gleicher Wellenlänge zu pflegen. Der Austausch wird dabei persönlicher und geht wesentlich tiefer. Was allerdings dabei zurückgelassen werden muss, ist das Bedürfnis nach Hierarchie und Autorität, weil es jetzt um die Bereitschaft geht, mit andern Individuen auf gleicher Stufe freundschaftlichen Kontakt zu pflegen, dies in einem Kreis, wo jeder sich selbst sein kann.

Das Erlangen der Fähigkeit und Bereitschaft dazu ist mindestens ebenso saturnisch wie uranisch. Dem Uranus-betonten fällt es im allgemeinen nämlich nicht leicht, mit andern auf der gleichen Stufe zu verkehren. Er möchte als Individuum nicht eingeschränkt werden, sieht sich dabei jedoch gleichzeitig gerne in einer dominanten Rolle. Vielleicht entspricht die dazu notwendige persönliche Entwicklung stärker dem Saturn als dem Uranus. Um mit andern auf gleicher Stufe zu verkehren, müssen wir nämlich gelernt haben, unsere Grenzen zu akzeptieren und die Tatsache ernst zu nehmen, dass unsere Freiheit dort aufhört, wo wir damit die Rechte unseres Nächsten verletzen. Dazu gehört viel freiwillige »Selbstbeschränkung« oder, wie man es treffender formulieren könnte: Beschränkung des Egos durch das Selbst.

Das Steinbockzeichen brachte schon die Bereitschaft mit sich, Egobedürfnisse zugunsten der sozialen Integration und damit des Erlangens von Macht und Ansehen in der Gesellschaft zurückzustellen. Das Wassermannzeichen geht einen Schritt weiter, indem das Erkennen der Grenzen unseres Anspruchs uns zu einem freundschaftlichen Kontakt auf gleicher Stufe befähigt. Wir wollen und dürfen uns selbst sein und respektieren den andern in seiner Eigenart. Dies setzt voraus, dass der andere uns ebenso wichtig ist, wie wir uns selbst. Dies kann jedoch erst dann der Fall sein, wenn wir durch unsere Verankerung im Selbst dazu kommen, vor allem das zu wollen, was wir auch wünschen könnten, dass es allgemeines Gesetz wäre. Mit andern Worten: es geht darum, dass wir die Freiheiten, welche wir für uns selbst in Anspruch nehmen, auch andern zugestehen können.

Der Hauptakzent liegt bei der Wassermannentsprechung des Saturn auf dem Begriff »Freiheit«. Wie wir alle wissen, ist es jedoch leicht, diese für uns zu wollen, während wir uns schnell bedroht fühlen, wenn die andern um uns herum diese Freiheiten auch haben sollten. Daher liegt eine häufige Perversion des Wassermann-Prinzips darin, dass die bestehende Ordnung, weil sie die persönliche Freiheit unterdrückt, umgewälzt wird – dass jedoch, sobald die Veränderung stattgefunden hat, neue Hierarchien geschaffen werden, und die vorher Unterdrückten ihre neue Macht genauso repressiv ausnützen, wie ihre Vorgänger. Dies ist typisch für Revolutionen, wo im Namen der Freiheit ein neues System geschaffen wird (Uranus) und die Verfolgung dieses Ideals bloss solange währt, bis neue Machtverhältnisse eingeführt werden können (Saturn). Wenn wir den Satz: »Die Revolution frisst ihre Kinder« genauer anschauen, so haben wir eine direkte Entsprechung zur Mythologie, wo Saturn einerseits seinen Vater kastrierte, um an die Macht zu kommen, später jedoch seine Kindern auffrass, damit sie ihm diese nicht streitig machen konnten. Aus diesem Bild geht hervor, wie eng die beiden Prinzipien Saturn und Uranus miteinander verknüpft sind, und wir das eine nicht ohne das andere denkbar ist.

Saturn in den Zeichen

Beim Saturn mit seinen langsamen Umlaufzeiten tritt – wie auch bei den transsaturnischen Planeten – die Bedeutung der Stellung im Zeichen gegenüber der Häuserstellung als individuelles Merkmal stärker in den Hintergrund. Die Zeichenstellung beschreibt viel eher eigentliche Zeitströmungen. Für die Deutung können wir diese dennoch heranziehen, um zu sehen, über welche Qualitäten der Betreffende Lernprozesse durchmachen muss. Die Saturnstellung gibt dann an, nach welchen Kriterien man sich ein Bild der Realität macht und was einem im Leben als erstrebenswert erscheint, aber auch, in welchen Bereichen jemand sich unnachgiebig und vielleicht etwas zwanghaft verhält. Insbesondere ist dabei die Sichtung nach den Elementen nützlich.

Saturn in den Feuerzeichen richtet seine Aufmerksamkeit vor allem auf Dinge, welche den Glauben an einen Lebenssinn und an die eigene Wichtigkeit und Einzigartigkeit unterstützen können. Dabei treten häufig Ungeduld und Unbelehrbarkeit auf, im Zusammenhang mit Inhalten, welche die positive Meinung, die man von sich aufrechterhalten möchte, infrage stellen. Solche können als Bedrohung der eigenen Individualität empfunden werden und erzeugen damit oft unsachliche Reaktionen, welche am Thema vorbeigehen. Im bewältigten Fall bedeutet Saturn die Fähigkeit, durch Widerstände hindurch und über das Eingehen von Risiken die eigene Kreativität und Originalität durchzusetzen.

Bei Saturn in den Erdzeichen besteht eine Neigung, sich stark nach der beobachtbaren Realität auszurichten und sein Augenmerk auf die Ursachen zu richten, damit die Wirklichkeit vom Verstand her begriffen werden kann. Die Schwierigkeit wird am ehesten darin bestehen, Neues aufzunehmen und Dinge gelten zu lassen, die entweder nicht ins bisherige Erfahrungsbild passen, oder ihre Gültigkeit noch nicht bewiesen haben.

Bei Saturn in den Luftzeichen besteht ein besonderes Interesse für die Welt der Begriffe sowie ein starkes Bedürfnis nach abstraktem Wissen, nach der Fähigkeit, Dinge betiteln und erklären zu können. Neben möglichen Glanzleistungen im Bereich des Denkens bestehen oft Widerstände, Dinge aufzunehmen, welche nicht in das Erklärungsmodell passen, das man sich von der Wirklichkeit gemacht hat. Somit tritt im Gespräch oft ein unflexibles Vertreten von starren Standpunkten auf, was zu Kontaktschwierigkeiten führen kann.

Bei Saturn in den Wasserzeichen spielt im Austausch und im Aufnehmen neuer Aspekte der Realität der Gefühlston stark mit. So treten Widerstände vor allem dann auf, wenn neue Situationen die eigenen gefühlsmässigen Ueberzeugungen in Frage stellen, oder wenn im Zusammenhang damit frühere Situationen gefühlsmässiger Frustration reaktiviert werden. In diesen Fällen treten für den Aussenstehenden unerklärliche Verstimmungen auf. Im bewältigten Falle besteht die Möglichkeit, im Bereich der Gefühle zu besonderer Tiefe und Bewusstheit vorzudringen, sowie eine Geborgenheit in sich selbst zu finden.

Die überpersönlichen Planeten Uranus, Neptun und Pluto

Mit den transsaturnischen Planeten, die wir auch geistige Planeten nennen, treten wir in ein neues Bewusstsein ein. Wir konnten bereits erkennen, wie beim Saturn eine wichtige Schwelle überschritten wurde; wie dieser Planet zwei Gesichter hat, eines, das zurückschaut zur materiellen Welt, zur Welt des Dreidimensionalen, lediglich räumlichen – und ein anderes, das auf die geistige Welt des vierdimensionalen Raum-Zeit-Kontinuums gerichtet ist. Die Dimension dieses zweiten Gesichtes und damit des freien und fröhlichen Saturns erkennen wir in seiner traditionellen Entsprechung zum Wassermannzeichen. Dabei liefern uns Uranus, und zusammen mit ihm, die danach kommenden Planeten den Schlüssel zu diesem neuen Bewusstsein. Um dieses besser zu verstehen, wollen wir kurz Saturn und Uranus einander in ihren häufigsten Entsprechungen gegenüberstellen.

In seiner häufigsten materiellen Entsprechung will der Saturn Stabilität im Aeusseren, im Sichtbaren und damit im Materiellen. Im Gegensatz dazu sucht der Uranus diese im Geistigen. Er interessiert sich für Gesetzmässigkeiten und kann damit zum Bewusstsein führen, dass sich das Aeussere nach stabilen Gesetzen permanent wandelt. Dieses Bewusstsein des Wassermann-Zeitalters ist in den folgenden Sätzen aus dem Buch der Wandlungen (I Ging) sehr schön ausgedrückt:

»Altes wird abgeschafft, Neues wird eingeführt, beides entspricht der Zeit und bringt daher keinen Schaden. Vereinigungen von Gleichgesinnten bilden sich. Aber dieser Zusammenschluss vollzieht sich in voller Oeffentlichkeit, er entspricht der Zeit, und darum ist jedes egoistische Sonderbestreben ausgeschlossen, und aus diesen Vereinigungen ergibt sich kein Fehler. Die Wiederkehr ist im Naturlauf begründet. Die Bewegung ist kreisförmig. Der Weg ist in sich geschlossen. Darum braucht man es nicht künstlich zu überstürzen. Es kommt alles von selber, wie es an der Zeit ist. Das ist der Sinn von Himmel und Erde.«

In seiner mythologischen Entsprechung verneint der Saturn die Zeit, er versucht die Entwicklung aufzuhalten, dadurch, dass er seine Kinder auffrisst. Damit legt er sich auf die dreidimensionale Raumebene fest. Die Zeit wird lediglich zur Messgrösse. Das dazugehörige Weltbild ist logisch, kausal und linear. Diese Vorstellung führt zum Widerpruch, dass das Schicksal entweder festgelegt sein muss, also keinen Platz enthält für freie Willensentscheidungen, oder zur umgekehrten Haltung: dass es kein erfassbares Schicksal gibt, sondern alles zufällig abläuft, und dass deshalb die Suche nach kosmischen Gesetzmässigkeiten sinnlos ist, und entsprechende Versuche die Welt zu erklären, eine Irrlehre darstellen. Beiden Haltungen ist gemeinsam, dass sie der Zeit keine kreative Qualität zugestehen.

Was weiter zu diesem Weltbild gehört, ist die Auffassung, dass die äussere Realität »die Realität« ist, und dass alles daran gemessen werden muss. Mystisches gehört in die Kirche, da es nicht beweisbar ist. Astrologie ist eine Irrlehre, weil sie sich eben mit dieser Zeitqualität auseinandersetzen will, die es gar nicht gibt. Vertreter dieses Denksystems möchten am liebsten psychologische Prozesse aufgrund von biologischen, beobachtbaren Hirn- und Nervenströmungen erklären.

Der Atomphysiker Werner Heisenberg beschreibt sehr deutlich, wie dieses dreidimensionale Bild der Wirklichkeit sich nicht mehr mit den Erkenntnissen der modernen Physik deckt: »Wenn man über die Biologie hinausgeht und die Psychologie in die Diskussion einbezieht, so kann man kaum mehr daran zweifeln, dass die Begriffe der Physik und der Chemie und der Entwicklungslehre zusammen noch nicht ausreichen werden, die psychologischen Tatsachen zu erklären und zu beschreiben. An dieser Stelle hat die Existenz der Quantentheorie unsere Ansichten gegenüber denen des 19. Jahrhunderts einschneidend geändert. Damals waren einige Wissenschaftler geneigt zu glauben, dass die psychologischen Erscheinungen letzten Endes durch eine Physik und Chemie des menschlichen Gehirns erklärt werden könnten. Vom quantentheoretischen Gesichtspunkt aus gibt es keine Grundlage mehr für eine solche Annahme. Obwohl die physikalischen Vorgänge im Gehirn zu den psychischen Erscheinungen gehören, könnte man nicht annehmen, dass diese physikalischen Vorgänge ausreichen sollten, jene zu erklären«. (W. Heisenberg: Physik und Philosophie).

Durch den Uranus bricht mit der Zeitdimension das vierdimensionale Raum-Zeit-Kontinuum ein. Mit der Möglichkeit, die uns dadurch gegeben ist, die Zeitbarriere zu überschreiten, verlieren wir allerdings die Objektivität, d.h. Zeitunabhängigkeit des Experiments, die wir im vorhergehenden dreidimensionalen System noch aufrechterhalten konnten. Heisenberg schreibt dazu, über die Elementarteilchen sprechend: »Wenn man eine genaue Beschreibung des Elementarteilchens geben will – und hier liegt die Betonung auf dem Wort »genau«, so ist das einzige, was als Beschreibung niedergeschrieben werden kann, die Wahrscheinlichkeitsfunktion«. In eine ähnliche Richtung weist die Tatsache, dass ein Experiment im Mikrokosmos nicht mehr losgelöst vom Beobachter betrachtet werden kann. Dazu Heisenberg, über ein Experiment sprechend: »Das ist allerdings ein sehr merkwürdiges Resultat, das zu zeigen scheint, dass die Beobachtung eine entscheidende Rolle bei dem Vorgang spielt, und dass die Wirklichkeit verschieden ist, je nachdem, ob wir sie beobachten oder nicht.« Um diesen Punkt deutlich zu machen, müssen wir den Beobachtungsprozess noch etwas genauer analysieren. Dazu wiederum Heisenberg:

»Zunächst ist es an dieser Stelle wichtig, sich daran zu erinnern, dass wir uns in der Naturwissenschaft nicht für das Universum als Ganzes, das uns selbst einschliesst, interessieren, sondern dass wir unsere Aufmerksamkeit auf gewisse Teile des Universums richten und zum Gegenstand unseres Studiums machen. In der Atomphysik ist dieser Teil gewöhnlich ein sehr kleiner Gegenstand, nämlich ein atomares Teilchen, oder eine Gruppe solcher Teilchen, manchmal ist er auch grösser; Auf die Grösse kommt es hier nicht an. Wohl aber ist es wichtig, dass ein grosser Teil des Universums, der uns selbst einschliesst, nicht mit zum ›Gegenstand‹ gehört.« Und weiter:

»Inwieweit sind wir also schliesslich zu einer objektiven Beschreibung der Welt, besonders der Atomvorgänge gekommen? Die klassische Physik beruhte auf der Annahme – oder sollten wir sagen auf der Illusion? – dass wir die Welt beschreiben können, oder wenigstens Teile der Welt beschreiben können, ohne von uns selbst zu sprechen.« Im weiteren weist Heisenberg auf die beschränkten Möglichkeiten der Anwendung der klassischen Physik und der traditionellen Naturwissenschaften hin und zitiert in diesem Zusammenhang Karl Friedrich von Weizsäcker mit der Formulierung, dass »die Natur früher ist als der Mensch, aber der Mensch früher als die Naturwissenschaft«.

Diese wenigen Zitate sollen genügen, um zu zeigen, dass die hier entwickelten Gedanken nicht nur Phantasien eines Astrologen sind, sondern ihre Rechtfertigung finden im Weltbild der heutigen Physik. Es ist wichtig, das zu verstehen, um den transsaturnischen Planeten näher zu kommen: Diese vermitteln eine Einsicht in eine zyklische Entwicklung der Welt und des Lebens, die nicht mehr auf kausalem, sondern auf analogem Denken beruht. Es versteht sich von selbst, dass die drei transsaturnischen Planeten eine neue Zeit in der Menschheitsgeschichte verkörpern: »das Wassermannzeitalter«, von Uranus regiert.

Das neue Weltbild der geistigen Planeten

Interessant ist im Zusammenhang mit den geistigen Planeten der Synchronizitätsaspekt der Entdeckung des Uranus mit dem, was sich erkenntnistheoretisch und politisch in jener Zeit ergab. Dieser 1781 entdeckte Planet wird im allgemeinen mit dem Aufstand des französischen Volkes gegen die Monarchie in Zusammenhang gebracht, der 1789 im Sturm auf die Bastille gipfelte. Zweifellos war der Aufstand der Unterdrückten gegen die mächtige Obrigkeit ein ausgesprochen uranisches Ereignis. »Freiheit – Gleichheit – Brüderlichkeit« sind denn auch Begriffe, die das uranische Prinzip in seiner reinsten Form zum Ausdruck bringen.

Im Jahr der Entdeckung von Uranus geschah jedoch noch etwas anderes, was für die Entwicklung der westlichen Philosophie von grosser Bedeutung war. Tatsächlich war seit der Zeit von Pythagoras bis Plato im Bereich der westlichen Philosophie nichts wesentlich Neues entwickelt worden. In seinem fundamentalen Werk »Die Philosophie des Abendlandes« äussert Bertrand Russel die Meinung, dass die Synthese zwischen Mathematik und Theologie, die mit Pythagoras begann, entscheidend war für die Philosophie der alten Griechen, diejenige des Mittelalters und der Neuzeit bis zu den von Immanuel Kant entwickelten Konzepten. Wenn wir also davon ausgehen, dass die fruchtbarsten philosophischen Aktivitäten der alten Griechen um 400 v. Chr. entfaltet wurden, und wir 2160 Jahre hinzuzählen, was dem Vorrücken des Frühlingspunktes für ein Tierkreiszeichen entspricht, so gelangen wir zum Jahr 1760. Während wir somit das Jahr 400 v. Chr. mit dem Beginn der Philosophie des Fischezeitalters gleichsetzen können, ergibt sich für die ersten Entwürfe der Philosophie des Wassermannzeitalters etwa die Zeit um 1760. Kant lebte von 1724 bis 1804 und veröffentlichte 1781 – also im gleichen Jahr, in dem Uranus entdeckt wurde – sein grundlegendes Werk »Die Kritik der reinen Vernunft«.

Davon ausgehend, dass zwischen diesen beiden Ereignissen eine Synchronizität bestehen könnte, wollen wir versuchen, die Philosophie von Immanuel Kant etwas zu erläutern – zum besseren Verständnis der Gesetzmässigkeiten des Wassermannzeitalters, und um uns mit den transsaturnischen Planeten vertraut zu machen.

Kant versucht, uns in seinem Werk klar zu machen, dass Raum und Zeit subjektive Begriffe sind, die von unserer Wahrnehmung abhängen. Profan ausgedrückt: Wenn wir eine Brille mit grünen Gläsern tragen, werden wir die Welt in Grüntönen wahrnehmen. Aehnlich verhält es sich mit unserem Raumempfinden. Wenn wir eine Raumbrille tragen, so werden wir die Realität in räumlichen Kategorien wahrnehmen. Dies ist jedoch nur unsere Vorstellung der Realität und keineswegs die Realität an sich. Etwa so, wie unsere Umgebung nicht deshalb grün wird, weil wir sie aufgrund der grünen Brille in Grüntönen wahrnehmen.

Des weiteren folgert Kant, dass diese »a-priorische« Verzerrung der Wahrnehmung des Raum-Zeit-Kontinuums automatisch zu falschen Schlussfolgerungen führt, wenn wir die Kategorien von Raum und Zeit – innerhalb welcher wir unsere Erfahrungen machen – zu Hilfe nehmen, um Dinge anzugehen, welche jenseits unseres Erfahrungsbereichs liegen. Da unser Verstand in diesen Kategorien funktioniert, schliesst Kant weiter, dass der ausschliessliche Gebrauch unserer Vernunft philosophisch notwendigerweise in Sackgassen führt.

Kant zeigt also die Relativität unserer Wahrnehmungskategorien auf. In diesem Sinne ist er auch der wesentlichste westliche Vorläufer der neueren Theorien der modernen Physik, insbesondere der Relativitätstheorie.

Er ist jedoch nicht nur der Vorläufer der der modernen Physik zugrunde liegenden Anschauungen, sondern auch – über das Postulat der »a-priorischen Vorstellungen« – gleichzeitig ein Vorläufer der modernen Psychologie. Bei C. G. Jung finden wir in Form der Archetypen eine direkte Weiterentwicklung der Kant'schen »a-priorischen Vorstellungen«. Jene bedingen bekanntlich die Bilder, welche in unserem Unbewussten aufsteigen.

1781, das Jahr der Entdeckung des Planeten Uranus, des Herrschers des Wassermannzeitalters, führt uns also direkt ins 20. Jahrhundert mit 2 wesentlichen Erweiterungen unseres Bewusstseins, welche im Zusammenhang mit ihren möglichen Anwendungen direkt auf Uranus und Pluto zurückzuführen sind:

1. Das Konzept der Relativität von Raum und Zeit ermöglicht die Entwick-

lung der Relativitätstheorie, welche die Grundlage bildet für die Spaltung des Atoms und damit dem Menschen die Möglichkeit gibt, selbst eine mit der Sonne vergleichbare Energie zu generieren.

2. Das Konzept der a-priorischen Vorstellungen führt zu den Begriffen der Archetypen und eines kollektiven Unbewussten, das wir wie die Atom-Spaltung mit dem Planeten Pluto in Zusammenhang bringen.

Die Bewusstseinsöffnung, welche durch das Erkennen eines kollektiven Unbewussten – das die Summe der Erfahrungen der Menschheit beinhaltet – ermöglicht wurde, führt uns seit 1970 im Westen im weiteren zu verschiedenen Reinkarnationserfahrungen. Diese sind im eigentlichen Sinne eine Verbindung zwischen dem kollektiven und dem individuellen Unbewussten, indem dabei das kollektive Unbewusste als Gesamtheit der Erfahrungen des Einzelnen verstanden werden kann. Diese zeugen ebenfalls von der durch die heutige Zeitqualität geförderten Fähigkeit, die Zeitbarriere zu durchbrechen und der auch dem einzelnen Individuum offenstehenden Möglichkeit, Reisen in Vergangenheit und Zukunft anzutreten.

Der Uranus und seine Entsprechungen

Uranus bedeutet Wissen durch Integration der vierten Dimension, er ist somit gleichzusetzen mit »Intuition«. Durch die Integration der Dimension »Zeit« wird unser Denken viel schneller als dies Merkur zulässt, weil damit die Möglichkeit besteht, nicht nur Informationen aneinander zu reihen, sondern Komplexe von Daten und Informationen in einen Zusammenhang zu bringen und zu verstehen. Analog dazu würde Merkur der Rechenmaschine entsprechen und Uranus dem Computer. Wie dieser macht es Uranus möglich, in einem Sekundenbruchteil unzählige Fragmente von Einzelinformationen zu einem Ganzen zusammenzubringen, das Sinn hat.

Auf psychologischem Gebiet wirkt Uranus ähnlich. Durch Ueberspringen von Etappen ermöglicht er blitzschnelle Folgerungen und somit Resultate, zu welchen wir sonst möglicherweise nur nach monatelanger Kleinarbeit gelangen würden. Natürlich setzt dies – wie auch beim Computer – voraus, dass Ausgangsdaten und Verarbeitungsprogramm richtig sind. Wenn eines davon Fehler aufweist, wird auch das Resultat unweigerlich falsch sein.

Uranische Fähigkeiten machen somit die merkurischen Qualitäten nicht überflüssig, im Gegenteil, sie setzen sie voraus. Wie bei jedem Informationssystem müssen zuerst korrekte Grunddaten zusammengetragen und ein Programm erarbeitet werden. Im weiteren Verlauf müssen wir ebenfalls jederzeit fähig sein, dieses Programm zu analysieren und in seine Bestandteile zu zerlegen, falls sich beispielsweise Fehler eingeschlichen haben. Diese Kleinarbeit, die viel Aufmerksamkeit erheischt, ist eine merkurische Tätigkeit.

Psychologisch wird diese merkurische Arbeit zum Beispiel auch dort erforderlich, wo wir erkennen, dass die Schlussfolgerungen, die wir aufgrund vorhandener Informationen ziehen, falsch oder der jeweiligen Situation unangepasst sind. Dann müssen wir ebenfalls in unserer internen psychischen Datenverarbeitungsanlage zurückgehen bis zum Punkt, wo sich scheinbar falsche oder überholte Basisinformationen eingeschlichen haben; oder wir müssen an unserem Verarbeitungsprogramm etwas ändern.

Der Uranus kann uns auch plötzlich die Einsicht für einen gänzlich neuen Weg, der mit der Vergangenheit radikal bricht, aufzeigen. Auch in diesem Falle müssen wir dann die nötige Kleinarbeit vornehmen, um diese Vision in die praktische Wirklichkeit umzusetzen.

In diesem Zusammenhang möchte ich als Analogie den Satz des berühmten Mathematikers Gauss anführen, dem die Lösung eines mathematischen Problems plötzlich einfiel, worauf er ausrief: »Ich habe die Lösung, ich muss nur noch den Weg finden, der dazu führt!« Seine plötzliche Intuition wurde durch Uranus möglich, die Arbeit, die ihm verblieb, gehört zum Bereich des Merkurs.

Der Uranus ist also der Planet der sprunghaften Aenderungen. Wenn wir in einer Zeit leben, wo die äusseren Bedingungen unseres Daseins sich schnell ändern, wir uns andererseits in unserem Denken und Verhalten immer noch in früheren überlieferten Strukturen bewegen und dadurch in einen Engpass kommen, weil die alten Strukturen der neuen Situation nicht mehr angepasst sind, so kann uns der Uranus helfen, aus dieser festgefahrenen Situation auszubrechen. Wenn wir uns aufrichtig bemühen, die Krise durchzustehen, können wir über den Uranus eine neue Lösung finden. In solchen Fällen kann sich die Wirkung dieses Planeten manifestieren in Form einer neuen Sicht, eines neuen Auswegs und einer neuen Perspektive, welche plötzlich als Bild vor uns treten. Wenn wir nicht vor Angst gelähmt sind, können wir diesen Weg dann begehen, einen Weg, der zunächst meist ins Unbekannte führt und in irgendeinem Bereich mit der Vergangenheit radikal bricht. Diese neue Sicht ergibt sich nicht aufgrund rationaler Ueberlegungen, sondern sie ist plötzlich da. Es ist dann unsere Aufgabe, diese Intuition mit dem Bisherigen zu verbinden und in unser Leben zu integrieren, damit sie nicht nur ein origineller Einfall bleibt, der bloss als ferne Wunschvorstellung unsere Psyche belebt.

Meist geht deshalb der positiven Manifestation des Uranus eine saturnische Krise voraus, eine Krise, wo wir durch Leid hindurchgehen und die Grenzen der bisherigen Möglichkeiten einsehen. Erst dann kann der Durchbruch erfolgen, in Form einer plötzlichen Eingebung. Das Neue offenbart sich uns in Form einer Vision, welche zeitlich und persönlich bedingt ist, und sich in diesem Sinne der Objektivierbarkeit entzieht. Wir können dieses innere Bild nur objektivieren und mit der Vergangenheit verbinden, indem wir merkurisch zurückbuchstabieren und dann sekundär mit Hilfe des Verstandes rationalisieren.

In Epochen der Stabilität und Stagnation manifestiert sich der Uranus oft in Form von unpassenden Einfällen und merkwürdigen Exzentrizitäten. In einer Zeit wie der unsrigen, wo sich alles ständig wandelt, haben wir jedoch gute Ansätze, um den Uranus positiv zu leben. Einer uranischen Welt entsprechen unaufhörliche Aenderungen im Bereich der äusseren Erscheinungen mit der Möglichkeit, im Bereich des Geistigen Struktur und Stabilität zu finden.

Dies ist letzlich auch die Thematik des Wassermannzeichens und des Wassermannzeitalters, welches mit dem Uranus in Zusammenhang steht. Ebenfalls mit diesem Planeten werden in Zusammenhang gebracht: Astrologie, Datenverarbeitung, sowie »Zeitqualität«. Sie mögen sich fragen, was diese miteinander gemeinsam haben. Dazu gibt es zumindest zwei Antworten:

1. Die Astrologie beinhaltet die Arbeit der Kombination von Symbolen. Ein Symbol ist jedoch in jedem Fall ein ganzer Informationskomplex. Es kann in seiner Ganzheit nicht durch Worte erklärt, es muss auch gefühlt und bildhaft gesehen und erlebt werden. Die Kombination von Symbolen beinhaltet somit die Aufgabe, viele einzelne Informationseinheiten miteinander zu verbinden. In einem gewissen Sinne kann dies mit der Arbeit des Computers verglichen werden, der ebenfalls ganze, aus Einzelbestandteilen zusammengesetzte Informationskomplexe miteinander kombinieren muss. Während einer astrologischen

Beratung muss der Astrologe in einigen Sekunden oder allenfalls Minuten solche Komplexe von Informationen und Details verknüpfen und Zusammenhänge herstellen, die, müsste man sie einzeln miteinander kombinieren und auswerten, hunderte oder tausende von Einzelschritten bedingen würden. Ohne die uranische Fähigkeit, blitzschnell ganze Informationsgebilde miteinander verknüpfen zu können, würde diese Arbeit Tage oder Wochen in Anspruch nehmen. Darin liegt eine grosse Aehnlichkeit zwischen Astrologie und Datenverarbeitung: Aehnlich wie eine Magnetplatte eine Unzahl von verschiedenen Grunddaten und Programmen beinhalten kann, liefert das Horoskop dem Kundigen auf kleinstem Raum eine ähnliche Informationsvielfalt. Dies zeigt sich auch darin, dass verschiedene Astrologen, die nach ganz unterschiedlichen Methoden, mit anderen Worten nach unterschiedlichen Programmen, arbeiten, mit diesen Grunddaten auf verschiedenen Wegen zu ähnlichen Schlüssen kommen können.

2. Die Astrologie bringt in den Bereich der Psychologie den Begriff der Zeitqualität ein. Gemäss der Astrologie hat jeder Augenblick seine spezifische Qualität und gibt uns zusammen mit dem Raum, d.h. dem Ort, wo wir uns befinden, eine genaue Definition der Qualität einer Situation; dies allerdings immer in symbolischer Sprache. Rufen wir uns in diesem Zusammenhang in Erinnerung, dass Uranus in der griechischen Mythologie der erste Gott des Himmels war, und dass in der Taoistischen Philosophie der Himmel das Ursymbol des Yang ist, welches seinerseits in diesem System der »Zeit« gleichgesetzt wird.

Himmel und Zeit entsprechen der grösstmöglichen Freiheit, die zu erreichen ist. Deshalb können wir auch die Entsprechung zwischen Uranus und der Freiheit des Geistes erkennen. Uranus verlangt von uns, dass wir unsere Individualität leben, koste es, was es wolle – astrologisch sowohl im Bereich seiner Stellung im Haus, als auch in seinen Aspekten zu den persönlichen Planeten unseres Horoskops. Der Konflikt zwischen diesem Bedürfnis nach absoluter Freiheit und unseren konkreten Lebensbedingungen wird sich allerdings in der Praxis in allerlei Abweichungen von den reinen Qualitäten des Uranus äussern. Eine solche Abweichung, die mit einem starken Uranus sehr häufig ist, liegt darin, dass wir für uns Freiheiten in Anspruch nehmen, welche wir nicht bereit sind, anderen ebenfalls zuzugestehen. Hier wäre an Kants kategorischen Imperativ zu erinnern, wonach unsere Freiheiten nicht auf Kosten anderer gehen sollen.

Biologische Entsprechung

Als geistiger Planet lässt sich Uranus nicht so leicht wie die vorhergehenden Gestirne auf eine einfache körperliche Entsprechung beziehen. Seine Analogie zu blitzschnellem Denken gibt ihm einen starken Bezug zum Nervensystem und zum Rückenmark. Da er jedoch vor allem über geistige Prozesse herrscht und diese beschleunigt, treten die hauptsächlichen körperlichen Probleme in Zusammenhang mit dem Uranus in Form einer Ueberforderung der vegetativen Prozesse des Körpers auf (insbesondere sind Aspekte zu persönlichen Planeten zu berücksichtigen). Das Problem liegt darin, dass man schneller voran möchte, als es die Verhaftung im Körperlichen ermöglicht.

So könnten bei Uranus-Merkur-Spannungen nervliche Probleme oder Sprachprobleme auftreten, weil die Gedanken schneller sind als die Worte, welche das Gedachte ausdrücken können. Bei Uranus-Venus-Spannungen kann hingegen der Wunsch nach Bewegung und Veränderung bewirken, dass man sich keine Ruhephasen im Geniessen und Assimilieren (z.B. Nahrung) zugesteht, weil man ständig vom Bedürfnis zu handeln und etwas zu verändern angespornt ist. Bei Uranus-Saturn-Spannungen liegt andererseits das Hauptproblem darin, dass die feste Struktur, beispielsweise in der Entsprechung des Knochengerüsts, in Konflikt gerät mit dem Bedürfnis nach blitzschneller Bewegung, was im Extremfall zu Knochenbrüchen führen kann und interessanterweise auch zu Lähmungen, allerdings meist reversibler Art, z.B. in Form der Polyneuritis.

Wir mögen uns fragen, wie dieses Symptom zustandekommt. Dazu müssen wir uns vergegenwärtigen, was sich durch einen Unfall oder eine Lähmung in unserem Leben ändert. Das Wesentlichste ist, dass wir zur Ruhe gebracht und aus unserem üblichen Trott herausgerissen werden. In der Einsamkeit des Spitalzimmers haben wir auf unserem Krankenbett die Möglichkeit, über uns selbst nachzudenken, und – unabhängig von äusseren Verpflichtungen – herauszufinden, was es ist, was unsere Individualität ausmacht. Dies ist die Forderung sowohl von Saturn wie auch von Uranus. Die Art, wie das Symptom zum Ausdruck kam, hatte jedoch mit der Spannung zwischen dem Prinzip der Ruhe (Saturn) und jenem der Veränderung (Uranus) zu tun. Durch dieses interessante Beispiel können wir erkennen, wie die gleichen Symbole auf verschiedenen Ebenen unterschiedlich erlebt werden: Bei Saturn und Uranus auf der materiellen Ebene als konträre, auf der inneren oder geistigen Ebene als konvergierende Prinzipien.

Eine weitere Entsprechung des Uranus-Prinzips liegt in rhythmischen und spasmischen Prozessen. Der rhythmische Prozess ist insbesondere in Form des Gegenpols des Uranus, nämlich der Sonne (Herzrhythmus) symbolisiert, währenddem spasmische Krampfzustände mit einer Spannung zu tun haben, die sich nicht natürlich entladen kann; d.h. wo der Ergänzungspol zum Uranus – die Hingabequalität des Neptun – fehlt. Die Entladung einer physiologischen Spannung findet hingegen ihre deutlichste Entsprechung im Orgasmus, wo Spannung und Hingabe zusammenkommen. Dies führt uns auch auf die Entsprechung des Uranus zu den männlichen Keimdrüsen und zur männlichen Sexualität. So verstärkt der Uranus nicht nur die sexuelle Spannung und verleiht einen erhöhten sexuellen Magnetismus, er gibt dem Sexualverhalten auch einen männlichen Einschlag. Er symbolisiert mythologisch ja auch die erste männliche Gottheit, den Gott des Himmels – und es ist vielleicht bezeichnend, dass Saturn, als Schattenplanet seinen Vater Uranus an seiner Achillesferse treffen wollte, indem er ihn kastrierte.

Psychologische Entsprechung

Der uranusbetonte Mensch wird bewusst oder unbewusst Situationen suchen, die es ihm ermöglichen, seine Eigenart als Individuum zum Ausdruck zu bringen. Es ist erstaunlich, wie dies bereits in der Kindheit in Erscheinung tritt, zu einem Zeitpunkt, wo eine bewusste Wahl ausgeschlossen ist. So ist beim Jugendlichen mit einer Mars-Uranus-Spannung oft der Vater nicht nur psychologisch abwesend, indem er beispielsweise wegen Ueberdominanz der Mutter in den Hintergrund tritt, sondern er ist oft tatsächlich nicht vorhanden (z.B. infolge einer Scheidung, eines Todesfalls etc.). Auf alle Fälle sind Situationen gegeben, welche dem Einzelnen ermöglichen sollen, im Bereich, wo sich der Uranus häusermässig befindet, oder über die persönlichen Planeten, die er aspektiert, zu einer selbstgefundenen Individualität vorzudringen. Dies wäre erschwert, wenn im betreffenden Bereich alles nach den üblichen Normen der Gesellschaft harmonisch verlaufen würde. Man kann also sagen, dass die Natur oder das Schicksal dem Betreffenden hier auf seinen eigenen Weg hilft. Dass dies vom Einzelnen nicht primär positiv gewertet wird, liegt daran, dass man erst mit entsprechender Reife die Qualitäten des Uranus, welcher alles Gewohnte unterbricht und auf neue Bahnen lenkt, positiv empfinden kann.

Dies ist eine Gesetzmässigkeit, welche übrigens für alle transsaturnischen Planeten gilt. Diese verfolgen nicht das Ziel, uns innerhalb unserer Erfahrungskategorien zu mehr Glück zu verhelfen, sondern sind auf Dinge gerichtet, welche wir erst in einem grösseren karmischen Zusammenhang als sinnvoll erkennen können. Nehmen Sie das Beispiel des uranusbetonten Revolutionärs, der aufgrund widriger Umstände in seiner Kindheit die etablierte Gesellschaft bekämpft und dies so weit treibt, dass er dabei von dieser Gesellschaft eliminiert wird. Unmöglich könnten wir hier sagen, dass dieses Verhalten zu seinem Glück beigetragen hätte. Im Gegenteil, von einer diesseitigen Betrachtungsweise her hat er versagt und sich selbst ins Unglück gestürzt. Als jemand, der jedoch vielleicht eine künftige Zeitqualität verkörpert, mag er von der Nachwelt zum Helden abgestempelt werden. Was zählt hier nun mehr? Dies ist innerhalb unseres diesseitigen Wertsystems schwer zu entscheiden!

Auch wenn sich der Uranus im allgemeinen nicht derart massiv manifestieren wird, so weist dieses Beispiel dennoch auf eine wichtige psychologische Entwicklungsphase hin, durch die der Uranusbetonte hindurchgehen muss. Um seine Individualität zu verwirklichen, muss er lernen »nein« zu sagen. Er muss also zur Rebellion fähig sein, denn wenn er es nur den andern recht machen kann, und dazu keine Alternativen hat, so wird er unmöglich seine Eigenart erkennen und verwirklichen können. Allerdings sollte dieses »Nein-sagen« nur eine Uebergangsphase sein. Wenn er in der Negation verharrt, dann ist er genauso unfrei wie derjenige, der sich immer anpasst. Kann er jedoch wählen zwischen Zustimmung und Ablehnung, dann ist er frei, dann kann er agieren, d.h. handeln und muss nicht immer reagieren. Das »Nein-sagen« ist ja auch keine risikolose Handlung. Sie bedingt die Bereitschaft, notfalls auf die Zustimmung der andern zu verzichten und allein zu sein. Diese Fähigkeit brauchen wir, um zu wirklichen Freundschaften (Wassermann-Entsprechung) fähig zu sein. Freundschaften sind ja dadurch charakterisiert, dass sie auf einer Zugehörigkeit beruhen, welche einer freien Wahl entspricht (Wahlverwandtschaften) und nicht auf einem »Brauchen« des andern. Wir können wiederum erst dann, wenn wir den andern nicht unbedingt brauchen, seine kreative Individualität zulassen. d.h. dass er sich ebenso frei verhalten darf, wie wir es selbst tun (Thema des Wassermannzeichens und des elften Hauses).

Uranische Beziehungen beruhen auf dieser gegenseitigen Freiheit und damit auf der Fähigkeit, einander immer wieder zu finden, ohne den andern »halten« zu müssen. Das »Halten«, also im Du einen Halt suchen, wäre dann im Gegensatz dazu die in der Materie verhaftete Saturnentsprechung.

Fritz Perls, der Begründer der Gestalttherapie hat mit seiner Methode vielen Menschen geholfen, sich selbst wiederzufinden. Von ihm stammen die folgenden Worte, welche das uranische Credo sehr schön zum Ausdruck bringen:

»Ich gehe meinen Weg und Du gehst Deinen Weg.
Ich bin nicht auf dieser Welt, um nach Deinen Erwartungen zu leben.
Und Du bist nicht auf dieser Welt, um nach den meinen zu leben.
Du bist Du, und ich bin ich,
Und wenn wir uns zufällig finden – ist es wunderschön.
Wenn nicht, kann man auch nichts machen.«

Gesellschaftliche Entsprechung

Der Uranusbetonte wird ein starkes Bedürfnis haben, im Beruf sowie in der Gesellschaft etwas Eigenständiges und Originelles zu verkörpern. Damit wird er sich für Routineberufe oder untergeordnete Stellungen schlecht eignen. Es liegt ihm eher eine Beschäftigung, die mit dem Zeitgeist, mit moderner Technik und Elektronik oder Psychologie in Zusammenhang steht. Die Psychologie kann ihn deshalb ansprechen, weil sie sich mit dem Individuellen im Menschen befasst. Für Wirtschaft oder Politik wird er sich nur dann eignen, wenn Reformen anstehen und neue Wege zu gehen sind. Im Wirtschaftsleben könnte er sich dabei durch seinen Erfindungsreichtum auszeichnen.

In jedem Fall wird jedoch Disziplin zu entwickeln sein, d.h. die Fähigkeit, die vorhandenen originellen Ideen auch durch Organisationstalent und harte Arbeit in die Tat umzusetzen. Das Vorhandensein einer solchen Fähigkeit zur Disziplinierung wird auch schon zu Beginn einer Ausbildung entscheidend sein für die späteren Erfolge. Ist das Uranusprinzip nämlich sehr stark, so könnte es dem Uranusbetonten schwer fallen, die nötige Geduld aufzubringen, um sich das Rüstzeug anzueignen, das er später brauchen wird. Auch könnte es ihm an der Bereitschaft fehlen, von einem Erfahreneren die nötigen Anweisungen zu akzeptieren. Häufig erfolgt deshalb nach anfänglicher Rebellion das Erlernen der nötigen Fähigkeiten zur Berufsausübung auf dem zweiten Bildungsweg, nämlich zu einem Zeitpunkt, wo der Betreffende selbst entschieden hat, was ihn interessiert und begeistert. Er erträgt es eben sehr schlecht, dass ihm sein Weg von andern, beispielsweise von Eltern oder Lehrern, vorgeschrieben werden soll.

Partnerschaftliche Entsprechung

Ob die uranischen Qualitäten in einer Beziehung selbst oder über einen Partner erlebt werden, hängt im wesentlichen vom Geschlecht und von der Erziehung ab. Je mehr jemand während der Kindheit dazu angehalten wurde, sich anzupassen, umso schwerer wird es ihm fallen, zu seiner Individualität zu stehen. Dies trifft für Frauen stärker zu als für Männer.

Falls nun der Uranus im Horoskop stark gestellt ist, und insbesondere wenn er im Zusammenhang steht mit der Venus oder dem siebten Haus, so wird zunächst ein Partner gesucht, der selbständig, originell und in seinen Reaktionen unvorhersehbar ist. Jemand also, von dem man sich (insgeheim) erhoffen kann, dass die Beziehung mit ihm unkonventionelle Entwicklungsmöglichkeiten eröffnen wird. Es kann sich dabei auch um eine Person handeln, die schon gebunden ist, oder von einem ganz anderen kulturellen oder gesellschaftlichen Kreis stammt, sodass die Beziehung auf uranische Art und Weise gegen Eltern und Gesellschaft durchgesetzt werden muss. Damit fällt die Angst weg, im Konventionellen zu erstarren und man ist von der Verantwortung entbunden, selbst eigenwillig sein zu müssen, weil der Partner oder die Art der Partnerschaft dies schon verkörpert. Das Ziel einer solchen Verbindung ist natürlich, im Laufe der Zeit diesen Uranusqualitäten näher zu kommen, sodass man sie später selbst zum Ausdruck bringen kann.

Sobald dies der Fall ist, kann sich das Verhalten umkehren, und man übernimmt in der Beziehung selbst die Rolle des eigenwilligen und unkonventionellen Partners, wozu die ideale Ergänzung eine anpassungsfähige Person darstellt. Dieses Hin und Her kann sich einige Male wiederholen, bis zuletzt vielleicht der Weg gefunden wird, zu einer Beziehung zwischen zwei Individuen, welche einander mit ihren gegenseitigen Pflichten und Rechten respektieren, und wo das »Gebrauchtwerden« in den Hintergrund tritt, weil jeder seine Fähigkeiten derart ausgebildet und abgerundet hat, dass er auch alleine sein könnte. Das heisst, dass eine solche Beziehung gleichzeitig eine sehr gute Freundschaft darstellt, und der Akzent für beide auf der Möglichkeit liegt, sich persönlich weiterzuentwickeln.

Übung zur Uranusqualität

1. Denken Sie über das Thema der Freiheit nach. Wann in Ihrem Leben haben Sie sich am freiesten gefühlt. Schreiben Sie auf, wann dies war, wo und mit wem, und lassen Sie die Situationen in Ihrem Geist wieder aufleben. Versuchen Sie nun herauszufinden, was das Verbindende zwischen den verschiedenen Erlebnissen war, welche diese Qualität verkörpern.

2. Vergegenwärtigen Sie sich nacheinander mindestens drei Situationen, wo Sie vor einer Entscheidung standen. Haben Sie sich in einigen Fällen spontan entschieden und in andern erst nach reiflicher Ueberlegung? Bei welchen Entscheidungen fühlten Sie sich besser? Welche haben sich im nachhinein bewährt?

Versuchen Sie mit dieser Uebung herauszufinden, bei welchen Entscheidungen Sie auf Ihre innere Stimme hörten, und wann Sie eher davon ausgingen, was »vernünftig« ist und damit vielleicht ein eher angepasstes Verhalten zum Ausdruck brachten...

3. Gehen Sie Ihre Entscheidungen noch einmal durch, machen Sie nun die Unterscheidung zwischen solchen, wo Sie sich angepasst haben, und andern wo Sie genau das Gegenteil von dem taten, was man von Ihnen erwartete sowie jenen, häufigen oder seltenen, wo Sie so entschieden wie es Ihnen von innen heraus entsprach. Beobachten Sie die Gefühle, die bei diesen Erinnerungen aufsteigen! Versuchen Sie diese zu beschreiben!

4. Wo stehen Sie heute? Stellen Sie sich vor, dass Sie so weiterleben wie bisher, und gehen Sie 10 Jahre in die Zukunft. Wie erleben Sie sich? Womit sind Sie zufrieden und was fehlt Ihnen? Haben Sie sich als Individuum so zum Ausdruck gebracht, wie Sie sich das wünschen? Oder müssen Sie an Ihrem Leben etwas ändern, um dorthin zu gelangen, wo Sie hinkommen möchten?

5. Denken Sie über schwere Krisen in Ihrem Leben nach, über den ganzen Ablauf vom Anfang bis zum Ende. Wie kamen Sie aus der Krise heraus? Welches war die Stimme, die Ihnen sagte, was Sie tun müssen? Was hat sich danach in Ihrem Leben geändert? Denken Sie darüber nach, was es vielleicht auch ohne Krisen in der Zukunft für Möglichkeiten gibt, notwendige Aenderungen herbeizuführen.

6. Denken Sie über Entweder-Oder-Situationen nach. Wann sahen Sie in Ihrem Leben nur zwei Alternativen für eine Entscheidung, deren eine die andere ausschloss? Konnten Sie im Nachhinein erleben, dass es noch eine dritte Variante gegeben hätte, welche beide Möglichkeiten beinhaltete, also eine »sowohl-als-auch« Alternative war?

Ziehen Sie den Vergleich zum absurden Kampf, der anfangs dieses Jahrhunderts stattfand zwischen den Physikern, die behaupteten, das Licht sei eine

Wellenbewegung, und jenen, die der Auffassung waren, das Licht bestehe aus Teilchen, um nachträglich festzustellen, dass beides richtig ist. Denken Sie auch an den Kampf zwischen Deterministen und Vertretern der Willensfreiheit. Fragen Sie sich, ob Sie daraus für Ihr Leben wichtige Schlüsse ziehen können.

Der Neptun und seine Entsprechungen

Der Neptun entspricht der höheren Oktave der Venus. Währenddem die Venus jedoch ein Planet ist, der eine Beziehung herstellen will zwischen einem Ich und einem Nicht-Ich –, deren das Ich vielleicht bedarf, um sich als Ganzes zu fühlen –, löst Neptun die Grenzen auf, die das Ich von andern Nicht-Ichs trennt. In diesem Sinne ist Neptun der Planet der Identifikation mit dem Andersartigen und der Auflösung des Egos.

Oft hört man die Formulierung, der Neptun entspreche der Auflösung der Realität. Es stellt sich hier jedoch die Frage, was denn die Realität ist. Kant hat schon klar aufgezeigt, dass die Realität, die wir wahrnehmen, sehr viel mit unseren Sinnesfunktionen zu tun hat, mit unseren »a-priori's« und somit lediglich »unsere« Realität ist, das, was wir im Normalzustand von dem, was uns umgibt, wahrnehmen. Dies ist jedoch von einer umfassenderen Warte her betrachtet lediglich eine Illusion. Die materielle Welt um uns herum, die wir wahrnehmen, ist eine Täuschung unserer Sinne, was im wissenschaftlichen Bereich die Relativitätstheorie beweist, wenn sie aufzeigt, dass Materie keine konkrete, d.h. stabile, Dimension ist, und wenn wir nach etwas Stabilem suchen würden, wir besser auf die Energie als Urprinzip zurückgreifen würden. Somit könnte man sagen, dass die materiellen Entsprechungen durch Energie plus Kraftfelder oder Muster, d.h. Gesetzmässigkeiten der Materialisierung zustande kommen. Damit erweist sich der Bezug zur Materie im Sinne von etwas Stabilem als Illusion.

Wenn wir dies realisieren, so könnten wir den Neptun begrüssen als denjenigen, der uns von der Illusion befreit. Leider geht es jedoch nicht so einfach: Durch unser Inkarniertsein befinden wir uns in der Materie, und wir können uns nur davon befreien, indem wir ihre Gesetzmässigkeiten kennenlernen und akzeptieren. Wir müssen lernen, mit ihr umzugehen und erst, wenn wir diesen Umgang beherrschen, können wir die materielle Bedingtheit zurücklassen. Auch wenn wir das Leben in der materiellen Welt also als Spiel erkennen, müssen wir doch lernen, mitzuspielen und die Spielregeln zu beherrschen. Vorher können wir nicht daraus aussteigen. Wir müssen lernen, zwischen Subjekt und Objekt zu unterscheiden, zwischen Bewusstsein und Unbewusstem, zwischen dem Ich und den Andern und dies gemäss den Kategorien der Sinneswelt. Es ist nötig, dass wir dazu unser intellektuelles Denken und Begriffsvermögen einschalten, um die Dinge voneinander zu trennen und zu unterscheiden. Dazu müssen wir die Welt in Form von Gegensätzlichkeiten sehen können, damit eine Klassifizierung möglich wird. Wir müssen argumentieren können und dazu Unterschiede zwischen den Dingen schaffen. Es ist wichtig, die Gesetze von Ursache und Wirkung zu beherrschen, um uns mit unseren Mitmenschen verständigen zu können, auch wenn wir verstehen, dass diese letztlich nur einer von vielen möglichen Betrachtungsweisen entsprechen. Ohne diese Fähigkeiten zu entwickeln, können wir in unserem jetzigen Gesellschaftssystem nicht bestehen. (Vgl. dazu Platos Höhlengleichnis im Kapitel über Merkur).

Das Problem liegt allerdings darin, dass wir uns leicht von diesem Spiel fangen lassen. Das ist das Drama der westlichen, wissenschaftlichen Entwicklung. Dadurch, dass wir die Rationalität geschaffen haben, haben wir ebenfalls das Irrationale als Gegenpol in die Welt gerufen. Dieses haben wir dann, damit es uns nicht stört, auf einen Sonderbereich verwiesen, nämlich den der Religion. Mitunter ging es sogar soweit, dass das eine – nämlich das Rationale – als positiv und das andere – das Irrationale – als negativ abgestempelt wurde. Die Religion konnte sich vor solchen Wertungen nur noch retten, indem sie sich ebenfalls einer Art Rationalismus verpflichtete und die Mystik ausklammerte. Diese Aufspaltung der Realität ist typisch für das Jungfrau-Fische-Zeitalter, das erst jetzt auf einer breiteren Ebene durch das Wassermannzeitalter abgelöst wird.

Wir brauchen jedoch nicht sehr weit zu gehen, um zu erkennen, dass diese Art des Denkens und des Erfassens der äusseren Realität nicht der einzige Weg ist, die Welt zu begreifen. Innerhalb unserer Psyche reagieren wir ja auch nicht nur nach diesem Schema. Unser Unbewusstes zum Beispiel funktioniert nach einem ganz andersartigen Gesetz, das wir als »assoziatives Denken« bezeichnen können.

Nimmt man zum Beispiel die Träume, so kann man schwerlich von einem klar definierten Ablauf von Ursache und Wirkung sprechen. Die Trauminhalte vermitteln eher den Eindruck, durch Analogien miteinander verbunden zu sein, d.h. sie sprechen in einer Symbolsprache zu uns. Dieser Bereich wird astrologisch gesehen, Mond und Neptun zugeordnet. Klare Unterscheidungen aufgrund von verstandesmässigen Abgrenzungen sind hier nicht mehr möglich. Es können gleichzeitig durch ein Bild verschiedene Inhalte und Themen angesprochen werden.

Es besteht also kein Grund, dieser Art die äussere Welt zu erfassen, nicht ebenso viel Berechtigung zuzugestehen wie der verstandesmässigen Erkenntnisform. Im Zusammenhang mit dem Wassermannzeitalter wird dieses gefühlsbetonte »Sich-Einpendeln« auf die Aussenwelt eine neue und wichtige Form des Begreifens der äusseren Wirklichkeit darstellen. Auch wenn diese neptunische Welt uns oft Schwierigkeiten bereitet und unseren Verstand beunruhigt, können wir auf diesem Weg mindestens ebenso wichtige Einsichten gewinnen. Die Schwierigkeiten, die wir im Zusammenhang mit neptunischen Qualitäten erleben, erwachsen meist aus der Verdrängung dieser Komponenten. Wenn wir Neptun mehr Raum lassen, können wir inspiriert werden, hellseherische und prophetische Fähigkeiten erlangen. Verdrängen wir hingegen diese Qualitäten, werden sie sich negativ in Form von übersteigerten Ansprüchen, gefühlsmässigen Enttäuschungen und irrealen Wünschen und Zielen einschleichen. Dabei handelt es sich natürlich nicht um die reinen Qualitäten Neptuns, sondern um eine Projektion neptunischer Wünsche auf die Umwelt.

Um auf den Vergleich mit Venus zurückzukommen, kann man sagen, dass Neptun uns einer allumfassenden Liebe öffnen will, denn mit Neptun sind wir nahezu unfähig, die andern als getrennt von uns wahrzunehmen. So wird ein stark neptunischer Mensch sich am besten entfalten, wenn er fähig wird, sein Ego hinter sich zu lassen und den Mitmenschen auf altruistische Art zu helfen. Indem er sich im andern wiedererkennt und dem andern hilft, hilft er – weil er sich mit dem andern identifiziert – sich selbst. Daraus ergibt sich natürlich, dass die Liebe zu einer einzigen Person nicht zum Bereich des Neptuns gehört, sondern eher zum Umfeld der Venus – denn eine solche Liebe muss auf der Grundlage des Egos basieren, welches seine Ergänzung in einem andern Ego sucht. Fällt das Ego durch die neptunische Entgrenzung weg, gibt es auch keine individuelle Ergänzung mehr. Der neptunische Mensch findet dann seine Erfüllung durch die gesamte Menschheit und die Natur, die alle Lebewesen einschliesst.

Bei Uranus haben wir festgestellt, dass er es möglich macht, komplexe Informationsgefüge miteinander zu kombinieren und zu verstehen, d.h. dass er ein allumfassendes Erkennen fördert. Bei Neptun könnten wir entsprechend von einer allumfassenden Liebe sprechen.

Biologische Entsprechung

Da Neptun das Materielle und Körperliche auflöst, ist seine biologische Entsprechung schwer zu beschreiben. Eigentlich verlassen wir mit diesem Planeten die Ebene der Biologie. Der Astral- oder Prana-Körper, den der Neptun symbolisiert, gehört nicht mehr zum biologischen Bereich. Biologisch stellen am ehesten noch die Nerven eine Verbindung zu den neptunischen Qualitäten her. So können wir sagen, dass die meisten biologischen Störungen, welche im Zusammenhang mit dem Neptun auftreten, besser durch einen Psychologen oder einen Homöopathen zu behandeln sind als durch einen allopathischen Mediziner. Was der Neptun bei Nichtzulassenwollen seiner Manifestationen am ehesten erzeugt, sind Probleme mit den Atemorganen wie Heuschnupfen, Asthma und seltener Tuberkulose (unter der Herrschaft des Merkurs als Planet in Opposition und im Quadrat zum Neptun) oder Leberprobleme (Quadrat zum Jupiter, eine Sinnkrise symbolisierend). Die gleichen Probleme können wiederum auftreten beim suchtmässigen Bedürfnis, das Entgrenzende über materielle Mittel zu erreichen, in Form von Leberschädigungen durch Alkohol, bzw. Gelbsucht (Drogen) oder Schädigung der Lungen durch übermässiges Rauchen.

Es scheint, dass die durch zu hohe Durchlässigkeit vorhandenen Abgrenzungsschwierigkeiten auch das Abgrenzungsorgan der Haut betreffen können, in Form von Allergien. Zu erwähnen wäre auch die erhöhte Anfälligkeit für Vergiftungen und Infektionen insbesondere solche der Atemwege. Diese wollen eine zu sehr auf Geschäftigkeit und Aktivität (Jungfrau als Gegenpol zum Fischezeichen) orientierte Person über die Isolation empfänglich machen für ihr Innenleben, und vielleicht gar über Fieberschübe mit veränderten Bewusstseinszuständen in Berührung bringen.

Die neptunischen Krankheiten sind jedenfalls für die traditionelle Medizin schwer diagnostizierbar und haben meist einen mysteriösen Charakter. Sie können genauso unerklärbar wieder verschwinden wie sie aufgetreten sind.

Psychologische Entsprechung

Der Neptun stellt in der psychologischen Entwicklung eine schwierige Komponente dar. An sich vermittelt er viel Phantasie und einen starken Bezug zum Innenleben. Dies wirkt sich jedoch zur Zeit der Kindheit, wo sich das Ego entwickeln und manifestieren möchte und auch sollte, in dem Sinne schwierig aus, dass bei jedem verspürten Anspruch auf Eigendurchsetzung Schuldgefühle aufkommen. Die Schwierigkeit, die Grenze zwischen dem eigenen Ich und den andern zu ziehen und die Tendenz zur Identifikation mit anderen führt zur Angst, über den angemeldeten Anspruch den andern zu verletzen. So erzeugen neptunische Konstellationen meist eine mangelnde Selbstdurchsetzung und dadurch Passivität, verbunden mit der Wunschvorstellung, dass die andern die eigenen Wünsche und Bedürfnisse erraten.

Dies wird jedoch in den seltensten Fälle erfüllt werden, sodass der Betreffende ins Schlepptau stärkerer Persönlichkeiten gerät, die ihm seine Handlungsweise vorschreiben. Er passt sich dann äusserlich an, was soweit gehen kann, dass er seine eigenen Bedürfnisse nicht mehr wahrnimmt. Er nimmt sie natürlich auch deshalb nicht »wahr«, weil er von einer anderen Wahrheit Kenntnis hat. Diese ist jedoch in jungen Jahren verfrüht, denn er sollte entwicklungsmässig zuerst mit der materiellen Welt umgehen lernen. An diesem Punkt wählt der Neptunbetonte meist zwischen zwei Alternativen:

Die eine, die wir – weil sie beim weiblichen Geschlecht häufiger auftritt – als die weibliche bezeichnen möchten, beinhaltet die Entscheidung, sich den Wünschen der andern anzupassen, um möglichst in Ruhe gelassen zu werden. Konfrontationen werden vermieden, die eigenen Wünsche unterdrückt. Man hilft, wo man kann. Natürlich ist dies mit Erwartungen an die Umwelt gekoppelt, welche jedoch nie klar formuliert werden, sodass sie meist auch keine Erfüllung finden. Die daraus resultierenden Enttäuschungen führen dazu, dass man sich nicht engagiert, nicht festlegt und eine Hintertüre offenhält, für den Fall, dass die Verhältnisse zu bedrängend werden. Ein grundsätzliches Misstrauen andern gegenüber wird nie ganz abgestreift, und wir finden unter dieser Gruppe diejenigen Leute, welche sich, zum Erstaunen der andern, welche glaubten, sie fest in der Hand zu haben, plötzlich aus dem Staube machen können.

Die zweite Alternative, die wir als die männliche bezeichnen möchten, liegt in der Kompensation. Eltern und Gesellschaft weisen vielleicht schon früh darauf hin, dass Sensibilität ein Synonym für Schwäche sei, und dass schwache Leute sich in der Existenz nicht durchsetzen können. In diesem Falle wird meist eine Heldenfigur zum Vorbild genommen, und es erfolgt mit dieser eine starke Identifikation. Kraft, Dynamik und Durchsetzung werden überbewertet und unsensibel gehandhabt, manchmal fast bis zum eigenen Zusammenbruch. Das verdrängte neptunische Prinzip schleicht sich dann von aussen ein, in Form von Leuten, welche einen hintergehen oder betrügen, sodass man noch mehr darin bestärkt wird, sich gegen alle möglichen Gefahren abzusichern und durch vermehrte Aktivität versucht, das erwartete Uebel abzuwehren. Das Problem ist allerdings darin begründet, dass die einseitige Fixierung auf das Thema der Durchsetzung die Wahrnehmung subtiler Stimmungen und Gefahren verunmöglicht. Auch ist letztlich das eigene Verhalten andern gegenüber unklar und nicht ganz offen. Ein gutes Beispiel dafür ist Richard Nixon mit Sonne Opposition Neptun, der anlässlich der Watergate-Affäre von seinen eigenen Mitarbeitern verraten wurde, nachdem er selbst zu unrechtmässigen Mitteln gegriffen hatte. Es ist dabei interessant festzustellen, dass gerade sein Misstrauen zu den Tonbandaufnahmen führte, die ihn letztlich zu Fall brachten.

Auch wenn die Vertreter der obenerwähnten Entscheidungsvarianten der Mehrzahl der Neptunbetonten entsprechen, so ist zu erwarten, dass eine neue Gesellschaft, welche mehr Raum lässt für Sensibilität und innere Werte, eine harmonischere Entfaltung des Neptunprinzips ermöglichen wird. Auch ist es jetzt schon in vielen Fällen so, dass Neptunbetonte im Laufe der Jahre über feinstoffliche Betätigungen wie Musik, Kunst, Psychologie oder helfende Berufe in den verschiedensten Formen sich vom Gefühl des »Unwertseins« befreien können, sodass ihr Feingefühl für den verborgenen Sinn des Lebens ihnen und ihrer Umgebung zuteil wird.

Gesellschaftliche Entsprechung

Wir kennen in unserer Gesellschaft kaum Berufe, die uns ermöglichen, in der reinen Form die entgrenzenden und egoauflösenden Tendenzen des Neptuns zum Ausdruck zu bringen. Mystiker ist kein Beruf. Tat- und Organisations-Komponenten müssen zum Neptunischen hinzukommen: dann kann der zur Mystik oder Einfühlung in Andere Veranlagte vielleicht zum Pfarrer, Yoga-Lehrer oder Therapeuten werden. Deshalb ist die häufigste Neptun-Entsprechung in Form von helfenden Berufen aller Art zu finden, vom Hellseher, Seelsorger bis zum Psychotherapeuten, Arzt, aber auch Berater, nicht nur in Lebensfragen, sondern auch als Unternehmens- oder Personalberater.

Ist hingegen neben dem neptunischen Prinzip auch viel Kreativität vorhanden, so kann sich jemand zum Musiker oder Künstler entwickeln oder verwandte Berufe ergreifen wie Werbung, Mode oder Unterhaltung. So haben zum Beispiel auch viele berühmte Stars starke Neptunkomponenten. Dies hat damit zu tun, dass ihre Fähigkeit, sich in andere hineinzuversetzen, sie auch in die Lage bringt, Stimmungen der Masse zu erspüren und sich selbst so darauf einzupendeln, dass sie genau das zum Ausdruck bringen, was der Zeitströmung entspricht. Das gleiche gilt natürlich für die Mode und zum Teil auch für die Kunst. Diese Entsprechung ruft allerdings noch eine andere Berufsgruppe im Zusammenhang mit Neptun-Entsprechungen auf den Plan: Es ist interessant festzustellen, wie viele moderne Politiker in westlichen Demokratien, oder Diktatoren, welche mit der Hilfe des Volkes an die Macht kamen, starke Neptunstellungen haben. Auch hier spielt die Fähigkeit, das zu verkörpern, was die Masse erwartet, eine grosse Rolle. So stehen Charisma und Suggestivwirkung neben anderen Komponenten in starkem Zusammenhang mit Neptun.

Treten zum Neptun ein stark entwickelter Geschäftssinn und ein Bedürfnis nach Bereicherung hinzu, so kann diese Kombination zum brillanten Verkäufer führen, der die Wünsche des Käufers errät und ihn suggestiv zum Kauf beeinflusst. Im negativen Fall können diese Tendenzen auch zu Bestechung – aktiver oder passiver Art – Anlass geben. Weiter kann der Neptunbetonte auch an sozialen Auflösungserscheinungen beteiligt sein, in Form von Spionage, Untergrundbewegungen sowie Prostitution und Einkünften aus diesem Bereich.

Die Berufsausrichtung wird beim Neptunier oft schon früh darauf hinweisen, ob er sich dem Chaotischen und Auflösenden hingibt, oder dieses zum Gegenstand seiner Untersuchung und seiner Aktivität macht. Im ersten Falle mögen die auflösenden Tendenzen die Oberhand gewinnen, wenn nicht durch einen geeigneten feinstofflichen Beruf Sublimationsmöglichkeiten gefunden werden. Im zweiten Falle steht die Hilfeleistung an andere im Vordergrund. In dieser letzteren Variante setzt sich der Betreffende zum Ziel, das Chaotische, Ungeordnete, bei andern zu bekämpfen und zu beheben, was ihn allerdings oft zum zwanghaften Helfer macht. Die Umkehrungsmöglichkeiten zeigen sich darin, dass der Betreffende das Chaotische dann zu spüren bekommt, wenn er aus irgendeinem Grunde seinen Beruf als Helfer nicht mehr ausüben kann. Dann wird beispielsweise der Psychiater, der bisher einen äusserst vernünftigen und rationalen Eindruck machte, selbst zum Neurotiker, Psychotiker oder Alkoholiker. Die gegenteilige Umkehrung beobachten wir hingegen in Form des Alkoholikers, der in der Organisation der »anonymen Alkoholiker« andern hilft, sich von ihrer Abhängigkeit zu befreien.

Die Jagd auf neptunische Entsprechungen in Form von Abhängigkeit oder Irrationalität kann in unserer Gesellschaft insbesondere bei Neptunbetonten zum Auftrag werden. So wiesen alle Horoskope von extremen, d.h. von fanatischen Astrologie-Gegnern, die ich bisher zu sehen bekam, starke Neptunstellungen auf. Indem diese den Neptun, in Form des zu Bekämpfenden, nach aussen projizierten, konnten sie sich mit dem Gegenpol, dem Merkurprinzip, identifizieren und kamen dabei in Form der gesuchten Auseinandersetzung trotzdem dazu, ihre Neptunentsprechungen zu leben – in diesem Falle eben durch die andern.

So brauchen Sie nicht erstaunt zu sein, wenn Sie oft gerade unter Neptunbetonten äusserlich extrem harte, rationale und teilweise auch rücksichtslose Persönlichkeiten beobachten. Diese – insbesondere bei Männern der älteren Generation – häufige Entsprechung, ist direkt auf die Erziehung zurückzuführen, wo es vielleicht zum schlimmsten gehörte, wenn ein Knabe Weichheit und Sensibilität zeigte, indem beispielsweise die Furcht der Eltern der Möglichkeit galt, er könnte homosexuell werden.

Partnerschaftliche Entsprechung

Trotzdem – oder gerade weil – der Neptun eine Dimension der höheren Liebe darstellt, wirkt er sich im Zusammenhang mit Beziehungen meist problematisch aus. Durch die Entgrenzung, die er bewirkt, fördert er an sich die Fähigkeit, die eigenen Grenzen zu überschreiten, sich in eine andere Person zu verlieben und sich damit zu öffnen. Verliebtheit ist jedoch nicht Liebe, denn bei diesem Prozess wird der andere nicht so gesehen, wie er ist, sondern wie wir ihn aufgrund dessen, was uns fehlt, gerne sehen möchten. Es sei hier im Zusammenhang mit dem »sich verlieben« an den Ausdruck des »sich verschauens« erinnert. Auch das englische Wort für Verliebtheit, »infatuated«, bedeutet nicht nur verliebt, sondern auch betört und vernarrt. Dies lässt auf Täuschungen schliessen, und die darauffolgende Ent-Täuschung ist das unausweichliche Resultat dieser im Moment sehr angenehmen und beschwingenden Situation. Angenehm ist sie vor allem deshalb, weil wir in diesem Zustand, ob er nun mit der konkreten Realität übereinstimmt oder nicht, über unsere Grenzen hinauswachsen und uns mit etwas verbinden, was ausserhalb von uns zu liegen scheint. Der Prozess ist an sich der mystischen Verbindung ähnlich: keine Worte sind mehr nötig, ein Blick genügt, wir versetzen uns in den andern hinein oder meinen zumindest, wir könnten es. Das Problem liegt somit nicht beim Prozess, es liegt beim Inhalt. Wäre der Inhalt das Göttliche oder das Immerwährende, so müsste es keine Enttäuschung geben. Ein Mensch, sei er noch so perfekt, kann jedoch dem grenzenlosen Anspruch des Neptuns niemals auf die Dauer entsprechen, wodurch ein Zurücknehmenmüssen der Projektion unausweichlich ist. Der Neptun ist eben ein ätherisches Prinzip, dem wir nur in der geistigen Welt gerecht werden können. Wenn wir also seine subtilen Erleuchtungen im Körperlichen einfangen wollen, werden sie zu Irrlichtern, ähnlich wie wir den schönen Vogel, der auf dem Baume sitzt wohl bewundern können, er jedoch in unserem Käfig, auch wenn es ein goldener ist, eine traurige Miene machen wird, und wir uns dabei auch nicht glücklich fühlen werden. Wollten wir ihn gar in unserer Hand festhalten, so würden wir ihn erdrücken.

Aehnlich geht es letztlich mit der Liebe, welche der Neptun verkörpert: Sie ist grenzenlos und kann deshalb nicht festgelegt, nicht organisiert werden und somit unmöglich Gegenstand eines Vertrages sein. Das versuchen wir jedoch immer wieder. Denn wenn etwas schön ist, so möchten wir es gerne behalten.

Wir möchten es in das Gefüge der Realität, in das Korsett des Saturns einpassen. Damit ersticken wir es jedoch. Wir bräuchten die seltene Gabe, uns am Schönen zu freuen, mit der Bereitschaft, es seines Weges gehen zu lassen, um es – wann es die Zeitqualität erlaubt – wiederzufinden.

Was gibt es für eine Möglichkeit, wenn wir diese Fähigkeit zum Loslassen nicht haben, nicht immer wieder von Täuschung zu Enttäuschung schreiten zu müssen? Wir können uns jemanden suchen, der allein schlecht lebensfähig ist und unsere Hilfe braucht. Wenn er auf uns angewiesen ist, laufen wir weniger Gefahr, dass er sich entzieht. Wir können uns bemühen, ihn immer abhängiger zu machen, dadurch dass wir uns so hilfreich geben, dass er schwerlich eine andere Person finden könnte, die soviel bietet wie wir es tun. Dies kann von materieller Umsorgung bis zum Erraten und Erfüllen seiner geheimsten Wünsche gehen. Wenn wir unsere Augen genügend verschliessen, für die Seiten, die nicht zum Bild passen, können wir ihn vielleicht noch für lange Zeit mit den Eigenschaften versehen, welche zu unserer anfänglichen Verliebtheit führten. Je abhängiger er ist, umso weniger wird ihm einfallen, uns zu desillusionieren.

Es gibt jedoch auch eine andere Möglichkeit. Wir können unser Augenmerk auf jemanden richten, der so besonders und so hochstehend scheint, dass wir unmöglich den Anspruch haben können, ihn zu besitzen oder zu halten. Vielleicht ist er gebunden oder lebt im Ausland, und wir begnügen uns mit den kurzen Momenten des Zusammenseins, die er uns schenkt. Den Rest der Zeit verbringen wir mit dem Idealisieren seiner Qualitäten. Die Enttäuschung und die daraus resultierenden Vorwürfe sind jedoch ebenfalls nur eine Frage der Zeit. Die Situation mag einige Monate oder Jahre andauern, die Entwicklung wird unweigerlich dafür sorgen, dass wir unseren Meister oder unsere Angebetete vom Podest herunterholen und offen oder heimlich mit Schimpf und Schande überhäufen. Dies wird insbesondere dann der Fall sein, wenn unser Ego durch das Vorhandensein eines Konkurrenten oder einer Konkurrentin gute Gründe findet, um zu reagieren. Dieser oder diese gewöhnliche Sterbliche machen uns unsanft darauf aufmerksam, dass wir die Stellung des Auserwählten nicht wirklich innehatten und unsere Opfer nicht verhindern konnten, dass wir ausgewechselt wurden. Damit wachen wir aus unserem Traum auf und werden jäh in die Realität zurückgeworfen. Plötzlich sehen wir auch all das, was wir schon lange hätten sehen können, jedoch nicht sehen wollten. Am meisten schmerzt uns, dass wir mit zugebundenen Augen durch eine Welt gegangen sind, die uns – hätten wir sie angeschaut – so viel hätte offenbaren können.

Das Problem beim Neptun liegt darin, dass wir Mühe haben, eine greifbare Person so zu lieben, wie sie ist, weil dies uns als Verrat an der Liebe für das Göttliche oder die Natur und die Menschheit als Ganzes vorkommt. So wählen wir jemanden, mit dem wir kaum Gefahr laufen, eine Beziehung auf gleicher Stufe eingehen zu müssen, mit fester Regelung von Rechten und Pflichten. Wir suchen lieber den Unterschied, dadurch dass wir in der Helfer- oder in der Opferrolle sind. Beide verwandeln sich dann allerdings letztlich in eine Verfolgerposition. Dies müsste nicht so sein, beleuchtet jedoch den Konflikt zwischen unserer Erziehung und dem Raum-Zeitlichen. Es fällt uns eben ungemein schwer, zu lieben, ohne zu halten, und gerade dies möchte der Neptun uns lehren. So opfern wir uns lieber auf, als Helfer oder lassen uns helfen, indem wir das Spiel unterstützen, das uns immer unselbständiger macht, bis wir genügend Strafpunkte gesammelt haben, um es dem andern mit gutem Recht, d.h. auf eine von der Umwelt anerkannte Art und Weise heimzuzahlen.

Die beste Garantie gegen diese fatale Entwicklung liegt darin, dass wir jederzeit wir selbst sind und unsere wirklichen Bedürfnisse anmelden, damit wir immer wissen,wo wir stehen statt deren Erfüllung auf ein unbestimmtes »später« zu vertagen. Mit andern Worten: Der Neptun wird erst dann seine reinen Qualitäten entfalten, wenn wir unsere partnerschaftlichen Bedürfnisse auf der Stufe von Mars und Venus zu leben vermochten, das heisst, indem wir als eigenständiges Individuum auf der gleichen Stufe mit dem Du eine Beziehung eingehen. Natürlich sind Uranus und Neptun die geistigen Entsprechungen dazu, aber sie sind nicht erreichbar, ohne dass wir die menschlich-irdische Stufe durchschritten hätten. Sie werden uns erst dann in ihrem vollen Glanz zuteil, wenn wir nicht mehr am Du haften, weil wir es brauchen. Beide verkörpern sie die Freiheit und wollen uns wegführen von der Bindung an das Irdische.

Übung zur Neptunqualität

1. Denken Sie darüber nach, in welchen Momenten Ihres Lebens Sie sich so glücklich und offen fühlten, dass Sie alles um sich herum zulassen konnten und sich mit Ihrer Umwelt sehr weitgehend verbunden fühlten. Wann trat das auf? Mit wem waren Sie zusammen, und wie sah die Situation um Sie herum aus?

Haben Sie dies verschiedene Male erlebt, und was war in diesem Falle die Gemeinsamkeit dieser verschiedenen Situationen? Ueberlegen Sie sich anschliessend, wie Sie aus diesem schönen Zustand herausgerissen wurden. Hatte dies mit Veränderungen bei Ihnen selbst zu tun oder würden Sie sagen, dass dies durch das Verhalten anderer Personen zustande kam? Vielleicht stossen Sie dabei darauf, was es war, das sie ent-täuschte oder des-illusionierte. Was Sie daran hinderte, den schönen Zustand Ihrer grossen Offenheit beizubehalten? Denken Sie darüber nach, ob es verschiedene Male die ähnlichen Motive waren, die Sie aus Ihrem Traum herausrissen.

Vielleicht kommen Ihnen im Zusammenhang damit Ideen, wie Sie in Zukunft die Erfahrung einer grösseren Erfüllung zulassen können, ohne wegen Realitätsverlustes diese schönen neuen Erfahrungen abbrechen zu müssen. Mit anderen Worten: Wie können Sie ohne schlechtes Gewissen und nagende Skepsis Ihre Träume zur Erfüllung bringen?

2. Denken Sie darüber nach, wie Sie sich Ihrer Gefühlswelt öffnen können,

ohne sich gleich überfahren zu fühlen und ohne gleich Sicherheit und Anerkennung im Bereich dieses Neuen zu erwarten.

Was war an Ihren Idealen zu wenig universell und zu sehr Ichbezogen, als dass Sie sie hätten aufrechterhalten können? Was müssen Sie daran ändern, um diese zu einer Richtschnur für Ihr praktisches Leben zu machen? Oder: wie können Sie Traum und Wirklichkeit miteinander verbinden, ohne dass eines von beiden in den Hintergrund treten muss?

3. Erleben Sie im Zusammenhang mit Ihrer Suche nach Geistigkeit und Entgrenzung wirklich eigene geistige Werte oder flüchten Sie sich zu Apostel- und Gurufiguren, welche eine Wahrheit verkünden, die Sie berauscht? Leben Sie – zumindest in kleinen Schritten – das, woran Sie glauben, oder ist Ihr Glaube lediglich eine Flucht, um Ihren Alltag erträglicher zu machen? Wie war das bisher, wie ist es heute?

4. Können Sie lieben, ohne besitzen zu wollen? Wenn Sie sich offener fühlen, und mit einem Du einen Zustand von Einheit und Identifikation erleben, wollen Sie dann diesen Zustand halten, und erwarten Sie vom Du Anerkennung oder sind Sie bereit, sich an diesem Glück zu erfreuen, ohne es halten zu wollen? Haben Sie soviel Vertrauen in das Leben, dass Sie wissen, Sie können eine entgrenzende und wundervolle Erfahrung immer wieder haben, oder versuchen Sie schöne Erlebnisse an sich zu binden und zu halten?

5. Wann konnten Sie andern helfen, ohne sich ausgenützt zu fühlen? Wann fühlten Sie sich ausgenützt? Erwarten Sie oft für Ihre Hilfe Gegenleistungen und Dankbarkeit, ohne dies klar auszusprechen? Versuchen Sie Leuten zu helfen, die eigentlich gar keine Hilfe brauchen? Helfen Sie andern wirklich, oder versuchen Sie, die andern von sich abhängig zu machen? Was für Erfahrungen machten Sie früher im Zusammenhang mit dem Helfen, und wie sieht es heute aus?

Vergleichen Sie Ihre Erkenntnisse im Zusammenhang mit diesen Uebungen mit der Stellung des Neptuns in Ihrem Horoskop.

Der Pluto und seine Entsprechungen

Der Pluto ist in der Astrologie wohl die am schwersten zu deutende planetarische Kraft, weil er auf das Diesseits gerichtete Wertvorstellungen gänzlich durchkreuzt. Er bedeutet eine Aufforderung zur Wandlung, sowie den Tod überholter Formen zugunsten von etwas Neuem. Gleichzeitig verkörpert er ungeheure psychische Energien, deren Intensität man mit der Energie vergleichen kann, die aus der Spaltung des Atoms hervorgeht. Auch dort wird äussere Form, als Materie zerstört (Kernspaltung), um Energie zu erzeugen, die wiederum zu Materie werden kann. Aehnlich kann man sich Tod und Wandlung im astrologischen Sinne vorstellen. Die vorhandene Form wird aufgebrochen und zerstört, was Energie – in diesem Falle seelische oder geistige Energie – freimacht, die wieder zur Materialisierung führen kann. Das heisst psychologisch, dass erst, wenn das Ueberholte ganz abgebaut ist, wir für das Neue aufnahmefähig werden.

Die enormen seelischen Energien, die mit Pluto freigesetzt werden, schreiben wir dem kollektiven Unbewussten zu. Wir können deshalb daraus schliessen, dass uns Pluto in Verbindung bringt mit der Summe der Erfahrungen der gesamten Menschheit oder unserer früheren Leben – je nachdem wie wir gewillt sind, es anzusehen –, und dass das, was an die Oberfläche des Bewusstseins dringt, oft unzivilisierte und archaische Formen aufweist. Die Manifestationen des Pluto vertragen sich schlecht mit unseren westlichen Moralvorstellungen, die mit Regeln und Tabus überfrachtet sind. Dieser Punkt ist sehr wichtig, um zu verstehen, weshalb Pluto kaum je in seiner reinen Form Ausdruck findet. Menschen, die unter einem starken Plutoeinfluss stehen, zeigen sehr oft Angst, und aus Angst die Neigung, mit Vehemenz am Alten festzuhalten, was ihnen in ihrer Vorstellung Sicherheit bieten soll. Sie haben Angst vor den Aeusserungen des kollektiven Unbewussten, die nach Verwirklichung und Bewusstwerdung drängen. Aus diesem Grunde sind Plutonier oft ängstliche Menschen, die von inneren Zweifeln zerrissen sind und sich von beunruhigenden Impulsen bedroht fühlen.

Wenn wir versuchen, die Frage zu beantworten, auf welche Weise ein innerlich zerrissener und ängstlicher Mensch zu einem Gefühl der Sicherheit gelangt, können wir uns vorstellen, dass dies am ehesten über eine gesellschaftlich bedeutende Rolle erfolgt. Status kann einem ermöglichen, seine Umgebung unter Kontrolle zu halten. Die Devise, die hier Gültigkeit hat, könnte etwa heissen: Wenn die andern meine Autorität und Stärke anerkennen, muss ich wohl von Wichtigkeit sein. Dies ist eine sehr häufige Form der Kompensation von plutonischen Energien, die natürlich immer wieder Krisen hervorruft, weil das Festhalten an der gesellschaftlichen Position oft übertriebene Ausmasse annimmt. Eine solche Krise ist aber wiederum das, was zur Transformation und

Wandlung führen kann, die ein Mensch mit starkem Pluto-Einfluss letztlich innerlich anstrebt, wenn auch unbewusst.

Tatsächlich wird jemand mit dominantem Pluto – hat er nicht schon ein grosses Mass an Ego-Abbauarbeit geleistet – immer wieder zu Uebertreibungen neigen. Er wird ständig die Grenzen seiner Möglichkeiten suchen, indem er beispielsweise seine Umwelt mit seiner Kontrolle und seinem Machtanspruch tyrannisiert, bis sie sich gegen ihn auflehnt und ihn in die Krise stürzt. Vielleicht zieht er dann aus mehreren solchen Krisen die Erkenntnis, dass er sich mit seinen innersten Aengsten und seinem Unbewussten auseinandersetzen muss, etwas, das ihm ungeheuer Angst macht. Die Auseinandersetzung mit seinem Schatten bleibt ihm jedoch nicht erspart, und erst wenn er bereit ist, alle Absicherungs- und Kontrollbedürfnisse hinter sich zu lassen, werden ihm die regenerativen Kräfte des Pluto zur Verfügung stehen. Dabei handelt es sich um fast übermenschliche Kräfte, die ihm kein anderern Planet vermitteln kann. Erst in den grossen Krisen – inneren oder solchen, die um ihn herum stattfinden – kann der Plutonier beweisen, zu welchen Kraftreserven er Zugang hat.

Hier erkennen wir eine andere wichtige Entsprechung des Pluto, welche insbesondere über das Leben berühmter Persönlichkeiten zum Ausdruck kommt. Es zeigt sich nämlich, dass in den Horoskopen von Leuten, die etwas Besonderes verwirklicht haben, der Pluto oft stark gestellt ist. Verfolgt man deren Lebensweg, kann man feststellen, dass ihnen enorme Energien zur Verfügung standen. Diese können nämlich dann frei werden, wenn jemand sich ganz für eine Sache engagiert, die ihm gerecht erscheint und dadurch seine persönlichen, egoistischen Interessen in den Hintergrund treten lässt. Auch auf diese Weise kann der Betreffende mit dem Thema der Verwandlung in Berührung kommen, weil dadurch sein Ego in weiten Teilen überwunden wird.

Wenn also der erste, fundamentalste Weg des Umgangs mit dem Pluto darin bestand, sich mit dem eigenen Schatten zu konfrontieren, so können wir einen zweiten Weg darin erkennen, Egoabbau damit zu betreiben, dass wir unsere ganze Energie einer Sache widmen, welche überpersönlichen Motiven entspringt und nicht nur uns, sondern andern zugute kommt. Sobald wir dabei jedoch das Ueberpersönliche verlassen, und sich das Ego dieser Rolle bemächtigt, laufen wir Gefahr, in die Krise zu stürzen. Dies ist schon manchem zum Verhängnis geworden, insbesondere Politikern, welche sich anfänglich für die Behebung von sozialen Missständen einsetzten und dabei die Unterstützung des Volkes genossen, sich jedoch anschliessend an ihrer Machtfülle fangen liessen und Auftrag – d.h. Macht durch das Volk – mit persönlicher Macht verwechselten.

Wir finden also auch beim Pluto die Entsprechung zur Yin-Manifestation des Mars-Prinzips, die wir dort als die Fähigkeit zur Identifikation bezeichnet hatten. Identifikation mit etwas ausserhalb von uns ermöglicht das Hinauswachsen über das Ego. Betrachten wir jedoch unsere neue Identifikation oder Rolle als unseren Besitz, so fallen wir zurück in die Umklammerung des Egos.

Deshalb ist es wichtig, dass in uns eine Instanz vorhanden ist, die wir als das »Selbst« bezeichnen möchten, welche die momentane Identifikation des Egos beobachten und registrieren kann, jedoch nicht selbst daran teilhat. Die Forderung ist also: »die Nicht-Identifikation des Selbst mit dem Prozess der Identifikation«.

Wir sollten uns mit anderen Worten also als Schauspieler sehen können, der die ihm zugeteilte (oder letztlich selbstgewählte?) Rolle möglichst gut spielen lernt, sodass er alle ihre Möglichkeiten auskostet und ausschöpft, damit er danach eine neue Rolle übernehmen kann. Dabei ist das Bewusstsein, dass wir selbst nicht diese Rolle sind, das Wesentlichste am Ganzen. Richtig beherrscht, kann diese Grundhaltung die Klarsicht für verschiedene Inkarnationen ermöglichen, sowie die Toleranz für die anderen Standpunkte und Lebensstile der Menschen um uns herum. Diese Haltung finden wir auch im Karma-Yoga, demjenigen Yoga-Weg, der uns nahelegt, unsere jeweilige Arbeit so gut zu verrichten, wie wir es können, ohne an die Früchte zu denken. Diese werden sich bei richtiger Haltung automatisch einstellen.

Wenn auch der Zugang zum Raum-Zeit-Kontinuum über das Hier- und Jetzt-Erlebnis der Ekstase nur wenigen zugänglich ist, so haben die meisten die Möglichkeit, über die Sexualität, die wir auch dem Pluto zuschreiben, für einen kurzen Moment damit in Berührung zu kommen. Im Sexualakt erleben wir den Zustand intensivster psychischer Energie, den wir normalerweise zu erleben fähig sind. Wir können uns dabei regenerieren, wenn der richtige Austausch zwischen männlichen (Yang) und weiblichen (Yin)-Kräften stattfindet. Gleichzeitig kann diese Verschmelzung der polaren Kräfte zum Entstehen eines neuen Menschen führen. Sie ist also auch dazu bestimmt, die Rasse oder die Menschheit zu regenerieren. Der subjektive Zustand, der damit verbunden ist, der Orgasmus, ist vom Ich her gesehen wie ein kurzer Tod, doch ist der Mensch in diesem Moment so völlig da, wie er es sonst nie sein kann. Er existiert jedoch nicht mehr als abgegrenztes Ego, sondern er ist viel mehr in einem Zustand totaler Immersion im Universellen, wo sich nicht mehr zwischen Ich- und Nicht-Ich unterscheiden lässt. Dieser Moment der grössten Intensität ist also gleichzeitig der Zeitpunkt der grössten Selbstaufgabe, wo das Ich völlig nackt dasteht und eben gleichzeitig völlig da ist. Aus der Fähigkeit, diesen Zustand zu erleben, auch im übertragenen Sinne, indem man den Mut hat Altes aufzugeben und zurückzulassen, damit Neues entstehen kann, ergibt sich das Gefühl plutonischer Freiheit. Es ist dieses Stirb und Werde von dem Goethe sagte, dass derjenige, welcher es nicht erleben könne, »nur ein trüber Gast auf dieser dunklen Erde« sei.

Im Zusammenhang mit dem Abstreifen des Ueberflüssigen und Unnötigen, besteht eine enge Verbindung zwischen Saturn und Pluto. Saturn galt früher im Sinne eines linearen Bewusstseins als Vollstrecker des Schicksals und als Sensemann. Heute identifizieren wir eher den Pluto mit dem Thema des Todes und der Wandlung. Dies entspricht deutlich einem Uebergang zu einem zyklischen

Bewusstsein, wo mit dem Tode nur eine Etappe unseres Inkarniertseins zu Ende geht, um eine neue Verkörperung vorzubereiten. Damit stellt der Pluto jedoch auch die Brücke her zum kollektiven Unbewussten oder zu früheren Inkarnationen, was den Intensitätsunterschied zwischen beiden Planeten erklärt. Verglichen mit dem Pluto wirkt der Saturn geradezu nüchtern. Im Gegensatz dazu zeichnet sich der von Pluto geprägte Mensch durch eine gewaltige Energie aus, welche konstruktiv oder destruktiv eingesetzt werden kann. Immer bringt der Pluto damit etwas Zwanghaftes, Unausweichliches ins Leben hinein. Nur im schöpferischen Akt und in der Selbstverwirklichung, die mit Egozentrik oder Ego-Ausdruck nichts gemeinsam hat, können diese Kräfte letztendlich positiv gelebt werden.

Beim Pluto finden wir also das Gesetz, welches für alle transsaturnischen Planeten Gültigkeit hat aufs Deutlichste bestätigt! Nur indem wir die Bedürfnisse unseres Egos, welches in der Polarität von Gut und Böse gefangen ist, zurückstellen, gelangen wir in den Genuss der reinen Energien, welche sie verkörpern. Nur wenn wir ihre Schwingungen zulassen, uns ihnen nicht widersetzen, können wir ein universelles Selbst erreichen, das Zeit und Raum überdauert.

Biologische Entsprechung

Wie die andern überpersönlichen Planeten, hat der Pluto eher mit Prozessen als mit konkreten Organen zu tun. Er symbolisert auf der körperlichen Ebene die Regenerationsfähigkeit des Organismus, die Ausscheidung, sowie Sexualität und Geburtsprozesse.

Wie wir bei Plutobetonten häufig seelische Krisen haben, so können diese auch ihre körperliche Entsprechung finden, wenn sie nicht im seelischen Bereich ausgetragen werden. Dies kann, falls zu wenig Bereitschaft vorhanden ist, im Geistigen oder Seelischen etwas Ueberholtes zurückzulassen, zur Notwendigkeit von operativen Eingriffen im Bereich des Körpers führen. Bezeichnend ist dabei, dass der Plutobetonte sich auch nach extremen Eingriffen meist schnell regeneriert und damit körperlich in gewissem Sinne leicht einen neuen Anfang machen kann. Anlass für Operationen ergeben, insbesondere im weiblichen Falle, die Fortpflanzungsorgane. Dies ist vor allem dann zu erwarten, wenn eine regelmässige Erneuerung durch eine befriedigende Sexualität nicht mehr gewährleistet ist. Je mehr der Faktor »Risiko«, d.h. die Hingabe an den Prozess des Lebens ausgeklammert wurde, umso eher werden solche Eingriffe notwendig. Bezeichnenderweise können derartige pathologische Entwicklungen durch eine Schwangerschaft (plutonischer Prozess) unterbrochen werden, indem die entsprechenden Organe die Möglichkeit haben, ihre Funktion wieder zu erfüllen.

Der Bezug zur Sexualität ist im Fall des Pluto vielschichtig. So strahlen Plutobetonte einen starken erotisch-sexuellen Magnetismus aus. Sie fühlen sich von sexuellen Belangen auch stark angezogen, wobei ihnen dieser Bereich je nach den Erfahrungen, welche sie in der Kindheit damit machten, auch als gefährlich und verletzend erscheinen kann. In Abhängigkeit davon kann eine besondere Erfüllung über die Sexualität im Sinne einer ständigen Erneuerung erlebt werden, oder der ganze Bereich wird weitgehend tabuisiert und verdrängt, sodass er über Machtspiele und Konfrontationen erlebt wird. In diesem Falle kann der Körper rebellieren, und es treten Schwierigkeiten mit den Fortpflanzungsorganen auf. Dies kann von Hingabe- und Orgasmus-Schwierigkeiten begleitet sein.

Psychologische Entsprechung

Im Bereich, wo der Pluto sich in unserem Horoskop befindet – sei dies nun über die Häuserstellung oder die Aspekte – werden wir schon früh in der Kindheit mit dem Thema Liebe und Macht konfrontiert, den beiden Faktoren, welche bezeichnenderweise von den ersten psychoanalytischen Schulen als die wesentlichsten herausgestrichen wurden. Es geht uns dabei nicht darum, Stellung für die Ansätze Freuds (Libido) oder Adlers (Machttrieb) zu beziehen – beide gehören eng zusammen, indem beispielsweise die Eltern das Kind durch Zuwendung oder Liebesentzug machtmässig manipulieren können, dieses jedoch ebenfalls schon früh entdeckt, dass es über das Anale, indem es sich z.B. weigert, seine Bedürfnisse fristgerecht zu verrichten, über die Mutter ebenfalls Macht ausüben kann.

Im Zusammenhang mit dem Pluto wird also die ganze Thematik der Aufnahme und der Ausscheidung oder des Oralen und des Analen zu einem sehr wichtigen Gegenstand der Aufmerksamkeit des Kindes. Es wird erleben, dass es von den Erwachsenen vor allem bedingte Zuwendung erhält, d.h. solche, die an Bedingungen geknüpft ist. Macht das Kind es den Eltern recht, so wird es gestreichelt und erhält Bestätigung, passt es sich nicht an, so erlebt es Liebesentzug und vielleicht sogar massive Bestrafungen. So wird ihm seine Abhängigkeit von Zuwendung und die Notwendigkeit, sich anzupassen schon sehr früh bewusst. Es erlebt, dass im Leben von den Stärkeren Macht ausgeübt wird, dass es sich jetzt vielleicht fügen muss, weil die Eltern grösser und stärker sind, möchte aber möglichst bald die Situation umkehren können und selbst zu den Stärkeren gehören. Von dieser Grundsituation ausgehend sind zwei Entwicklungen möglich:

Die bestehende gesellschaftliche Ordnung wird angenommen, und es wird versucht, die eigene Position durch Leistung zu verbessern, sodass man in die Situation des Ueberlegenen kommt und auch zu den »Chefs« gehört, als welche die Eltern erlebt wurden. Je nachdem, von welcher Seite sich diese zeigten, ob sie ihre Integrität als Vorbild für das Kind lange Zeit aufrechterhalten konnten, oder früh als enttäuschend erlebt wurden, wird der Kampf um gesellschaftliche Position mit fairen Mitteln ausgetragen werden, oder, falls über die Eltern die Welt schon früh als verlogen erlebt wurde, unter Umständen auch mit den Mitteln, welche sich gerade anbieten. Aus dieser ursprünglichen Grundkonstellation gehen dann die Hüter der gesellschaftlichen Ordnung hervor, welche wichtige Positionen in Wirtschaft und Politik einnehmen.

Es ist dabei durchaus möglich, dass, sobald Macht erlangt wird, das Leben nicht mehr als bedrohlich wahrgenommen wird und in der Ausübung von Macht auch viel Grosszügigkeit und Verantwortlichkeit für die einem Anvertrauten entwickelt wird. Das Hauptbedürfnis geht dahin, die Umwelt um sich herum so zu kontrollieren, dass man nicht mehr in die missliche frühere Lage kommt, von andern fremdbestimmt zu werden. Rückfälle in die früheren Angstsituationen treten höchtens auf, im Falle von Stress, durch Konkurrenz mit einem übermächtigen Gegner, der an eine Elternfigur erinnert, oder im Zusammenhang mit Situationen physischer Bedrohung. Sonst ist das Verhalten effizient, ausdauernd und zielgerichtet. Um die eigene Selbständigkeit zu wahren, wird im allgemeinen mehr gearbeitet als nötig wäre. Gegenüber andern wird oft eine helfende Position eingenommen, weil dadurch der Kontakt mit der Umwelt risikoloser gestaltet wird. Schwieriger fällt dem Betreffenden hingegen der Umgang mit andern auf gleicher Stufe, weil er dabei befürchtet, der andere könnte ihn an schwachen Punkten treffen und in Frage stellen. Dies kann auch dazu führen, dass in Beziehungen ein schwächerer Partner gesucht wird, der die eigene Autorität nicht in Frage stellt. In Extremfällen kann diese Entwicklung wirtschaftlich zu Machtmissbrauch und politisch zu einer faschistoiden Orientierung führen. Dies liegt jedoch nicht in der astrologischen Konstellation begründet, sondern stellt eine Frage der Entwicklungsstufe dar.

Die zweite Entwicklungsmöglichkeit ist dann wahrscheinlich, wenn aufgrund starker ethischer oder individualistischer Motive (betonte Jupiter- oder Uranusstellungen) die Gefahr der Macht und des Machtmissbrauchs erkannt wird. Dann kann sich eine starke Sensibilisierung für Machtfragen herauskristallisieren und ein Bedürfnis, sich für Individuen oder Gruppen, welche Opfer der Macht von andern sind, zu engagieren. Dies kann zum Bedürfnis führen, auch über die berufliche Betätigung die Rechte von Minoritäten, Randgruppen und Behinderten wahrzunehmen, wenn nicht überhaupt ein helfender, bzw. therapeutischer Beruf gewählt wird.

Mahatma Gandhi ist mit seiner prominenten Plutostellung in Opposition zu Mars/Venus und Quadrat zum Mond dafür ein gutes Beispiel. Die ethische Komponente wird bei ihm durch eine Konjunktion des Jupiters mit dem Pluto und einen stark gestellten Uranus gewährleistet. Er erlebte die Unterdrückung durch die Kolonialmacht der Engländer, und da er die Gefahr der Gewaltanwendung erkannte, entschied er sich für Gewaltlosigkeit und machte daraus ein System des politischen Widerstandes. Bezeichnend ist, dass er dies mit der Forderung nach Keuschheit verband – neben der Macht- und Gewaltthematik die zweite Entsprechung des Pluto, nämlich jene der Sexualität.

Wir haben auch hier, wie bei der vorher beschriebenen Entwicklungsmöglichkeit, das über sich Hinauswachsen durch Identifikation mit einer Aufgabe und Rolle, mit dem einzigen Unterschied, dass die Aufgabe im vorhergehenden Fall innerhalb des gesellschaftlichen Bezugsrahmens erblickt wurde. Hier wird viel eher eine Aussenseiterposition eingenommen, indem das hauptsächliche Motiv im Bekämpfen von gesellschaftlichen Missständen erblickt wird. Das Gerechtigkeitsprinzip ist dabei vorherrschend. Die Regeln für das Verhalten leiten sich hier von nicht zeitgebundenen menschlichen Werten ab oder von der Vorstellung, wie eine bessere Gesellschaft aussehen könnte. In missgeleiteten Fällen kann dies allerdings bis zu politischem Terrorismus führen.

Gesellschaftliche Entsprechung

Durch sein Interesse für Fragen der Macht hat der Plutonier einen starken Bezug zum gesellschaftlichen Element. Es wird ihn interessieren, wie Menschen zu Autoritätspositionen gelangen, was ihre hintergründigen Motivationen dabei sind, und wo es vielleicht noch echte Autoritäten gibt. Da er Machtspiele in seinem Innersten selbst erlebt, ist der Plutobetonte ohne weiteres fähig, hinter die Kulissen gesellschaftlicher Macht zu schauen. Die Anwendung, die er von dieser Fähigkeit macht, wird darüber entscheiden, wie er sich beruflich orientiert.

Sieht er die gesellschaftlichen Manipulationen als etwas Gegebenes an, so kann er seine Fähigkeiten zum Erraten der verborgenen Motivationen anderer benutzen, um selbst kräftig mitzumischen und sich damit über seine Leistungen – und notfalls durch Intrigen – in eine Schlüsselposition zu bringen. Dabei steht er jedoch meist lieber nicht selbst im Rampenlicht, sondern zieht die Fäden gerne aus dem Hintergrund. Marketing wäre ein gutes Beispiel für diese Entsprechung: Derjenige, der das Produkt vermarktet, wird nicht selbst sichtbar, das Produkt wird jedoch mit den Attributen versehen und beworben, die den Erwartungen des Abnehmers entsprechen. Taktische Planung und Kampf gegen Konkurrenten auf indirekte Art, das heisst durch hintergründige Beeinflussung, gehören ebenfalls dazu.

Sind dem Plutobetonten jedoch gesellschaftliche Ränkespiele dadurch, dass er diese vielleicht am eigenen Leibe erfahren musste, unerträglich, so kann er seine Energie auch dazu einsetzen, jede Form von einseitiger Macht oder Machtmissbrauch zu bekämpfen. Er wird dann vielleicht zum Ankläger, zum kritischen Journalisten, zum Oppositionspolitiker oder zum Theapeuten, der nicht nur den Opfern des Systems helfen will, sondern auch das Nichtstimmende bei seinen Klienten oder Patienten aufdeckt und herausschält. Das Faule und Verdorbene an die Oberfläche zu bringen und zu eliminieren, sieht er als Aufgabe. Er dringt in die sumpfigen Gefilde des Unbewussten ein und schneidet mit der Schärfe seines Bewusstseins das Ueberholte, das zu Konflikten Anlass gibt, heraus. Auf körperlicher Ebene entspricht dem natürlich auch die Tätigkeit des Chirurgen, oder des Zahnarztes, welche beide in die körperliche Sphäre des Patienten eindringen, um das herauszuschneiden oder herauszubohren, was überflüssig und tot ist und keine organische Funktion mehr erfüllt. Im entsprechenden Sinne haben wir ebenfalls den Sicherheitsdienst in Form von Detektiven und Polizisten, welche sich zum Ziele setzen, die aus der Sicht der Gesellschaft »morschen« Elemente zu eliminieren (Strafanstalten) und gegebenenfalls zu rekonvertieren (psychiatrische Kliniken). In der Auseinandersetzung zwischen Nationen erfüllt das Militär diese Funktion; ein Berufszweig, der von Plutobetonten ebenfalls bevorzugt wird, und über den entweder Uebergriffe des Feindes abgewehrt werden, oder die zum Feind deklarierte Nation oder ethnische Gruppe überwältigt und eigenen Zwecken nutzbar gemacht werden soll, was nie ohne Eliminierung gegenteiliger Elemente vor sich geht.

Auf hoher Bewältigungsstufe finden wir unter Plutobetonten Heiler und Begründer von neuen therapeutischen oder religiösen Richtungen, welche durch das Zulassen ihres eigenen Wandlungsprozesses zum Vorbild für die Möglichkeit der Wandlung des Menschen werden. Diese Persönlichkeiten strahlen durch ihre Furchtlosigkeit und Wandlungsfähigkeit eine charismatische Wirkung aus, welche andere in ihren Bann zieht. Es ist dabei für den Aussenstehenden meist schwer zu entscheiden, an welchen Punkten bei diesen Menschen das Ego die ursprüngliche Echtheit verfälscht. (Gandhi, Bhagwan, Fritz Perls etc.)

Dazu ein Zitat aus dem I-Ging, das dieses Thema sehr schön zum Ausdruck bringt (Zeichen 49: Die Umwälzung, 9 auf viertem Platz):

> »Grundstürzende Aenderungen erfordern die nötige Autorität. Sowohl die innere Charakterstärke muss da sein als auch die einflussreiche Stellung. Es muss einer höheren Wahrheit entsprechen, was man tut, und darf nicht willkürlichen oder kleinlichen Motiven entspringen. Dann bringt es grosses Heil. Wenn keine solche innere Wahrheit einer Revolution zugrundeliegt, ist sie immer vom Uebel und hat keinen Erfolg. Denn die Menschen unterstützen schliesslich doch nur solche Unternehmungen, für deren innere Gerechtigkeit sie ein instinktives Gefühl haben.«

Die Tatsache, dass Pluto auch Rollenverhalten symbolisiert, und durch das Spielen verschiedener Rollen eine Relativierung der eigenen Zwanghaftigkeit stattfinden kann, führt als Entsprechung ebenfalls zum Beruf des Schauspielers. Diese Karriere wird insbesondere dann gewählt, wenn auch das Geltungsbedürfnis gemäss einem starken Jupiter akzentuiert ist. Dass schauspielerische Fähigkeiten in der heutigen Ausprägung westlicher Demokratien auch von einem Politiker erwartet werden, wissen wir seit geraumer Zeit. In diesem Sinne fördert der Pluto auch politische Rollenspiele.

Partnerschaftliche Entsprechung

Insbesondere bei einer Stellung des Pluto im siebten Haus, einer Verbindung zwischen Pluto und Venus oder gegengeschlechtlichen Planeten, kommt es häufig zur Projektion des Plutoprinzips. Dies kann ein zwanghaftes Angezogensein von starken Persönlichkeiten bedeuten, aus dem unbewussten Bedürfnis heraus, in der Konfrontation mit dem Partner die eigenen tieferen Möglichkeiten kennenzulernen. Es besteht ein Bedürfnis nach einer sehr intensiven und tiefen Beziehung, verbunden mit der Angst, den Partner zu verlieren. Daher treten häufig Absicherungsmechanismen auf, die dahin zielen, den Partner stärker an sich zu binden. Da die starke Persönlichkeit des plutobetonten Partners sich dies naturgemäss nicht ohne weiteres gefallen lässt, kommt es im allgemeinen nach einiger Zeit zu Machtkonflikten.

Eine Beziehung mit einem Plutopartner beinhaltet meist eine grosse sexuelle Intensität, die bewirken kann, dass man oft nicht mehr genau weiss, wer man ist und wie man ohne den Partner sein könnte. In diesem Sinn kann dieser dem eigenen Leben einen neuen Sinn geben, was allerdings selten ohne ein Gefühl des Sich-Verlierens oder der Selbstaufgabe geht.

Damit wird der Partner oft zugleich als Lebensspender und Zerstörer erlebt. Es wird deshalb wichtig sein, sich zu fragen, ob man eine entwicklungsfähige Beziehung eingegangen ist, und innerhalb dieser seiner Persönlichkeit auch befriedigend Ausdruck geben kann, oder ob die Beziehung einen destruktiven Verlauf nimmt. Dies wird jedoch, wie meist mit Themen, die mit dem Pluto in Zusammenhang stehen, schwierig zu entscheiden sein, wenn man sich nicht gründlich hinterfragt und dazu auch die Meinung von Aussenstehenden konsultiert.

Übung zur Plutoqualität

1. Denken Sie über das Thema von Macht und Ohnmacht nach. Versuchen Sie, sich zurückzuerinnern an eine Situation, wo Sie als Kind die Macht Ihrer Eltern oder anderer Erwachsener, wie beispielsweise Ihrer Lehrer, auf massive und bedrohliche Weise erlebten. Spüren Sie die Gefühle, welche bei dieser Erinnerung in Ihnen aufsteigen! Vielleicht stossen Sie dabei gar auf eine Situation, welche eine Wende in Ihrem Leben auslöste. Welche Entscheidungen haben Sie damals gefällt, um möglichst nicht mehr in eine solche Situation zu geraten?

2. Gehen Sie nochmals zu dieser Erinnerung an die Ohnmacht, die Sie als Kind erlebten, zurück. Mit welchen Themen hatte diese Situation zu tun? Wie durften Sie nicht sein? Was war in Ihrer Familie oder in Ihrer damaligen Umwelt verboten?

3. Fragen Sie sich, welche Bedeutung diese Verbote für Ihr späteres Leben hatten. Gelten diese für Sie heute immer noch? Wie haben Sie sich im Bereich, wo Sie als Kind Verletzungen erlitten, inzwischen schützen können? Versuchen Sie die Mechanismen, die Sie dazu entwickelt haben, aufzuzählen!

4. Welche Situationen machen Ihnen heute noch am meisten Angst? Wann fühlen Sie sich immer noch ohnmächtig? Wie schützen Sie sich gegen solche Erlebnisse? Können Sie einen Zusammenhang herstellen zu Frustrationen Ihrer Kindheit?

5. Wann verspüren Sie Wut oder Aerger? Wie gehen Sie mit Ihrer Wut um? Können Sie diese ausdrücken, sodass Sie sich davon befreien, oder werden Sie dabei traurig und entwickeln Sie Rachegedanken? Sind Sie im Zusammenhang mit Verletzungen, die Sie erleiden, zu offener Konfrontation fähig, oder zahlen Sie es dem, der Sie verletzt hat, auf andere Weise zurück?

6. In welchen Bereichen haben Sie am meisten Angst, etwas zu verlieren? Macht Sie dies in Ihrem Verhalten vielleicht zwanghaft, sodass Sie damit auf Widerstände in Ihrer Umwelt stossen?

7. Haben Sie erlebt, dass Situationen, welche Ihnen früher grosse Angst einflössten, heute für Sie keine Probleme mehr darstellen? Wie haben Sie diese Aenderungen zustandegebracht? Waren sie vielleicht die Folge einer ernsthaften Krise, wo Sie sich neu darauf besannen, was Ihnen wichtig ist? Vielleicht können Sie aus dieser Erfahrung Schlüsse ziehen, wie Sie sich in weiteren angstbesetzten Bereichen befreien können.

8. Ueberlegen Sie sich, wie Sie Ihre Kräfte gesellschaftlich und für die Gemeinschaft einsetzen können. Haben Sie schon erlebt, dass über den Einsatz für eine Sache, Ihre Angst in den Hintergrund trat, und Sie nicht mehr befürchteten, sich ungeschickt zu verhalten? Sehen Sie weitere Möglichkeiten für eine solche Umlagerung Ihrer Kräfte? Gibt es negative Dinge in der Gesellschaft, die Sie bekämpfen wollen? Gibt es eine Wahrheit, für welche Sie sich voll einsetzen möchten?

9. Welches sind Ihre eigenen Stärken, und auf welche Mittel anderer, z.B. Ihrer Familie und der Gesellschaft haben Sie selbst Anspruch? Gibt es solche, die Sie beanspruchen, ohne eigentlich darauf Anspruch zu haben, und wie begeben Sie sich damit in eine Abhängigkeit? Ueberlegen Sie sich, welche Bereinigungen Sie vielleicht hier vornehmen sollten!

10. Gibt es gewisse problematische Punkte an Ihnen, auf die Sie Aussenstehende immer wieder aufmerksam machen möchten? Wenn Sie bereit sind, diese Reaktionen der Umwelt zur Kenntnis zu nehmen, so haben Sie damit eine grosse Möglichkeit, freier und ganzheitlicher zu werden!

Die astrologischen Häuser

Allgemeines

Die Entstehung der astrologischen Häuser hat mit der Beobachtung der Sonnenbewegung zu tun. Eine Vierteilung in aufgehende Sonne, Sonne am höchsten Punkt des Himmels, untergehende Sonne und als vierten Punkt, Sonne am Tiefpunkt (Mitternacht) musste schon früh als natürliche Einteilung des Tagesrythmus erscheinen. Wir finden hier den Ursprung der astrologischen Unterteilung in Aszendent, Medium Coeli, Deszendent und Immum Coeli.

Am Anfang wurde mit einer Achterteilung gearbeitet. Dies ist eine grundlegende Einteilungsweise, welche einem andern Bewusstsein als demjenigen, das sich im Zusammenhang mit dem Fische-Jungfrau-Zeitalter im Westen entwikkelt hat, entstammt. Wir finden eine ähnliche Unterteilung immer noch als Ausdruck des östlichen Yin-Yang-Bewusstseins, in Form der verschiedensten Mandalas mit acht Stufen. Das Achtersystem finden wir auch in der Einteilung des östlichen Weisheitsbuches I-Ging, in Form der acht Urzeichen. Wenn sich diese miteinander verbinden, so entsteht durch die Multiplikation von acht mit acht die Zahl 64, als die Anzahl der vermischten Zeichen. Im Gegensatz dazu haben wir in der heutigen westlichen Astrologie zwölf Häuser und zwölf Zeichen, was zusammen 144 Kombinationsmöglichkeiten ergibt. Es ist durchaus anzunehmen, dass wir in absehbarer Zeit zwei weitere Planeten entdecken werden, welche auch die Anzahl der Planeten auf 12 bringt.

Wir wollen die Unterschiede zwischen dem Achter- und dem Zwölfersystem kurz beleuchten. Solange Gegensatzpaare, z. B. Yin und Yang, auch gleichzeitig Ergänzungspaare sind, genügt das Achtersystem vollauf. Wir können dann mit vier Stufen des Yin-Prinzips und vier Stufen des Yang-Prinzips arbeiten, welche einander nicht ausschliessen, sondern in Wechselwirkung zueinander stehen. Astrologisch könnten wir dies so deuten, dass jedes Element in einer Yin- und in einer Yang-Entsprechung in Erscheinung tritt.

Tatsache ist auch, dass die früheren Deutungen für das Achtersystem weitgehend unseren Deutungen für die acht ersten Häuser entsprechen. Auf diese Zusammenhänge würde auch die Bezeichnung des achten Hauses als Todeshaus zurückzuführen sein, in dem Sinne, als es merkwürdig erscheint, dass nach dem Todeshaus weitere astrologische Häuser nachfolgen sollen. Wie gesagt, konnte dieses System sehr gut funktionieren, solange der eine Pol und sein Gegenpol als Ergänzungen angesehen wurden. In dem Moment, wo wir die beiden jedoch als dialektische Gegensätze darstellen, so wie These und Antithese, wird ein dritter Pol als Synthese notwendig. Daraus können wir schliessen, dass ein Bewusstsein, welches polare Gegensätze nicht als Ergänzungen betrachtet, auf die Zahl 12 als Einteilungskriterium angewiesen ist. Vier entspricht dem Symbol des Kreuzes, des Gekreuzigtseins und damit auch des Verhaftetseins in der Materie. Drei ist die Zahl des Geistes. So symbolisiert 4×3 einerseits unseren Zustand des Inkarniertseins in der Materie und gleichzeitig die Möglichkeit, uns durch die Kraft des Geistes daraus zu lösen. Im Falle eines Bewusstseins, das scheinbare Gegensätze, wie beispielsweise Tag und Nacht, Licht und Schatten, Leben und Tod als einander gegenseitig bedingend ansieht, haben wir philosophisch von Anfang an keine Verhaftung an die Polarität der Materie und entsprechend ein System, das auf $2^3 = 8$ begründet ist. 2 verkörpert noch nicht Gebundensein an die Materie, sondern lediglich das Bewusstsein der Polarität.

Es ist klar, dass wir die Häuser nach ganz verschiedenen Kriterien unterteilen könnten und dieses im Verlauf des Uhrzeigersinns oder Gegenuhrzeigersinns, wie wir es jetzt allgemein tun. Wahrscheinlich hat sich die Zählung gegen den Uhrzeigersinn aus dem Bedürfnis heraus entwickelt, zwischen Häusern und Zeichen eine Analogie zu finden. Dies trifft mit dem vorhandenen System auch weitgehend zu.

Wir können sagen, dass die Häuser von allen astrologischen Charakteristiken am stärksten das ort- und zeitbedingte Individuelle des Betreffenden zum Ausdruck bringen. Es ist auch interessant festzustellen, dass der Einfluss dieses Faktors über die Eckpunkte zu den einzigen gehört, der auch statistisch wissenschaftlich nachgewiesen werden konnte. Dies gelang den Forschern Michel und Françoise Gauquelin, welche beispielsweise nachweisen konnten, dass eine statistisch signifikante Zahl von Sportlern und Militärpersonen mit dem Planeten Mars in der Nähe eines der Eckpunkte (insbesondere Aszendent und Medium Coeli) des Horoskops auf die Welt kommt. Das gleiche konnten sie nachweisen für Jupiter bei Schauspielern und Politikern, Saturn bei Wissenschaftlern und Mond bei Schriftstellern. Die grösste Häufigkeit ist jedoch interessanterweise etwas vor den Eckpunkten des Horoskops anzutreffen. Die Verteilung ersehen Sie aus untenstehender Abbildung. Wir werden auf dieses Thema noch zurückkommen.

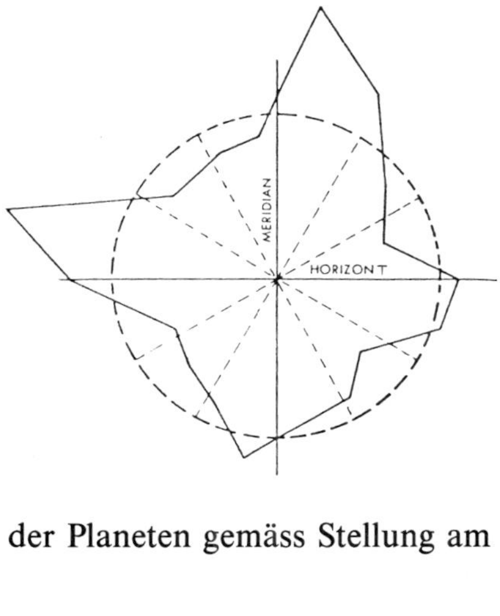

Relative Stärke der Planeten gemäss Stellung am Geburtshimmel

Die Möglichkeiten der Häusereinteilung

Man ist sich ganz allgemein darüber einig, dass der Tagbogen in zwölf Teile zu teilen ist. Die meisten Einteilungssysteme benutzen denn auch die Eckpunkte als gegeben und teilen den dazwischen liegenden Bogen in drei Teile (mit Ausnahme äqualer Systeme). Das Prinzip der gleichartigen Aufteilung wird von den meisten Systemen grundsätzlich befürwortet. Es stellt sich jedoch gleich die Frage, was wir aufteilen wollen, wenn wir es mit verschiedenen schiefen Ebenen zu tun haben. Teilen wir die Ekliptik – wie beispielsweise im äqualen System –, den Aequator – wie dies bei Regiomontanus der Fall ist –, den Horizont, oder benutzen wir ein anderes Einteilungssystem, wie bei Placidus, Campanus und Koch?

Haben wir uns nun für ein System entschieden, so stellt sich im weiteren die Frage, wo wir die Wirkung eines Hauses beginnen lassen und wo wir dessen Intensitätsmaximum ansetzen. Sind die Häuserspitzen als abrupte Aenderungen der Häuserqualität anzusehen, oder fliessen die Themen der verschiedenen Häuser ineinander über? Ueber all diese Fragen gibt es astrologisch gesehen keine einheitliche Auffassung. Wir wollen hier auch nicht die Diskussion über die verschiedenen Häusersysteme aufnehmen, da dies in unserem Zusammenhang zu weit führen würde.

Wir möchten aber darauf hinweisen, auf welchem System die hier gegebenen Deutungen der Häuser beruhen, und wie dieses zu handhaben ist. So bevorzugen wir für unsere psychologisch orientierten Deutungen das Kochsche Häusersystem, auch G.O.H.-System genannt. Wir betrachten die Häuser als Themen, welche ineinander übergehen und benutzen das von Bruno Huber entwikkelte Konzept, dass der Einflussbereich des nächsten Hauses bereits vor der Spitze anfängt, im Sinne eines Schattenbereiches. In einer Uebergangszone überlagern sich also die Themen des vorangehenden und des nächsten Hauses. In der psychologischen Deutung ist dies ja auch kein Widerspruch, denn man kann dies so deuten, dass – je näher wir an die Häuserspitze herankommen – das Thema des nächsten Hauses immer mehr an Bedeutung gewinnt, und das vorhergehende allmählich verdrängt wird. Man kann jedes Haus auch als eine Weiterentwicklung des Themas des vorangehenden Hauses auffassen.

Aus der Transitforschung kamen wir im übrigen zur Auffassung, dass das Thema des nächsten Hauses in der Praxis dann aktuell wird, wenn der transitierende Planet ins letzte Sechstel des vorangehenden Hauses eintritt (bei einem Haus von 30 Grad also 5 Grad vor der Spitze des nächsten Hauses). Wir sind uns bewusst, dass dies eine Vereinfachung darstellt, und dennoch möchten wir dem Schüler empfehlen, auch beim Geburtshoroskop die Deutungen nach diesem Modell vorzunehmen. Somit würden wir einen Planeten, der sich kurz vor der Spitze eines Kochschen Hauses befindet, thematisch bereits zum nächsten Haus zählen. Abweichungen von dieser Regel sind höchstens dann vorzusehen, wenn der Planet in einem andern Zeichen liegt als die Häuserspitze des nächsten Hauses. Dann hat er im allgemeinen mehr mit dem vorangehenden Haus zu tun.

Einteilungssysteme der Häuser

Wie die Zeichen, so können wir auch die Häuser nach den Kreuzen in kardinal, fix und veränderlich, nach den Elementen in Feuer, Erde, Luft und Wasser, und nach den Polaritäten in Yin und Yang einteilen. Wir brauchen die Deutungen für die entsprechenden Zeichenqualitäten nur damit zu ergänzen, dass wir es bei den Häusern mit der Manifestation in einem bestimmten Umweltbereich zu tun haben, während die Zeichen eher angeben, wie wir etwas tun. Die Häuserstellung gibt also stärker darüber Auskunft, was wir tun und weniger, auf welche Art wir es tun.

Die dem Feuerelement zugehörigen Häuser 1, 5 und 9 können wir entsprechend als Bereiche des persönlichen Ausdrucks bezeichnen. So besteht auch eine auffallende Aehnlichkeit zwischen Planetenstellungen im 1. und im 5. Haus, in dem Sinne, dass diese uns zu persönlichem Ausdruck anspornen oder hemmen. Beispielsweise ist die Wirkung des Saturns im ersten oder fünften Haus recht ähnlich.

Die Erdhäuser 2, 6 und 10 haben mit der Bewährung in der praktischen Welt zu tun. In diesen Horoskopbereichen sind wir bereit, persönliche Bedürfnisse zugunsten einer Ausrichtung auf die vorliegenden Gegebenheiten zurückzustellen. Wir suchen hier Sicherheit und gehen nicht von unseren unmittelbaren intuitiven Impulsen aus. Wesentliche Stellungen in diesen Häusern verstärken die Ausbildung des Empfindungs- oder Realtypus nach C. G. Jung.

Die Lufthäuser 3, 7, und 11 sind Bereiche des Denkens und des Austausches. Hier suchen wir die Kommunikation mit andern, um damit unsere Erkenntnisse zu vertiefen oder gegenüber der Umwelt zum Ausdruck zu bringen.

Die Wasserhäuser 4, 8 und 12 entsprechen Bereichen, wo Gefühle und – im Sinne von Gefühlsgewohnheiten – innerhalb der Psyche ablaufende Prozesse die Oberhand haben. Starke Besetzungen dieser Häuser verstärken also Anlagen zum Fühltypus. In diesen Bereichen kommt das Unbewusste sehr stark zum Zug.

Die Aufteilung der Häuser nach Kreuzen ist sehr üblich. So werden die kardinalen Häuser mit spontaner Aktivität, die fixen Häuser mit Beharrungsintensität und die veränderlichen Häuser mit Zweifel und Denkprozessen in Zusammenhang gebracht. Es ist jedoch an diesem Punkt wichtig, zwischen Anlage und Ergebnis der Anlagekonstellationen zu unterscheiden. Wenn wir nämlich die Gauquelin-Untersuchungen anschauen, so können wir erkennen, dass gerade bei Stellungen im neunten und zwölften Haus, also in den Bereichen, die mit Zweifel und damit auch mit der Schwächung des Willens in Zusammenhang gebracht werden, die Maxima der praktischen Durchsetzung der entsprechenden Planetenqualitäten auftreten; dass also Stellungen im zwölften Haus, welche traditionell mit mangelnder Durchsetzungsfähigkeit in Zusammenhang gebracht werden, gerade am extremsten berufswirksam werden können! Gibt es dafür eine Erklärung, oder müssen wir die astrologische Tradition als falsch abtun?

Ich glaube, dass die Erklärung in der psychologischen Gesetzmässigkeit der Kompensation liegt. So können wir Stellungen im zwölften Haus aufgrund der Häuser-Zeichen-Entsprechung als neptunbetonte Planetenstellungen ansehen. Wir haben im Kapitel über den Neptun gesehen, dass Neptunbetonte kompensatorisch oft zu besonderer Leistung und Härte gegen sich selbst fähig sind. Sie sind im Bekämpfen einer Schwäche oft viel kompromissloser als andere. Bei Stellungen im zwölften Haus kann der entsprechende Prozess einsetzen, indem der Betreffende sich einer Schwäche und eines Mangels an Realitätsanpassung derart massiv bewusst wird, dass er alles daran setzt, sich besonders stark und durchsetzungsfähig zu zeigen. Fängt er mit der entsprechenden Disziplin schon sehr früh an, so kann er durch seinen Eifer andere leicht übertrumpfen. Dies dürfte der Grund sein, warum Sportler mit Mars im zwölften Haus besonders ehrgeizig sind, und ihre Disziplin auch dann nicht erlahmt, wenn sie bereits wichtige Erfolge zu verbuchen haben – im Gegensatz zu jenen mit Mars im ersten Haus, denen Erfolgserlebnisse im Bereich marsischer Durchsetzung von Anfang an zufallen.

Aus diesem Grunde ist es in der psychologischen Astrologie sehr wichtig und folgerichtig, zwischen Anlage und voraussichtlichem Resultat zu unterscheiden. So würden wir gemäss der Tradition auch sagen, dass Personen mit Stellungen im zwölften Haus in frühen Jahren Mühe haben, sich zum Ausdruck zu bringen, weil die innere Melodie für den Betreffenden stärker hörbar ist, als der Rhythmus der Aussenwelt, dass jedoch gerade die damit gemachten Erfahrungen in vielen Fällen dazu führen, dass man lernt, das zu meistern, was einem schwerfällt – nämlich die Durchsetzung in der äusseren Welt. Wir können dies vergleichen mit einem Jungen, der wegen seiner Weichheit von seinen Kameraden ständig ausgelacht und vielleicht auch geschlagen wird. Es ist unwahrscheinlich, dass er in diesem Zustand verharren will. Es wird ihm viel eher ein Bedürfnis sein, sich die nötigen Fähigkeiten anzueignen, um die andern später durch seine Leistungen zu erstaunen. Dies ist jedenfalls unsere heutige Erfahrung mit sogenannt »schwachen« astrologischen Konstellationen. Es ist möglich, dass dieses nicht galt in einer Zeit, wo die Gesellschaft stark in Klassen unterteilt war, und wo für die meisten kaum Möglichkeiten bestanden, eine sozial als erniedrigend erlebte Stellung zu verändern. Dem heutigen westlichen Menschen ist jedoch diese Möglichkeit gegeben, und sie wird meist auch genutzt. Damit möchten wir sagen, dass frühere Astrologen mit ihren Aussagen nicht falsch lagen, sondern ganz einfach teilweise andere Manifestationsformen der gleichen Konstellationen beobachteten, als dies für uns heutige westliche Astrologen der Fall ist.

Die Erlebnisebenen der astrologischen Häuser

Gewöhnlich werden die Häuser vor allem auf der äusseren, sozialen Ebene definiert. So spricht man beispielsweise im zweiten Haus von Besitz und Geld, im dritten Haus von Geschwistern und Nachbarn, im vierten Haus von Familie, etc. Wir erleben also nirgends so stark wie bei der Deutung der Häuser eine Tendenz zur Wahrsagerei. Es könnte dabei der Eindruck aufkommen, die Häuser hätten nur mit der Umwelt zu tun, in die wir hineingestellt sind und der wir mehr oder weniger hilflos ausgeliefert sind.

So scheint es uns wichtig, die astrologischen Häuser nicht nur von dieser Dimension her zu beleuchten, sondern auch von der psychologischen Bedürfnisebene her. Dann haben wir die Möglichkeit, zwischen unseren Bedürfnissen und den äusseren Entsprechungen eine Verbindung herzustellen. Wir erleben diese dann als Herausforderungen, welche von aussen zu kommen scheinen, deren Motiv jedoch in unserem – bewusst wahrgenommenen oder nur unbewusst vorhandenen – Bedürfnis liegen, uns im angezeigten Bereich in diesem Leben zu verwirklichen. In diesem Sinn stellen sie auch einen Schlüssel zu einem erfüllten Leben dar. Das in den astrologischen Häusern Angezeigte ist uns nicht gegeben, sondern wir müssen es uns erarbeiten. Tun wir dies, so wachsen wir, unterlassen wir es, so erleben wir unsere Existenz in zunehmendem Masse als sinnlos.

Bis wir die Fähigkeit entwickelt haben, die Häuserstellungen der Planeten unseres Horoskops selbst zum Ausdruck zu bringen, werden wir uns von Menschen, die das tun, stark angezogen fühlen. Im Moment, wo wir die Stellungen bloss teilweise verwirklichen, fühlen wir uns vielleicht auch heftig abgestossen, weil wir diese Personen als Konkurrenten erleben. Dies entspricht dem Zeitabschnitt unseres Lebens, wo wir, um uns mit dem Thema des betreffenden Hauses auseinanderzusetzen, zu Projektionen Zuflucht nehmen müssen. Diese sollten von vorübergehender Dauer sein und lediglich dazu dienen, durch die Auseinandersetzung mit diesen Personen, der Qualität des betreffenden Hauses näherzukommen, damit wir diese letztlich selbst zum Ausdruck bringen können.

Um diesen verschiedenen Entsprechungsformen der Häuserthematik gerecht zu werden, haben wir die Manifestationen der Häuser in drei Unterkapitel gegliedert. So unterscheiden wir eine psychologische Ebene, als jene der internen Bedürfnisse, eine soziale Ebene, als Bereich der äusseren Auswirkungen und eine projektive Ebene, als Ausdruck der (noch) nicht gelebten Entsprechungen dieses Hauses.

Weil kein astrologisches Haus ohne das Gegenhaus als Entsprechung zu verstehen ist, behandeln wir in der Folge die beiden Pole des entsprechenden Häuserpaars nacheinander. Damit haben wir auch die Möglichkeit, das Thema der jeweiligen Achse zu definieren.

Die Häuser eins und sieben

Die Begegnungsachse

Entsprechungen: Widder und Waage
Mars + und Venus +

Auf dieser Achse begegnen wir uns als Individuen, so wie wir angelegt sind und ohne Rücksicht auf Status und gesellschaftliche Stellung. Je offener und wahrer jeder über das erste Haus seine Identität findet und sich so darstellt, wie er sich von innen heraus empfindet, desto eher ist er fähig, im siebten Haus eine stimmende Beziehung einzugehen. Wissen jedoch beide Partner nicht, wer sie sind, und kennen sie sich als Individuum nicht, so wird jeder den andern »brauchen», indem er in ihm die Qualitäten entdeckt, die ihm fehlen. In diesem Fall wird die Beziehung mit aller Wahrscheinlichkeit in eine Abhängigkeit führen. Dann findet, extrem formuliert, die Beziehung zwischen zwei Masken statt, hinter denen sich die Partner verstecken. In diesem Fall kann zwischen beiden kein stimmiger Vertrag ausgehandelt werden, und die Beziehung artet in Rollenspiele aus.

Das erste Haus

Das erste Haus fängt mit dem Aszendenten an, einem der Kardinalpunkte des Horoskops. Der Aszendent entspricht der Präsentation des Ichs gegenüber der Umwelt und damit der Maske, der Persona, die wir der Umwelt entgegenhalten. Diese Persona ist die Ausdrucksform, die sich aufgrund der eigenen Darstellungsbedürfnisse und der Akzeptanz der Umwelt herausgebildet hat. Sie stellt also einen Kompromiss dar, zwischen unserem Darstellungswunsch und dem, was bei der Mitwelt ankommt. In diesem Sinne hat der Aszendent auch eine Schutzfunktion. Wir zeigen von uns das, was sich in unseren frühesten Auseinandersetzungen mit unserer Umgebung bewährte. Da diese Schutzfunktion jedoch schon sehr früh herausgebildet wurde, zu einer Zeit, wo wir noch sehr klein waren und nicht über die Alternativen verfügten, die uns später als Erwachsene zur Auswahl stehen, ist es wichtig, im Laufe des Lebens diese Maske zu revidieren und zu verändern, damit sie unsere jetzige Identität klarer zum Ausdruck bringt. Sonst laufen wir Gefahr, dass wir aufgrund einer Maske, die nicht mehr zu uns passt, immer wieder die »falschen« Leute anziehen. Wir sprechen dann von einer Maske, welche am Gesicht festklebt und starr geworden ist. In diesem Sinne kann man den Aszendenten über die reinen Qualitäten des Zeichens, das er verkörpert, auch als Ziel unserer individuellen Entwicklung betrachten. Ziel ist, unsern Ausdruck und Austausch flexibel zu gestalten, ähnlich einer durchlässigen Membran, welche eine lebendige Verbindung zwischen innen und aussen gewährleistet. Dieser Entwicklungsprozess ist wichtig, denn die Form, in der wir uns der Aussenwelt gegenüber darstellen, prägt letztlich unsere Kontakte über die Art Menschen, die wir anziehen, und die Reaktionen, die wir in ihnen auslösen. In diesem Sinne beeinflusst der Aszendent auch direkt unsere Situation am Deszendenten, im Partnerschaftsbereich.

Wir können den Aszendenten auch als eine Art Linse ansehen, durch welche die Erlebnisse mit der Mitwelt unsere Person erreichen. Diese schlagen sich dann nieder als Erfahrungen, welche uns prägen und konditionieren. So können wir sagen, dass das erste Haus auf der persönlichen Ebene unseren Austausch mit der Aussenwelt symbolisiert. Unser Ausdruck findet nicht innerhalb eines Vakuums statt, sondern im Verhältnis und in Beziehung zu den Menschen um uns herum. Spannungsaspekte von Planeten zum Aszendenten oder zu Planeten im ersten Haus mögen deshalb unsere Beziehungen ähnlich stark beeinträchtigen, wie Spannungen im Bereich des siebten Hauses.

Zwei hauptsächliche Probleme können im Zusammenhang mit dem ersten Haus auftreten: Wir mögen unsere Umwelt missachten und versuchen, uns ohne Rücksicht auf die andern durchzusetzen (fehlende Integration des siebten Hauses). Andererseits können wir uns so anpassen, dass wir schliesslich nicht mehr wissen, wer wir als Individuum sind (übertriebene Kompromisshaltung des siebten Hauses). Im letzteren Fall können wir krank werden und uns dadurch von der Hilfe der andern abhängig machen (falsch verstandene Partnerschaft gemäss dem siebten Haus). So ist das erste Haus sehr wichtig für den gesunden Ausdruck unserer Individualität auch in Form unseres Körpers, über den wir unseren Willen und unser Sein zur Manifestation bringen. Krankheit bedeutet Verzicht auf diese Fähigkeit und damit mangelnden individuellen Ausdruckswillen.

Auf der biologischen Stufe drücken Aszendent und erstes Haus unsere Existenz über die äussere Erscheinung aus. Allerdings hat diese Erscheinung nicht nur mit dem ersten Haus zu tun, sondern auch mit den Aspekten zum Aszendenten und zu den Planeten im ersten Haus, sowie mit stark besetzten Zeichen und Häusern im Horoskop. Dennoch sind Aszendent und erstes Haus die astrologischen Merkmale, welche am ehesten von Aussenstehenden zu erkennen sind. Sie prägen unseren lebendigen Ausdruck und damit den Eindruck, den wir auf andere machen.

Psychologische Ebene

Das erste Haus entspricht unserem Selbstbildnis. Wir lernen, uns darzustellen, und halten dann meist das, was wir darstellen, für das, was wir sind. Unzufriedenheit im Zusammenhang mit dem Betrachten des eigenen Bildes, mit dem

Anhören der eigenen Stimmme oder Ansehen des eigenen Ausdrucks, weist oft darauf hin, dass wir uns unwissentlich nicht so darstellen, wie wir uns heute erleben. Das gleiche trifft zu, wenn das Bild, das andere von uns haben, und die Art, wie andere uns empfinden (siebtes Haus) sehr weit von dem entfernt ist, wie wir uns selbst verspüren (erstes Haus). In diesem Fall wäre ein Revision unserer Persona fällig. Wenn eine solche Diskrepanz besteht, erfüllen der Aszendent und das erste Haus nämlich ihre Funktion des Austausches mit der Umwelt nicht mehr.

Soziale Ebene

Im ersten Haus haben wir die Möglichkeit, unsere ganz persönlichen Bedürfnisse und Ziele gegenüber der Gesellschaft zum Ausdruck zu bringen. Bringen wir dies zustande, fühlen wir uns voller Lebensfreude und Motivation. Wir drücken aus »hier bin ich« und »das bin ich«! Im erweiterten Sinn kann das erste Haus auch alle jene einschliessen, die sich individuell in der gleichen Richtung bewegen, wie wir es tun.

Projektive Ebene

Falls wir mit Planeten im ersten Haus Mühe haben, uns persönlich durchzusetzen, werden wir fasziniert sein von Persönlichkeiten, die dies mühelos fertigbringen, z. B. von widderbetonten oder stark marsgeprägten Personen. Dies dürfte insbesondere dann der Fall sein, wenn unser erstes Haus sich in einem durchsetzungsschwachen Zeichen befindet, oder durch die Anwesenheit von Saturn oder Neptun in seinem Ausdruck geschwächt ist. Auch über Biographien mögen uns Leute interessieren, welche durch die grössten Hindernisse hindurch ihre Eigenart zum Ausdruck brachten und dabei kein Risiko scheuten.

Planeten im ersten Haus

Planeten im ersten Haus bedeuten Bedürfnisse, welche wir selbst gegenüber andern zum Ausdruck bringen möchten. Im Fall von Massierungen von Planeten im ersten Haus kann das Problem auftreten, dass wir so sehr mit dem Ausdruck unserer Eigenart beschäftigt sind, dass wir unsensibel werden für die Bedürfnisse anderer. Wir mögen dann mit Beziehungen Mühe haben, weil wir die andern zu wenig anhören.

Saturn oder Pluto im ersten Haus können die Zensur und das Verantwortungsbewusstsein in uns derart aktivieren, dass es uns schwerfällt, eigene Bedürfnisse ohne sachliche Rechtfertigung anzubringen. Es besteht dann die Gefahr, dass wir unsere Bedürfnisse auf Umwegen und über Machtspiele zum Ausdruck bringen, sodass andere gar nicht direkt darauf eingehen können.

Eine ähnliche Schwierigkeit tritt bei Neptun im ersten Haus auf. Dieser Planet wirkt wie ein Prisma, das bewirkt, dass unsere Ausstrahlung in die verschiedensten Facetten aufgespalten wird, sodass andere uns gar nicht klar wahrnehmen können, und wir zum Schluss auch nicht mehr wissen, wer wir sind. Wir können dann je nach Situation ganz verschiedene Persönlichkeiten verkörpern. In einem gewissen Sinne werden wir dann zum Schauspieler.

Das siebte Haus

Im siebten Haus begegnen wir dem Du, um in ihm jene Seiten von uns kennenzulernen, die uns nicht bewusst sind, und die wir nicht in das Bild unserer eigenen Identität (erstes Haus) aufnehmen. Je nachdem, wie unsere Einstellung zu diesen unbewussten Seiten ist, empfinden wir Liebe oder Hass. Damit begegnen wir im siebten Haus sowohl unserem Partner, wie auch unseren Feinden. Den Partner brauchen wir, um uns im Gleichgewicht zu fühlen, um uns ganzheitlich zu spüren; wenn er uns hingegen verlässt und die Seite von uns, die wir über ihn erlebten, mitnimmt, so wird er vielleicht zum Feind. In den meisten Fällen wurde er allerdings schon vorher auf unausgesprochene Art zum Feind, weil wir durch ihn fehlende Ganzheit und damit Abhängigkeit erleben mussten. Auch hätten wir (so meinen wir es wenigstens) ihn besser lieben und ertragen können, wenn er weiterhin dem Bild entsprochen hätte, das wir am Anfang, in unserer ersten Verliebtheit von ihm hatten, als er die Verkörperung all dessen war, was uns fehlte. Der Moment des Abschieds ist dann die Gelegenheit, unsere Projektion zurückzunehmen und in uns selbst das zu aktivieren, was er verkörperte. Wenn wir dies einsehen, so können wir ihm dankbar sein für all das, was er uns an Selbsterkenntnis brachte, auch wenn diese schmerzlich war. Wollen wir dies jedoch nicht erkennen, so bleibt uns höchstens die Möglichkeit, ihn zu hassen und in einer anderen Person all das zu suchen, was er verkörperte, oder – wenn wir uns ganz mit ihm identifiziert hatten – vielleicht das genaue Gegenteil dazu, nämlich das, was wir dem ersten Partner gegenüber im wesentlichen verkörpertern.

Aus diesen Entsprechungen mag uns klar werden, warum die Astrologie von je her das siebte Haus in Verbindung brachte mit Partnerschaft und Ehe, aber auch mit offenen Feindschaften, offenen Konflikten und Prozessen. Dies liegt darin begründet, dass wir uns von nichts mehr angezogen oder abgestossen fühlen, als von den verdrängten Seiten unserer eigenen Psyche. Das siebte Haus entspricht somit der Konfrontation mit unseren Schattenbereichen, mit dem, was wir nicht gerne sehen möchten, weil es uns Angst macht. So können wir es als beeindruckende Erkenntnis der traditionellen Astrologie werten, dass diese den Schattenplaneten Saturn im Partnerschaftszeichen Waage als erhöht betrachtete. Dieser Planet, der sowohl Selbsterkenntnis, als auch das Akzeptieren der eigenen Grenzen symbolisiert, kann auch hier als Hüter der Schwelle zur einträchtigen Partnerschaft angesehen werden. Nur zwei Peronen, die beide ein eigenes Rückgrat und eine eigene Verankerung in ihrer Persönlichkeit gefunden haben und zugleich die Grenzen ihres Ego-Anspruchs kennen, können im Zusammenleben Aussichten auf eine erfüllende Beziehung haben, welche nicht zu Lasten der persönlichen Entwicklung des einen oder andern geht.

Hier ist übrigens im Zusammenhang mit dem Wassermannzeitalter, das die wassermännische Seite des Saturnprinzips aktiviert, ein Wandel zu beobachten. Wenn Saturn früher, als Hüter der Schwelle zum gemeinsamen Leben, sich auf der trivialeren Stufe damit begnügen konnte, beiden Partnern die Frage nach der gesellschaftlichen Funktionalität ihrer jeweiligen Rolle in der Beziehung zu stellen, so lautet in unserer Gesellschaft, wo die Probleme des materiellen Ueberlebens nicht mehr im Vordergrund stehen, die Gretchenfrage nun anders, sie hat sich verändert zu der Frage: Bist Du bereit, Deinem Partner die Rechte zuzugestehen, die Du im Namen Deiner persönlichen Entwicklung für Dich selbst in Anspruch nimmst? Damit verändert sich allerdings der Charakter der heutigen Forderung an eine Beziehung stark. Sie wird mit der üblichen Rollenverteilung nicht mehr auskommen, weil diese für das gesellschaftliche Ueberleben nicht mehr erforderlich ist. Viel eher werden beide mit der Frage konfrontiert, ob sie bereit sind, ihrem Schatten oder ihrer Projektion, welche eben durch den Partner verkörpert wird, ins Antlitz zu schauen. Damit haben aber auch die frühere Symbiose oder das gesellschaftliche Arrangement, wo man, um nicht Anstoss zu erregen, zusammenblieb, auch wenn nichts mehr stimmte, ausgelebt.

Dies bedeutet astrologisch wiederum eine Aufhebung der Gegensätzlichkeit zwischen erstem und siebtem Haus – beide bedingen einander nun. Wir sind gezwungen, uns im Spiegel unseres oder unserer Partner anzuschauen und über dieses Medium Rückschlüsse auf uns zu ziehen. Wir können realisieren, dass das siebte Haus nicht einfach die andern symbolisert, sondern die Komplementarität zu dem, was wir im ersten Haus zum Ausdruck bringen. Somit entspricht das siebte Haus einer Selbsterfahrung durch intime Begegnung mit einem andern. Das Charakteristikum »mit *einem* Du« ist wesentlich, um diese Erfahrung von der des ersten Hauses abzugrenzen, wo das Ich in Kontakt tritt mit vielen anderen.

Es mag hier vielleicht wichtig sein, noch andere Erfahrungsbereiche des siebten Hauses zu definieren, welche scheinbar nicht so ohne weiteres in diese Definition passen: Dies führt uns zur wichtigen Feststellung, dass »Intimität« nicht mit sexueller Intimität verknüpft sein muss. So entspricht die Thematik des siebten Hauses auch der therapeutischen Beratungssituation. Das Gemeinsame ist in diesem Falle, dass der Berater dem Klienten hilft, seine eigene Situation zu definieren und klarer zu sehen. Durch den Ueberblick des Beraters kann der Klient sich selbst wie in einem Spiegel erleben. Wie in einer Partnerschaft – aber meist weniger schmerzlich – zeigt er ihm diejenigen Bereiche auf, die er nicht sehen will.

Eine weitere Entsprechung, die wir mit dem siebten Haus in Zusammenhang bringen, ist der Redner oder der Politiker, der vor einem Publikum auftritt. Es fällt hier jedoch meist nicht schwer, die Entsprechung zur partnerschaftlichen Situation zu erkennen, indem diese Person den Zuschauern oder Zuhörern gegenüber oft eine Art Partnerrolle einnimmt. Wenn sie sich daran fangen lässt, indem sie selbst daran Spass hat und in die ihr zugedachte Rolle schlüpft, wird sie in zeitlichen Abfolgen genau den gleichen Schwankungen zwischen Liebe und Hass unterworfen sein, wie dies im Rahmen einer Partnerschaft zu beobachten ist. Sie wird dann als Projektionsfigur abgesetzt und damit unpopulär, wenn sie die Erwartungen des Publikums nicht mehr erfüllt. Ein gutes Beispiel dafür liefern uns die verschiedenen Präsidenten der Vereinigten Staaten, die gemäss den Erwartungen und Launen des Volkes zu Ehren kamen und wieder abgesetzt wurden, sobald sie nicht mehr den auf sie gerichteten Projektionen entsprachen, oder andere Projektionswünsche wach wurden.

Psychologische Ebene

Auf der psychologischen Ebene symbolisiert das siebte Haus die Seiten unserer Persönlichkeit, die zum Ausdruck kommen, wenn die äussere Wirklichkeit uns sehr nahe tritt, wie beispielsweise in Form von intimen Beziehungen. Diese Situation wird zwei Elemente zum Vorschein bringen: Sie zeigt uns, wie wir diese (scheinbare) äussere Wirklichkeit erleben, wie wir sie erfahren. Andererseits lässt sie uns erkennen, wie wir reagieren, wenn wir mit der Nähe des (scheinbar) Anderen konfrontiert werden. Ueber die Beziehungen können wir uns selbst im Verhältnis zum Anderen situieren und definieren. In diesem Sinne ist im Bereich der Selbsterkenntnis das siebte Haus mindestens ebenso wichtig wie das erste Haus. Wenn wir beide zusammenbringen, überwinden wir damit die Dualität. Dies geschieht im Moment, wo das Bild, das andere von uns haben, mit der Vorstellung übereinstimmt, die wir selbst von uns hegen. Erst in diesem Moment sind wir fähig, einen Partner autonom zu wählen und uns nicht von einem zwanghaften Bedürfnis nach Symbiose mit dem, was wir selbst nicht sind, und doch sein möchten, beherrschen zu lassen.

Soziale Ebene

Auf der sozialen Ebene finden wir im Bereich des siebten Hauses unsere Erwartungen an die Integration in die Gesellschaft über die Beziehung, sowie die Begegnung mit all jenen Elementen unserer Psyche, zu denen wir nicht bewusst

»ja« sagen. In diesem Sinne beschreibt das siebte Haus, zusammen mit andern Elementen des Horoskops unsere intimen Parter, unsere geschäftlichen Partnerschaften, sowie all jene, mit denen wir in einem Konkurrenzkampf stehen. Wir finden hier die Erklärung für viele Vorwürfe an das Leben, im Zusammenhang mit den »negativen Eigenschaften« des andern Geschlechts, sowie viele Vorstellungen darüber, ob Bündnisse und Partnerschaften lohnend oder gefährlich sind. Im weiteren Sinn kann dieser Bereich auch anzeigen, welche Gruppen von Individuen wir als Freunde, welche wir als Feinde betrachten, je nach dem, mit welcher Seite wir uns selbst identifizieren.

Planeten im siebten Haus sowie Aspekte des Herrschers dieses Hauses sagen sehr viel darüber aus, was wir befürworten und was wir ablehnen.

Projektive Ebene

Aus dem Gesagten geht ohne weiters hervor, dass das siebte Haus zu den bevorzugten Projektionsbereichen des Horoskops gehört. Wenn sich Planeten in diesem Bereich befinden, so ist die Frage, ob wir ihre Energien bejahen oder ablehnen, dafür entscheidend, ob wir diese Qualitäten gegenüber andern selbst zum Ausdruck bringen oder in Form von andern Personen erleben. Dies kann sich im Laufe des Lebens, mit zunehmender Integration der entsprechenden planetarischen Kräfte verändern, sodass das, was vorher aussen erlebt wurde, von einem gewissen Zeitpunkt an vom Betreffenden selbst zum Ausdruck gebracht wird. Im allgemeinen kann man sagen, dass gegengeschlechtliche Planeten während langer Zeit oder über ein ganzes Leben auf den Partner projiziert werden, während eigengeschlechtliche meist selbst zum Ausdruck gebracht werden. Es gibt jedoch dafür keine festen Regeln und der Berater wird gut tun, diese Informationen von seinen jeweiligen Klienten einzuholen.

Planeten im siebten Haus

Eine grosse Anzahl von Planeten im siebten Haus weist daraufhin, dass der Betreffende sich allein unvollständig fühlt und das Bedürfnis verspürt, die Lücke durch partnerschaftliche Verbindungen und möglicherweise auch Konfrontationen zu schliessen. Die Du-Bezogenheit oder Abhängigkeit ist also gross, was ihn dazu veranlassen kann, andere von sich abhängig zu machen, um sich selbst ganzheitlicher zu fühlen. Eine gute Portion Liebe, aber auch Hass – falls die andern sich dem eigenen Zugriff entziehen – können dazugehören.

Wieweit Planeten im siebten Haus in Beziehungen über eine aktive Rolle zum Ausdruck gebracht werden, oder vor allem passiv erlebt werden, in dem Sinne, dass der Partner die Qualitäten dieses Planeten verkörpert, hängt von der eigenen Vertrautheit mit der jeweiligen planetarischen Kraft ab. Das Horoskop an sich gibt darüber keine klare Auskunft. Was man lediglich sagen kann ist, dass Beziehungen dazu dienen sollen, diese Planetenkomponente zu erleben. So kann beispielsweise Uranus im siebten Haus bedeuten, dass bei einem sehr selbständigen und unberechenbaren Partner vor allem Nähe gesucht wird, während man bei einem anhänglichen, vielleicht auch besitzergreifenden Partner, selbst die uranische Rolle der Distanz und Unabhängigkeit übernimmt.

Bei Saturn oder Pluto im siebten Haus kommt es häufig vor, dass der eine Partner dem andern gegenüber eine Art Elternrolle einnimmt, womit der andere in die Kindrolle gedrängt wird. In jüngeren Jahren ist man vielleicht der Kindrolle näher, sodass dominante und einschränkende Partner gesucht werden, während in späteren Jahren die Identifikation mit der Elternrolle leichter fällt, sodass eher weichere und abhängige Partner bevorzugt werden. Dies kann auch innerhalb einer Beziehung in verschiedenen Bereichen mit unterschiedlichen Vorzeichen gelebt werden, d.h. dass beide sich in irgendeinem Bereich vom Partner bevormunden lassen.

Neptun im siebten Haus neigt dazu, die partnerschaftlichen Interaktionen unklar zu gestalten und mit Idealisierungen zu behaften. So werden oft ungleiche Beziehungen gesucht, entweder indem man in der Partnerschaft die Helferrolle einnimmt oder den Partner zum Helfer hochstilisiert. Dies bedeutet mit anderen Worten, dass die Beziehung die Aufgabe hat, einem die Konsequenzen von neptunischen Unklarheiten aufzuzeigen und gleichzeitig als Vehikel dienen kann, um mit den Themen Opferbereitschaft und Ego-Abbau in Kontakt zu kommen.

Die Häuser zwei und acht

Die Besitz- und Substanzachse

Entsprechungen: Stier und Skorpion
Venus– und Pluto sowie Mars–

Die Achse 1/7 war eine Achse des Seins, die Achse 2/8 ist eine des Habens. Das Haben sollte jedoch – damit es nicht in Frage gestellt werden muss – im Dienst des Seins stehen, so wie im Sinne einer uralten Hierarchie Materie im Dienst des Geistes eingesetzt werden sollte. Ob dies der Fall ist, wird im zweiten Haus einer Testsituation unterzogen. Das zweite Haus hat nämlich im ganzen Horoskop am massivsten mit dem Thema des Habens zu tun: Es ist ein fixes Haus und gehört zum Element Erde. Erstreckt sich dabei das »Haben« auf Dinge, die wir nicht brauchen, zum Beispiel, indem wir überflüssigen Besitz ansammeln, so ergibt sich im Gegenhaus, nämlich im achten, die Krise des Besitzes und möglicherweise die Aufforderung, Besitz aufzugeben.

Eine ähnliche Analogie erkennen wir auf der körperlichen Ebene. Unser erstes Haben ist unser Körper, die Auflösung des Körpers entspricht dem Tod, weshalb das achte Haus auch als Todeshaus bezeichnet wird. Im zweiten Haus nehmen wir auch Nahrung auf, um unseren Körper am Leben zu erhalten. Die toten Reste, d.h. all das, was unbrauchbar ist, wird dann im achten Haus ausgeschieden. Wollten wir diese toten Nahrungsreste zurückbehalten, so würden wir uns daran vergiften. Im achten Haus können wir also lernen, das was wir nicht mehr brauchen, auszuscheiden, nicht nur im körperlichen, sondern auch im seelischen Sinne.

Erst wenn das Sein in unserem Bewusstsein über das Haben herrscht, kann die ganze Achse überblickt werden. Dann können wir im zweiten Haus die Substanz erkennen, die wir brauchen, und die zu uns gehört – wie unseren Körper, unsere Talente etc. – und diese Substanz einsetzen, um zu mehr zu werden als wir vorher waren. Wir können auch Geld und Kapital – was ebenfalls dem zweiten Haus entspricht – als Produktionsmittel sehen, nicht um es zu bewundern und uns darauf auszuruhen, sondern um es in Umlauf zu bringen und umzusetzen. Sonst laufen wir im achten Haus Gefahr, dass das was wir künstlich anhäufen, jedoch nicht brauchen, uns weggenommen wird oder lediglich unseren Nachkommen zugute kommt (das achte Haus als Bereich des Fremdbesitzes und der Erbschaften).

Das zweite Haus

Die astrologische Tradition sieht das zweite Haus als jenes des Besitzes an. Dies ist sicher richtig, und ein Bedürfnis nach Besitz ist mit einem stark besetzten zweiten Haus oder dem Saturn in diesem Horoskopbereich häufig, aber es bleibt eine oberflächliche Interpretation, weil in zahlreichen Fällen diese Deutung nicht zutreffen wird. Es gibt sehr viele Idealisten mit einem stark besetzten zweiten Haus, die nicht am Besitz hängen und denen viel eher geistige Werte von Bedeutung sind.

Was ist denn die tiefere Symbolik, welche hinter diesem Thema des Besitzes steckt? Um dies zu verstehen,müssten wir uns darauf zurückbesinnen, dass das zweite Haus letztlich dem Planeten Venus entspricht, was ein Bedürfnis nach Ergänzung symbolisiert. Wenn wir nun das Wort Ergänzung erwähnen, dann wird klar, dass diese dann am zwanghaftesten gesucht wird, wenn wir uns selbst sehr unvollständig fühlen. So kommen wir im Zusammenhang mit dem zweiten Haus auf das Thema des Selbstwertes. Je schwächer dieser ausgebildet ist, umso wichtiger ist es uns, diesen durch Besitz aufzupolieren. Dann entwikkeln wir vielleicht sogar ein zwanghaftes Bedürfnis, zahlreiche Dinge zu besitzen, die wir gar nicht brauchen. Wir können noch so viel davon haben, wir sammeln weiter und sind nicht bereit, auch nur einen Bruchteil von dem abzugeben, was uns gehört. Diese Pervertierung nennen wir Geiz.

Das, was wir dann am meisten fürchten, ist das Thema des achten Hauses, nämlich Aktionen von Leuten, welche finden, statt Besitz selbst anzuhäufen, sei es einfacher, »durch andere zu Besitz zu kommen». Wir fürchten also jene welche es auf unseren Besitz abgesehen haben könnten.

Aus diesen Ueberlegungen können wir schliessen, dass die Tradition vor allem die Defizienz und das Manko im zweiten Haus beschreibt. Das eigentliche Thema dieses Horoskopbereichs liegt jedoch in der Aufforderung, Selbstwert zu entwickeln, das heisst, sich selbst zu akzeptieren und gern zu haben Nun können wir uns überlegen, welche Leute am ehesten ein solches Selbstwertgefühl entwickelt haben. Es handelt sich um all jene, welche sich in ihrer Kindheit geliebt fühlten, oder mit anderen Worten, möglichst viele, nicht an Bedingungen geknüpfte Streicheleinheiten erhielten. Dies war für das Kind die erste Möglichkeit zu wissen, dass es akzeptiert ist. Damit stossen wir wiederum auf die Symbolik der Venus. Derjenige, der schon früh viele Zärtlichkeiten erhielt, fühlt sich wertvoll und kann auch Zärtlichkeit weitergeben. Er hat es nicht nötig, Besitz anzuhäufen, um sich wohlzufühlen oder über viel Essen, insbesondere viel Zucker, sein Manko an Streicheleinheiten zu kompensieren. Dies ist übrigens eine interessante Entsprechung nicht nur des Venusprinzips, sondern auch des zweiten Hauses: Derjenige, der sich damit abfinden musste, dass er nicht die Liebe erhielt, die er brauchte, entscheidet sich oft in frühen Jahren dazu, darauf zu verzichten und sein Manko damit zu kompensieren, dass er zuviel isst. Damit erlangt er auch jene körperliche Fülle, die ihn wie einen Schutzwall umgibt. Gleichzeitig nimmt seine Attraktivität ab, was ihn vor weiteren Zärtlichkeiten und Intimitäten schützt. Damit hat er jedoch seine seelischen Bedürfnisse nach Nähe und Zuneigung auf die körperliche Ebene transponiert.

Wir wollen nun nochmals zum Thema des Selbstwertes und der Wertmassstäbe allgemein zurückkommen. Wir möchten hier den Vorschlag machen, das zweite Haus nicht nur als den Bereich des Selbstwertes anzusehen, sondern als den Bereich der Werte überhaupt.

Wir haben gesagt, dass bei fehlendem Selbstwert äussere Werte in Form von Besitz gesucht werden. Diese Suche kann sich jedoch auch auf Fremdwert ausdehnen. Sehen wir nämlich jemanden, der all das verkörpert, was uns fehlt, so können wir das Bedürfnis verspüren, ihn in unsere Existenz zu integrieren. Wir fühlen uns dann von dieser Person stark angezogen, mit anderen Worten, wir lieben sie (Venusprinzip). Diese Form der Liebe ist jedoch sehr materiell orientiert, denn die Fähigkeiten und die Substanz des andern interessieren uns hier mehr als seine Person. Dies ist übrigens der Unterschied zum siebten Haus, wo die Liebe für den andern sich stärker darauf bezieht, was er ist, und weniger auf das, was er hat.

Im zweiten Haus werden wir aufgefordert, uns mit unseren Wertmassstäben auseinanderzusetzen. Je bewusster wir uns darüber sind, was uns fehlt, umso besser können wir danach fragen und dies auch erhalten. Sind wir uns dessen hingegen nicht bewusst, oder wollen wir es nicht erkennen, so dürften unsere Besitzansprüche von der Umwelt immer wieder durchkreuzt werden. Wir dürften auch mit der Befriedigung unserer Wünsche nicht glücklich werden, wenn diese nicht das verkörpern, was wir tatsächlich suchen. Dann können wir im besten Fall von einer Wunscherfüllung zur nächsten eilen, um zu erkennen, dass immer wieder neue Wünsche auftreten und das Glück auf diese Weise nicht zu erreichen ist. Erst über die Integration des Gegenpols, des achten Hauses, haben wir dann die Möglichkeit, diejenigen Wünsche zu identifizieren, welche echte Bedürfnisse darstellen und damit das verkörpern, was wir solange suchten. Wir mögen dabei realisieren, dass deren Erfüllung letztlich in unseren eigenen Möglichkeiten liegt, und dass es dazu genügt, uns so zu akzeptieren wie wir angelegt sind.

Psychologische Ebene

Das zweite Haus symbolisiert den Teil des Egos, welcher das Bedürfnis verspürt, sich an etwas, was ausserhalb von ihm liegt, zu binden. Dazu kommen Objekte und gegebenenfalls Personen sowie Ziele in Frage, welche vom Ego mit Wert besetzt, also geliebt werden. Wir möchten diese Dinge zu unserem Besitz machen, und solange diese Situation von der Umwelt nicht angefochten wird, fühlen wir uns sicher. Durch den Akt der Bindung an Dinge ausserhalb von uns, fassen wir in dieser Welt Fuss und erlangen Verankerung. Wir lernen damit auch den Preis kennen, den wir in Form von Anstrengung für die Erfüllung unnötiger Wünsche – welche uns letztlich keine bleibende Freude bereiten – bezahlen müssen.

Soziale Ebene

Das zweite Haus bedeutet im Sozialen: Bereicherung, Verankerung in der konkreten Welt sowie Anhäufung von Besitz, der es uns durch Reservebildung ermöglicht, Risiken einzugehen und neue Vorhaben zu verfolgen, welche vielleicht nicht unmittelbar zu einem Ertrag führen. Wenn wir Besitz haben, so haben wir auch etwas zu verlieren, und dies erhöht unsere Kreditwürdigkeit, sodass uns eher Unterstützung von Seiten der Aussenwelt zukommt.

Projektive Ebene

Mangelt es uns an Selbstwert, und suchen wir deshalb ständig Bestätigung durch andere, so kommen wir vielleicht nicht dazu, Talente und materielle Mittel anzuhäufen, weil wir diese in unserem Bedürfnis nach Wirkung ständig verschleudern. In diesem Falle dürften wir uns angezogen fühlen von Menschen, welche es verstehen, auf ruhige und beharrliche Art innerlich und äusserlich Substanz anzuhäufen. Insbesondere stierbetonte Persönlichkeiten verkörpern diese Qualitäten.

Planeten im zweiten Haus

Eine Ballung von Planeten im zweiten Haus wird im allgemeinen eine intensive Auseinandersetzung mit dem Thema des Besitzes aktivieren. Das heisst, dass wir dazu neigen werden, mit vielen Dingen ausserhalb von uns eine Bindung und eine Haftung einzugehen. Widersprüchlich ist dieses Thema allerdings beim Saturn. Er kann sowohl aus einer Angst heraus, mittellos zu sein, zu einem Bedürfnis nach Anhäufung von Besitz führen, als auch eine Tendenz vermitteln, sich vom Besitz loszusagen (z.B. Gandhi). Allerdings ist diese zweite Entsprechung seltener als die erste.

Im Gegensatz dazu können uns Neptun und Uranus in Fragen des Besitzes sehr idealistisch machen. Die mit Besitz gemachten Erfahrungen mögen zur Erkenntnis führen, dass auf Besitz kein Verlass ist, und über diesen Bereich keine Sicherheit von bleibendem Wert zu finden ist, da dieser kommt und geht nach Gesetzmässigkeiten, die wir nicht überblicken. So kann sich das Interesse auf andere, zum Beispiel geistige Werte, verlagern.

Das achte Haus

Die traditionelle Bedeutung des achten Hauses stammt aus den Wahrsagepraktiken und aus der Interpretation der abgeleiteten Häuser, wo das achte, vom Deszendenten her gesehen, das Haus des Besitzes in der Partnerschaft darstellt. Wir können ja sämtliche Häuser, vom Deszendenten aus gerechnet, mit der Symbolik der ersten sechs Häuser versehen, mit dem einzigen Unterschied, dass wir sie mit der Beziehungsthematik in Zusammenhang bringen. Gemäss der Tradition entspricht das achte Haus dem Tod, den Erbschaften und dem Besitz durch andere, zum Beispiel durch den Partner, durch Todesfälle in der Familie oder in Form von geliehenen Fremdmitteln. Dass diese Bedeutungen so sehr im Vordergrund stehen, dürfte damit zu tun haben, dass es den traditionellen Astrologen Mühe machte, innerhalb ihrer Denkstrukturen für diesen Bereich etwas anderes anzuführen, als diese sehr oberflächlichen Entsprechungen. Tatsache ist, dass es ohne einen entsprechenden Ueberblick und eine Verankerung in etwas Beständigem, jenseits der Entsprechungen der Materie, schwerfällt, die tiefere Bedeutung des achten Hauses von einer positiven Seite zu sehen. Dieses entspricht nämlich Verwandlungsprozessen, welche nicht restlos innerhalb dieser Inkarnation zu überblicken sind. Die Eigenart dieser Prozesse können wir erst verstehen, wenn wir uns vergegenwärtigen, dass das achte Haus dem zweiten Haus gegenüber liegt.

Hatten wir im zweiten Haus die Möglichkeit und die Aufgabe, mit dem Konkreten Bindungen einzugehen, und uns durch Verankerung in der materiellen Welt, in dieser unseren Platz zu schaffen, so geht es im achten Haus um die Auflösung dieser Bindungen, wenn sie unsere weitere Entwicklung hemmen. Das, was wir nicht mehr brauchen, muss hier abgestreift werden, damit Neues entstehen kann. Der Tod ist dabei nur die letzte Konsequenz, das offensichtlichste und massivste Austreten aus dem Haften an dem, was uns umgibt. Können wir jedoch das Ueberholte, das unserer weiteren Entwicklung im Wege steht, freiwillig oder gefördert von äusseren Umständen anderswie zurücklassen, so wird diese letzte Konsequenz unnötig. Sie erlangt dann erst wieder ihre Bedeutung, wenn unser Körper so alt und brüchig geworden ist, dass er die für unsere Entwicklung notwendigen Funktionen nicht mehr erfüllen kann. Wir sprechen in diesem Falle von einem natürlichen Tod. Dass dieser für den Beteiligten nichts Tragisches darstellt, sondern viel eher für die Zurückgebliebenen schmerzhaft ist, liegt auf der Hand. Obwohl wir dafür keine konkreten Beweise haben, können wir analogerweise aus dem Rhythmus der Natur, mit dem Welken der Blätter im Herbst (Skorpionzeit), auf ähnliche Prozesse beim Menschen schliessen und einen darauffolgenden Frühling in neuem Gewande annehmen.

Dies ist das Thema des »grossen Todes«, wie wir ihn in dieser Bezeichnung kennen. Wir erleben in unserer Existenz jedoch immer wieder kleinere Formen des Todes, in dem Sinne, dass wir Dinge oder Personen zurücklassen müssen, welche nicht mehr zu uns gehören und unserer weiteren Entwicklung vielleicht im Wege stehen würden. Dieses Thema wird vor allem durch das achte Haus symbolisiert. Es gibt uns die Möglichkeit, unsere Eigenart zu erkennen, unabhängig vom Haften und vom Besitz, den wir uns aneignen oder übernehmen und mit dem wir uns vielleicht identifizierten.

Wie erleben wir uns in dem Moment, wo dieser von uns abfällt oder uns entrissen wird? Welcher Teil von uns ist es, der dies überdauert und einen neuen Anfang macht? Das sind die wesentlichen Fragen, mit denen wir uns im achten Haus auseinanderzusetzen haben. Je nach Veranlagung mögen wir in solchen Momenten erleben, wie wir eine Wachheit erlangen, die wir sonst, umgeben von Besitzgewohnheiten und Liebgewordenem, nicht haben. In diesen Momenten können wir unserem innersten Kern am nächsten kommen. Solche Erlebnisse – wie auch Momente, wo wir vielleicht nur knapp dem Tod entrinnen – nennen wir Grenzerfahrungen. Sie können zu einem »Stirb und Werde« und zu grundlegenden Transformationen führen. Insbesondere, wenn wir in solchen Situationen erlebten, dass wir bereit wären zu sterben, kann uns eigentlich im Leben nicht mehr viel erschüttern. Wir haben Distanz zum Haften und zum Besitz gefunden. Wir haben erfahren, dass wir mehr sind als unser Ego.

Eine andere Entsprechung des achten Hauses liegt in der Fähigkeit, gesellschaftliche Funktionen und Rollen zu übernehmen. Wenn wir uns ganz für eine Sache oder eine Ueberzeugung einsetzen, so wachsen wir ebenfalls über unsere Bindung an die Welt der Materie hinaus. Die Identifikationsfähigkeit mit einem Auftrag spielt im achten Haus also eine grosse Rolle. So ist in diesem Horoskopbereich oft ein starkes Bedürfnis vorhanden, zum Verwalter einer Aufgabe zu werden, einen Auftrag zu haben, um mit gemeinschaftlichem Gut, sei dieser nun ideeller, politischer oder wirtschaftlicher Natur, umzugehen und dafür Verantwortung zu übernehmen. Dies kann den Verfechter des Gesetzes, den Politiker, aber auch den Manager auf den Plan rufen, der im Interesse seiner Gemeinschaft handelt und dafür seine ganze Energie einsetzt. Er spürt in sich die Aufgabe, die Mittel und die zusammengelegten Substanz-Reserven anderer zu verwalten. Solange er dies tut, im Bewusstsein der Verantwortung, welche er den andern gegenüber hat, indem er weiss, dass er mit fremden Mitteln umgeht, kann er in dieser Aufgabe Erfüllung finden und wird nicht in Frage gestellt.

Es kann jedoch geschehen, dass er vom achten Haus zurückfällt ins zweite Haus und den gemeinsamen Besitz als seinen eigenen ansieht, oder die Energien, welche ihm von seinen Verbündeten zuflossen, als die seinen missdeutet, was dann dazu führen kann, dass sein Auftrag ihm entzogen wird. In diesem Falle hat er sein Amt missbraucht und die Grenzen zwischen Eigenbesitz und Fremdbesitz nicht mehr erkannt. Dies ist die Gefahr, welche im achten Haus lauert. Wir können durch den Besitz und das Vertrauen anderer zu Macht und Ansehen gelangen, wir müssen jedoch jederzeit realisieren, dass wir diese Funktion, sei es nun als Politiker oder als Verwalter des Kapitals von Aktionären, nur leihweise übernommen haben; dass wir lediglich einen Auftrag erhalten haben und wir uns nicht mit fremden Federn schmücken dürfen.

Werden die eigenen Grenzen erkannt, kann die Zusammenlegung der Mittel, Fähigkeiten und Talente mehrerer Personen, welche die gleichen Ziele haben, zu einem echten Mehrwert führen, der mehr als die Summe der Teile ausmacht.

Dies trifft nicht nur für Gesellschaften mit wirtschaftlicher Orientierung zu, sondern auch für Beziehungen, wo das Zusammenkommen der Erbmassen beider Partner ein neues Wesen entstehen lassen kann, das etwas anderes darstellt, als die Summe der Erbmassen beider Eltern. Auch dies entspricht einer Art Wiedergeburt, mit dem einzigen Unterschied, dass sie in Form einer neuen Person stattfindet. Der mit der Zeugung verbundene Zustand der Entgrenzung im Orgasmus stellt ein gutes Beispiel dar, einerseits für die Intensität, welche im achten Haus lauert, und andererseits für die Möglichkeiten der Transzendenz, welche hier vorhanden sind.

Die Energien, welche im achten Haus zur Auswirkung kommen, sind vor allem gefühlsmässiger und instinktiver Natur, indem sie aus dem Reservoir des kollektiven Unbewussten schöpfen, oder – je nach Betrachtungsweise – aus unserem Erfahrungsschatz früherer Inkarnationen. Sie sind in diesem Sinne mysteriös, unheimlich und erscheinen uns schicksalshaft. Sie haben auch eine magische Wirkung auf uns und lassen damit im allgemeinen sämtliche rationalen Ueberlegungen in den Hintergrund treten. Im Moment,wo wir durch einen Verzicht oder infolge einer schweren Krise nicht mehr am Erreichten haften, verleihen sie uns die Fähigkeit, die Umgebung um uns herum total zu verändern und quasi Berge zu versetzen. Das Bezeichnende ist jedoch, dass diese Kraft uns dann zufliesst, wenn wir fähig sind, auf alles zu verzichten, und sie in diesem Sinne nicht bewusst für die Zwecke des Egos eingesetzt werden kann. So werden wir sie meist erst dann richtig verwalten können, wenn wir zu einem Vehikel geworden sind für Energien, welche das Ego transzendieren und auf das Wohl der Gemeinschaft gerichtet sind.

Psychologische Ebene

Das achte Haus steht im Zusammenhang mit Energien transpersonaler Natur, welche uns veranlassen, unseren Weg in Richtung eines grösseren und umfassenderen Wachstums zu gehen. Dies kann zu grundlegenden Wandlungen führen, welche wir wegen unseres Bedürfnisses nach Rationalität und Kontinuität im Moment jeweils nicht unbedingt gutheissen, deren Sinn wir jedoch im Nachhinein oft erkennen können. Insbesondere die Bindungen und Verhaftungen an die materielle Welt, welche unseren Entwicklungsprozess beeinträchtigen, werden dabei aufgebrochen. Dass wir die am Werk befindlichen Energien als unwiderstehlich und schicksalshaft empfinden, hat mit unserer Identifikation mit dem einen Pol einer polaren Ganzheit zu tun. Könnten wir die Polarität als Ganzes überblicken, so wäre es uns möglich, den Sinn der stattfindenden Prozesse zu erkennen und die Verantwortung dafür selbst zu übernehmen. Im

Normalfall werden wir die Verantwortung dafür aber viel eher den Menschen, welche zu diesem Zeitpunkt in unser Leben treten, sowie dem Schicksal aufbürden wollen. Oft machen wir auch eine unwiderstehliche sexuelle Anziehung für unser Ausbrechen aus den gewohnten Bahnen verantwortlich. Dies ist nämlich eine der konkreten Formen, wie die Energie des achten Hauses unseren Schutzwall von Rationalität und Absicherung durchbricht.

Soziale Ebene

Das Interesse an Fragen gesellschaftlicher Macht und sozialem Ansehen ist bei dieser Stellung sehr gross. Dies führt meist zur Uebernahme gesellschaftlicher Funktionen und wenn nicht, zumindest zu einer starken Auseinandersetzung mit dem Thema der Macht. Die Macht des Geldes kann auch erlebt werden über Erbschaft und eine Familientradition, welche vielleicht zu verwalten sind. Im übrigen wird man oft hineingezogen in Aussenumstände, welche zum Beispiel durch Todesfälle und Trennungen uns mit dem Thema der Verwandlung und Erneuerung konfrontieren. Einer Betonung des achten Hauses entsprechen sowohl die Hüter der gesellschaftlichen Ordnung als auch alle jene, welche sich mit Ungerechtigkeiten innerhalb dieser Gesellschaft auseinandersetzen.

Projektive Ebene

Die Projektion bzw. das Erleben der Themen des achten Hauses über andere Personen spielt deshalb eine sehr grosse Rolle, weil wir zu den Aufforderungen des achten Hauses selten bewusst ja sagen können. So fällt es uns leichter, Leute anzuziehen, welche uns durch ihre Aktionen helfen werden, grundlegende Veränderungen zu erleben. Dies sind meist extreme Persönlichkeiten, welche eine überdurchschnittliche Ausstrahlung haben und damit andere nicht gleichgültig lassen. Die von ihnen ausgehende Wirkung dürfte insbesondere über Sexualität oder gesellschaftliche Macht erlebt werden.

Planeten im achten Haus

Wichtige Planetenstellungen im achten Haus weisen auf Aussenumstände hin, die uns willentlich oder willkürlich durch Krisen und Wandlungsprozesse führen, welche uns vom Haften an äusseren Dingen befreien sollen. Wir mögen erleben, wie uns Geld, Macht und Ansehen zuteil werden, diese uns aber durch Todesfälle und wirtschaftliche Umbrüche vielleicht wieder verloren gehen. Damit erhalten wir die Aufforderung, zu diesen Themen eine überbauende Haltung einzunehmen und zu realisieren, dass sie nicht der Schlüssel zum Glück sind. Wir mögen uns auch klar werden über die Bedingungen, welche von Seiten der Gesellschaft mit solchen Zuwendungen einhergingen und wie diese unsere Freiheit einschränkten. Dies kann sowohl Darlehen betreffen, die von Seiten des Geldgebers an Bedingungen geknüpft sind, Erbschaften, auf die man erst dann Anrecht haben soll, wenn man sich anpasst, oder wichtige Funktionen in der Wirtschaft und Politik, deren Beibehaltung zahlreiche Kompromisse fordert. Je mehr Distanz wir zum Machtzuwachs durch Goodwill der andern entwickeln können, umso freier werden wir uns fühlen. Möglichkeiten für solche Erkenntnisse und Entwicklungen sollen uns Planeten im achten Haus vermitteln.

Saturn oder Pluto im achten Haus können bedeuten, dass wir dem Loslassen von Geld oder Prestigegewinnen durch die Mitwirkung anderer heftigen Widerstand entgegenbringen und versuchen, den erreichten Stand krampfhaft zu halten, was dann zu ungewollten Verlusten führt. Bei Uranus oder Neptun in diesem Bereich des Horoskops sind Macht, bzw. Prestigezuwachs oder Verlust entweder sehr plötzlich und unerwartet (Uranus), oder schleichend und undurchschaubar (Neptun). In beiden Fällen werden die damit verbundenen Veränderungen als schicksalshaft erlebt. Auch hier besteht die Aufgabe zu lernen, sich zu freuen an dem, was kommt, und dem, was vergeht nicht unnötig nachzuhängen. Werden damit die nötigen Lektionen gelernt, so kann eine grosse Distanz und Abgeklärtheit in Fragen des Besitzes entwickelt werden.

Die Häuser drei und neun

Die Denk- und Kommunikationsachse

Entsprechungen: Zwillinge und Schütze
Merkur+ und Jupiter+

Auf dieser Achse begegnen wir nicht nur unserer Art, mit andern zu kommunizieren, sondern auch dem Erklärungsmodell der Welt, das wir uns schon in frühen Jahren zurechtgelegt haben und vielleicht in der Folge weiterentwickelten. Diese Achse bezieht sich also nicht nur auf den Prozess des Denkens, beispielsweise, wie wir einzelne Informationen miteinander verknüpfen, sondern auch auf die Auswahl der Informationen, die wir dazu verarbeiten. Informationen sammeln wir durch Austausch mit andern, durch Lektüre sowie eigenes Nachdenken. Diejenigen Informationen, welche unsere Art des Denkens oder unser Bewusstsein nicht verändern, ordnen wir dem dritten Haus zu, während diejenigen Erfahrungen, welche unser Bild der Welt modifizieren können, und die das Potential haben, unser Bewusstsein zu erweitern, dem neunten Haus zugesprochen werden. Die Tradition, welche vor allem die äussere Entsprechung untersucht, spricht beim dritten Haus von kleinen Reisen, sowie Austausch mit Nachbarn und Verwandten, während sie dem neunten Haus die grossen Reisen in andere Kulturen und Zivilisationen, sowie die Philosophie zuordnet.

Das dritte Haus

Der Tradition gemäss finden wir im dritten Haus die kurzen Reisen (bis zu einigen Tagen), Austausch mit Geschwistern und Verwandten der gleichen Altersstufe sowie mit Nachbarn. Neuerdings werden auch Geschäftsreisen und geschäftlicher Austausch zum dritten Haus gezählt.

Wir mögen uns fragen, was diesen Aktivitäten gemeinsam ist. Wir können dazu anführen, dass sie uns vertraut sind und uns kaum mit grundsätzlich neuen Erkenntnissen über das Leben konfrontieren werden. Sie passen in das Bild der Welt, das wir haben und gehören zu unserem Alltag. Sie sind auch Ausdruck unserer gewohnten Formen des Austausches, und der Umgang mit diesen Situationen erfordert keine besonderen Anstrengungen. Unsere Geschwister kennen wir, wir wissen, wie wir mit ihnen umgehen können. Im geschäftlichen Bereich sind die Regeln für den Umgang ebenfalls festgelegt, persönlich Bewegendes ist dabei ausgeklammert. Mit den Nachbarn werden wir uns im Normalfall über das Wetter unterhalten, vielleicht auch über das Tagesgeschehen oder über das Verhalten anderer Leute, und es werden – wenn wir es nicht speziell suchen – keine Probleme aufgeworfen, welche uns persönlich bewegen.

Bei all diesen Kommunikationsformen bewegen wir uns also in einem System bekannter Erfahrungen, und wir vermeiden es, Dinge zur Sprache kommen zu lassen, welche unsere Grundüberzeugungen über die Welt erschüttern würden. Diese Dimension des Austausches bezeichnen wir auch als merkurisch, in dem Sinne, als keine Gefühle im Spiel sind, und sie auf der sachlichen Ebene ausgetragen werden kann. Emotionen und persönliche Infragestellungen sind in dieser Form der Kommunikation unerwünscht, denn sie würden das logisch-sachliche Verhalten durchbrechen. Dies kann allerdings dann auftreten, wenn wir in eine Nachbarschaft geraten, die nach ganz anderen Wertvorstellungen als den unsrigen lebt – z. B. eine andere soziale oder gar ethnische Gruppe – oder wenn wir eine Reise in ein fernes Land unternehmen. Dann merken wir plötzlich, dass man auch ganz anders über die Welt denken kann, als wir es tun, und wir fühlen uns beunruhigt. In diesem Moment sind wir mit dem Gegenhaus, nämlich dem neunten, konfrontiert, wo es um das Bild der Welt als Ganzes geht und um grundsätzliche Anschauungen über das Leben. Auf diese Herausforderung können wir dann ganz unterschiedlich reagieren, zum Beispiel, indem wir uns gegen die für uns neuen Auffassungen auflehnen, sie verwerfen, oder uns damit auseinandersetzen und so unser Erklärungsmodell der Wirklichkeit erweitern.

Im letzteren Falle würde uns die Konfrontation mit dem neunten Haus ins dritte Haus zurückführen, wo wir uns veranlasst sähen, unsere Denkgewohnheiten, welche sich in ihren Grundzügen schon während der Kindheit herausgebildet haben, zu hinterfragen. Wir können dann erkennen, dass die Art unseres Austausches nur an der Oberfläche logisch und rational war, und dass es sich dabei verhält wie bei jedem logischen System, das auf Grundvoraussetzungen aufgebaut ist, auf a-priori's, welche nicht logisch hergeleitet wurden. Die Entsprechung dazu bilden in diesem Falle die Denkgewohnheiten, welche in unserer Familie und in der Gemeinschaft herrschten, in der wir aufgezogen wurden. Wir mögen dann feststellen, dass wir früh schon Ueberzeugungen übernommen haben, welche durchaus durch andere ersetzt werden könnten. Vielleicht handelt es sich auch nicht einmal so sehr um die Denkgewohnheiten unserer Eltern, sondern viel eher um die Denkmuster, die wir selbst entwickelten, um uns innerhalb unserer Familie gemäss unseren Bedürfnissen am besten durchzusetzen. Möglicherweise entschieden wir uns damals, bestimmte Aspekte der Realität stark zu berücksichtigen und andere zu übersehen. In der Konfrontation mit Andersdenkenden mag uns dies nun alles bewusst werden.

Dies dürfte übrigens in der zeitlichen Abfolge insbesondere dann geschehen, wenn transitmässig der Saturn durch unser drittes Haus geht. Probleme mit Geschwistern und Verwandten, welche zu dieser Zeit auftreten mögen, könnten darauf hinweisen, dass wir nicht mehr bereit sind, diesen Verwandten gemäss den alten Verhaltensmustern zu begegnen. Vielleicht ärgert uns ihr Verhalten nun, was ein Hinweis dafür wäre, dass wir uns von unserer Vergangenheit distanzieren.

Schwierigkeiten mit den Repräsentanten des dritten Hauses in Form von Verwandten und Nachbarn weisen also daraufhin, dass Kommunikationsprozesse, welche normalerweise ohne Einschaltung des Bewusstseins stattfinden können, nun einer Erneuerung bedürfen, und dass die bewusste Aufmerksamkeit auf den Bereich der Kommunikation gelenkt werden muss.

Normalerweise entspricht das dritte Haus jedoch all jenen Austauschprozessen, welche automatisch, d.h. fast reflexartig, ablaufen können. Diese sind in dem Sinne entspannend, als sie keine Aufmerksamkeit erheischen. Sämtliche Umgangsformen, welche in ihrer Vorhersehbarkeit einem immer wieder ablaufenden Ritual entsprechen, gehören dazu, wie Gespräche über das Wetter, die Börsenkurse, die aktuellen Nachrichten oder den neuesten Klatsch. Persönliche Stellungnahmen sind dazu nicht erforderlich.

Eric Berne, der Begründer der Transaktionsanalyse (Lehre der Transaktionen, also des Austausches zwischen Menschen) hat in seinem Buch »Was sagen Sie, nachdem Sie guten Tag gesagt haben?« sechs Formen des Austausches nach unterschiedlichen Intensitätsgraden beschrieben. Davon gehören die ersten drei Formen geringsten Intensitätsaustausches, aber zugleich grösster Sicherheit und Vorhersehbarkeit, zum Thema des dritten Hauses. Es handelt sich dabei um:

1. Sich Entziehen: Diese Form des Reagierens mag dann auftreten, wenn wir auf Leute stossen, die anders denken und sich anders verhalten als wir das gewohnt sind. Dann können wir abschalten und die auf uns wirkenden Reize nicht mehr aufnehmen. Wir gehen damit Konflikten und Schmerzen aus dem Wege, mit der Gefahr allerdings, dass wir zum Einzelgänger werden, und uns die Informationen entgehen, die wir bräuchten, um weiter mitreden zu können. Diese Verhaltensform ist eine häufige Entsprechung bei Saturn im dritten Haus.

2. Ritual: Dies entspricht einem vorgegebenen Verhalten andern gegenüber und besteht aus stereotypen, zum voraus festgelegten Reaktionsweisen, welche jegliches Eindringen in die tiefere Persönlichkeits- und private Gefühlssphäre ausschliessen. Sämtliche Begrüssungs-, Entschuldigungs-, Gratulations-, sowie Heirats- und Sterbe-Rituale gehören dazu. Eigenes Denken ist dazu nicht erforderlich (meist sogar unerwünscht), sodass diese wenig seelische Energie erfordern. Der Nachteil liegt allerdings im Abgleiten in mechanische und automatische Verhaltensweisen, welche Entscheidungsfreudigkeit und Spontaneität verkümmern lassen.

3. Zeitvertreib: Hier wird die Zeit mit belanglosen Gesprächsthemen ausgefüllt, wie dies an Kaffeekränzchen oder Cocktail-Parties üblich ist. Man spricht über das Wetter, den Sport oder die Mode und über den neuesten Klatsch Damit kann man sich auf eine gefahrlose Art und Weise gegenseitig abtasten und herausfinden, ob der andere ähnlich denkt, um eventuell eine Ausgangsbasis für eine neue Bekanntschaft oder Freundschaft zu finden.

Die von Berne unterschiedenen weiteren Formen des Austausches, wie gemeinsame Aktivitäten, Ränkespiele und Intimität beinhalten eine grössere Intensität des Austausches, aber gleichzeitig mehr Risiko. In diesem Sinne gehören sie nicht mehr zum Bereich des dritten Hauses.

Das Charakteristikum des dritten Hauses liegt also in jenen Formen des Austausches, welche genügend bekannt oder stereotyp sind, sodass dazu wenig bewusste Aufmerksamkeit erforderlich ist. Schwierigkeiten im Bereich des dritten Hauses sind dementsprechend dadurch zu lösen, dass die eigenen Verhaltensautomatismen und Denkmechanismen einer Prüfung durch das Bewusstsein unterzogen werden und anschliessend eine Neuprogrammierung erfahren. Dies geschieht am besten über Gruppenprozesse, weil dabei die neuen Verhaltensweisen auch gleich ausgetestet werden können. Geeignete Methoden dazu sind insbesondere Gesprächstherapie, Transaktionsanalyse und Neuro-Linguistic-Programming (NLP).

Psychologische Ebene

Das dritte Haus entspricht den unbewussten Denk- und Verhaltensmechanismen, welche automatisch und ohne Einbezug des Bewusstseins funktionieren. Diese haben sich während der Kindheit herausgebildet, um mit der eigenen Situation innerhalb der Familie und der unmittelbaren Umgebung am besten fertig zu werden. Die zu diesen Prägungen führenden Entscheidungen galten insbesondere der Abwehr von gefühlsmässig schmerzlichen Erlebnissen und dem Erlangen von Zuwendung. Die frühkindlichen Prägungen des Verhaltens bestimmen den heutigen Austausch und die Art von Kommunikation mit andern, welche gesucht wird. Zusammen mit dem vierten Haus ist das dritte somit für unsere Gewohnheiten verantwortlich.

Soziale Ebene

Zum dritten Haus gehören alle Berufe, welche mit Kommunikation zu tun haben, wie Telephonisten, Werbeleute, Journalisten und Schriftsteller. Erlebte Schwierigkeiten in diesem Bereich können auch zum Anlass werden, um sich zum Problemlöser auf diesem Gebiet zu profilieren, zum Beispiel in Form des Unternehmensberaters oder des Psychotherapeuten, der sich auf Kommunikationsfragen spezialisiert.

Projektive Ebene

Bestehen noch Schwierigkeiten, die eigene Meinung zum Ausdruck zu bringen und vielleicht auch Minderwertigkeitsgefühle im Hinblick auf das eigene Wissen, so dürfte bei Besetzungen des dritten Hauses eine grosse Bewunderung vorhanden sein für Intellektuelle und Leute, die sich durch ein grosses Bücherwissen auszeichnen.

Planeten im dritten Haus

Planeten im dritten Haus erzeugen ein starkes Bedürfnis nach Austausch. Der Wunsch ist vorhanden, die eigenen Gedanken und Einfälle zum Ausdruck zu bringen und damit in der Umwelt Reaktionen hervorzurufen. Der dialektische Prozess der Aussage und Gegenaussage wird gewünscht, um die Denktätigkeit in Gang zu halten. Bei Ballungen von Planeten in diesem Bereich wird meist auch eine berufliche Betätigung gesucht, die intensive Kommunikation ermöglicht.

Dies ist auch bei Saturn oder Pluto im dritten Haus der Fall, obwohl sich Kommunikation und Austausch hier am Anfang schwierig gestalteten. Gerade diese Blockierungen können jedoch dazu führen, dass Meisterschaft in diesem Bereich zu den erklärten Lebenszielen wird.

Am schwierigsten gestaltet sich vielleicht die Stellung des Neptuns im dritten Haus, weil seine Energien denen einer klaren Kommunikation mit Worten zuwider laufen. Erst ständige Bemühungen zugunsten einer präzisen Kommunikation ermöglichen uns, das zu verwirklichen, was hier gesucht wird, nämlich das Unsichtbare über Worte ausdrücken zu können. Vorher werden viele Missverständnisse die Konsequenz des unklaren und vernebelten Ausdrucks sein.

Das neunte Haus

Das neunte Haus entspricht dem Bereich des Horoskops, der der Suche nach dem Lebenssinn gewidmet ist. Während das dritte Haus der Aneignung von Informationen und praktischem Wissen diente, suchen wir im neunten Haus das Leben zu verstehen, nicht nur vom Intellekt her, sondern auf höchst persönliche, das heisst ganzheitliche Art und Weise. Hier werden die Dinge um uns herum nicht mehr in Begriffe umfunktioniert, sondern wir erleben sie als Symbole mit einem uns persönlich betreffenden Evidenzwert. Wir suchen hier also nach Ueberzeugungen und begnügen uns nicht mehr mit einem analytischen und logischen Denken, welches keine Antwort auf Sinnfragen zu geben vermag. Viel eher ist das, was wir hier in Form der Symbole suchen, eine Mischung von Wissen und Engagement, oder anders formuliert, von Wissen und

Menschlichkeit. Wir suchen hier nicht mehr Dinge, welche lediglich unseren Intellekt erfreuen, sondern Erkenntnisse, welche auch unser Herz ansprechen. Deshalb wird das neunte Haus von der Tradition in Zusammenhang gebracht mit Philosophie, Religion, Kultur und dem Gesetz. Wir können dies verstehen, wenn wir uns vergegenwärtigen, dass das neunte Haus vom siebten her betrachtet das dritte ist. Dadurch ergäbe sich folgende Definition: das Wissen, das für die Gemeinschaft von Bedeutung ist, oder anders formuliert, das Wissen, das sich aus dem Leben in der Gemeinschaft herauskristallisiert hat. Dies entspricht naturgemäss den kulturellen Werten, den Gesetzen und der Religion.

Heute, wo ein Zeitalter zu Ende geht und durch ein anderes abgelöst wird, finden wir all dies jedoch nicht in bereitstehenden Ueberlieferungen vor. Die Religion ist zum Dogma geworden, die Philosophie führt am Rande der Wissenschaft ein kümmerliches Dasein, und die Gesetze hinken den raschen Bewusstseinsveränderungen derart hinterher, dass sie sich nur noch zum Teil mit dem Volksempfinden decken. So muss heute jeder seine Religion und Philosophie aus dem vorliegenden reichen Angebot an Denkrichtungen aller Zeiten selbst heraussuchen und in eigenes Erleben überführen. Viele wenden sich dabei den alten Philosophen des fernen Ostens zu – welchen das ganzheitliche Denken stärker entspricht als modernen westlichen Philosophen – oder den Repräsentanten der modernen Physik, welche durch Einbezug des Raum-Zeit-Kontinuums den einengenden Wissenschaftsbegriff des neunzehnten Jahrhunderts sprengen. Vielleicht finden sie die Antworten, die sie suchen, auch in modernen psychologischen oder astrologischen Richtungen. All diesen Bestrebungen ist eines gemeinsam: Die Rückverbindung zu einem tieferen, selbst erfahrbaren Lebenssinn, verbunden mit Bewusstseinserweiterung.

In diesem Sinne können wir eine weitere Ueberlieferung der Astrologie im Zusammenhang mit dem neunten Haus revidieren: dessen Analogie zu »weiten Reisen». Diese sind heute in den wenigsten Fällen als äussere Reisen zu deuten. Wir brauchen nicht mehr nach Indien zu gehen, sondern können im Meditationszentrum um die Ecke ähnliche Bewusstseinserweiterungen erleben, wie jene, die uns früher eine weite Reise in einen neuen Kulturkreis beschert hätte. Auch dürfte eine Gestaltgruppe oder eine Reinkarnationstherapie, die wir an unserem Wohnort durchführen, eine nachhaltigere Erweiterung unseres Bewusstseins bewirken, als eine Geschäftsreise nach USA oder Japan. Im neunten Haus ist vor allem das »Erleben« von neuen Dimensionen wichtig. Bloss über Transzendenz oder Esoterik etwas zu lesen, ohne davon ergriffen zu sein, und ohne es in die Tat umzusetzen, wird höchstens zu einer Wissensanreicherung, im Sinne des dritten Hauses beitragen. Es bestünde dabei sogar die Gefahr, dass wir dieses Wissen in ein logisches Gerüst verpacken und das Bedürfnis verspüren, missionarisch andere davon zu überzeugen. Dass wir damit unserer Sache nur schaden würden, liegt auf der Hand, denn Erkenntnisse des neunten Hauses können nur in Form eines lebendigen Wissens weitervermittelt werden. Es nützt auch nichts, wenn wir einer Forderung nach stimmiger Kommunikation – gemäss dem dritten Haus – aus dem Wege gehen wollen, indem wir mit Erkenntnissen über das Jenseits operieren und beispielsweise Kommunikationslücken mit Nahestehenden durch karmische Situationen erklären wollen. Alle Ebenen müssen stimmen, und wir können der Auseinandersetzung im dritten Haus nicht dadurch aus dem Wege gehen, dass wir über das neunte Haus eine Lehrerhaltung einnehmen.

Psychologische Ebene

Wir haben im neunten Haus das Bedürfnis nach Bewusstseinserweiterung. Wir halten hier Ausschau nach der Möglichkeit, uns in der Welt der Ideen zu betätigen und unser Wirkungsfeld durch neue Möglichkeiten grosszügiger zu gestalten. Insbesondere ist uns hier die Möglichkeit gegeben, den abgegrenzten Kreis unserer unmittelbaren Umgebung, in Form der angestammten Familie oder des Alltags zu verlassen, um uns in die ferne Welt hinaus zu wagen. Weil wir dadurch neue, bereichernde Erfahrungen machen können, fühlen wir uns fern von Zuhause, zum Beispiel im Ausland, wo vieles noch unbekannt und nicht festgelegt ist, wohler. Auch der Kontakt mit Ausländern lässt in uns neue Perspektiven wahrnehmen.

Soziale Ebene

Im neunten Haus verspüren wir ein starkes Bedürfnis nach Freiraum und nach beruflichen sowie gesellschaftlichen Strukturen, welche nicht zum vornherein festgelegt sind, sondern Erweiterungsmöglichkeiten beinhalten. Das Ausland, sowie der Kontakt mit Ausländern bieten dazu bessere Möglichkeiten als Inlandgeschäfte. Dadurch kommen wir nämlich in Berührung mit fremden Mentalitäten, was von uns Improvisationsfähigkeit erfordert und die Möglichkeit beinhaltet, mit anderen Formen des Denkens und Verhaltens in Berührung zu kommen.

Eine andere Möglichkeit, das Bedürfnis nach Vergrösserung des Blickfeldes abzudecken, liegt in der beruflichen Beschäftigung mit Belangen, welche zum Bereich der Philosophie, Psychologie, Religion oder zu den Rechtswissenschaften gehören.

Projektive Ebene

Wenn wir uns noch nicht zu eigenen Anschauungen über das Leben durchgerungen haben und noch stark im Alltag mit all den damit verbundenen kleinlichen Sorgen stecken, so dürften wir uns angezogen fühlen von Lehrer- oder

Guru-Figuren, welche ein neues Weltbild verkörpern, das im Gegensatz steht zu den Normen unserer Herkunft und Abstammung. Ueber solche Personen können wir dem näherkommen, was wir einmal selbst im Bereich der Ideen zum Ausdruck bringen möchten. Später mögen wir dann realisieren, dass wir letztlich den Guru und Lehrer in uns selbst finden müssen, dass wir jedoch vorübergehend einen Ansporn auf diesem Weg brauchten.

Planeten im neunten Haus

Diese weisen auf das Bedürfnis hin, sich von erziehungsbedingten Regeln und Einschränkungen zu befreien, um sich im Leben dem noch nicht Bekannten zuzuwenden. Wir möchten mehr über das Leben erfahren und Erlebnisse haben, welche uns helfen, unser bisheriges Bild der Welt zu erweitern und mit neuen schillernden Farben auszustatten. Dies kann Reisen ins weite Ausland bedingen, aber auch eine intensive Auseinandersetzung darüber, was sich philosophisch und im Bereich der Welt der Ideen um uns herum tut. Dazu mag auch der Kontakt mit optimistischen und originellen Leuten gehören, die durch ihren Enthusiasmus und ihre Freiheitsliebe neue Wege der Entfaltung gesucht und gefunden haben. Die einzelnen Planeten im neunten Haus werden zeigen, über welche Kanäle wir bewusstseinserweiternde Erfahrungen machen.

Beim Mond wird dies beispielsweise über den gefühlsmässigen Austausch geschehen, bei der Venus vielleicht über die Liebe, sowie über Beziehungen mit freiheitsliebenden Partnern, welche möglicherweise als Ausländer neue Dimensionen in die Beziehung bringen. Im Gegensatz dazu könnten vor allem Saturn und Pluto bewusstseinserweiternde Erfahrungen über die Arbeitssphäre vermitteln, wenn sie nicht als andere Möglichkeit intensive Auseinandersetzungen mit Lehrerfiguren beinhalten, bevor sie schliesslich bewirken, dass man selbst zu einer Lehrerpersönlichkeit wird.

Die Häuser vier und zehn

Die Eltern- und Skriptachse

Entsprechungen: Krebs und Steinbock
Mond und Saturn –

Die Achse des vierten und zehnten Hauses ist mundan mit dem Aszendenten durch Quadrate verbunden. So können wir annehmen, dass zwischen dem Bereich des individuellen Ausdrucks am Aszendenten, sowie dem Immum Coeli (viertes Haus) und Medium Coeli (zehntes Haus), ein Widerspruch und eine Spannung bestehen, welche der Integration bedürfen.

Wenn wir uns vor Augen halten, dass sowohl das vierte als auch das zehnte Haus von der astrologischen Tradition mit den Eltern in Verbindung gebracht werden, so erkennen wir hier anlagemässig eine Spannung zwischen dem Individuum und seiner elterlichen Prägung. Spannungen bedeuten jedoch in der Astrologie Aufgaben, welche zu lösen sind. Wie die Transaktionsanalyse andererseits sehr deutlich herausgeschält hat, definieren wir unter der Mitwirkung unserer Eltern, sowie anderer Erziehungspersonen, bis zum siebten Lebensjahr ein Skript oder einen Lebensplan, den wir dann im Laufe unseres Lebens in die Tat umsetzen, d.h. zu unserer Wirklichkeit machen. Dieser setzt sich zusammen aus Entscheidungen darüber, welche Gefühle wir zulassen, (um uns geborgen zu fühlen), und welche Ziele wir verfolgen werden, (um uns sicher zu fühlen).

All diese Entscheidungen wurden zu einer Zeit gefällt, wo wir noch weitgehend unbewusst waren, und wo unser Hauptziel darin bestand, innerhalb unseres Familiennestes möglichst viel Zuwendung zu erhalten. Zu diesem Zeitpunkt gravierten sich die Erwartungen unserer Eltern hinsichtlich unseres späteren Verhaltens tief in unsere noch sehr formbare Psyche ein. Natürlich geschah dies nicht ohne unser Zutun, denn wir suchten uns aus der Vielfalt der Botschaften diejenigen aus, die zu unserer Anlagestruktur passten. Dennoch können wir davon ausgehen, dass ein noch nicht 7-jähriger hinsichtlich der konkreten Ausgestaltung der vorhandenen Strukturformen lebensprägende Entscheidungen fällte.

Das, was sich nun im Laufe dieses Prozesses über die Gefühle, und damit über Nestwärme und Geborgenheit, herauskristallisierte, finden wir im vierten Haus verankert. Das, was andererseits als erstrebenswerte Ziele definiert wurde, ist aus dem zehnten Haus zu ersehen. Auch wenn dies ernüchternd klingt, so ist es dennoch eine Tatsache, dass wir erst, wenn wir unser damals geschriebenes Skript erfüllt haben, uns die Erlaubnis geben, eigene Wege zu gehen, welche tatsächlich den individuellen Entscheidungen des Erwachsenen entsprechen, der wir inzwischen geworden sind.

Die Erfüllung des Skripts deckte früher meist das ganze Leben ab. Der Einzelne wurde höchstens durch eine schwere Krankheit oder umwälzende Ereignisse aus seinem konstruktiven, oder vielleicht auch sehr schädlichen Skript herausgerissen. Unter diesen Umständen ist es verständlich, dass das zehnte Haus bisher als das Haus der Berufung und teilweise auch der Individuation bezeichnet wurde. Es entsprach in gewissem Sinne der letzten Verwirklichungsstufe. Danach kamen im elften und zwölften Haus bloss noch die »Wünsche und Hoffnungen«, bzw. »Einsamkeit und Rückzug auf sich selbst«.

Nun ist es heute so, dass aufgrund der beschleunigten Entwicklung und der schon sehr frühen Infragestellung der Autorität der Eltern, diese Skriptabhängigkeit abgenommen hat, bzw. schneller zurückgelassen werden kann. Dies geschieht zum Teil durch die Aussenumstände, zum Teil jedoch auch dadurch, dass immer mehr Menschen sich einer Selbsterfahrung oder Therapie, insbesondere über Gruppenprozesse, unterziehen. So haben wir die Möglichkeit, den Prozess der Skripterfüllung entweder durch Erkenntnis oder durch schnelleres Durchleben früher abzuschliessen als bisher. Dadurch ist es heute nicht unüblich, dass jemand sich schon im Alter von 40–50 Jahren von seinem Skript distanziert und sich darauf besinnt, was ihm als Individuum in diesem Leben zutiefst wichtig ist. Dann wird nicht mehr das zehnte Haus, sondern das elfte Haus zum Bereich der Individuation. Aus den »Wünschen und Hoffnungen« werden dann konkrete Verwirklichungen. Voraussetzung dafür ist allerdings nach wie vor, dass vorgängig die auf der Achse 4/10 angezeigten Aufgaben gelöst und durchlebt wurden. Wir wollen uns im folgenden mit diesen Bereichen auseinandersetzen.

Das vierte Haus

Die Tradition spricht im Zusammenhang mit dem vierten Haus von Häuslichkeit und Heim, von Familie – als Kind sowie als Erwachsener – von unserem Ursprung, sowie unserer Einstellung zur Tradition, von unseren Eltern, sowie vom Ende des Lebens. Der Zusammenhang zwischen diesen verschiedenen Elementen ist relativ leicht zu verstehen, wenn wir uns vergegenwärtigen, dass dieser Bereich den Boden oder die Erde unter unseren Füssen symbolisiert. Wenn wir auf der Erde stehen, geht die MC/IC-Linie durch unseren Körper hindurch, bis ins Erdinnere, zum Erdzentrum. Dies trifft grundsätzlich für alle Menschen auf der Erde zu, und so kommen wir aufgrund dieses Vergleichs zu zwei Entsprechungen:

Wir erleben einerseits den Boden unter unseren Füssen als festen Grund, auf dem wir etwas aufbauen können, zum Beispiel ein Haus, dessen Fundament dann am stabilsten ist, wenn es tief in die Erde hineinreicht. Die andere Entsprechung ist jedoch der gemeinsame Urgrund im Erdinnern, den wir mit allen andern teilen. Bezeichnenderweise ist dieser Bereich nichts Festes mehr, sondern flüssige Lava, was wir mit dem Urgrund des Gefühlsbereichs, dem kollektiven Unbewussten in Zusammenhang bringen können. Eigentlich handelt es sich dabei nicht nur um einen Gefühlsbereich, sondern ähnlich, wie wir die flüssige Lava als eine Mischung von flüssig, fest, gasförmig und plasmatisch bezeichnen können, um einen Urgrund, der nicht nur unserer Gefühlswelt, sondern auch unserer Vorstellungswelt, sowie unserer ganzen Instinktsphäre zugrunde liegt, in Form der Archetypen des kollektiven Unbewussten. Dieser Urgrund stellt unsere eigentliche Nabelschnur mit der Menschheit, der Sippe und und der Familie dar. Er entspricht einem inneren Zentrum, mit dem wir, um wirklich selbständig zu werden, in Berührung sein müssen. Sind wir es nicht, so werden wir dieses Zentrum ausserhalb von uns suchen müssen, was uns unselbständig macht. So gehen die Schritte zur Individuation nicht nur über das zehnte Haus, sondern auch im Sinne einer Rückverbindung, tief ins vierte hinein. Nur wenn wir diese Verankerung entwickelt haben, laufen wir nicht Gefahr, von Status- und Prestige-Ueberlegungen im zehnten Haus abhängig zu werden.

Die Verbindung mit dem kollektiven Urgrund erlebten wir in der Kindheit in Form unserer Familie und über das »Nestgefühl«, welches uns zu einer Zeit prägte, wo wir sehr unbewusst und damit für Prägungen empfänglich waren. Dies ist der eigentliche Mondbereich im Horoskop, der sich natürlich nicht nur über das vierte Haus manifestiert, sondern auch über die Stellung des Mondes inklusive seiner Aspekte. Das Erleben dieses Nestgefühls wird später dafür verantwortlich sein, wie wir mit Gefühlen umgehen: ob wir Zuwendung problemlos zulassen und geben können, oder ob wir im Zusammenhang damit Aengstlichkeit zeigen und allzu leicht einen Pferdefuss wittern.

Wurde das Zulassen von Zuwendung in der Kindheit als gefährlich erlebt, so mögen wir uns daran gewöhnt haben, diese nicht in direkter Form aufzunehmen, sondern manipulativ über Gefühlsmaschen und Ränkespiele zu suchen. Je natürlicher und spontaner der Gefühlsaustausch innerhalb der Familie war, umso weniger Probleme werden wir später im Gefühlsbereich haben. War dieser hingegen schwierig, so mögen wir uns von unserer Familie und unserem Ursprung abwenden, bleiben jedoch trotzdem davon geprägt (auch wenn wir versuchen, uns genau gegenteilig zu verhalten).

In diesem Falle können wir versuchen, Gefühle auszuklammern und uns auf Leistung zu verlegen, oder möglichst bald selbst eine Familie zu gründen, damit wir hier andere Formen des Gefühlsaustausches entwickeln können. Als dritte Variante können wir uns auch über die Psychologie mit unserer Gefühlssphäre auseinanderzusetzen, sodass wir die schmerzlichen Prägungen der Kindheit überwinden können. Daraus können wir folgern, dass schwierige Stellungen im vierten Haus auch ihre Vorteile haben. Wir haben damit grössere Chancen, unsere Gefühle bewusst zu machen und auf eine individuelle Stufe zu bringen, als im Falle einer restlos harmonischen Familiensituation. Dies gilt insbesondere für Stellungen des Saturn im vierten Haus. Da das vierte Haus auch das »Dazugehören« symbolisiert, fehlt uns in einem solchen Falle von Haus aus das Zugehörigkeitsgefühl, was allerdings dazu führen kann, dass wir uns unsere eigene Gruppe suchen, in der wir nicht aufgrund von Blutsbanden, sondern von individuellen und freundschaftlichen Entsprechungen ein Zugehörigkeitsgefühl entwickeln. Dazu mag sich dann insbesondere das elfte Haus der Wahlverwandtschaften eignen.

Mond, Venus und Neptun sind allesamt Gefühlsplaneten und können somit eine Zugehörigkeit mit den andern symbolisieren. Vielleicht ist es interessant, an dieser Stelle auf die diesen Symbolen zugrundeliegenden Unterschiede hinzuweisen.

Wir haben gesagt, dass der Mondbereich oder das vierte Haus das Bedürfnis zum Ausdruck bringt, zu wissen, wo wir zugehörig sind. Im Gegensatz dazu symbolisiert dann die Venus-Entsprechung des zweiten Hauses das, was uns gehört, währenddem jene des siebten Hauses zum Ausdruck bringt, zu wem wir uns zugehörig fühlen, in dem Sinne als wir auf den andern hören und er auf uns hört. Im Neptunbereich des zwölften Hauses gibt es dann keinen eigentlichen Ort, keine einzelne Person und nicht einmal mehr eine Gruppe, zu der wir uns zugehörig fühlen. Dies ist hier die ganze Menschheit, die ganze Natur, der Kosmos und das Göttliche. Natürlich treten Vermischungen dieser Bereiche auf, wenn beispielsweise das Krebszeichen oder der Mond sich im zweiten Haus befindet, oder Stier, bzw. Venus im vierten Haus, oder Fische, bzw. Neptun im siebten Haus liegen.

Der Bereich des vierten Hauses sollte uns in Form der Häuslichkeit und der Familie die Möglichkeit bieten, wenn wir von unserem täglichen Kampf in der Aussenwelt heimkommen, dort aufzutanken, und nicht nur häusliche, das heisst örtliche Sicherheit, sondern auch gefühlsmässige Nahrung und Resonanz zu finden. So sollte jedenfalls die Familie im Idealfall aussehen. Dass wir dabei zahlreiche Verhaltensweisen der Kindheit, bzw. des Elternhauses reproduzieren, ist weiter nicht problematisch, sofern sie unserer Entwicklung nicht im Wege stehen oder besonders schmerzhaft geworden sind.

Wir finden in der astrologischen Literatur oft unterschiedliche Meinungen darüber, ob das vierte Haus nun die Mutter oder den Vater symbolisieren soll. Diese Diskussion scheint uns überflüssig, denn es geht hier um eine Funktion und nicht um eine Person. Das vierte Haus wird von seiner Analogie zur Gefühlsbasis her, vor allem denjenigen Elternteil symbolisieren, der gefühlsmässige Geborgenheit vermittelte oder beeinträchtigte. In vielen Fällen ist dies in stärkerem Ausmasse die Mutter, weil sie insbesondere in einer Zeit grosser gefühlsmässiger Durchlässigkeit des Kindes mehr mit ihm zusammen war, aber es ist klar, dass letztlich beide Eltern daran beteiligt waren. Wenn beispielsweise der Vater das familiäre »Nest« früh verlassen hat, was bei einer Stellung des Uranus im vierten Haus relativ häufig ist, so kann sein Einfluss auf das spätere mangelnde Geborgenheitsgefühl der Person sicher massgeblich aus dem vierten Haus abgelesen werden. Stellungen weiblicher Planeten im vierten Haus haben jedoch andererseits meist mehr mit der Wirkung der Mutter zu tun. So würden wir hier, um Unterschiede zwischen Vater und Mutter herauszuschälen, vor allem die geschlechtliche Entsprechung der Planetenbesetzungen des vierten Hauses anschauen.

Der Hauptunterschied zwischen viertem und zehntem Haus kann darin gesehen werden, dass im vierten die Gefühlsmuster definiert werden, während im zehnten die Erwartungen an gesellschaftliche Verwirklichung ihren Niederschlag finden. Beide Bereiche werden heute von beiden Eltern geprägt.

Vielleicht können wir im Zusammenhang mit dem vierten Haus – was den Einfluss der Eltern anbelangt – auch verschiedene Stufen unterscheiden. Die allererste Stufe, welche gänzlich unbewusst verläuft, ist diejenige, während welcher wir uns noch im Bauch unserer Mutter befinden. Es scheint sich gemäss unserem heutigen Wissensstand zu zeigen, dass erste Gefühls- und Gewohnheitsstrukturen bereits während dieser Phase übermittelt werden. Dies ist sicher ohne weiteres zu verstehen, im Zusammenhang mit Nikotin, Alkohol oder Medikamenteneinwirkungen, welche das ungeborene Baby erreichen. Es scheint jedoch, dass Aengste und Glückserlebnisse der Mutter ebenfalls auf den Embryo übertragen werden. Während dieser Phase hat der Vater im Vergleich zur Mutter sicher einen verhältnismässig geringen Einfluss. Die ersten Lebensjahre, insbesondere die Periode des Saugens an der Mutterbrust, dürften ebenfalls vorwiegend als ein durch die Mutter beeinflusster Lebensabschnitt gelten. Der erste sprachliche Ausdruck, welcher der Babysprache folgt, wird ja auch als »Muttersprache« bezeichnet.

Der Einfluss des väterlichen Erbes findet wohl eher später, über die Integration in die Gesellschaft statt, aber das Ende des Lebens bedeutet in Form des Begräbnisses wieder ein Zurück zur Mutter Erde, allerdings meist im eigenen »Vaterland«.

Ich glaube, dass diese Beispiele ziemlich deutlich den Unterschied zwischen dem vierten und zehnten Haus symbolisieren. Das Gefühlsmaterial und die Gefühlsmotivationen stammen aus dem vierten Haus. Das, was gemäss den Erwartungen der Eltern und der Gesellschaft daraus gemacht wird und in festen Strukturen und Abgrenzungen seinen Niederschlag findet, entspricht hingegen dem zehnten Haus.

So muss im Verlaufe unseres Lebens die Nabelschnur zu unserer Mutter durchschnitten werden. Als nächstes fühlen wir uns durch eine unsichtbare Nabelschnur mit unserer Familie verbunden und erfüllen während vieler Jahre, oder ein Leben lang, die Erwartungen unserer Eltern. Können wir diese zurücklassen und damit abschliessen, so durchschneiden wir die Nabelschnur zur Familie. Wir werden frei, unseren eigenen Weg zu gehen. Damit treten wir in den Bereich der Achse 5/11 ein, mit Sonne und Uranus als lebendigen Symbolen der menschlichen Individualität. Wir mögen jedoch immer noch an unseren Kreationen und Werken haften und an der damit verbundenen Bestätigung durch die Gesellschaft. Diese dritte Nabelschnur zu durchschneiden, gelingt ausserordentlich selten, sie führt uns zum Pfad des Mystikers und Besitzlosen, der das Letzte abgestreift hat, was ihn mit dieser Welt verband. Dies ist dann die letzte Stufe, jene des zwölften und sechsten Hauses.

Psychologische Ebene

Dem vierten Haus entsprechen diejenigen psychologischen Funktionen, welche uns mit unserem gemeinsamen Ursprung als Mensch, sowie mit unserer Familie und unserer Umgebung verbinden. Es handelt sich dabei um Elemente, welche vor dem Entstehen eines eigentlichen Bewusstseins bereits da waren, und im Sinne von Archetypen auch die Strukturen unseres Bewusstseins prägen. In unserer persönlichen Entwicklungsgeschichte handelt es sich um Verhaltensmuster, welche sowohl in unserem genetischen Code verankert sind, als auch bereits während der Schwangerschaft und in der frühen Kindheit, als noch kein bewusstes Unterscheidungsvermögen da war, herausgebildet wurden. Wenn beispielsweise eineiige Zwillinge die getrennt aufwuchsen, zum Teil haargenau gleiche Verhaltensweisen und Gewohnheiten zeigen, bis zur Wahl von verblüffend ähnlich aussehenden Partnern, so ist dies auf solche Strukturen zurückzuführen. Derartige Beobachtungen lassen uns bloss erahnen, wie durchdringend und prägend solche Muster sind. Diese sind andererseits unserem Bewusstsein entzogen,und wir können sie höchstens indirekt über unsere Träume und Phantasien, sowie über die Beobachtung unseres Verhaltens, unserer Gewohnheiten und der Umwelt, die wir um uns herum konstellieren, beschreiben, sie aber damit noch in keiner Weise über unser Bewusstsein oder einen Willensakt ändern. Aenderungen werden in beschränktem Umfang höchstens durch sehr tiefgreifende therapeutische Methoden möglich, wie beispielsweise Gestalttherapie oder transaktionsanalytische Methoden des »Neubeelterns».

Soziale Ebene

Wir finden soziale und gesellschaftliche Entsprechungen zum vierten Haus im Bedürfnis, eine Familie zu gründen und darin vor allem Elternrollen, zum Teil jedoch auch – zum Beispiel gegenüber einem Partner – Kindrollen einzunehmen. Dazu gesellen sich auch jene Berufszweige, wo man andere beschützt, umsorgt und vielleicht über die berufliche Verwirklichung eine Art Familienstruktur schafft. Dies kann sich ausdrücken, sowohl in der Thematik des Heimleiters, als auch in jener des Arbeitgebers, der seinen Mitarbeitern gegenüber eine Vater- oder Mutterrolle einnimmt, aber auch in Form des Lehrers oder Therapeuten, der für seine Schüler bzw. Klienten sorgt. Im Falle des Therapeuten manifestiert sich die Entsprechung auch darin, dass er seinen Klienten unbewusste Bereiche zugänglich macht.

Projektive Ebene

Themen des vierten Hauses erleben wir als Projektion am häufigsten in Form unserer Kinder. Wenn nämlich kein Entwicklungsprozess durch Bewusstwerdung stattgefunden hat, neigen wir dazu, uns unseren Kindern gegenüber genauso zu verhalten wie unsere Eltern dies mit uns taten, oder unter Umständen auch umgekehrt (um ja die Erziehungsfehler zu vermeiden, welche wir am eigenen Leibe erfahren mussten). Das Umgekehrte tun, bedeutet jedoch nicht, aus Freiheit handeln und entspricht somit nicht einem aus spontanem Impuls heraus auf das Kind »Reagieren«, sodass in beiden Fällen das Verhalten etwas Zwanghaftes verkörpert. Das Resultat oder der Spiegel unserer eigenen Verhaltensart wird uns dann in Form des Verhaltens unserer Kinder entgegengehalten. Wir können also durch sie sehr viel über unser eigenes viertes Haus erfahren.

Wenn wir keine Kinder haben, so dürfte die Projektion in Form von Personen erlebt werden, welche uns gegenüber in einer Abhängigkeitsstellung stehen, wie beispielsweise Schützlinge, Mitarbeiter und oft der eigene Ehepartner.

Planeten im vierten Haus

Bei starken Ballungen im vierten Haus spielen die innere Welt der Gefühle, und die in der Kindheit herausgebildeten Gefühlsstrukturen, eine grosse Rolle. So laufen beim Betreffenden viele innere Prozesse ab, welche seine Wahrnehmung der äusseren Welt stark beeinflussen. Handelt es sich dabei um harmonische Stellungen, nicht nur im Sinne von entspannten Aspekten, sondern auch durch Planeten welche gut zur Gefühlssphäre passen, so drückt sich über eine starke Stellung im vierten Haus eine innere Geborgenheit aus. Diese verleiht dem Betreffenden soviel Ruhe und Selbstzentriertheit, dass er sich auch wohlfühlen wird, wenn er sich nicht durch besondere Leistungen in der Aussenwelt auszeichnet und dafür Anerkennung erntet. Er mag ein ruhiges, häusliches Leben bevorzugen und ist weitgehend vom Bedürfnis befreit, andern zu zeigen, was er kann.

Im Falle von Spannungsaspekten oder Planeten, wie Mars, Saturn, Uranus oder Pluto im vierten Haus werden auch hier frühe Gefühlsprägungen die Verarbeitung von Umweltreizen subjektiv gestalten, was in diesem Falle jedoch meistens als unangenehm und beunruhigend erlebt wird. Dies bewirkt, dass der Betreffende sich entweder in äussere Aktivitäten flüchtet, oder Anlass findet, sich seinen Gefühlen zuzuwenden. In diesem Falle muss er durch die verschiedenen Gefühlsmaschen und stereotypen Verhaltensweisen, die er sich angewöhnt hat, den Zugang zu seinen echten Bedürfnissen suchen, bis er eine innere Ruhe findet. Vorher ist zu befürchten, dass er die Befriedigung von Bedürfnissen sucht, welche gar nicht seine eigenen sind, sondern lediglich angelernte und dass deren Erfüllung deshalb nicht die erwartete Zufriedenheit und Geborgenheit vermittelt.

Saturn im vierten Haus zeigt eine Schwierigkeit an, Gefühlsnahrung anzunehmen, sowie zu geben und damit überhaupt Mühe, spontan Gefühle zu zeigen. Diese werden meist zugunsten von Pflicht und Verantwortung zurückgestellt.

Uranus im vierten Haus lässt Zuwendung und Gefühle als diskontinuierlich und somit als unzuverlässig erleben. Daraus kann ebenfalls das Bedürfnis entstehen, die Gefühle durch Aktivität oder durch das Bewusstsein zu kontrollieren.

Pluto im vierten Haus lässt Zuwendung und Gefühlsfluss von seiten der Eltern oft als Machtmittel erleben, indem bei nichtpassendem Verhalten Zuwendung entzogen wird. Mitunter kommen bei dieser Stellung auch extreme Situationen bedrohter häuslicher Geborgenheit vor, wie beispielsweise Verlust der Eltern und ähnliches mehr. Daraus entsteht meist ein starkes Bedürfnis, mütterliche und beschützende Rollen einzunehmen, weil in der gebenden Rolle die Gefährdung, durch Gefühle verletzt zu werden, verringert wird.

Das zehnte Haus

Traditionelle Bedeutungen des zehnten Hauses sind Beruf, Karriere und Berufung, gesellschaftlicher Status, Ehren und Würden, Personen in Autoritätsstellungen wie Arbeitgeber und Behörden, sowie unsere Eltern.

Wir wollen uns zuallererst mit den ersten Entsprechungen, nämlich denjenigen des Berufs, der Karriere, der Berufung, sowie der Ehren und Würden auseinandersetzen. Zunächst einmal sollte klar sein, dass der Beruf nur dann mit dem zehnten Haus in Zusammenhang steht, wenn er etwas verkörpert, das uns ein Gefühl von Befriedigung und Anerkennung durch die Mitwelt vermittelt. Als reiner Broterwerb gehört er eher dem sechsten Haus an. So mag jemand beispielsweise von Beruf Schreiner sein, sich aber durch seinen Uranus im zehnten Haus dazu angespornt gefühlt haben, die Stufen der Gewerkschaftshierarchie bis zum Vorsitzenden zu erklimmen. In diesem Falle drückt sich das zehnte Haus nicht über seinen Beruf als Schreiner aus, sondern viel eher über seine politische und gesellschaftliche Position als Vorsitzender seiner Gewerkschaft.

Das zehnte Haus bedeutet also immer gleichzeitig das Bedürfnis nach Anerkennung durch die Umwelt. Darin liegen allerdings auch seine Grenzen. Sehen wir uns das Wort »Berufung« an, so stellt sich automatisch die Frage, wer denn »ruft«: Ist es die Gesellschaft, oder sind es unsere Eltern als die ersten Vertreter der »Gesellschaft«, die wir erlebten? Ist es das Vorbild eines Lehrers, der das verkörperte, was unsere Eltern vielleicht nicht zu verkörpern vermochten, oder sind wir es selbst und in diesem Falle, welcher Teil von uns?

Nehmen wir die Beispiele von Napoleon und Hitler, beide mit Saturn im zehnten Haus oder Nixon mit Pluto im zehnten Haus. Ist ihr Leben als Erfolg zu werten? Verwirklichten sie sich effektiv als Individuum? Oder entwickelten sie vielleicht aufgrund von frühkindlichen Frustrationen ein unnatürliches Streben nach Macht? Tatsache ist, dass die beiden letzteren mit der Zeit immer mehr an Verfolgungswahn litten, was wohl nicht unbedingt das Resultat von Selbstverwirklichung und Individuation sein sollte.

Ich meine, dass das zehnte Haus vor allem der Skripterfüllung in der äusseren Welt dient. Wir verwirklichen hier Ziele, zu welchen wir uns in der frühen Kindheit unter aktiver Mitwirkung oder gar dominantem Einfluss unserer Eltern entschieden haben. Oft liegt dabei das mehr oder weniger bewusste und meist nicht näher angeschaute Motiv zugrunde, unseren Eltern und damit der Gesellschaft, deren Vertreter sie ja waren, zu zeigen, dass wir es zu Ansehen und Stellung bringen konnten. Wir wollen die Bedeutung dieser Verwirklichung damit nicht herunterspielen. Frühe Lebensentscheidungen zu verwirklichen ist meist die einzige Möglichkeit, uns von unserer Vergangenheit zu befreien. Wenn wir nicht den kaum einfacheren Weg der Bewusstmachung dieser frühen Entscheidungen, und deren Ersetzen durch »Neuentscheidungen« wählen, um aus dem Skript auszusteigen, so ist dies meist erst durch Erfüllung des Skripts möglich. Wenn wir also Macht anstreben, das Thema des zehnten Hauses, so ist es meistens einfacher und wirkungsvoller, durch effektive Arbeit diese Macht zu erlangen, als zu versuchen uns davon zu überzeugen, dass wir diese nicht brauchen. Worauf der ganze Zusammenhang jedoch hinweist, ist die Tatsache, dass die erste Verwirklichungsform des zehnten Hauses eine zweite vorbereiten sollte, nämlich – nachdem wir unsere gesellschaftlichen Ziele erreicht haben – uns zu fragen, was denn unsere individuellen Ziele sind. Nicht aus dem Bewusstsein eines 1–6Jährigen heraus wie dies seinerzeit geschah, sondern aufgrund unseres heutigen Bewusstseins und unserer heutigen Möglichkeiten.

Diese Neuorientierung und Neubesinnung findet unter dem Einfluss der nächsten Achse 5/11, bzw. der Planeten Sonne und Uranus statt. Dort können wir in Freiheit unsere individuellen Ziele definieren, um diese in einem neuen Anlauf im zehnten Haus gesellschaftlich zum Ausdruck zu bringen. Wenn wir dies verwirklichen, so kleben wir im zehnten Haus nicht mehr an Status, Aemtern und Würden, weil die Freude, die wir an dem haben, was wir tun, uns unabhängig macht von äusserer Anerkennung. Diese wird sich jedoch gerade weil wir sie nicht suchen, automatisch einstellen. Von diesem Zeitpunkt der Entwicklung an, werden Stellungen im zehnten Haus nicht mehr die Eltern oder Autoritätspersonen symbolisieren, wie sie dies vorher noch taten.

Vor dem Erreichen dieser Entwicklungsstufe finden wir im Bereich des zehnten Hauses nicht nur die Rolle unserer Eltern, sowie später des Arbeitgebers, sondern auch Leitbilder, mit denen wir uns identifizieren, um durch ihr Vorbild Disziplin, Zielgerichtetheit und Struktur in unser Streben zu bringen.

Dies entspricht jenen Entwicklungsphasen, in welchen wir das zehnte Haus sehen, als einen Zustand, zu dem wir streben, jedoch noch nicht erreicht haben. Dementsprechend hängen viele Enttäuschungen und Ernüchterungen mit dem zehnten Haus zusammen, nämlich immer dann, wenn wir nicht unseren Ueberich- oder – gemäss der Ausdrucksweise der Transaktionsanalyse – nicht unseren Eltern-Ichforderungen entsprechen.

Das zehnte Haus stellt als Gegenpol zum vierten Haus, welches Geborgenheit bedeutet, jenes der Leistungen in der äusseren Welt dar, sowie auch unsere Erwartungen an unsere Leistungsfähigkeit.

Wenn in der Gesellschaft gefragt wird: »Wer ist er?« – so sind damit nicht die persönlichen und psychologischen Merkmale der Person gemeint, sondern deren berufliche Stellung, welche eben über das zehnte Haus zum Ausdruck kommt. Hier identifiziert man sich auch mit seinem Familiennamen, im Gegensatz zur Verwendung des Vornamens innerhalb der Familie im vierten Haus. Wird jedoch die Familie als Ganzes in den gesellschaftlichen Rahmen gestellt, so wird wiederum der Familienname verwendet. Wir erkennen hier die sehr wesentlichen Zusammenhänge zwischen viertem und zehntem Haus. Es ist allerdings wahrscheinlich, dass im Zusammenhang mit dem Wassermannzeitalter die Strukturen der Familie als Zelle der Gesellschaft durchlöchert werden. Die dazugehörigen Werte und Massstäbe haben sich jedoch noch nicht endgültig herauskristallisiert. Diese hängen eng zusammen mit einer Neudefinition des Autoritätsbegriffs.

Psychologische Ebene

Das zehnte Haus symbolisiert innerhalb unserer Psyche die Funktion des Eltern-Ichs, entsprechend der Transaktionsanalyse und in mancher Hinsicht auch des Ueber-Ichs im Freud'schen Sinne. Hier setzen wir uns die Massstäbe dessen, was es im Leben zu erreichen gilt und sind dazu bereit, uns zu disziplinieren und momentan Angenehmes zugunsten von langfristig Sinnvollen zurückzustecken. Erst, wenn die gesteckten Ziele eigene Ziele sind, und nicht durch Eltern und Gesellschaft bedingte, könen wir dabei der Gefahr entgehen, unsere Lebensfreude und Spontaneität verkümmern zu lassen. Dies ist nämlich, ähnlich wie bei Aspekten des Saturns, im Falle des zehnten Hauses die Gefahr; dass wir zum Zensor unserer selbst, wie auch der andern werden.

Die traditionelle Gesellschaft entwickelte hier allerdings Strukturen, welche diese Gefahr verminderten. Die Verwirklichung des Mannes in der äusseren Welt ging meist einher mit seiner Funktion als Familienoberhaupt und Vater. Durch den Kontakt mit seinen Kindern konnte er ständig mit dem Element des Jugendlichen, Freudvollen und Unbekümmerten in Berührung sein. So konnte er die ihm fehlenden Eigenschaften an seine Familienmitglieder delegieren. Durch zunehmende Aufhebung dieser klassischen Rollenverteilung wird es jedoch immer wichtiger, dass der Beruf vom Individuellen her und vom Thema der Lebensfreude her betrachtet, Befriedigung und Erfüllung vermittelt.

Soziale Ebene

Das zehnte Haus entspricht dem Bedürfnis, im Zusammenhang mit den dort befindlichen Planeten, Autorität, Meisterschaft und Anerkennung zu erlangen. Bis zur Verwirklichung dieser Qualitäten, symbolisiert es auch unsere Vorgesetzten sowie Behörden, als Ausdruck äusserer Autorität. Diese werden oft nach dem gleichen Muster (oder auch nach dem scheinbar genau entgegengesetzten) ausgesucht, wie wir unsere Eltern in ihrer disziplinierenden, strukturgebenden und einschränkenden Funktion erlebten. So drücken sich Konflikte mit Autoritätspersonen zum grossen Teil in Form von Spannungen zu Planeten im zehnten Haus aus. Diese stellen eine Wiederholung der Differenzen dar, welche wir im Zusammenhang mit Autoritäts- und Machtfragen mit unseren Eltern erlebten. Machen wir uns diese nicht bewusst, so können sie uns als Probleme im Arbeitsbereich ein ganzes Leben lang begleiten.

Projektive Ebene

Zusätzlich zum starken Interesse für Autoritätspersonen kann das zehnte Haus auch zum Ausdruck kommen in einer Bewunderung für Heldenfiguren, sowie Erbringern von Spitzenleistungen, zum Beispiel im Sport. Dies sollte eine vorübergehende Projektion bleiben und nicht die eigene Verwirklichung ersetzen, weil sonst die Existenz als unbefriedigend erlebt wird.

Planeten im zehnten Haus

Eine Ballung von Planeten im zehnten Haus weist auf ein Bedürfnis hin, sich durch Arbeit und Selbstdisziplinierung eine Autoritätsstellung in dieser Gesellschaft zu verschaffen. Ausser im Falle von Mond, Venus und Neptun hat dies durch eigene Arbeit zu erfolgen, weil Schuldgefühle auftreten, wenn äussere Anerkennung nicht durch eigene Verdienste gerechtfertigt erscheint. Dies hängt auch mit der Angst zusammen, dass einem die eigene Kontrolle über die Situation entgleiten könnte, wenn man von der Gunst der Aussenwelt abhängig wird. Dadurch würden auch die auf Anstrengung und Perfektion gerichteten Skriptsätze nicht erfüllt. Ein stark besetztes zehntes Haus ist an sich noch keine Garantie für Berühmtheit, aber der grosse Arbeitswille und das stark entwikkelte Streben ermöglichen in den meisten Fällen eine Position, welche sich vom Durchschnitt abhebt.

Während Jupiter im zehnten Haus Glück im Bereich des Berufes durch Offensein für fördernde Umstände bedeutet, drückt Saturn am deutlichsten das Bedürfnis aus, alles durch eigene Kraft zu erarbeiten, was allerdings mit einem starken Haften am Erreichten gekoppelt sein kann. Dann kann das Bedürfnis, alles zu kontrollieren derart überhand nehmen, dass Ueberforderung die Folge ist, und aufgrund mangelnder Bereitschaft, Verantwortung zu delegieren, Machtprobleme in der beruflichen Sphäre auftreten.

Aehnliches kann der Pluto im zehnten Haus symbolisieren, dies mit dem Unterschied, dass hier das Festhalten am Erreichten, gepaart mit noch zäherem Durchsetzen der Ziele, auf extremere Weise einen konstruktiven oder destruktiven Verlauf nehmen kann. Letzteres ist dann zu erwarten, wenn der Betreffende sich der erforderlichen Wandlung durch Beruf und Position widersetzt.

Uranus im zehnten Haus symbolisiert meist das Bedürfnis, sich auf einem unkonventionellen Weg mit originellen Mitteln, welche oft dem Zeitgeist entsprechen, beruflich zum Ausdruck zu bringen. Oft ist der Werdegang dabei durch Rebellion und Autoritätskonflikte charakterisiert.

Bei Neptun im zehnten Haus fällt die Wahl des Berufes oft schwer, indem lange gezögert wird, zwischen der Kompensation des Grundbedürfnisses nach Weichheit und Verständigung durch Kultivierung einer künstlichen Härte und dem Mut, sich zu seinen überpersönlichen Zielen zu bekennen. Letztlich erfolgt die Erfüllung erst über das Zulassen eines Berufszieles, welches Hilfeleistung oder Ausdruck von Transzendenz ermöglicht. Die Wahl einer humanitären Aufgabe erscheint hier als das geeignete Berufsziel.

Die Häuser fünf und elf

Die Freiheits- und Kreativitätsachse

Entsprechungen: Löwe und Wassermann
Sonne und Uranus sowie Saturn+

Es ist ein interessantes Herrscherpaar, das sich auf dieser Yang-Achse trifft: Einerseits die Sonne, welche aus ihrer Eigendynamik lebt, andererseits Uranus als der griechische Gott des Himmels (welcher andererseits im Taoismus die Zeit symbolisiert). Hatten wir auf der vorhergehenden Achse die stärkste Verhaftung in der Vergangenheit und in der Materie, symbolisiert nicht nur durch das Erdinnere am Immum Coeli, aber auch dadurch, dass im wesentlichen auf der Achse 4/10 die Vergangenheit bewältigt werden muss, so begegnen wir nun zwei Symbolen, welche beide Autonomie (Sonne) und Freiheit des Ungebundenseins in den luftigen Sphären des Himmels (Uranus) verkörpern. Dies ist tatsächlich die grosse Möglichkeit auf dieser Achse, nämlich im fünften Haus aus der Verhaftung an die Materie herauszuwachsen, in den Bereich der freudvollen Kreativität, welche sich selbst genügt und keinen Anspruch auf Bestätigung erhebt. Auch im elften Haus ist das Zusammentreffen ungezwungen, man sucht die Gegenwart des andern, weil er uns gefällt und wir uns an seinem spontanen Ausdruck und an seiner Kreativität freuen. Wir erwarten von dieser Begegnung keine Vorteile, verfolgen keine besonderen Zwecke, der Spass und die Freude des Moments zählen und stellen das ausschlaggebende Motiv des Zusammengehens dar.

Nun sind wir allerdings in die Materie inkarniert. Wir haben Verpflichtungen gegenüber unserer Vergangenheit, unseren Eltern sowie der Gesellschaft, Verpflichtungen, welche sich nicht nur über konkrete Forderungen anderer an uns manifestieren, sondern auch innerlich verspürt werden, in Form eines Ueber-Ichs, welches uns mit Schuldgefühlen plagt, sobald wir seine Forderungen überhören. Auch sind wir durch materielle Notwendigkeiten an die Gesellschaft gebunden. Unser Körper braucht Nahrung, wir brauchen Schutz vor Witterungseinflüssen, also ein Dach über dem Kopf und die Wärme unserer Stube. Hier sind wir auf die Gesellschaft angewiesen und nehmen innerhalb dieser eine Funktion ein, welche uns Pflichten und Rechte aufbürdet, beziehungsweise zugesteht.

Ohne diese zu erfüllen, können wir uns nicht lange an unserer Kreativität und Freiheit freuen. Dann mag der Vollstrecker der Gesellschaft, sei es in Form des Polizisten oder Betreibungsbeamten aufkreuzen und uns verkünden: das Spiel ist aus. Wir müssen dann dieser Weisung folgen, wenn wir uns nicht in der Illegalität vor der Gesellschaft verstecken wollen und damit ihren Schutz einbüssen. Bis wir also ein stimmendes Gleichgewicht zwischen Skripterfüllung auf der Achse 4/10 und Kreativität im Bereich 5/11 gefunden haben, wird letztere Achse vor allem im Bereich der Freizeit gelebt werden können, im Spiel (5. Haus) und im Austausch mit unseren Freunden, beziehungsweise in der Betätigung unserer Hobbys (11. Haus).

Das fünfte Haus

Das fünfte Haus wird traditionell in Verbindung gebracht mit so unterschiedlichen Dingen wie Spiel und Vergnügungen, Spekulationen, Abenteuer, Kinder und Kindererziehung, sowie Selbstdarstellung und Kreativität.

Wir mögen uns fragen, was diese verschiedenen Merkmale gemeinsam haben. Greifen wir zunächst einmal die Themen Spiel, Vergnügungen, Spekulationen, Selbstdarstellung und Kreativität sowie Abenteuer heraus. Das Gemeinsame daran ist, dass sie uns Spass machen. Wir können uns sehr wohl ein Schauspiel vorstellen, wo alle diese Elemente zum Zuge kommen. Sie gehören auch zu dem, was wir im Theater erwarten. Es handelt sich um ein Spiel, es ist eine Vergnügung, wir können über den Ausgang spekulieren, die Schauspieler stellen sich kreativ dar und an Abenteuern soll es nicht fehlen, damit das Schauspiel spannend ist.

Hätten wir damit vielleicht in der Form des Theaters eine projektive Ebene entdeckt, wo der Durchschnittsbürger als Voyeur all das sehen kann, dessen Erleben ihm selbst Spass machen würde? Was ist es, das ihn daran hindert, in diesem Schauspiel selbst Spieler zu werden? Die Antwort liegt auf der Hand – das Risiko. Er müsste sich in eine Gefahrenzone begeben und könnte die Sicherheit, die er im Bereich des vierten und zehnten Hauses aufgebaut hat, nicht aufrechterhalten. Er hat sein Leben eingepasst in die Struktur von Familie und Gesellschaft, und das Ausleben des fünften Hauses würde diese Stabilität ernsthaft in Frage stellen. Auf die spontane und momentbezogene Form des Ausdrucks, wie sie durch das fünfte Haus verkörpert wird, muss er verzichten. Diese steht nur Kindern und Künstlern, oder eben Schauspielern zu. Sie ist nur jenen zugänglich, die ihr Engagement in der etablierten Gesellschaft noch nicht bezogen haben oder bereits daraus ausgetreten sind. Das einzige, was dem etablierten Bürger offen bleibt, sind die Spekulationen, die, weil sie dazu dienen können, seinen Besitz zu vergrössern, akzeptabel sind, oder das Spielen mit seinen Kindern, welche ihn mit der Spontaneität und Kreativität beglücken, die er selbst nicht mehr zu leben wagt. Dazu vielleicht das Schauspiel, das er sich im Theater, im Kino oder auf dem Fernsehschirm anschaut, und zuletzt, als gewagteste Komponente, die Abenteuer, welche am besten heimlich gelebt werden, damit sie die aufgebaute Sicherheit nicht gefährden.

Bei all diesen Verrichtungen, wie sie hier beschrieben wurden, fehlt die Bereitschaft zum wichtigsten Element, das dem fünften Haus seine Qualität gibt, dem des Risikos. So werden viele der beschriebenen Belange schliesslich zu Ernüchterungen führen oder mit einem Gefühl von Schalheit und Leere verknüpft sein. Das Spielen mit den Kindern mag deshalb verfälscht werden, weil damit eine Beeinflussung bezweckt wird, welche – sobald die Kinder gross genug sind – mit Ablehnung und Gegenreaktionen quittiert werden. Die Spekulationen, welche eigentlich Spiel sein sollten, erhalten dann einen bitteren Geschmack, wenn damit Verluste verbunden sind. Die Abenteuer fangen an, schlecht zu schmecken, wenn aufgrund der Missverständnisse, welche sich durch die Unehrlichkeit der Situation ergeben, die ersten Differenzen auftreten und Schuldgefühle darüber aufkommen, dass man es nicht gleichzeitig dem angestammten, Sicherheit vermittelnden Partner sowie dem neuen, Aufregung versprechenden Gefährten, zur gleichen Zeit recht machen kann.

Das Problem, mit dem man also im fünften Haus konfrontiert ist, liegt darin, dass sich eben Sicherheit und Intensität teilweise ausschliessen. So mögen wir uns fragen, was es denn bräuchte, um dieses fünfte Haus richtig, das heisst mit voller Intensität zu leben.

Die Voraussetzung dafür liegt im Erlangen einer Sicherheit in sich selbst, das heisst, in einer Selbstzentriertheit. Diese ist nicht zu verwechseln mit Egozentrik, weil Egozentrik ja Bestätigung des Egos durch andere braucht. Selbstzentriertheit ist hingegen ein Akt der Freiheit, welche nur wachsen kann auf einer von Familie und Gesellschaft innerlich losgelösten, das heisst befreiten Haltung. Im Hinduismus gibt es für diese Entsprechung ein schönes Bild: Jenes des Gottes Shiva, der auf der Maya, der Welt der Erscheinungen, seinen Tanz aufführt. Sein Tanz ist ein Tanz der Befreiung, aber gleichzeitig auch der Zerstörung. Er hat vier Arme, welche auf Weltschöpfung, Weltvernichtung, segnendes Behüten und Befreiung hindeuten.

Um das fünfte Haus richtig zu leben, muss man also bereit sein, die Verhaftungen an die gesellschaftlichen Strukturen zurückzulassen. Dann wird das Meisterspiel möglich, nämlich jenes, wo die Freude am Spiel so gross ist, dass es unwesentlich ist, ob dabei etwas herauskommt oder nicht. Jenes Spiel, welches keine Schatten wirft, oder mit andern Worten, nicht auf Wirkung bedacht ist, so wie die Sonne als Herrscherin des fünften Hauses aus ihrer Eigendynamik heraus einfach Licht und Wärme spendet, ohne danach zu fragen, ob dieses ankommt und empfangen wird. Selbstdarstellung als hauptsächliche Entsprechung des fünften Hauses verlangt diese Haltung. Wie sollen wir uns selbst darstellen, wenn unsere Gedanken ständig damit beschäftigt sind, wie dies wohl bei andern ankommt? Dann stellen wir uns nicht mehr selbst dar, sondern wir spielen die Rolle, welche die andern von uns erwarten. So können wir auch unsere Kinder verstehen, wenn sie dagegen rebellieren, dass sie, weil wir uns nicht selbst darstellen, unsere eigene Darstellung verkörpern sollten.

Während die meisten unserer anderen Tätigkeiten mit Broterwerb oder Sicherheit in Verbindung stehen, trifft dies für das fünfte Haus nicht zu. Ueber diesen Bereich werden vitale Energien frei in dem Moment, wo wir uns unserer

Umgebung so darstellen, wie wir angelegt sind. Die klassischste Entsprechung dieser Ausdrucksform finden wir vielleicht in der Kunst. Auch diese ist Selbstdarstellung, deren Kreationen sind mit Freude verbunden und in ihrer ursprünglichen Art jedenfalls unabhängig von äusserem Beifall. Dieser mag sich dann einstellen, ist aber nicht das Motiv der künstlerischen Präsentation. Das, was die Kunst von der Broterwerbsarbeit unterscheidet, liegt somit im spielerischen Element. Sowohl Spiel als auch Selbstdarstellung sind lustvoll und genügen sich selbst. Verbunden mit Arbeit im Dienste der Selbstdarstellung oder des Spielerischen liegt die grosse Möglichkeit des fünften Hauses darin, aus dem eigenen Leben ein Kunstwerk zu machen, ein Symbol einzigartiger Selbstdarstellung.

Es ist interessant festzustellen, wie das fünfte Haus – wenn wir uns seine Charakteristiken vergegenwärtigen – mit dem ersten und dem siebten Haus verbunden ist.

Denken wir an die Selbstdarstellung, fällt uns als Aehnlichkeit sehr schnell das erste Haus ein. Denken wir jedoch an die intimen Begegnungen, welche im fünften Haus stattfinden, haben wir uns die Assoziation zum siebten Haus. Was hat dies für eine Bewandtnis, und wo liegen die Unterschiede?

Das erste Haus ist ebenfalls ein Feuerhaus, unter dem Einfluss des Mars, der sicher eine Aehnlichkeit hat mit dem symbolischen Herrscher des fünften Hauses, der Sonne. Der Unterschied zwischen beiden liegt jedoch darin, dass im Gegensatz zum ersten Haus das fünfte sich nicht im Hinblick auf die Wirkung auf ein »Du« zum Ausdruck bringt, also keinen Kompromiss darstellt zwischen Ich und Umwelt, sondern lediglich das Bedürfnis verfolgt, sich selbst auszudrücken. Auch wenn wir im fünften Haus Beziehungen eingehen, werden diese im Hinblick auf die Möglichkeit gewählt, uns selbst, so wie wir angelegt sind, darzustellen, unabhängig von der Möglichkeit, aus dieser Beziehung etwas Beständiges oder etwas Vertragliches zu machen. Die Beziehung wird einfach eingegangen aufgrund der Freude und Spontaneität des Eigenausdrucks, welche sie ermöglicht. Ist der Partner dabei in uns verliebt, so lockt er unseren Eigenausdruck und unsere Selbstdarstellung noch zusätzlich heraus. Wir fühlen uns akzeptiert und getrauen uns mehr. In diesem Zustand des Verliebtseins und der damit verbundenen Romantik mögen wir in uns Seiten erkennen, die wir gar nicht vermuteten. In diesen Momenten spüren wir in uns Ansätze zum Künstler, mit anderen Worten, einer Liebe, welche die Welt verändern könnte. Es ist uns dann gleichgültig, ob dieses Glück von Bestand ist. Seine Intensität rechtfertigt für uns, dass wir Sicherheitsrücksichten zurücklassen und uns ganz diesem neuen Lebensgefühl hingeben.

So können wir das fünfte Haus in zwei Stufen unterteilen, was überhaupt für die Bereiche des Horoskops unter der Aszendent/Deszendent-Achse gilt.

Wir hätten hier einerseits die jugendliche Phase des Verliebtseins, welche im traditionellen Ablauf zur Eheschliessung mit Vertragsabschluss im siebten Haus führt, womit die Familie als Zelle der Gesellschaft begründet wird

(4. Haus) und damit die Basis liefert für die gesellschaftliche Erfüllung im zehnten Haus.

Sobald diese jedoch erreicht ist, können wir in einem zweiten Ansatz nochmals, und dieses Mal auf bewusste Weise, auf das fünfte Haus zurückzugreifen, um uns hier individuell zu verwirklichen und zum Ausdruck zu bringen.

Die psychologische Ebene

Das fünfte Haus symbolisiert das Bedürfnis, unsere Eigenart zum Ausdruck und zur Darstellung zu bringen. Dies ist lustvoll und gibt uns ein Gefühl von Lebendigkeit und Intensität. Wir tun es grundsätzlich für uns selbst, und andere mögen daran teilnehmen und ihren Gefallen daran finden, oder auch nicht. Allerdings können andere Personen durch ihr Interesse und ihre Begeisterung unsere Selbstdarstellung herauslocken.

Energien des fünften Hauses entsprechen oft dem Zündfunken, der Initialzündung für ein kreatives Werk, welches im sechsten Haus ausgearbeitet und ausgefeilt wird, um im siebten die perfekte Harmonie, Ausgeglichenheit und Eleganz zu verkörpern. Das fünften Haus symbolisiert damit auch die kreative Anlage des Menschen, wobei es noch nicht darauf hinweist, ob etwas damit gemacht wird, das von Bestand ist, oder ob diese lediglich in einem Spieltrieb zum Ausdruck gebracht werden

Soziale Ebene

Dazu gehören Orte der Vernügung wie Kino, Theater, aber auch Kasinos und Spielbanken. Personen, welche das fünfte Haus verkörpern, sind unsere Kinder, aber auch Künstler, Schauspieler und überhaupt Leute, die sich selbst darstellen.

Projektive Ebene

Wenn die eigene Selbstdarstellung uns Angst macht, so werden wir uns von Personen angezogen fühlen, welche sich spontan zum Ausdruck bringen. Am gefahrlosesten ist dies im Umgang mit kleinen Kindern, weil diese uns aufgrund des Altersunterschieds nicht ernsthaft herausfordern werden. Auch werden wir Schauspieler bewundern, welche die Fähigkeit zur Selbstdarstellung entwickelt haben. In der eigenen Umgebung kann gegenüber Personen, welche dies besser können als wir selbst, eine Art Hassliebe verspürt werden. Wir bewundern diese einerseits, nehmen es ihnen andererseits auch übel, dass sie spielerisch über Dinge hinweggehen können, welche uns selbst Mühe machen.

Die üblichste Projektion findet ihre Form in der Betrachtung von Schauspielern im Theater, auf der Kinoleinwand oder am Fernsehschirm. Wir können uns dann gefahrlos mit ihnen identifizieren und brauchen dabei kein Risiko einzugehen.

Planeten im fünften Haus.

Eine Ballung von Planeten im fünften Haus verleiht sehr viel Lebensenergie und Spontaneität. Oft sind viele kreative Impulse vorhanden, aber solche Stellungen sind noch kein Garant dafür, dass diese in Form von etwas Bleibenden zum Ausdruck gebracht werden. Falls das nicht gelingt, so kann sich in späteren Jahren Unzufriedenheit ob der verpassten Möglichkeiten einstellen.

Der Thematik des fünften Hauses am meisten zuwiderlaufend ist wohl der Saturn. Er erschwert den ungezwungenen Ausdruck der Lebensfreude gemäss dem fünften Haus und bringt ein dogmatisches, zensurierendes Element mit hinein. So verlangt er, dass das »Spiel« auch auf etwas Konkretes ausmündet und langfristig sinnvolle Ziele erfüllt. Damit fällt es unter seinem Einfluss auch schwer, die eigenen Kreationen ihrer Entwicklung zu überlassen. Dies erklärt die Schwierigkeiten, die man gemäss der Tradition bei dieser Stellung mit Kindern haben kann: man will sie zu sehr festhalten und eigenen Zielen nutzbar machen. Der Entwicklungsweg geht hier über die Bereitschaft, sich im Leben ständig neuen Risiken auszusetzen und daraus zu lernen, dass die Welt nicht zusammenbricht, wenn man dabei einmal eine Niederlage erleidet.

Das elfte Haus

Die traditionelle Bedeutung des elften Hauses bezieht sich auf Freundschaften und Gruppen von Gleichgesinnten, auf Protektionen und auf unsere Wünsche und Hoffnungen. Von der Tatsache ausgehend, dass das elfte Haus dem zehnten folgt, welches für viele bereits den Inbegriff der Verwirklichung bedeutet, können wir verstehen, dass die Thematik dieses Hauses auf mindestens zwei verschiedenen Ebenen zu deuten ist: einer trivialen und einer geistigen.

Die trivialen Entsprechungen werden dann aktuell sein, wenn jemand die Erfüllung gemäss seinem Lebensplan oder Skript auf der Ebene 4/10 noch nicht hinter sich gebracht hat, oder zumindest noch nicht befriedigend angegangen ist. Wenn jemand also noch primär von einem Bedürfnis nach Macht und Anerkennung durch die Gesellschaft angetrieben ist, und viele seiner Beweggründe der Motivation entspringen, von der Gesellschaft anerkannt zu sein. In diesem Fall wird er sich dafür interessieren, was das elfte Haus im Zusammenhang mit dem Erreichen dieser Ziele herzugeben vermag, oder dazu beitragen kann.

Die geistige Entsprechungsebene wird dann Anwendung finden, wenn nicht mehr die Bindung an Gesellschaft und Familie in Form von Skriptsätzen das Handeln primär motivieren. Dann wird das elfte Haus den nächsten Schritt bedeuten, nämlich die Abkoppelung von der Gesellschaft und damit die Zuwendung zu dem, was uns als Individuum und Mensch einzigartig und einmalig macht. Das Ziel des elften Hauses liegt darin, unserem Leben eine individuelle Bedeutung zu geben, sodass wir auf dem Sterbebett auf ein erfülltes Leben zurückblicken können und wissen, warum wir existierten.

Wir wollen uns nun zuerst der trivialen, d.h. eher oberflächlichen Deutung des elften Hauses zuwenden, welche auch in den meisten traditionellen Astrologiebüchern beschrieben wird. Auf dieser Entsprechungsebene gehen wir am besten von den Wünschen und Hoffnungen aus. Diese sind hier im elften Haus tatsächlich stark ausgeprägt, und sie führen zu der Bereitschaft, sich für zukunftsträchtige Möglichkeiten zu begeistern. Durch die Begeisterungsfähigkeit ziehen wir bei jugendlichem Temperament Beschützer an, welche vielleicht bereits imposante Verwirklichungen in der materiellen Welt zu verbuchen haben, deren Leben jedoch möglicherweise etwas phantasielos und nüchtern geworden ist. Das, was der Beschützer nicht hat, weist der Schützling auf und bringt es in die Beziehung hinein: seine Jugendlichkeit, seinen Enthusiasmus und seine Begeisterungsfähigkeit. Vielleicht zeigt er auch Ansätze zu künstlerischen Leistungen, was dem Beschützer einen konkreten Anlass gibt, seine Zuwendung zu rechtfertigen. In diesem Tausch kommen beide auf ihre Rechnung. Der Schützling kann dadurch, dass ihm der Beschützer einige seiner materiellen Sorgen abnimmt, seine Talente besser zur Entfaltung bringen, der Beschützer erfährt durch den Schützling eine Wiederbelebung seiner Jugendlichkeit und eine Möglichkeit, sich mit Kreativität auseinanderzusetzen, ohne dass er dabei selbst Risiken eingehen müsste. Klare Abmachungen zwischen beiden, im Sinne einer vertraglichen Verpflichtung, wie z.B. im siebten Haus, bestehen nicht, weil der Austausch fliessend erlebt werden will und auf dem Motiv gegenseitiger Freude beruht. Es wird auch keine Ausschliesslichkeit erwartet, das Ganze hat den Charakter einer Freundschaft. Zahlreiche Beispiele früheren oder heutigen Mäzenentums passen in diese Kategorie. Häufig entsprechen jedoch Liebesbeziehungen mit grossem Altersunterschied ebenfalls diesem Muster, vor allem zwischen dem älteren Mann und der jüngeren Frau, aber auch umgekehrt. Das gesellschaftliche Element des Austausches, der gemeinsamen Freude und der Freizügigkeit ist dabei ausschlaggebend.

Sobald eine Beziehung hingegen possessiv wird oder die Sexualität eine vorrangige Rolle einnimmt, gehört sie nicht mehr zum elften, sondern eher zum achten Haus. Die Uebergänge sind jedoch naturgemäss fliessend. Das Bezeichnende bei Libidoplaneten wie Venus und Mars im elften Haus ist, dass eine Freundschaft leicht in eine erotische, sexuelle Beziehung übergehen kann und umgekehrt. Auch hier drückt sich die Freizügigkeit darin aus, dass der Uebergang im Vergleich zu anderen astrologischen Stellungen sehr leicht und ohne grössere Verletzungen stattfinden kann.

Ueber die tiefere, d.h. geistige Bedeutung des elften Hauses und der Achse 5–11 haben wir schon einiges gesagt. So gesehen, symbolisiert das elfte Haus die Stufe der Freiheit, nicht mehr von einer Einwirkung auf die Gesellschaft und von einer Bestätigung durch diese abhängig zu sein. Für ein weites Publikum Autorität zu sein, wie dies dem Bedürfnis des zehnten Hauses entspricht, gibt sicher viel persönliche Bestätigung, kann jedoch auch ermüdend sein. Man muss für alle da sein, und die Ausbildung unserer spezifischen Talente, nämlich der Dinge, die uns besonders am Herzen liegen, kann aus Zeitmangel darunter leiden. So hat das elfte Haus einen befreienden Effekt. Wir verzichten darauf, für alle da zu sein, und beschränken unsern Austausch nunmehr auf Gleichgesinnte, auf all jene, welche ebenfalls schon einige Schritte in die Richtung vorgestossen sind, welche uns interessiert. Wir müssen dann in gemeinsamen Diskussionen nicht mehr von vorne anfangen, sondern können bereits einen Grundkonsens voraussetzen. Dies trifft nicht nur für Gleichgesinnte zu, mit denen wir im elften Haus gerne verkehren, sondern auch für unsere Freunde, die wir uns aufgrund gemeinsamer Interessen ausgesucht haben. Dabei darf jeder sich selbst sein, und das Ergebnis eines gemeinsamen Treffens ist die Freude, die man aneinander hat.

Ein derartiges Zusammenkommen von Gleichgesinnten kann auf den verschiedensten Ebenen stattfinden: in der Politik, um zusammen an einer besseren Gesellschaft zu arbeiten; in der Wirtschaft, um gemeinsam neue, lohnendere Projekte in Angriff zu nehmen; oder im Bereich der Psychologie, Philosophie oder Esoterik, um sich im Gruppenprozess und im Austausch mit andern persönlich weiterzuentwickeln. Das Charakteristische all dieser Gruppierungen ist das Akzeptieren der Individualität und Kreativität jedes Einzelnen. Was hier zählt, sind die guten Ideen. Sobald Dogmatismen und Hierarchien auftreten, entspricht dies hingegen einem Rückfall in ungelebte Themen des zehnten Hauses. Obwohl das auch bei solchen Gruppierungen häufig auftreten kann, ist es nicht typisch für das elfte Haus. In dasselbe Kapitel gehört auch die manchmal vorhandene Tendenz, sich als Gruppe »besser« zu fühlen als die restliche Mitwelt. Auch dies entspricht unverarbeiteten Resten aus anderen Horoskopbereichen.

Es ist interessant, vom elften Haus her – das vom siebten Haus her betrachtet das fünfte ist, und somit als das Haus der Kreativität in der Gemeinschaft betrachtet werden kann – Querverbindungen zu anderen Horoskopbereichen zu ziehen. So liegt der Unterschied zwischen dem elften und dem fünften Haus vor allem darin, dass nicht nur die eigene Kreativität zum Ausdruck gebracht, sondern auch Freude an der Kreativität anderer empfunden wird. Wir lernen hier, das Du ebenfalls als eigenständiges, kreatives Individuum zu akzeptieren. So suchen wir unsere Freunde nicht nur über die vorhandenen Gemeinsamkeiten aus, sondern auch über das Motiv, dass sie uns neue Ideen und Impulse vermitteln. Der Vergleich mit den Häusern des Austausches drei und sieben ist ebenfalls interessant.

Im dritten Haus erlebten wir den Austausch mit Menschen, welche aufgrund von Blutsbanden mit uns verbunden waren, wie beispielsweise Geschwister und Verwandte, oder mit solchen, mit denen wir aufgrund gemeinsamer Zwecke zusammenfanden. Im siebten Haus suchten wir hingegen den Austausch mit einem Du, das als Ergänzung in die Beziehung all die Seiten einbringen konnte, welche wir selbst nicht bewusst leben. Im elften Haus geschieht nun der Austausch mit vielen Menschen, welche durch eine Wahlverwandtschaft, d.h. durch gemeinsame Ziele und Interessen miteinander verbunden sind. Wir können also in dieser Reihenfolge verschiedene Stufen des Austausches unterscheiden, über welche das Ego immer stärker in den Hintergrund tritt. Die Interessen werden immer universeller und kosmischer.

Psychologische Ebene

Das elfte Haus symbolisiert das Bedürfnis, einen Kreis um sich zu schaffen, innerhalb welchem man sich als eigenständiges Individuum fühlen kann und in dieser Form, das heisst unabhängig von äusseren Leistungen, akzeptiert und ernstgenommen wird. Die Zusammenkünfte sollen der Vertiefung von Interessen dienen, welche wir sonst im gesellschaftlich-sozialen Rahmen nicht ohne weiteres zum Ausdruck bringen können, weil wir möglicherweise auf Unverständnis stossen würden. Im elften Haus verfolgen wir bewusst oder unbewusst das Ideal des individuierten Menschen. Wie nahe wir an dessen Verwirklichung herankommen werden, hängt davon ab, wie weit es uns bisher gelang, unsere Grundbedürfnisse, insbesondere jene nach Macht, Anerkennung und Geborgenheit zu befriedigen. Sonst mag es uns zwar leicht fallen, das Bedürfnis nach eigener Individualität zu bejahen, aber wir dürften Schwierigkeiten haben, dieses bei andern zuzulassen, weil wir uns dann dadurch gefährdet fühlen würden.

Soziale Ebene

Das elfte Haus symbolisiert soziale Kontakte, die auch oft den Charakter von Freundschaften haben. Die Tatsache, dass wir aus unserem Gegenüber die individuelle Dimension herauslocken können, sodass er mit uns über seine geheimen Wünsche sprechen kann, bewirkt, dass andere sich mit uns wohlfühlen, was uns auch beruflich zugute kommen kann. Wir werden dabei allerdings selten in das übliche Schema der beruflichen Hierarchie einzugliedern sein, sondern nehmen lieber eine Sonderstellung ein. Durch unser entgegenkommendes Verhalten können wir mit Protektionen rechnen, welche den Ausdruck unserer Talente erleichtern.

Projektive Ebene

Wenn wir selbst zu wenig Möglichkeiten haben, unsere Originalität zum Ausdruck zu bringen, oder diese aus gesellschaftlichen Gründen nicht wahrnehmen wollen, so werden wir uns angezogen fühlen von originellen Menschen, welche sich durch Spontaneität und abenteuerliche Ideen auszeichnen. Wir können dann ihnen gegenüber eine beschützende Haltung einnehmen.

Planeten im elften Haus

Eine Ballung von Planeten im elften Haus bedeutet meistens eine Schwierigkeit, sich zu engagieren und verbindlich Stellung zu beziehen. Man hat Angst, sich auf etwas zu Beschränktes festzulegen, weil einem dies als Verrat am Potential, welches man noch vor sich sieht, vorkommen würde. So bleibt man gerne Zuschauer oder Zaungast, bis sich eine Möglichkeit eröffnet, die Energie in den Dienst einer Aufgabe zu stellen, welche sich eine Veränderung oder Reformierung der Gesellschaft zum Ziele setzt, oder bis die materiellen Forderungen einen zwingen, Farbe zu bekennen. Die Möglichkeiten, sich anzuschliessen, ohne wirklich dazuzugehören, sind verhältnismässig günstig, da einem die Umwelt lange Zeit entgegenkommt (Protektionen). Insbesondere Jupiter, Venus und Mond erwecken Sympathien, die man vorteilhaft nutzen kann. Saturn hingegen erfordert grösseren Einsatz, um die individualistischen Ziele, die man sich setzt, zu erreichen. Bei Uranus, Neptun oder Pluto im elften Haus wird sich die Person im allgemeinen durch ungewöhnliche, beispielsweise rebellische (Uranus), künstlerische oder sensitive (Neptun) oder machtvolle und herausfordernde (Pluto) Freunde auszeichnen.

Stellungen im elften Haus drücken immer ein Potential von Freiheit und Unabhängigkeit aus. Ob dieses Potential jedoch im Konkreten verwirklicht wird oder in erster Linie über Freundeskreis und Freizeitbeschäftigung ausgelebt wird, dies lässt sich aus den Planetenstellungen nicht sagen.

Die Häuser sechs und zwölf

Die Existenz- und Transzendenzachse

Entsprechungen: Jungfrau und Fische
Merkur – und Neptun sowie Jupiter –

Die Achse des sechsten und zwölften Hauses entspricht einem Krisen- und Revisionsbereich des Horoskops. Vielleicht ist dafür die Tatsache verantwortlich, dass diese beiden Häuser Bereiche verkörpern, welche sich kurz vor dem wichtigen Einschnitt der Horizontachse »Aszendent-Deszendent« befinden. Beide erfordern eine Umkehr:

Im sechsten Haus, im Zusammenhang mit dem Ich, welches sich nach dem Enthusiasmus des fünften Hauses wegen aufkommender Zweifel und Rückschläge in der Aussenwelt zur Selbstprüfung veranlasst sieht. Es muss jetzt seine Grenzen erkennen und all die Lektionen lernen, welche notwendig sind, damit es in der Partnerschaft und Gemeinschaft des siebten Hauses sich nicht ständig überschätzt, sondern vesteht, wo der eigene Anspruch aufhört, und jener des Du's beginnt.

Im zwölften Haus, dem sechsten vom siebten an gerechnet, erleben wir hingegen die Krise der Gemeinschaft. Gerade das, was das Ich im sechsten Haus lernen musste, nämlich, sich zugunsten eines Engagements in der Gemeinschaft zu disziplinieren, die eigenen Ansprüche zurückzuschrauben, damit im siebten Haus mit dem Du ein stimmender Vertrag eingegangen werden kann, wird erneut in Frage gestellt. Jetzt geht es darum, das Haften an der Gesellschaft, ihren Ritualen und Sicherheiten abzubauen, um ein Eintauchen in die nächsthöhere Dimension, die kosmische – und damit eine Wiedergeburt oder Neufindung des Ichs am Aszendenten – zu ermöglichen.

Während sich das Ich also im sechsten Haus auf das Du zuzubewegen hatte, muss die Verhaftung und die Abhängigkeit vom Du jetzt wieder abgelegt werden. So haben beide Bereiche mit Krise und Reinigung zu tun, aber auf sehr unterschiedliche Art und Weise. Was ebenfalls beiden Häusern gemeinsam ist, ist die Ueberwindung des Egos, die nötig ist, damit das Selbst klarer zutage treten kann. In Begriffen der Psychosynthese könnte man die Aufgabe im sechsten Haus als Durchbruch zum persönlichen Selbst bezeichnen, während jene im zwölften Haus auf das transpersonale Selbst gerichtet ist. Gerade anhand dieser Achse können wir sehr deutlich erkennen, wie im astrologischen System kein Pol ohne die Integration des Gegenpols zur Ausreifung gebracht werden kann. Würden wir uns beispielsweise ganz auf das sechste Haus konzentrieren, ohne das zwölfte zu berücksichtigen, so würden wir einem Roboter ähneln, der seine verschiedenen Verrichtungen perfekt auszuführen weiss, jedoch ohne Sinn und

Inhalt dahinlebt und schliesslich an dieser Sinnlosigkeit erkrankt. Würden wir uns hingegen gänzlich im zwölften Haus bewegen, so müssten wir verhungern oder erfrieren, weil die elementarsten Bedürfnisse unseres Körpers nicht mehr abgedeckt würden. Wir könnten dann jemandem gleichen, der ständig unter Drogen steht und welchem aufgrund seines veränderten Bewusstseins die Fähigkeit abgeht, für seinen Organismus zu sorgen.

Das sechste Haus

Die traditionellen Entsprechungen, die in Zusammenhang mit dem sechsten Haus genannt werden, betreffen Arbeit, Gesundheit, Angestellte, Dienstboten, sowie das Verhältnis zwischen Arbeitgeber und Mitarbeiter. Insofern als das sechste Haus unsere Auseinandersetzung mit den Beschränkungen der praktischen Existenz zum Ausdruck bringt, ist es das genaue Gegenteil des fünften Hauses. Dort fanden wir im Spiel eine Ausdrucksform, welche dadurch, dass sie Freude bereitet und vitalisierend wirkt, sich selbst genügt. Beim sechsten Haus scheint hingegen dieser Aspekt gänzlich ausgeklammert, und wir haben im Gegensatz dazu all diejenigen Verrichtungen, die wir willig oder widerwillig auf uns nehmen müssen, um unsere Existenz zu bewältigen.

Müssen wir das sechste Haus also lediglich als notwendigen, aber eher unangenehmen Bereich des Horoskops betrachten, oder können wir ihm ausser dem Nützlichkeitsprinzip auch eine andere Qualität zuordnen? Vielleicht müssen wir dazu auf Dimensionen zurückgreifen, die wir bereits beim Saturn kennenlernten, nämlich die der Selbstbeschränkung. Gehen wir davon aus, dass Zufriedenheit von zwei Seiten her erlangt werden kann: Einerseits können wir uns bemühen, unsere Bedürfnisse, sowie sie sich melden, zu befriedigen, was allerdings je nach Bedürfnisstruktur mit sehr viel Arbeit und Anstrengung verbunden sein kann. Wir können jedoch andererseits durch Selbsterkenntnis herauszufinden versuchen, welche unserer Bedürfnisse wesentlich sind und welche davon zu bloss anerzogenen Gewohnheiten gehören, und somit lernen, unsere Energie auf die Befriedigung grundlegender Bedürfnisse zu richten.

Wir mögen mit dieser zweiten Methode besser fahren als mit der ersten. Um eine solche Standortbestimmung vorzunehmen, eignet sich nun eben das sechste Haus – ja es fordert uns dazu heraus. Wenn wir dies nicht tun, so werden wir wegen der Ueberschätzung unserer Kräfte möglicherweise krank, oder wir werden im Arbeitsbereich mit Schwierigkeiten konfrontiert; alles Dinge, welche uns dazu anspornen, unsere Situation zu analysieren und die nötigen Aenderungen vorzunehmen. Neben der Fähigkeit zu analytischem Vorgehen finden wir im sechsten Haus die Bereitschaft zur Disziplinierung.

Mit diesen Qualitäten ausgestattet, können wir auch die Kreativität und den Enthusiasmus, der im fünften Haus zustandekommt, dazu verwenden, um aus der Inspiration durch unermüdliche Arbeit ein Kunstwerk zu schaffen. Dies kann sowohl etwas Aeusseres betreffen, als auch die Arbeit an uns selbst. Demzufolge ist das sechste Haus eine notwendige und funktionelle Fortsetzung des fünften. So können wir auch erreichen, dass unsere Aktivität den ihr gebührenden Platz einnimmt, indem sie im Dienst des schöpferischen Willens und der Lebensfreude steht. Dann wird die Arbeit sinnvoll. Wenn wir jedoch die Rückverbindung zum fünften Haus vergessen, wird aus der Arbeit permanente Geschäftigkeit. Wir halten Aktivität dann für das oberste Gebot, wissen aber letzlich gar nicht mehr, warum dies so sein soll. Daraus wird dann eine abstrakte und realitätsfremde Forderung, welche wir nicht nur an uns, sondern auch an alle um uns herum stellen. Wir vergessen dann, dass wir nicht leben, um zu arbeiten, und auch nicht nur arbeiten, um zu leben, sondern dass die Arbeit ein Dienst an der Sache ist, die uns am Herzen liegt. Das Herz, auch in diesem Fall Ansporn und Motor, liegt im fünften Haus (Entsprechung zur Sonne).

Probleme mit dem sechsten Haus ergeben sich dann, wenn wir nicht mehr wissen, warum wir etwas tun, wenn uns der Sinn abhanden gekommen ist. Dann wird Arbeit zum Selbstzweck, wir überfordern uns, und das Resultat ist Unzufriedenheit, wenn nicht gar Krankheit.

Natürlich haben wir im sechsten Haus auch die Möglichkeit, das vorhergehende fünfte, welches sinngebend sein soll, in Form von jemandem ausserhalb von uns zu finden, dem wir vertrauen und in dessen Dienst wir treten. Dies entspräche dann der Stellung des Arbeitnehmers oder früher des Dienstboten, welche gemäss der Tradition im sechsten Haus angesiedelt werden. Wir definieren dann unsere Energie zugunsten einer anderen Person oder Sache, was auf dem Weg zur Entdeckung des eigenen Handlungszentrums eine wichtige Stufe verkörpern kann. Wir hätten so die Entsprechung des tüchtigen Feldherrn im Dienste seines Königs (der König ist ein Symbol für das Selbst).

Soweit die eher weltlichen Entsprechungen des sechsten Hauses, welche im allgemeinen im Vordergrund stehen dürften. Das sechste Haus besitzt jedoch auch eine geistig-mystische Dimension, dann nämlich, wenn der Sinn aus dem Gegenhaus, dem zwölften bezogen wird. Wenn im zwölften Haus die Dimension des Unendlichen, rational nicht Fassbaren erlebt wurde, dann wird das Göttliche zum Sinn, und wir finden dann den Priesterstand in seiner reinsten Form: Die Disziplinierung und Kargheit im Aeusseren (wie beispielsweise in einem Zen-Kloster), das Zurücktreten aller persönlichen Ansprüche, ein Tagesablauf, der eingeteilt ist in Arbeit und Gebet, bzw. Meditation. Darin können wir in ihrer klarsten Form die Arbeit als Dienst an der Sache erblicken, bei welchem das Ego immer mehr in den Hintergrund tritt.

Die eigene Tätigkeit in den Dienst eines Sinns zu stellen, wie dieser auch immer erlebt werden mag, ist im sechsten Haus von vorrangiger Bedeutung, um im Gleichgewicht zu bleiben. Die Fähigkeit, Dinge zu analysieren und in Bestandteile zu zerlegen, ist nämlich in diesem Haus derart ausgeprägt, dass etwas Verbindendes vorhanden sein muss, um die Teile zusammenzuhalten. Sonst ist die Gefahr sehr gross, dass wir aus dem Gleichgewicht fallen und unser Eingebettetsein in der Natur und im Kosmischen nicht mehr spüren. Dann artet der hier gesuchte Reinigungsprozess in einen Sauberkeitsfimmel aus, der schnell zu einer Krankenzimmeratmosphäre führt, in welcher kein spontanes Leben mehr gedeihen kann.

Richtig gehandhabt, stellt das sechste Haus den Schlüssel zu unserer beruflichen Effizienz dar. Hier können rationelle Arbeitsmethoden entwickelt werden. Standortbestimmungen ermöglichen es, ineffizientes Verhalten aufzudecken, zu analysieren und durch Disziplin zu ändern; unbefriedigenden Körperfunktionen wird durch Diät und körperliche Betätigung Einhalt geboten – mit anderen Worten, wir finden im sechsten Haus all jene Fähigkeiten, die für notwendig gewordene Revisions- und Ueberholungsarbeiten an uns selbst, sowie um uns herum, nötig sind. Dazu gehört naturgemäss auch die Psychotherapie, und Stellungen im sechsten Haus werden bei solchen Arbeiten oder Prozessen von grosser Hilfe sein.

Psychologische Ebene

Das sechste Haus symbolisiert die Fähigkeit zur Disziplinierung, indem wir momentan Lustbetontes zugunsten längerfristiger Ziele zurückstellen können. Es vermittelt uns auch analytische Fähigkeiten, um ineffizientes Verhalten zu identifizieren und zu verändern. Wir können uns hier auch die Vergangenheit nutzbar machen, indem wir uns für die früheren Ursachen jetziger Schwierigkeiten interessieren.

Das wichtigste Element des sechsten Hauses liegt jedoch darin, dass es unsere Grenzen aufdeckt, sodass wir lernen, vom Leben nicht mehr zu verlangen, als wir über unsere Leistungen rechtfertigen können. Diese Haltung erleichtert unsere Eingliederung in die Arbeitswelt und damit in die Gesellschaft. Sie fördert unsere Bewältigung der materiellen Existenz. Hier kann die Basis für eine effiziente Zusammenarbeit mit andern gelegt werden.

Soziale Ebene

Im sechsten Haus ist unser Verhältnis zur Arbeit und zu den Notwendigkeiten des Lebens angezeigt. Zum Teil weist es auch darauf hin, wie wir mit Kollegen, Mitarbeitern und Vorgesetzten auskommen werden, und damit auch, wie gut wir fähig sind, die Forderungen, die wir stellen können, richtig einzuschätzen. Allerdings ist hier nur jener Teil der Arbeitsleistung angezeigt, welcher einer ausführenden Funktion entspricht, und nicht jene Komponenten, welche unsere berufliche Profilierung in der Gesellschaft ausmachen. Diese sind viel eher durch das zehnte Haus angezeigt.

Projektive Ebene

Fällt es wegen anderer Horoskopkomponenten vielleicht schwer, sich die dem sechsten Haus entsprechende Disziplin anzueignen, so dürfte eine grosse Bewunderung vorhanden sein für Persönlichkeiten, welche das praktische Leben mit Erfolg meistern. In dieses Kapitel gehört auch die oft vorhandene Bewunderung und Identifikation von Mitarbeitern mit Ihrem Vorgesetzten, oder, wenn sich dieser nicht dazu eignet, vielleicht mit dem obersten Chef einer Firma. Diese kann so lange anhalten, als der Vorgesetzte eine Haltung des »Dienstes an der Sache« verkörpert, und seine Funktion nicht für ein Herausstreichen seines Egos missbraucht.

Planeten im sechsten Haus

Eine Ballung von Planeten im sechsten Haus wird darauf hinweisen, dass die Arbeit einen grossen Teil unserer Zeit ausfüllen wird. Wenn diese Arbeitsleistung in den Dienst eines vom Bewusstsein her zu bejahenden Sinns gestellt wird, so dürfte dies mit viel Freude verbunden sein. Fehlt hingegen dieser Bezug, so mag ein zwanghaftes Bedürfnis nach Geschäftigkeit in den Vordergrund treten, das eine ernüchternde Wirkung auf die Lebensenergie hat. In diesem Fall ist zu befürchten, dass Arbeit zur Flucht und zur Droge wird (workolism).

Uebertreibungen können auch die »Gesunderhaltung« des Körpers betreffen. Jede Minute der Freizeit kann dann aus einem zwanghaften Bedürfnis heraus für Gymnastik und Fitness verwendet werden. In diesem Fall treten Probleme meist über den Kanal eines psychischen Ungleichgewichts auf.

Planeten im sechsten Haus werden viel aussagen über die Tätigkeit, welche ausgeübt wird: Saturn bevorzugt beispielsweise eine konventionelle Atmosphäre mit klar festgelegten Rechten und Pflichten, Uranus weist dagegen darauf hin, dass man sich über eine unkonventionelle Tätigkeit, welche vielleicht mit moderner Elektronik und Computern in Zusammenhang steht, beruflich auseinandersetzen wird. Der Arbeitsrythmus ist in diesem Fall hektisch, und die Arbeitssphäre muss dem Improvisationstalent genügend Spielraum lassen.

Neptun bevorzugt eine sanfte Arbeitsatmosphäre, eventuell mit der Möglichkeit, andern gegenüber helfend tätig zu sein. Pluto erzeugt eine grosse Arbeitsleistung, aber auch die Gefahr, sich selbst zu überschätzen, so dass man mit Autoritätspersonen in Konflikt geraten kann.

Das zwölfte Haus

Die traditionellen Entsprechungen des zwölften Hauses lauten etwa folgendermassen: Opferbereitschaft, Einkehr, Isolation in geschlossenen Anstalten, Karma, Heimlichkeit, Intrigen und versteckte Feindschaften.

Es wird wohl schwerfallen, jemanden zu finden, der sich solche Themen spontan wünschen würde. Es entsteht beim Betrachten dieser Liste viel eher der Eindruck, dass hier symbolische Entsprechungen, gemäss den Wertmassstäben einer Epoche, tendenziös gedeutet wurden, sodass Interpretationen zustandekamen, welche dem Thema des zwölften Hauses nicht gerecht wurden. Richtig verstandene Astrologie besteht nicht aus »Gut und Böse«-Zuordnungen, und die traditionellen Deutungen des zwölften Hauses gehören vom Brauchbarkeits- und Entwicklungswert her betrachtet sicher zum Untauglichsten, was die überlieferte Astrologie hervorgebracht hat. Es ist für den Einzelnen von beschränktem Trost, wenn in den entsprechenden Texten – den Karmagedanken aufgreifend – von der Möglichkeit gesprochen wird, durch Opferbereitschaft eine Schuld aus früheren Leben abzahlen zu können. Solche Zuordnungen liefern bedenkliche Möglichkeiten, um zwischen Bürgern erster und zweiter Klasse zu unterscheiden, und einen Status Quo bereits bestehender Unterschiede quasi zu institutionalisieren. Denn es ist eine zu beobachtende Tatsache, dass Stellungen im zwölften Haus in vielen Fällen eine Schwierigkeit aufzeigen, die betreffenden Planetenenergien offen und direkt zum Ausdruck zu bringen. Dies mag auch der Grund sein, warum dieses Haus von der Tradition als »schwach« bezeichnet wird.

Dem widersprechen andererseits die Forschungen der Gauquelins, welche gerade im zwölften Haus, im Zusammenhang mit beruflichen Entsprechungen, Intensitätsmaxima der planetarischen Wirkung feststellten. Beleuchten diese Widersprüche vielleicht die tiefere Bedeutung des zwölften Hauses? Können wir darüber vielleicht Merkmale herauskristallisieren, welche dem zwölften Haus auch positive Werte zuordnen? Dies sollte eigentlich möglich sein, wenn wir bedenken, dass Spitzensportler, als Ausdruck des marsischen Prinzips, oder Politiker, als Repräsentanten des Jupiters, diese Planeten besonders häufig im zwölften Haus aufweisen. Damit könnte das zwölfte Haus plötzlich auch für diejenigen interessant erscheinen, welche alles am materiellen Erfolg messen.

Zunächst muss jedenfalls mit der Vorstellung aufgeräumt werden, dass Planeten im zwölften Haus »schwach« sind. Wir können uns ihre Wirkung eher so vorstellen, dass sie ein Ideal verkörpern, welches, wenn es zu früh nach Ausdruck drängt, auf Widerstände in der Umwelt stösst. Gehen wir gar davon aus, dass die Planeten im zwölften Haus eine karmische Vergangenheit symbolisieren, so wird uns noch klarer, warum diese Energien, welche nach Ausdruck drängen, dies wohl nicht in einer Form tun, die der jetzigen Situation angepasst ist. Nicht die Energie an sich, aber die Mittel des Ausdrucks, welche gewählt werden, stehen in Widerspruch zur jetzigen Situation der Person, was von Seiten der Umwelt auf Widerstand und Ablehnung stösst. Je stärker diese Planeten mit früheren, vielleicht unbewältigten Situationen in Zusammenhang stehen, umso früher im Leben werden sie zum Ausdruck gebracht werden wollen. Dies dürfte somit bereits in der frühen Kindheit geschehen. Wenn nun zu diesem Zeitpunkt Ablehnung und Zurückweisung erlebt wird, so sind zwei Reaktionen möglich:

Die erste Reaktion besteht in der Verdrängung der betreffenden Energien. Wir merken, dass diese (in der Form, wie wir sie zum Ausdruck bringen) nicht gefragt sind und verdrängen sie in unser Unbewusstes. Aeusserlich passen wir uns an und behalten das, was wir ausdrücken wollten, für uns. Wir verlagern unseren Ausdruck lieber auf jene Planeten und Verhaltensweisen, die bei der Umwelt Anklang finden. Die damit verdrängten Energien sind jedoch nicht aus der Welt geschafft und werden sich nun auf eine heimliche Art, welche vielleicht uns selbst nicht bewusst ist, dennoch Durchbruch verschaffen. Dies entspräche dann den verschiedenen Ränkespielen, welche wir betreiben, um die Bedürfnisse, deren direkter Ausdruck als gefährlich erlebt wurde, dennoch – und zwar eben auf unklare und damit auch heimliche Weise – befriedigen zu können. Unser unklarer Ausdruck erzeugt natürlich auch Missverständnisse im Kontakt mit unserer Mitwelt, indem die andern, weil wir unsere Bedürfnisse nicht direkt zum Ausdruck bringen, nicht wissen, was uns wichtig ist, und wie sie uns zufriedenstellen können. Deswegen erleben wir Enttäuschungen und ebenfalls Unklarheiten von Seiten anderer. Die Verdrängung der Energien des zwölften Hauses kann allerdings entsprechungsmässig ebenfalls bedeuten, dass diese nach aussen projiziert werden, und wir deshalb diese Energien über die Umwelt zu spüren bekommen, in Form von Aggressionen und vielleicht Intrigen. Die ganze Konstellation erzeugt dann insbesondere über die erlebte Unfähigkeit, sich klar auszudrücken und durchzusetzen, Schuldgefühle und einen subjektiven Eindruck von Wertlosigkeit, was bewirkt, dass wir bemüht sind, uns nützlich zu machen. Darin erblicken wir eine Möglichkeit, unseren Selbstwert, an dem wir zweifeln, aufzupolieren.

Die zweite Möglichkeit, auf Widerstände, welche in der Kindheit unserem Ausdruck entgegengestellt werden, zu reagieren, liegt in der Entscheidung: »Wenn nicht jetzt, dann später«. Wir realisieren, dass wir mit dem Ausdruck unserer Energien im Moment nicht ankommen, jedoch die Möglichkeit haben, diese durch das Erlangen von entsprechenden Fertigkeiten, zu einem späteren Zeitpunkt zum Ausdruck zu bringen. In diesem Falle werden die grundlegenden Ausdrucksbedürfnisse nicht verdrängt, sondern deren Befriedigung wird auf später verschoben. Die nun folgende Lebensphase gilt der Disziplin und einem Lernprozess im Umgang mit der Umwelt, damit das, was zunächst auf unangepasste Art zum Ausdruck gebracht wurde, später auf effiziente Art zur Manifestation gelangen kann. Aus dieser Gruppe rekrutieren sich all jene, welche es mit Stellungen im zwölften Haus zu Spitzenleistungen bringen. Weil das Training in diesem Fall schon sehr früh begann, und damit die Disziplinierung in eine Gewohnheit übergehen konnte, werden solche Personen ihre Anstrengungen auch dann nicht abbrechen, wenn die ersten Erfolge zu verbuchen sind. Dies gibt ihnen gegenüber jenen mit Stellungen im ersten Haus eine deutliche Ueberlegenheit. In einem gewissen Sinne gehören sie zu den grössten Kompensatoren unserer Gesellschaft. Sie vergessen nicht leicht ihre anfängliche Verlegenheit und ihre Angst, wieder in solche Situationen zurückzufallen, spornt sie dazu an, Konkurrenten auch dann noch zu übertreffen, wenn kein konkreter Grund mehr vorhanden ist. Sie sind Perfektionisten, welche ein absolutes, nicht mehr realitätsbezogenes Ideal verfolgen. Die zu ihren Leistungen notwendige Disziplin entnehmen sie dabei meist dem Gegenhaus zum zwölften, nämlich dem sechsten.

Die beschriebenen Komponenten entsprechen den psychologischen Mechanismen, welche in den meisten Fällen im Zusammenhang mit dem zwölften Haus zu beobachten sind. Oft sind auch Mischungen zwischen Verdrängung und Kompensation zu beobachten, wobei sich die Verteilung im Laufe des Lebens naturgemäss auch verändern kann.

Wir möchten jedoch festhalten, dass die hier beschriebenen häufigsten Ausdrucksformen des zwölften Hauses denjenigen unserer Zeit entsprechen und direkt mit unserer Gesellschaft und unserem kulturellen, sowie religiösen Hintergrund in Zusammenhang stehen. Der westlichen Philosophie und Religion fällt es nämlich schwer, die eigene Entwicklung sowie die Entwicklung der Welt in einem zyklischen Zusammenhang zu sehen. Wären gegen eine solche Betrachtungsweise nicht viele Widerstände vorhanden, könnte das zwölfte Haus als Saat für die Verwirklichung im ersten Haus gesehen werden. Dann wäre es klar, dass der keimenden Pflanze, welche im zwölften Haus ihre ersten Sprossen treibt, nicht zu viel Durchsetzung gegen widrige Aussenumstände zugemutet werden kann, sondern ihr Zeit gelassen werden muss. Dass im zwölften Haus also eine Zeit der Ruhe und der Reinigung gebraucht wird, um im ersten Haus das Individuelle und Einzigartige zum Ausdruck zu bringen.

Die Symbolik zu diesem Prozess können wir allerdings im Laufe des Lebens an uns selbst beobachten. Wenn der Saturn im Transit durch unser zwölftes Haus geht, brauchen wir Ruhe und Einkehr. Wir haben das Bedürfnis, uns vom Getriebe der Welt zurückzuziehen, damit wir sensibel werden für innere Prozesse, welche dann am Aszendenten zu einer neuen Form des Ausdrucks unserer Eigenart nach aussen führen. Menschen mit Planeten im zwölften Haus kommen mit einem solchen Bedürfnis nach Ruhe und eigener Zeit für ihre Entwicklung auf die Welt. Lässt man ihnen diese Ruhe, so werden Verdrängung und Kompensation unnötig. In diesem Fall nehmen sie sich die Zeit, um ihre Anlagen dann zum Ausdruck zu bringen, wenn diese entfaltet sind. Wenige Eltern werden dies jedoch verstehen, sodass ein Kind mit solchen Stellungen selbst Wege finden muss, um mit der Ueberforderung, der es ausgesetzt ist, fertig zu werden.

Auf der höchsten Entsprechungsebene ist das zwölfte Haus ein mystisches

Haus. Es möchte uns durch verschiedene Hindernisse in der Aussenwelt darauf hinweisen, dass nicht die materiellen Verwirklichungen zählen, sondern die andere Wirklichkeit, welche hinter der Welt der Erscheinungen liegt. Leider fällt es uns allen schwer, die Richtigkeit dieser Erkenntnisse zu verstehen, solange unsere grundlegenden Bedürfnisse unbefriedigt geblieben sind. Diese Befriedigungen werden aber gerade im zwölften Haus verzögert und erschwert. Wir verfangen uns zu leicht in Ränkespielen, welche bloss Ersatzbefriedigungen liefern. Das auf der Stufe des Organischen und Materiellen Unerfüllte ist dann auch meist das Hindernis, über das wir auf dem an sich gewünschten, geistigen Weg stolpern. So bleibt uns als inkarniertes Wesen auch in diesem Falle die Konfrontation mit der materiellen Welt nicht erspart. Um also über das zwölfte Haus hinauszuwachsen, und dessen geistige Dimensionen zu leben, müssen wir das sechste Haus integrieren. Dies heisst jedoch, dass wir gleichzeitig fähig werden, für unsere grundlegenden Bedürfnisse als Organismus und als Mensch selbst zu sorgen.

Psychologische Ebene

Die Energien des zwölften Hauses werden in unserer Gesellschaft meist verdrängt oder kompensiert. Bei der Verdrängung werden dann vor allem andere Elemente des Horoskops, welche sich besser für die Durchsetzung eignen, oder Komponenten des sechsten Hauses zum Ausdruck gebracht. Die verdrängten Energien werden entweder als Schwächen und Problembereiche erkannt, oder gänzlich verneint, was dazu führt, dass sie sich in Form von Entsprechungen in der Umwelt, oder über körperliche Symptome konstellieren.

Im Falle der Kompensation wird ein Leistungseifer entwickelt, der auch dann nicht zurückgeht, wenn Ueberlegenheit und Bestätigung erlangt wurden.

Das Bedürfnis zu helfen ist meist stark entwickelt und dient auf der persönlichen Ebene der Ueberwindung von Minderwertigkeitsgefühlen. Gleichzeitig wird damit das Bedürfnis, das Persönliche zu transzendieren, befriedigt. Der Unterschied zwischen den beiden Bereichen zeigt sich vor allem im Verhalten in Situationen, wo Dankbarkeit für die erbrachte Hilfeleistung ausfällt: Im Falle, wo über das Helfen Bestätigung auf der persönlichen Ebene gesucht wird, stellt sich Enttäuschung ein, im Falle des transpersonalen Ausdrucks bleibt das Verhalten gelassen und verständnisvoll.

Soziale Ebene

Sämtliche helfenden Berufe, wo wir damit beauftragt sind, verständnisvoll und klärend in eine nicht mehr stimmig funktionierende Struktur geistiger, psychischer oder körperlicher Art einzugreifen, sind Entsprechungen des zwölften

Hauses. Dies kann zu Betätigungen führen, im Rahmen von kirchlichen oder sozialen Organisationen, sowie in psychiatrischen Kliniken oder Krankenhäusern. Dabei ist klar zu erkennen, dass die berufliche Betätigung im Zusammenhang mit Menschen, welche das Auflösende und Chaotische in sich erleben, eine sozial gekonnte Bewältigung des Chaotischen in einem selbst symbolisiert. Wir können dies auch als Projektion ansehen, indem die Auseinandersetzung mit Schwächen bei andern uns vorübergehend von der Konfrontation mit unseren eigenen Schwächen befreit. So unklar wie das zwölfte Haus ist auch der Prozess. Trotz allem Abbau der Egobedürfnisse, welcher mit einer helfenden Tätigkeit einhergeht, werden wir selten klar erfassen können, wieweit wir in unserer persönlichen Entwicklung sind. Dies wird sich erst dann zeigen, wenn wir erleben, wie wir ohne unsere Patienten oder Bezugspersonen, die von uns abhängig sind, auskommen.

Projektive Ebene

Die verdrängten Energien des zwölften Hauses werden wir sehr stark über unsere Umwelt, sowie unsere Partnerschaften erleben. Diejenigen Kräfte, welche wir in uns selbst fürchten, werden uns in Form anderer Personen entgegentreten. Wir dürften gerade mit diesen Energien Mühe haben, weil diese viel unbewusster sind, als die Kräfte, welche im andern typisch projektiven Bereich des Horoskops, dem siebten Haus, zum Ausdruck kommen. So hat die Tradition nicht unrecht, wenn sie im siebten Haus die offenen Feindschaften ansiedelt, während sie das zwölfte Haus als den Bereich der verborgenen Feindschaften betrachtet. Wenn wir es fertig bringen, diese Feinde, welche die nicht zugelassenen Energien des zwölften Hauses verkörpern, zu akzeptieren und zu lieben, verschwinden sie nicht nur, sondern wir haben einen der grössten Integrationsschritte vorgenommen, dessen wir fähig sind. Auf dieser Stufe wird das zwölfte Haus zum Heilsweg. Zuvor werden wir uns oft als das Opfer dieser Personen erleben, welche die nicht-akzeptierten Seiten unserer Psyche verkörpern.

Planeten im zwölften Haus

Eine Ballung von Planeten im zwölften Haus wird einerseits ein vielschichtiges Innenleben, sowie eine starke Intuition bedingen – dürfte jedoch andererseits auch zur Entwicklung von Fähigkeiten führen, welche wir eher im sechsten Haus ansiedeln, wie beispielsweise Exaktheit, die in gewissen Bereichen an Pedanterie grenzen kann, sowie ein starkes Absicherungsbedürfnis. Der Grund dafür ist darin zu suchen, dass die verschiedenen Planeten im zwölften Haus schon früh zu Konflikten mit der praktischen Welt führten, sodass durch Verdrängung und Kompensation eines Teils der Energien des zwölften Hauses eine bessere Realitätsanpassung angestrebt werden musste. So dürfte in den meisten Fällen neben chaotischen Zügen viel Arbeitseifer vorhanden sein.

Inwieweit die Auseinandersetzung mit den Energien des zwölften Hauses, insbesondere durch eine helfende Komponente, zu einer abgeklärten Loslösung von Wünschen des Egos führt oder die verdrängten Energien sich über körperliche Symptome und Intrigen von Seiten der Umwelt manifestieren, lässt sich von der Betrachtung des Horoskops her nicht sagen. Gerade beim zwölften Haus ist das Niveau in Form einer Ausrichtung auf einen ganzheitlichen, überpersönlichen Sinn ausserordentlich wichtig. Auch wird eine gekonnte Bewältigung der im zwölften Haus angedeuteten Krisenthemen viel Mut voraussetzen, welcher am ehesten auf einem sonst gesunden Selbstwertgefühl (siehe die restlichen Stellungen des Horoskops) wachsen kann.

ANHANG

Die persönlichen Planeten in den Zeichen und Häusern

In diesem letzten Teil des Buches schlagen wir Ihnen einige Deutungen von Planeten in den Zeichen und Häusern vor. Diese kurzen Texte beschreiben die häufigsten Entsprechungen einer Planetenstellung. Somit dienen sie als Illustration für die Kombination der im Hauptteil des Buches beschriebenen Qualitäten von Planet, Zeichen und Haus. Wir ermuntern Sie jedoch dazu, mit zunehmender Praxis die einzelnen Symbole selbst zu kombinieren.

Dies gilt auch für die Stellungen der langsamen Planeten ab Jupiter, für welche aus Platzgründen in diesem Band keine einzelnen Deutungen im Zeichen und Haus aufgeführt werden konnten.

Die Sonne in den Zeichen

Sonne im Widder

Sie sind sehr spontan, energiegeladen und haben einen grossen Wunsch nach Unabhängigkeit. Ihr Wille ist stark, und Sie sind enorm begeisterungsfähig. Manchmal sind Sie zu impulsiv und reissen Dinge an, die Sie nachher bereuen. Lernen Sie deshalb auf die Reaktionen Ihrer Umwelt zu sehen, um in Zukunft sorgfältiger vorzugehen. Immerhin, Ihr unbändiger Wille und Ihre Entschlusskraft werden Ihnen viele Dinge möglich machen, vor denen andere Angst hätten.

Sonne im Stier

Um gute Arbeit zu leisten, brauchen Sie das Gefühl von emotionaler und materieller Sicherheit, eine ausgeglichene Atmosphäre und eine stabile Lebenssituation. Sie können dann viel Durchsetzungskraft zeigen, die sich insbesondere darin äussert, dass Sie beharrlich über lange Zeit auf ein von Ihnen gewähltes Ziel hinarbeiten können. Aesthetische Gesichtspunkte werden dabei eine Rolle spielen, denn Sie sind sehr empfänglich für die Schönheit der Natur, der Kunst und des Lebens ganz allgemein.

Sonne in Zwillinge

Im Denken und Handeln sind Sie sehr beweglich, anpassungsfähig und vielseitig. Sie besitzen eine ausgesprochene Begabung für Kommunikation und Vermittlung von Informationen. Dabei suchen Sie immer wieder neue Kontakte und Anregungen, weil Sie sonst leicht gelangweilt und ungeduldig werden können. Falls eine Diskussion zu ruhig wird, bringen Sie gerne Widersprüche ein, um die Möglichkeit zu haben, sich mit Argumenten auseinanderzusetzen. Damit sorgen Sie dafür, dass Ihr Denken nie erlahmt, sondern ständig auf neue Art und Weise unterscheidend tätig sein kann. Es geht Ihnen dabei oft weniger um die Materie an sich, als um die Möglichkeiten zum gedanklichen Austausch, welche dadurch geboten werden.

Sonne im Krebs

Ihr Gefühlsleben ist besonders stark, und Sie lassen sich bei wichtigen Entscheidungen mehr von Ihrer Intuition und Phantasie als von Ihrem Intellekt lenken. Sie haben einen starken Wunsch nach Geborgenheit und finden Ihre emotionale Sicherheit in Familie und Tradition oder in Ihrem Innenleben.

Auch im Bereich Ihres Berufes haben Sie ein starkes Bedürfnis nach gefühlsmässigem Austausch. Somit werden Sie eine Tätigkeit suchen, die viel Kontakt mit Menschen beinhaltet. Sie werden dabei viel Geborgenheit ausstrahlen können, was bewirkt, dass man sich in Ihrer Gegenwart wohlfühlen wird.

Sonne im Löwen

Im Umgang mit anderen erheben Sie einen Führungsanspruch. Es ist Ihnen wichtig, in Ihrem Umkreis eine starke Wirkung und Ausstrahlung zu haben. So sind auch Ihre Anstrengungen auf grosse Dinge gerichtet. Sie möchten alles, was Sie tun, aus Ueberzeugung tun können und verachten kleinliche Verhaltensweisen. Es wird wichtig sein, dass Sie sich durch Ihre Leistungen das Umfeld schaffen, in welchem Sie im Grossen wirken können, weil Sie sonst mit Prahlerei und erborgten Allüren Ihren Mangel an Substanz zu kompensieren versuchen. Es besteht jedoch wenig Zweifel, dass es Ihnen gelingen sollte, sich die Sphäre von Freiheit zu sichern, die Sie brauchen, um sich wohlzufühlen.

Sonne in Jungfrau

Sie haben das Bedürfnis, sich nützlich zu machen, und so ist Arbeit Ihnen sehr wichtig. Sie möchten alles sehr gründlich verrichten, wobei Ihr Hang zum Perfektionismus Sie manchmal hemmt. Dies wird immer dann der Fall sein, wenn Sie meinen, mit Ihren Leistungen Ihren eigenen Anforderungen nicht zu genügen. Hohe Erwartungen an »Leistung und Vollkommenheit« stellen Sie auch an andere. Dies kann Sie dazu geneigt machen, Ihre Tendenz zur Kritik und Nörgelei mit Argumenten zu untermauern.

Ihre hohen Anforderungen und Ihr Perfektionismus haben allerdings auch ihre Vorteile: Sie können methodisch und logisch vorgehen und sich dabei durch viel Systematik und Eifer auszeichnen. Sie haben gute Gaben, um alles in Einzelteile zu zerlegen, was ermöglicht, komplexe Zusammenhänge zu analysieren, jedoch die Gefahr in sich birgt, dass man vor lauter Details die Gesamtübersicht verliert.

Sonne in Waage

Sie brauchen ein harmonisches, ästhetisches Milieu sowie viel gegenseitige Rücksichtnahme und Sympathie, um Ihre besten Anlagen zu entwickeln: Gerechtigkeitssinn und Kontaktfähigkeit. Sie haben ein starkes Bedürfnis, zwischen Gegensätzen zu vermitteln, denn Sie sehen immer beide Seiten eines Problems. Ein gefährlicher Punkt könnte Ihre Neigung sein, sich übermässig anzupassen, um die Harmonie nicht zu stören, was schliesslich dazu führen würde, dass Sie nicht mehr wissen, was Ihnen selbst zutiefst wichtig ist. Lernen Sie also, Ihre eigenen Motivationen und Bedürfnisse wahrzunehmen und auch auszudrücken.

Im Bereich Ihres Berufes wird es Ihnen wichtig sein, in einer harmonischen Atmosphäre zu arbeiten und mit vielen Menschen Kontakt zu haben. Sie können dabei verbindend und vermittelnd wirken.

Sonne im Skorpion

Sie verfügen über ein überdurchschnittliches Potential an Vitalität, Ausdauer und Energie. Da Sie die Hintergründe des Geschehens erfassen möchten, sind Sie andern und sich selbst gegenüber kritisch und neigen manchmal zu extremen und heftigen Reaktionen. Ihre konsequente Haltung könnte gar zu einer Art Fanatismus führen. Sie können sehr eifersüchtig und possessiv sein. Während Sie zu Zeiten, wo alles problemlos seinen Lauf nimmt, durch Ihre Neigung, alles Mögliche zu hinterfragen, oft für eine Aufregung sorgen, die andern unnötig und künstlich scheinen kann, bewähren Sie sich auf eine erstaunliche Art und Weise in Krisensituationen. Zu solchen Zeiten kommt Ihr geballtes Kräftepotential zum Tragen, und Sie erstaunen Ihre Umwelt durch Ihre Ausdauer und Ihre Leistungen.

Sonne im Schützen

Sie haben einen grossen Wunsch nach persönlicher und ideeller Freiheit, sind sehr offen und begeisterungsfähig. Nur wenn es nicht anders geht, werden Sie sich andern unterstellen. Langfristig möchten Sie Ihr Bedürfnis nach Weite und interessanten neuen Horizonten verwirklichen. Dies kann sowohl das Ausland, als auch aufregende Aktivitäten einschliessen. In der Gesellschaft und im Gespräch mit Freunden wird es Ihnen ein Anliegen sein, möglichst tonangebend zu sein.

Sonne im Steinbock

Für Sie ist das Leben eine ernste Angelegenheit, die mit Vorsicht, Ausdauer, Fleiss und Geduld angegangen werden muss. Sie sind ehrgeizig und streben eine bedeutende Position in der gesellschaftlichen und sozialen Hierarchie an. Konsequenz und korrektes Vorgehen ist Ihnen wichtig. Sie verlangen das von sich selbst, aber auch von andern. Diese Stellung wird Ihnen helfen, im Beruf langfristige Ziele mit Beharrlichkeit anzugehen und sich nicht leicht davon ablenken zu lassen.

Sonne im Wassermann

Sie sind sehr individualistisch, in persönlichen Beziehungen freundlich, zuvorkommend, aber nicht so leicht gefühlsmässig engagiert. Sie möchten sich aus heftigen Auseinandersetzungen oder intensiven Leidenschaften möglichst fernhalten und nicht allzu unmittelbar in ein Geschehen miteinbezogen werden. Dies ist Ihnen wichtig, um Ihre Freiheit zu wahren und Ihre idealistische Lebenseinstellung, die eine Zukunft voller Möglichkeiten und Versprechungen beinhaltet, nicht aufgeben zu müssen. Sie interessieren sich für das Zeitgeschehen und können sich bewähren in Bereichen, wo Originalität, Erfindungsgabe und ein unkonventionelles Verhalten gefragt sind. Der Routine und einschränkenden Bedingungen werden Sie möglichst aus dem Wege gehen.

Sonne in Fische

Sie sind sehr feinfühlig und können sich mit Leichtigkeit in andere hineinversetzen, was soweit gehen kann, dass Sie nicht immer genau wissen, wo Sie stehen. Diese Unbestimmtheit wird ein Nachteil sein, wenn Sie einen Beruf gewählt haben, der von Ihnen verlangt, dass Sie im Bereich des Materiellen und der konkreten Fakten mit beiden Füssen auf dem Boden stehen. Sie wird jedoch zum grossen Vorteil, wenn Ihr Beruf den Umgang mit den feinstofflichen, geistigen oder seelischen Dingen des Lebens beinhaltet. So werden Sie sich insbesondere in einer helfenden oder beratenden Tätigkeit bewähren können, innerhalb derer Sie dazu beitragen können, die Probleme anderer zu lösen. Neben helfenden Berufen können übrigens auch musische Betätigungen in Frage kommen, weil diese ebenfalls eine Auseinandersetzung mit den sensibleren Seiten des Lebens ermöglichen.

Die Sonne in den Häusern

Sonne im ersten Haus

Die Anlagekomponenten der Sonne, gemäss ihrer Stellung im Zeichen, werden sich vor allem im Bereich Ihres persönlichen Ausdrucks und Ihrer Selbstdarstellung manifestieren. Dies heisst, dass Sie im Ausdruck Ihrer Bedürfnisse, sowie Ihrer Talente und Anlagen viel Spontaneität zeigen werden. Dies wird Ihnen helfen, Ihre Individualität zur Entfaltung zu bringen. Sie sind bereit, Risiken einzugehen und können mit Ihrem Enthusiasmus manche Hürde nehmen. Entsprechend möchten Sie für das, was Sie sind, auch unabhängig von Ihren Leistungen und Funktionen in der Gesellschaft, geschätzt werden. Sie sollten höchstens dem Hang widerstehen, Ihre eigene Person als das Mass aller Dinge anzusehen.

Sonne im zweiten Haus

Sie werden die Anlagekomponenten der Sonne gemäss ihrer Stellung im Zeichen vor allem dazu einsetzen, um eine stabile Basis zu finden. Sie suchen Sicherheit, was sich sowohl in der Anhäufung von Besitz und Geld, als auch in der Entwicklung von geistigen oder seelischen Werten manifestieren kann. Dadurch, dass Sie Dinge Ihr eigen nennen können, beziehen Sie Verankerung und Halt im Leben. Dies macht Sie auch fähig, das Leben zu geniessen, indem Sie das, was Sie haben, auch umsetzen können. Diese Stellung gibt Ihnen viel Bodenständigkeit und verstärkt Ihre Bindung an die konkrete Realität. Sie verleiht Ihnen auch Naturverbundenheit und Sinnlichkeit.

Sonne im dritten Haus

Die Anlagekomponenten der Sonne gemäss ihrer Stellung im Zeichen werden sich insbesondere im Bereich des Austausches mit andern, und ganz allgemein auf dem Gebiet der Kommunikation manifestieren. Sie werden das Bedürfnis verspüren, sich Wissen anzueignen, um bei Diskussionen mitreden zu können, und auf diese Art Ihr Denken und Ihre Fähigkeit zu argumentieren zu üben. Ihr lebhaftes Interesse an allen Gebieten der Kommunikation und des Informationsaustausches kann Sie in Bereiche führen, wie Sprache, Schrift, Reisen.

Jeder Impuls zum Handeln wird bei Ihnen zuerst einem Denkprozess unterzogen. Ihr Intellekt hat somit eine wichtige Filterfunktion. Achten Sie darauf, dass Sie nicht nur Informationen sammeln und weitergeben, sondern Ihren

Verstand auch dazu einsetzen, zu unterscheiden, was Ihnen wichtig und was unwichtig ist.

Sonne im vierten Haus

Die Anlagekomponenten der Sonne gemäss Zeichenstellung werden insbesondere im Bereich Ihres Innenlebens, Ihrer Häuslichkeit sowie im Kontakt mit Ihrer Familie (sowohl der angestammten, als auch der selbst gegründeten) zum Ausdruck kommen. Ausserdem könnte eine Tätigkeit in einer erziehenden Funktion für Sie die Rolle der Familie übernehmen. Auf alle Fälle werden Sie sich intensiv mit Tradition und Vergangenheit auseinandersetzen – im positiven, wie vielleicht auch im negativen Sinne.

Ihre Bezogenheit zu Ihren Wurzeln und zu Ihrem Unbewussten könnte aus Ihnen auch einen guten Psychologen machen, dessen Aufmerksamkeit nicht nur auf äussere Prozesse, sondern auch auf innerseelische Veränderungen bei Ihren Mitmenschen gerichtet ist. Wahrscheinlich haben Sie trotz dem Vorhandensein von vielleicht anderslautenden Komponenten, ein starkes Bedürfnis nach einem ausgebauten häuslichen und familiären Leben oder zumindest nach einer Häuslichkeit, die Ihnen entspricht, da dies für Sie der Boden ist, wo Sie wieder auftanken können, um sich der Aussenwelt zu stellen.

Sonne im fünften Haus

Die Anlagekomponenten der Sonne gemäss Zeichenstellung werden sich insbesondere im Bereich Ihres kreativen Ausdrucks und Ihrer Selbstdarstellung manifestieren. So können Sie Ihr Bestes leisten, wenn Sie Spass haben an dem, was Sie tun, und wenn dieses etwas Spielerisches beinhaltet. Sie haben Mühe, wenn Sie nach Anweisungen handeln sollen. Viel eher haben Sie das Bedürfnis, etwas zu schaffen, was Ausdruck Ihrer Persönlichkeit ist: Zum Beispiel ein Kunstwerk, ein wirtschaftliches Unternehmen, eine Erfindung – auf alle Fälle etwas, womit Sie sich selbst identifizieren können, und über das Sie sich in der Umwelt selbst erfahren.

So möchten Sie Ihre Arbeit auch als Spass und Spiel sehen können und nicht als blossen Broterwerb. Das wird erst dann möglich sein, wenn Sie sich durch harte Arbeit das nötige Wissen und die entsprechende Sachkenntnis angeeignet haben. Auch werden Sie die Selbständigkeit, die Sie anstreben, erst dann erreichen, wenn Sie es auch gelernt haben, sich selbst zu disziplinieren. Dann werden Sie Ihren Werken in jeder Hinsicht Ihren eigenen Stempel aufsetzen können.

Falls Ihre Arbeit Ihr Bedürfnis nach Spiel und Kreativität nicht befriedigt, werden Sie diese Entsprechungen in Ihrem Privatleben und in Ihrer Freizeit suchen. Es mag Ihnen dann wichtig sein, zusammen mit Freunden oder Partnern wilde Unternehmungen in Gang zu setzen, die Ihnen erlauben, Freiheit und Lebensfreude zu spüren.

Sonne im sechsten Haus

Die Anlagekomponenten der Sonne gemäss Zeichenstellung wirken sich vor allem im Bereich Ihrer Arbeit aus. Sie gehen gerne sorgfältig und gründlich vor, und wenn Sie an der Arbeit sind, so können Sie Ihre persönlichen Bedürfnisse und Wünsche zurückstellen und sich ganz in Ihre Sache vertiefen. Diese Haltung des »Dienstes an der Sache» kann Ihnen helfen, eventuelle Schuldgefühle abzubauen. Sie fühlen sich dann nützlich und für die Gemeinschaft wertvoll. Unsicher sind Sie hingegen, wenn Sie im Rampenlicht stehen sollten und von Ihnen erwartet wird, dass Sie etwas vorbringen, was Sie nicht gründlich durchstudieren konnten. Diese Konstellation ist somit besonders für Berufe und Aufgaben geeignet, wo sorgfältigste analytische Arbeit gefordert wird, und wo man nach klaren Anweisungen handeln kann.

Sonne im siebten Haus

Die Anlagekomponenten der Sonne gemäss Zeichenstellung werden Sie vor allem im Bereich Ihrer Beziehungen und Ihres Kontaktes mit der Umwelt – oder falls Sie eine leitende Persönlichkeit sind, mit dem Publikum – zum Ausdruck bringen. Sie brauchen und suchen die Bestätigung durch andere. Es würde Ihnen schwerfallen, allein zu leben oder zu arbeiten. Ganz allgemein sind für Ihren Lebenserfolg private und geschäftliche Partnerschaften von grosser Bedeutung. Von einem Partner verlangen Sie sehr viel Seelengrösse und neigen dazu, ihn zu idealisieren. Allerdings wollen Sie meist die Führungsrolle in einer Beziehung übernehmen.

Sonne im achten Haus

Die Anlagekomponenten der Sonne gemäss Zeichenstellung werden insbesondere im Bereich einer Auseinandersetzung über das Thema »Gesellschaft und Macht« oder einer Suche nach den Hintergründen des Lebens kreisen. So kann diese Stellung bedeuten, dass Sie in irgendeiner Weise ein Familienerbe zu verwalten haben, sei dies in gesellschaftlicher Hinsicht im Sinne von Familientraditionen und Familiengewohnheiten, oder in materieller Hinsicht, über eine bereits erfolgte, oder noch stattzufindende Erbschaft. In jedem Fall werden Sie sich damit auseinandersetzen müssen, inwiefern Sie dieses Erbe annehmen oder ausschlagen wollen, um Ihre Freiheit zu wahren. In diesem Zusammenhang mag sich die Frage nach Geld und Macht stellen. Akzeptieren Sie des Geldes wegen die Forderungen und damit die Macht der andern, oder verzichten Sie darauf, und behalten oder finden Sie damit eine Freiheit, die auf eigenem Boden gewachsen ist? Die gleichen Themen können sich auch stellen im Zusammenhang mit dem Besitz eines Partners.

Sie können die Auseinandersetzung mit dem Thema Macht auch dadurch angehen, dass Sie sich über Ihren beruflichen Status eine gesellschaftliche Stellung sichern, die Ihnen Macht verleiht. In diesem Falle kann Sie die Frage beängstigen, wer Sie wären, wenn Sie diese Position verlieren würden.

Zum Schluss kann diese Stellung der Sonne im achten Haus auch ein starkes Bedürfnis anzeigen, verborgenen Zusammenhängen auf die Spur zu kommen. Dies kann reichen von einer Faszination für die verschiedensten »Detektivspiele«, indem Sie beispielsweise Heimlichkeiten bei andern aufdecken, bis zu einer echten Suche nach den Hintergründen unserer Existenz, was Sie auf Themen wie Leben nach dem Tode, sowie Religion, Magie und Mystik führen könnte. Höchstwahrscheinlich wird das Leben durch die Umstände, in die Sie hineinverwickelt werden, für die Auseinandersetzung mit solchen Fragestellungen sorgen.

Sonne im neunten Haus

Die Anlagekomponenten der Sonne gemäss ihrer Stellung im Zeichen werden sich insbesondere über ein Bedürfnis nach Reisen, Studium, Begegnung mit Menschen und Kulturen sowie dem Ausland, d.h. Dingen, die zu einer Erweiterung Ihres Horizontes beitragen, manifestieren. Sie möchten sich weiterentwikkeln und aus der Beobachtung des Lebens dessen Gesetzmässigkeiten verstehen.

Dies gilt auch für Ihre Arbeit. Sie werden ein grosses Bedürfnis haben, nach Beweglichkeit, Eigeninitiative und Spielraum. Entsprechend sollte Ihnen Ihre Tätigkeit möglichst viel Selbständigkeit ermöglichen.

Sonne im zehnten Haus

Die Anlagekomponenten der Sonne gemäss ihrer Stellung im Zeichen werden Sie insbesondere im Bereich Ihres Berufes verwirklichen können. Sie streben eine Position an, welche Ihnen Autorität und Ansehen verleiht. Um dies zu verwirklichen, werden Sie grosse Anstrengungen unternehmen. Sie werden sich disziplinieren und oft das kurzfristig Angenehme zugunsten langfristiger Ziele in den Hintergrund stellen. Allerdings werden Sie auf Ihrem Weg zu Macht und Ansehen viele Rivalitäten zu bekämpfen haben.

Sonne im elften Haus

Die Anlagekomponenten der Sonne gemäss ihrer Stellung im Zeichen werden vor allem im Umgang mit Freunden und Gleichgesinnten zum Ausdruck kommen. Sie mögen ein Ideal verkörpern, das andere mit ähnlichen Ideen ebenfalls anspricht und dazu führt, dass Sie in Ihren Zielen unterstützt werden und von aussen Hilfe bekommen. Ganz allgemein sind Ihnen aber Freundschaften und Beziehungen sehr wichtig, und Sie werden die Neigung haben, zusammen mit Ihren Freunden eine Art Clan von Auserwählten zu verkörpern.

Sonne im zwölften Haus

Die Anlagekomponenten der Sonne gemäss ihrer Stellung im Zeichen werden sich insbesondere im Bereich einer helfenden, pädagogischen oder musischen Tätigkeit zum Ausdruck bringen lassen.

Mit dieser Konstellation werden Sie wohl einige Zeit brauchen, um Ihre Ziele klar zu erkennen. Wahrscheinlich fühlten Sie sich in der Kindheit als Aussenseiter und hatten den Eindruck, dass das, was Ihnen wichtig war, von andern nicht wirklich verstanden wurde. Dabei müssen Sie sich nicht unbedingt in die Einsamkeit zurückgezogen haben. Vielleicht lernten Sie damals, einfach rein äusserlich mitzumachen, unter anderem, um sich dadurch einen ungestörten Bereich zu sichern, wo Sie für sich sein können. So wählten Sie zunächst vielleicht einen Beruf oder äussere Lebensumstände, die Ihnen nur vorübergehend entsprachen, welche Ihre innere Reifung aber in aller Ruhe vorbereiten halfen.

Aus diesem Grunde werden Sie wohl kaum bei Ihrem ersten Beruf bleiben. Sobald Sie Ihre inneren Bedürfnisse, welche auf Feinstoffliches ausgerichtet sind, besser kennen, werden Sie Ihren Weg wahrscheinlich ändern wollen. Dieser könnte mit einer helfenden Tätigkeit wie Psychologie, oder aber mit Kunst, Religion oder Mystik in Zusammenhang stehen.

Der Mond in den Zeichen

Mond im Widder

Ihr Gefühlsleben ist sehr spontan. Sie reagieren impulsiv und oft ungeduldig, und es fehlt Ihnen vielleicht manchmal an Selbstbeherrschung. Dies ist sowohl eine Stärke als auch eine Schwäche. Die Stärke liegt in Ihrer Natürlichkeit, Offenheit und Ehrlichkeit. Sie fragen sich, bevor Sie etwas sagen, nicht erst ob es bei andern gut ankommt, sondern sagen rundheraus, was Sie auf dem Herzen haben. Die Schwäche liegt darin, dass Sie Mühe haben, sich auf andere wirklich einzustellen oder anzupassen. So können Sie sehr ichbezogen und herrschsüchtig wirken. Sie haben die Züge einer Persönlichkeit, welche andere durch Enthusiasmus und Begeisterungsfähigkeit mitreissen kann. Sie sollten jedoch in vielen Situationen mehr Selbstkritik entwickeln.

Mond im Stier

Bei Ihren Mitmenschen erwecken Sie Sympathie durch Ihre Freundlichkeit, Ihre Wärme und Ihren Charme. Sie haben ein geniesserisches Temperament, welches einen starken Hang zu sinnlichen Freuden beinhaltet. Auch gehören Natur und Kunst zu Ihren Vorlieben. Es wird Ihnen wichtig sein, sich fest in Ihrer Umgebung verankert zu fühlen. Ihre Gefühle sind tief, und der Verlust von Liebe schmerzt Sie sehr. In Ihren Beziehungen kommt eventuell ein possessiver Zug zum Vorschein, es sei denn, Sie hätten sich aus Angst vor Verlusten für wechselnde Beziehungen mit stark sinnlicher Komponente und ohne grosses Gefühlsengagement entschieden.

Mond in Zwillinge

Ihre Emotionen werden eher vom Neuheitsreiz als von tiefen Leidenschaften in Bewegung gebracht. Sie selbst können solche seelischen Erdbeben kaum nachvollziehen, und vielfältige anregende Kontakte mit geringem Gefühlsengagement sind Ihnen wichtiger. So ist Ihr Intellekt wahrscheinlich stärker als Ihre Emotionen.

Gefühlsmässige Erlebnisse sollen Ihnen helfen, die Vielseitigkeit des Lebens kennenzulernen und sich mit neuen Facetten der Existenz vertraut zu machen. Dies heisst nicht, dass Sie nicht romantisch sein können, sondern lediglich, dass es Ihnen leichter fällt, über die Liebe nachzudenken, als diese zu erleben.

Mond im Krebs

Sie sind sehr empfänglich für Schwingungen und nehmen den Stimmungston, mit dem etwas vorgetragen wird, mindestens ebenso intensiv auf wie die Worte. Ihr Gefühlsleben ist sehr ausgeprägt, und Sie sind leicht beeinflussbar. Sie wollen emotionale Sicherheit, können aber auch rührend für andere Menschen sorgen.

Sie sind entweder sehr familien- und heimgebunden, mit Fernweh im Herzen oder sind ein Nomade auf der Suche nach einem Zuhause. Ihre Stimmungen sind von der Umgebung abhängig und wirken sich auf Ihre physische und psychische Gesundheit aus.

Mond im Löwen

Ihre Gefühle sind enthusiastisch und grosszügig. Ihre Begeisterungsfähigkeit ist jedoch gleichzeitig mit einem starken Ichgefühl gepaart, sodass Sie viel Beachtung und Anerkennung brauchen. Es ist Ihnen sehr wichtig, an den Wert Ihres Gegenübers oder Partners glauben zu können, und Sie ziehen sich von Kontakten, welche Sie als unter Ihrer Würde erachten, leicht zurück. Dies kann dazu führen, dass Ihnen die Umwelt manchmal Stolz und Eitelkeit nachsagt. Die Tatsache ist, dass man bei Ihnen weiss, woran man ist, ob man zu Ihren Auserwählten gehört oder zum Fussvolk, mit dem Sie nicht zuviel Zeit verschwenden möchten. Allerdings strahlen Sie soviel Charme aus, dass man Ihnen einiges verzeihen wird. So werden Ihnen Ihre gesellschaftlichen Talente viel Beliebtheit bringen.

Im Laufe der Zeit werden Sie auch auf einige der theatralischen Effekte, die Ihnen früher wichtig waren, verzichten können. Sie beeindrucken dann weniger durch äusseres Gehabe, sondern bemühen sich, zu echter Seelengrösse heranwachsen. Dann werden Sie vielleicht sogar eine Qualität entwickeln, die Ihnen bisher weitgehend fehlte: Einfachheit und Bescheidenheit. Dies wird sich am ehesten dann einstellen, wenn Sie mit Ihren Leistungen die gewünschte Anerkennung gefunden haben.

Mond in Jungfrau

Sie verschliessen Ihre seelischen Regungen gerne in Ihrem Innern und ordnen Ihre Emotionen dem Verstand unter. Auf Ihre Mitmenschen wirken Sie entsprechend etwas kühl und reserviert, kritisch und fast pedantisch. Sie müssen zu einer Person Vertrauen gefasst haben, bevor Sie sich öffnen können. Diese Oeffnung zum Du wird Ihnen ebenfalls erleichtert, wenn Sie einem andern helfen können.

Einer Aufgabe können Sie sich sehr hingebungsvoll widmen. Manchmal konzentrieren Sie sich allerdings allzusehr auf Details und laufen Gefahr, den Ueberblick zu verlieren. Auch neigen Sie dazu, Gefühlen zu misstrauen.

Mond in Waage

Sie haben ein grosses Bedürfnis nach Kontakt und Austausch und fühlen sich ganzheitlicher, wenn Sie in einer Beziehung stehen. Ihre vermittelnde Art dürfte es Ihnen auch leicht machen, Beziehungen anzuknüpfen. Das einzige, was Ihnen eine Partnerschaft mit der Zeit problematisch erscheinen lassen könnte, ist Ihre starke Neigung, sich anzupassen und dabei im Laufe der Zeit nicht mehr zu wissen, wer Sie sind, und wo Sie stehen. Es wird wichtig sein zu lernen, trotz Ihrer Bezogenheit auf den andern, sich selbst zu sein.

Sie haben eine natürliche ästhetische und künstlerische Begabung, obwohl Sie nicht unbedingt selbst kreativ tätig sind.

Mond im Skorpion

Nach aussen zeigen Sie es selten, höchstens in ausgesprochenen Stresssituationen, aber Ihr Gefühlsleben ist unruhig, leidenschaftlich und bewegt. Sie haben ein grosses, unbefriedigtes Bedürfnis nach absoluter Liebe, nach einer Zuneigung, die Ihnen auch in Momenten, wo Sie sich schwierig und für andere vielleicht unverständlich verhalten, nicht entzogen wird. So reagieren Sie aus Angst vor Ablehnung oft schroff oder verschlossen. In andern Momenten sind Sie so ehrlich und offen, dass Sie vielleicht als taktlos empfunden werden. Erleben Sie dann in solchen Momenten Ablehnung, so können Sie in eine beissende Selbstkritik verfallen.

Ihr Gefühlsaustausch mit der Umwelt ist eben überdurchschnittlich intensiv, Sie schwingen leidenschaftlich mit und registrieren auch die kleinsten Missstimmungen. Gleichzeitig sind Sie in Ihren Gefühlen enorm ausdauernd, sodass Ihre Liebe die auserwählte Person in all ihren Bewegungen begleiten möchte.

Wenn Sie es verstehen, in einer Beziehung über die anfänglichen Krisen hinwegzukommen, indem Sie Probleme nicht unter den Tisch wischen, sondern diese aussprechen, haben Sie die Möglichkeit, eine Beziehung von besonderer Dauerhaftigkeit aufzubauen. Es wird dann nur darauf zu achten sein, dass die Leidenschaftlichkeit, die anfänglich da war, im Laufe der Zeit nicht in mehr oder weniger subtile Machtspiele ausartet. Langweilig wird es Ihnen und Ihrem Partner dabei jedoch nie werden. Wenn die Beziehung nämlich einen allzu ruhigen Verlauf nehmen würde, so wären Sie der erste, der für Aufregung sorgt.

Eine Beziehung ist nämlich für Sie dazu da, um sich über dieses Medium selbst in Ihren innersten Schichten zu erleben.

Mond im Schützen

Sie haben einen optimistischen Gefühlsausdruck, der andere leicht begeistern kann. Dabei werden Sie insbesondere dann Ihre Gefühle zeigen können, wenn Sie an den Wert Ihres Gegenübers glauben können. Sie müssen dabei in Ihrem Partner eine Dimension spüren, welche Ihren Glauben an eine mögliche Zukunft mit noch nicht dagewesenen Möglichkeiten unterstützt. Diese leicht euphorische oder zumindest projektive Dimension kann dabei am besten fern vom Alltag, d.h. im Ausland, oder mit Menschen ausländischer Abstammung, die andere Wertsysteme verkörpern, zum Ausdruck kommen.

Mond im Steinbock

Ihre Gefühle und Emotionen drücken Sie verhalten aus. Deshalb erscheinen Sie reserviert, beherrscht und aufgrund Ihrer Angst vor Abweisung manchmal etwas gefühlskalt. Sie möchten eben Sicherheit haben, bevor Sie sich gefühlsmässig öffnen. Wenn Ihre Gefühle auch nicht so leicht offen ausgedrückt werden, so sind sie doch tief und dauerhaft. Geliebten Menschen gegenüber empfinden Sie eine ehrliche und ernstgemeinte Verantwortung.

Damit verdrängte Emotionen nicht zu melancholischen und depressiven Verstimmungen führen, wird es nötig sein, dass Sie lernen, Gefühle spontaner zum Ausdruck zu bringen. Dies sollte möglich sein, sobald Sie eine gewisse Selbstsicherheit gefunden haben und sich somit weniger vor Verletzungen fürchten.

Mond im Wassermann

Sie haben in einer Beziehung ein starkes Bedürfnis nach echtem Austausch und nach Gleichwertigkeit. So wird nur eine Partnerschaft, welche auch eine gute Kameradschaft darstellt, Erfolg haben können. Von possessiven oder allzu einschränkenden Beziehungen sollten Sie, mindestens wenn Sie der eingeschränkte Partner sind, Abstand nehmen, weil Sie dies auf die Dauer schlecht ertragen würden. Somit könnte Ihr grosses Bedürfnis nach Selbständigkeit dem Eingehen einer traditionellen Beziehung mit einer stark polarisierten und konstanten Rollenverteilung im Wege stehen.

Mond in Fische

Ihre seelische Verfassung ist sehr stark von Ihrer Umgebung beeinflussbar und kann sich in extremen Stimmungsschwankungen äussern. Gleichzeitig kann Ihnen Ihre Phantasie zu tiefgründigen und intuitiven Erkenntnissen verhelfen, ebenso wie sie leicht zu undurchsichtigen Selbsttäuschungen Anlass geben kann.

Es wird wichtig sein, dass Sie sich gegen aggressive Ausseneinflüsse abzuschirmen verstehen, um Ihre Sensibilität in den Situationen einzubringen, wo Sie sich vorbehaltslos geben können. Auch wird Ihnen eine Bestätigung, im Rahmen welcher Sie Ihre helfende Seite zum Ausdruck bringen können, die Möglichkeit geben, mehr Selbstsicherheit zu erlangen.

Der Mond in den Häusern

Mond im ersten Haus

Sie werden Ihre Gefühle in Form von intensiven Kontakten mit Ihrer Mitwelt erleben. Auch wenn Sie dies nicht immer zeigen, so ist Ihr Seelenleben sehr sensibel. Sie sind sehr aufnahmebereit und beeindruckbar gegenüber äusseren Impulsen und können wegen Ihrer Veränderlichkeit gar launisch erscheinen. Dies hat jedoch vor allem damit zu tun, dass Sie sehr stark auf Ihre Umwelt reagieren, sodass Ihre Haltung oft Ihren momentanen Inspirationen folgt.

Diese Mondstellung wird Sie beeinflussbarer und verwundbarer machen, als Sie es sonst wären, wird jedoch gleichzeitig Ihre Fähigkeit, auf andere einzugehen, massgeblich erhöhen. Durch Ihren intensiven Kontakt mit der Mitwelt bleiben Sie eindrucksfähig und neigen weniger dazu, sich abzukapseln. Auch verstärkt dies Ihre Möglichkeit, sich auf andere einzupendeln.

Mond im zweiten Haus

Viel Gefühlsenergie wird an den Bereich des »Habens«, d.h. Ihrer Einkünfte, Ihres Besitzes und Ihrer Substanz ganz allgemein gebunden sein. Dies weist auf ein Bedürfnis nach emotionaler Sicherheit hin. Allerdings machen Ihre gefühlsmässigen Entscheidungen und impulsiven Handlungen Ihr Verhalten sehr wechselhaft. Da Sie diese Fragen seelisch stark beschäftigen, werden Sie auch das Bedürfnis haben, sich durch Ihre Arbeit und Ihren Einsatz mehr Stabilität und Sicherheit zu verschaffen.

Materielle Sicherheit wird Ihnen auch wichtig sein, um die anspruchsvolle Sinnlichkeit, welche mit dieser Stellung angezeigt ist, befriedigen zu können. Ihre geniesserische Seite wird verstärkt, sowohl im Bereich der Gaumenfreude, als auch in der Erotik. Sie werden dadurch vielleicht etwas materialistischer, jedoch auch lebensnaher.

Mond im dritten Haus

Ihr Gefühlsaustausch wird sich insbesondere im Bereich der Kommunikation, d.h. des Austausches mit Ihrer Umwelt über das Wort manifestieren. Es wird Ihnen ein Anliegen sein, über Ihre Gefühle sprechen zu können, indem Sie diese beobachten und analysieren. Dies wird Ihren Austausch lebendig gestalten. Sie drücken sich phantasievoll, gefühlsbetont und lebensnah aus. So finden

Sie sich auch in unerwarteten, wechselnden Lebenslagen leicht zurecht und können durch Ihre Aufgeschlossenheit leicht neue Kontakte anknüpfen.

Vielleicht haben Sie auch beruflich mit dem Bereich des Informationsaustausches und der Kommunikation zu tun, damit Sie Ihrem Bedürfnis entsprechend mit vielen Menschen in Kontakt treten können. Auf der Suche nach Abwechslung könnte Ihnen eine rege Reisetätigkeit ebenfalls liegen.

Mond im vierten Haus

Ihr Bedürfnis nach Gefühlsaustausch kommt vor allem zum Ausdruck im Bereich der häuslichen Gemeinschaft, sowie in der Auseinandersetzung mit Ihrem Innenleben, wenn Sie für sich alleine sind. Diese Stellung verstärkt den Wunsch nach Geborgenheit und Verankerung. Sie brauchen einen festen Halt, ein Gefühl der Zugehörigkeit, um sich wohlzufühlen.

In positiver Auswirkung schenkt Ihnen diese Anlage die Fähigkeit, sich immer wieder neu zu finden und psychisch über Ihre Umgebung und die Ausstattung Ihres Heimes Sicherheit zu finden und aufzutanken. Sie sollten diesem Aspekt genügend Beachtung schenken, denn es ist für Sie wichtig, dass Sie in einer Ihnen gewohnten Umgebung Halt finden, um nicht von einem Gefühl der Heimatlosigkeit geplagt zu werden. Sonst könnte Sie Ihre Sehnsucht nach Zugehörigkeit über problematische Beziehungen zu wiederholten Enttäuschungen führen.

Mond im fünften Haus

Die Gemütskomponenten des Mondes kommen über den Bereich der Kreativität aber auch über ein Bedürfnis nach Spiel und Vergnügung zum Ausdruck. Sie lieben Gebiete, wo Sie Ihren »Spieltrieb« ausleben können: Sport, Geselligkeit, Theater und Kunst, Familienleben mit Kindern, aber auch Erotik in ihrer schöpferischen Dimension. Oft werden Sie wie ein grosses Kind sein wollen, welches durch die üblichen Begrenzungen von Gesellschaft und Alltag nicht berührt wird. Auf der ständigen Suche nach Vergnügen könnten Sie jedoch etwas oberflächlich und unbeständig werden.

Mond im sechsten Haus

Sie bringen Ihre Gefühle insbesondere im Bereich der Arbeit ein. Dabei werden Sie Ihre Wünsche oft zugunsten einer gesunden und wohlorganisierten Lebensführung disziplinieren.

Vielleicht war in Ihrer Kindheit und Jugend Ihre Gesundheit etwas gefährdet, sodass Sie heute viel Interesse der Frage der Selbstkontrolle, der Hygiene und einer massvollen Lebensführung entgegenbringen, welche Ihnen helfen sollen, im Gleichgewicht zu bleiben.

Nicht nur die Organisation Ihrer eigenen Belange, sondern auch das Thema einer rationellen Arbeitsweise dürften für Sie von Wichtigkeit sein. Sie arbeiten sehr gewissenhaft, sollten sich jedoch nicht von einer Fülle von Details überfluten lassen. Dies würde es Ihnen erschweren, den Ueberblick zu wahren und könnte einer Tendenz zu Ueberarbeitung Vorschub leisten.

Gleichzeitig werden Sie das Bedürfnis haben, einen Beruf auszuüben, der es Ihnen ermöglicht, Sensibilität und Gefühle in die Arbeit einzubringen. Dafür würde sich insbesondere ein helfender Beruf eignen oder eine Tätigkeit, innerhalb welcher Sie mit Personalfragen zu tun haben. Versagt Ihnen die Arbeit diesen Gefühlsaustausch, so werden Sie wahrscheinlich Ihre Arbeitsstelle wechseln wollen.

Mit dieser Stellung könnte es auch sein, dass Sie wichtige menschliche Kontakte und Beziehungen über die Arbeitssphäre anknüpfen. Es fällt Ihnen leichter, über diesen Kanal Menschen kennenzulernen als in einer spontanen Begegnung.

Mond im siebten Haus

Ihre Gefühle, sowie Ihre Sensibilität werden Sie insbesondere im Bereich Ihrer Beziehungen, sowie im Austausch mit der Umwelt erleben. Sie brauchen das emotionale Echo durch ein Du oder eine Zuhörerschaft, sodass Ihr gefühlsmässiges Wohlbefinden stark von äusseren Situationen abhängig ist.

Ihr Partner sollte Ihre Gefühlsbedürfnisse befriedigen, ansonsten werden Sie in Freundschaften, anderen Liebschaften, oder auch im Beruf Erfüllung suchen müssen. Ihr Mitschwingen mit der Umwelt könnte Ihnen allerdings auch helfen mit der Zeitströmung mitzugehen, und wenn es Ihnen gelingt, Ihre Erkenntnisse umzusetzen, könnten Sie sich Erfolg und Popularität in künstlerischen oder politischen Berufen sichern.

Mond im achten Haus

Seelische Energien werden Sie insbesondere über ein Interesse für wirtschaftliche oder gesellschaftliche Fragen, sowie über eine Auseinandersetzung mit dem Unbekannten, Unerklärbaren und Unerforschten erleben. Gleichzeitig dürfte eine Auseinandersetzung mit den Werten der Gesellschaft, mit den Elementen, welche Menschen Macht und Geld verleihen, im Vordergrund stehen.

Vielleicht fällt dies auch zusammen mit dem Thema eines Familienerbes, das Sie zu verwalten haben, oder welches Ihnen bevorsteht. Es mag sich dabei nicht nur um Materielles handeln, sondern auch um die Gewohnheiten und Wertvorstellungen, welche in Ihrer Familie im Vordergrund standen, und welche Sie übernehmen sollten oder zurücklassen möchten.

Auch mag das Thema von Besitz und Macht im Zusammenhang mit einer Partnerschaft in Ihrem Leben aktuell werden, indem Sie zusammen ein Geschäft zu verwalten haben und vielleicht nicht klar ist, was Ihnen und was dem Partner gehört. Aehnliche Themen können im Vordergrund stehen, wenn Sie, im Sinne einer Geschäftsführung oder eines Verwaltungsmandats fremde Mittel zu verwalten haben.

Der andere Aspekt dieser Stellung bezieht sich auf ein lebendiges Interesse, für alles, was durch den blossen Verstand nicht erklärbar ist, beispielsweise Liebe, Macht, Tod, sowie Fragen des Lebens nach dem Tod. Diese Themen dürften Ihre Aufmerksamkeit sehr in Anspruch nehmen. Oberflächlich kann sich dies auch in einem Interesse für Detektivgeschichten und Erzählungen zeigen, wo Leidenschaft die Handlungsweise der Menschen prägt.

In einer Beziehung dürften Sie sehr intensive Gefühle einbringen, welche Sie jedoch aus Angst vor Ablehnung nicht offen zeigen. Gemeinsamkeit in der Partnerschaft, im Sinne einer grossen Intensität, wird Ihnen wichtig sein.

Mond im neunten Haus

Ihre seelischen Interessen gelten insbesondere einer Erweiterung Ihres Bewusstseinsfeldes und Ihrer persönlichen Sphäre. Ihr Gefühlsaustausch soll Ihnen zu mehr Reife und geistigem Wachstum verhelfen. Dies wird sich in einem lebendigen Interesse für Sinnfragen äussern und überhaupt für alles, was Ihnen ermöglicht, über den Alltag hinauszuwachsen, so zum Beispiel auch weite Reisen, welche Ihren Ueberblick über das Leben vertiefen. Dadurch, dass Sie mit verschiedensten Situationen in Berührung kommen, wächst Ihre Toleranz, indem Sie die Fähigkeit entwickeln, mehrere Seiten eines Problems zu beachten.

Mond im zehnten Haus

Viel seelische Energie wird bei Ihnen der beruflichen Sphäre und dem Kontakt mit der Oeffentlichkeit zufliessen. So wird das gefühlsmässige und emotionale Element in Ihrem Beruf eine grosse Rolle spielen. Sie lassen sich im Zusammenhang mit Ihrer Karriere weniger vom Intellekt als von gefühlsmässigen und intuitiven Motiven leiten. Vielleicht werden Sie dabei sogar von den Erwartungen der Umwelt getragen, indem Sie diesen entsprechen. Dies kann zum Erfolg, oder sogar zu Popularität führen, aber auch zu Unbeständigkeit und Wechselhaftigkeit, wenn Sie sich wegen einer labilen Stimmungslage von Ihren Erfolgen verführen lassen. So wird es wichtig sein, dass Sie innere Stärke und

Disziplin entwickeln, um nicht von Ihren Bewunderern abhängig zu werden. Dies wird auch im Zusammenhang mit einer Partnerschaft von Wichtigkeit sein, um deren Bestand zu sichern.

Mond im elften Haus

Ihre Gefühle werden sich insbesondere über den Bereich der Freundschaften und des Umgangs mit Gleichgesinnten ausdrücken. Sie haben Spass an einem geselligen Leben mit Menschen, die die gleiche Wellenlänge haben wie Sie. Wenn Sie sich mit diesen über Ihre Vorstellungen, über die Welt und die Gesellschaft, und was Sie daran ändern möchten, unterhalten können, blühen Sie richtig auf. Dabei sind Ihnen gemeinsame Ideale von grosser Bedeutung. Passen Sie dabei auf, dass dies nicht zu einem elitären Denken führt, indem Sie die Vorstellung entwickeln, sich über alles Triviale emporheben zu können, das Sie mit dem breiten Fussvolk in Zusammenhang bringen.

Mond im zwölften Haus

Sie sind sehr intensiv mit Ihrem Unbewussten verbunden und erleben Ihre tiefsten Gefühle in den Momenten, wo Sie mit sich selbst beschäftigt sind. Das heisst, dass diese Gefühlskomponenten höchstens engen Vertrauten offenbart werden. Sie zeugen von einem reichen Innenleben, das jedoch so verletzbar und sensibel ist, dass Sie sich oft zurückziehen müssen, um allein mit sich selbst die Aufregungen der Aussenwelt zu verarbeiten und Ihre psychische Kraft zu regenerieren.

Da Sie über eine beschränkte Widerstandskraft gegenüber aggressiven Ausseneinflüssen verfügen, sollten Sie eine positive Lebenseinstellung anstreben und mit Ihrer Energie haushalten lernen. Versuchen Sie, ganz natürlich nach aussen zu treten und wieder in sich hineinzugehen, und machen Sie Ihrer nächsten Umgebung auch klar, dass Sie das brauchen. Zuviel Einsamkeit wäre jedoch auch nicht zu empfehlen, da diese zum Realitätsverlust führen könnte.

Merkur in den Zeichen

Merkur im Widder

Im Denken und Handeln sind Sie selbständig und entscheidungsfreudig. Ihr Intellekt ist scharf und befähigt Sie zu einer raschen Beurteilung der Lage, sowie zu schnellen Reaktionen. Zusammen mit Ihren treffenden und manchmal sarkastischen Formulierungen, kann er Sie zu einem schlagfertigen Gesprächspartner machen. Allerdings kann Ihre geistige Beweglichkeit auch in Unbeständigkeit umschlagen und Ihre Impulsivität Sie oft vorschnell urteilen lassen.

Merkur im Stier

Lernprozesse laufen bei Ihnen vielleicht etwas langsam ab. Die Erkenntnisse sind dann jedoch umso dauerhafter eingeprägt. Sie wollen alles Neue, das auf Sie zukommt, sorgfältig prüfen, um sicher zu sein, dass es nicht im Widerspruch steht zu den Ueberzeugungen und Gewissheiten, die Sie sich bis anhin zugelegt haben. Sie sind erst bereit neue Erkenntnisse aufzunehmen, wenn diese Ihnen als gesichert erscheinen. Dies gibt ein gründliches, methodisches und praxisnahes Denken, welches jedoch von andern manchmal als mangelnde Flexibilität bewertet werden dürfte.

Auch Ihr Ausdruck ist langsam und bedächtig. Sie drücken sich vorsichtig aus und legen viel Wert auf Sachlichkeit und Beweisbarkeit Ihrer Aussagen.

Merkur in Zwillinge

Sie denken und begreifen sehr schnell. Ihr Verstand ist klar, und Sie besitzen gute Fähigkeiten im Analysieren und Herausschälen von Unterschieden zwischen den Dingen. Sie sind so sehr auf das Neue, das zusätzliche Anregungen bringen kann, ausgerichtet, dass Ihre Vielseitigkeit manchmal auf Kosten von Konsequenz, Konzentration und Gründlichkeit gehen kann. Ihr unerschöpflicher Ideenreichtum könnte eventuell zu einer Zersplitterung führen.

Andererseits sind Sie im Ausdruck Ihrer Gedanken schlagfertig und ausserordentlich wendig. Achten Sie jedoch darauf, dass diese Stärke nicht so dominant wird, dass Sie dem Hang verfallen, alles erklären und rationalisieren zu wollen, was zu Lasten Ihres gefühlsmässigen und intuitiven Erfassens gehen würde.

Merkur im Krebs

Ihr Denken ist nicht losgelöst von Ihren gefühlsmässigen Wahrnehmungen. Sie haben viel Phantasie und können sich auch bildhaft ausdrücken. Dies begünstigt Ihren Austausch in der beruflichen Sphäre, indem Sie nicht zu unrealistischen Abstraktionen neigen, sondern sehr stark von den menschlichen Indikationen einer Sache ausgehen. Allerdings bedingt dies auch, dass Sie »einschnappen«, sobald Ihre Gefühle in einer Auseinandersetzung verletzt werden.

Der grosse Vorteil dieser Stellung liegt in Ihrer Unmittelbarkeit, in Ihrer Vielseitigkeit und in der Fähigkeit, mit allen möglichen Menschen guten Kontakt zu finden, sodass sich jeder mit Ihnen wohlfühlt.

Merkur im Löwen

Sie haben grosse, hochgegriffene Ideale und träumen vielleicht oft von heroischen Vorbildern. Gleichzeitig können Sie Ihre Ideen mit grosser Ueberzeugungskraft und rhetorischer Begabung präsentieren.

Sie sind begeisterungsfähig, aber es muss für eine grosszügige Sache sein. So könnte Ihnen die Auseinandersetzung mit Banalitäten des Alltags mehr Mühe machen, denn Sie möchten am liebsten das Triviale und allzu Gewöhnliche aus Ihrer Wahrnehmung ausklammern. Im Gespräch müssen Sie an den Wert Ihres Gegenübers glauben können, damit Sie seine Worte auch akzeptieren können.

Bei genügender Realitätsbezogenheit können Sie Ihr Organisationstalent und Ihre strategische Begabung zu einer führenden Rolle befähigen.

Merkur in Jungfrau

Ihre Stärke liegt im methodischen, analytischen und logischen Denken. Sie gehen gerne systematisch vor. Manchmal verstricken Sie sich jedoch in den Details eines Problems und verlieren dabei die Gesamtschau. Entsprechend ist Ihr Perfektionismus zugleich eine Stärke und eine Schwäche. Eine Stärke, indem Sie die Fähigkeit haben, ein Thema mit erstaunlicher Genauigkeit und Sachbezogenheit zu bearbeiten. Sie gehen vom praktischen Nutzen aus und sind äusserst gewissenhaft. Gerade dieser Punkt kann jedoch zur Schwäche werden, wenn Ihre peinliche Genauigkeit zur Pedanterie ausartet und Sie vor lauter Perfektionismus etwas nicht abschliessen können, weil Sie befürchten, noch nicht alle Details, die dazu gehören, bearbeitet zu haben. Auch die Neigung, andere für deren Unzulänglichkeiten zu kritisieren, wird dann nur ein schwacher Trost sein für Ihre nicht zu Ende geführten Arbeiten.

Merkur in Waage

Ihr Sinn für Harmonie und Ihre Liebe zur Kunst verfeinern Ihren Intellekt. So sind Sie auch ein guter Vermittler zwischen Gegensätzen, was Ihnen ausgesprochene diplomatische Fähigkeiten vermittelt. Entsprechend können Sie Ihre Ideen so formulieren, dass Sie bei der Umwelt gut ankommen. Manchmal sind Sie jedoch geneigt, den Inhalt der Harmonie oder der schönen Form zuliebe zu opfern, was es Ihnen oft erschwert, einen klaren Standpunkt einzunehmen. So wird es wichtig sein, dass Sie der Entwicklung Ihrer Entscheidungsfähigkeit mehr Aufmerksamkeit widmen.

Merkur im Skorpion

Sie haben einen durchdringenden Verstand, der verdeckte oder untergründige Motive leicht erkennen kann. Auch interessieren Sie sich ganz besonders für das Verborgene und Ausgefallene.

Seien Sie jedoch auf der Hut davor, dass Ihre Fähigkeit, Schwachstellen bei andern aufzudecken, bei Ihrer Umwelt nicht Aengste schürt, die zu Feindschaften ausarten könnten. Selbst sollten Sie sich davor hüten, vielleicht allzu leicht unlautere Motive bei andern zu vermuten. Ihre Neigung, Dinge für sich zu behalten, könnte die Umwelt auch dazu veranlassen, Ihnen die Maske vom Gesicht reissen zu wollen.

Diese Stellung wird sich allerdings in dem Sinne positiv auswirken, dass Sie im Bereich Ihrer beruflichen Interessen und Ihres Austausches nicht an der Oberfläche bleiben werden und sich nicht mit dem Erreichten begnügen dürften.

Merkur im Schützen

An Ideen und Plänen mangelt es Ihnen nie, das Problem mag jedoch die Realisierung sein. Bis es zur Verwirklichung kommen könnte, haben Sie möglicherweise Ihre Ansichten bereits geändert, und Ihre Gedanken sind mit einem neuen Projekt beschäftigt.

So mag es für Sie wichtig sein, sich Disziplin anzueignen, und wenn Sie etwas Neues in Angriff nehmen möchten, gleich auch alle Phasen der Durchführung gedanklich vorwegzunehmen, damit Sie sich nicht lediglich an der Idee berauschen und Ihre Pläne, sobald es um die konkrete Durchführung geht, an den Nagel hängen.

Andernfalls ist es besser, Sie betätigen sich in einem Bereich, wo es Ihre Aufgabe ist, neue Pläne zu entwerfen, die dann von andern durchgeführt werden, oder dass Sie sich mit reinen Fragen des Denkens und der Wissensvermittlung auseinandersetzen. In diesem Zusammenhang könnte sich ein pädagogischer Beruf eignen, über welchen Sie Ihre Ideen andern weitergeben.

Merkur im Steinbock

Sie nehmen neue Dinge langsam auf, weil Sie diese, bevor Sie sie akzeptieren, eingehend prüfen. Ihr gutes Urteilsvermögen, Ihr logisches und systematisches Denken, wie auch Ihre realistische und kritische Betrachtungsweise bilden die besten Voraussetzungen für eine Beschäftigung mit verschiedenen Forschungsgebieten. Aber auch eine praxisbezogene Tätigkeit, die Voraussicht, Geduld und Ausdauer für die Verfolgung von langfristigen Zielen erfordert, ist für sie geeignet. Im Austausch wirken Sie eher zurückhaltend, bis Sie Ihr Gegenüber gut beobachtet und sich an ihn gewöhnt haben.

Merkur im Wassermann

Sie eilen in Ihrem Denken oft Ihrer Zeit voraus. Gedanken, welche für die meisten erst morgen aktuell werden, faszinieren Sie. So zeigen Sie viel Originalität und Schlagfertigkeit, allerdings könnte Ihnen Ihre Ungeduld mit Menschen, welche Ihren Gedanken nicht so schnell folgen können, oft Ablehnung einbringen.

Es wird für Ihre Verwirklichung wichtig sein, dass Sie lernen, Ihre Intuitionen auch logisch zu untermauern und in die Praxis umzusetzen. Dazu wird eine sorgfältige Schulung, um Ihr Wissen auf den letzten Stand zu bringen, von Vorteil sein. Sonst könnten Sie sich in Ihrem Bedürfnis nach Kreativität und Freiheit wegen fehlender Durchsetzungsmöglichkeit, unverstanden und verkannt fühlen.

Merkur in Fische

Eine nur nach rationalen Grundsätzen aufgebaute Erkenntnis hat für Sie wenig Ueberzeugungskraft. Für Sie ist die Intuition dem Rationalen ebenbürtig. Mit Ihrer gefühlsbetonten Phantasie verfügen Sie über einen unendlichen Ideenreichtum. Auch können Sie sich ohne weiteres in andere hineinversetzen und ihre tiefliegendsten Motivationen erahnen. Sie sollten nur lernen, die Fülle Ihrer Interessen und Gedanken, sowie Ihre fruchtbare Imagination bewusst zu steuern und in ein klares System zu fassen. Am besten bewähren werden Sie sich auf Gebieten, welche die Vielfältigkeit des Lebens widerspiegeln und wo der Umgang mit Menschen eine grosse Rolle spielt. Auch ein helfender Beruf könnte sich für Sie eignen.

Merkur in den Häusern

Merkur im ersten Haus

Die Anlagekomponenten des Merkurs gemäss Zeichenstellung werden sich vor allem im Bereich Ihres persönlichen Ausdrucks manifestieren. Sie haben ein starkes Bedürfnis nach Austausch und sind vielseitig interessiert, sodass die Kommunikation mit Ihren Mitmenschen sehr rege ist.

Sie haben eine rasche Auffassungsgabe und gute rhetorische Fähigkeiten, könnten jedoch dazu neigen, andere Seiten Ihrer Persönlichkeit unberücksichtigt zu lassen, wenn Sie dem Hang unterliegen, alles erklären und klassifizieren zu wollen. Ihre Neigung zum Rationalisieren und der Hang, das Denken als Massstab aller Dinge hinzustellen, könnte eingesetzt werden, um gefühlsmässige Belange, welche Sie beschäftigen, zu überdecken. Dies würde Sie rastlos machen und eine Nervosität erzeugen, welche Sie dann vielleicht auf Ihre Umwelt übertragen würden. Gleichzeitig wird Ihnen diese Stellung helfen, Ihre Ueberzeugungen mit Mut und Engagement vorzubringen.

Merkur im zweiten Haus

Die Anlagekomponenten des Merkurs gemäss Zeichenstellung werden insbesondere der Absicherung und dem Aufbau einer soliden wirtschaftlichen Situation gelten. Ihr Denken, welches den Faktor materieller Sicherheiten nicht ausser acht lässt, wird dafür sorgen, dass Sie Ihre Möglichkeiten auch in geschäftliche Erfolge ummünzen. So werden Sie sich kaum je in leeren Phantasien und Spekulationen verlieren.

Merkur im dritten Haus

Die Anlagekomponenten des Merkurs werden sich insbesondere im Bereich Ihres Austausches und der Kommunikation mit der Umwelt manifestieren. Sie sind sehr vielseitig interessiert und suchen immer neue Anregungen, sodass Sie Ihr Wissen ständig erweitern. Sprachliche Kommunikation ist eine Ihrer grössten Stärken.

Sie sollten sich eine Beschäftigung mit wenig Routinearbeit suchen, die geistige Lebhaftigkeit und Beweglichkeit voraussetzt. Allerdings zeigt diese Stellung nicht an, ob Sie sich in irgendeinem Bereich profilieren werden. Dies müsste durch andere Komponenten des Horoskops angezeigt sein. Diese Stellung deutet lediglich auf eine mögliche Gefahr der Zersplitterung hin, wenn Ihre Interessen zu oberflächlich bleiben.

Merkur im vierten Haus

Die Anlagekomponenten des Merkurs gemäss Zeichenstellung werden insbesondere im Bereich einer Auseinandersetzung mit Familie und Tradition, sowie Häuslichkeit und Innenleben zum Ausdruck kommen. Sie verspüren ein starkes Bedürfnis, sich aus Ihren Erfahrungen eine eigene Meinung zu bilden, und Sie werden diese mit den Normen Ihrer Familie und Ihrer Erziehung konfrontieren müssen.

Ueberhaupt dürften Sie Erziehungsfragen interessieren, und Sie besitzen vermutlich didaktisches Geschick. Vielleicht wird es Ihnen über den Lehrerberuf ein Anliegen sein, Ihre neugewonnenen Erkenntnisse anderen, namentlich Jüngeren, weiterzugeben. Auch könnten Sie in der Schule eine Art Familiensituation erleben, die Ihnen hilft, die Auseinandersetzungen, die Sie zu Hause hatten, in neuer Form zu erleben – mit dem Unterschied, dass Sie heute mehr Einfluss darauf nehmen können. Gleichzeitig kann diese Stellung ein lebhaftes Interesse für Psychologie wecken, indem Sie das Bedürfnis verspüren, sich intellektuell mit Ihren verborgenen Motivationen auseinanderzusetzen.

Merkur im fünften Haus

Die Anlagekomponenten des Merkurs werden sich insbesondere über ein Bedürfnis nach Kreativität und auf eine spielerische Weise manifestieren. Sie haben Spass an gewagten Konzepten und können Ihre Gedanken mit viel Begeisterung und Enthusiasmus vortragen. Als Lehrer könnte es Sie begeistern, die Intelligenz von jungen Menschen zu stimulieren und ihnen zu helfen, sich spontan und kreativ auszudrücken.

Sie lieben Anekdoten oder Biographien von Personen, die ungewöhnliche und risikoreiche Wege gegangen sind. Die kreative Selbstentfaltung des Menschen ist Ihnen jedenfalls ein wichtiges Anliegen, und Sie können sich vielleicht auch in literarischer Form dafür einsetzen. Sie verspüren auch ein starkes Bedürfnis nach Abwechslung, sowie eine Faszination für alles, was ein freieres Leben ermöglicht. Sie diskutieren daher auch gerne mit andern über Pläne, die Sie verwirklichen würden, wenn Ihnen keine Grenzen gesetzt wären.

Merkur im sechsten Haus

Die Anlagekomponenten des Merkurs gemäss Zeichenstellung werden sich besonders im Bereich der Arbeit, des Organisierens und des Analysierens zum Ausdruck bringen lassen. Sie verstehen es, komplexe Sachverhalte in verständliche Einzelteile zu zergliedern, trennen das Wesentliche vom Ueberflüssigen und haben die Fähigkeit, alles einem pragmatischen Gesamtkonzept unterzuordnen. Sie können gegebene Situationen akzeptieren, und es fällt Ihnen leichter als anderen Menschen, aus den vorliegenden Umständen das Beste zu machen, ohne mit dem Schicksal zu hadern. Eine Beschäftigung, wo Sie Ihre Fähigkeit zum Denken und Analysieren einbringen können, wird Ihnen liegen. Verlieren Sie bei Ihrer Fähigkeit zum Zergliedern jedoch nicht den Ueberblick!

Merkur im siebten Haus

Die Anlagekomponenten des Merkurs werden insbesondere im Bereich von Beziehung und Partnerschaft ihren Niederschlag finden. Durch Gespräche mit einem Partner wird Ihr Intellekt stimuliert. Sie brauchen den Dialog, um die eigenen Gedanken formulieren zu können. Das Gemeinschaftsleben ist Ihnen wichtig, und Sie sind fähig, andere Meinungen zu respektieren und der Harmonie wegen Kompromisse zu machen. Sie werden sich Beziehungen suchen, über die Sie einen regen intellektuellen Austausch haben können.

Merkur im achten Haus

Die Anlagekomponenten des Merkurs gemäss Zeichenstellung werden sich vor allem im Zusammenhang mit einem Interesse für extreme Fragen wie Sexualität, Tod und Macht, was in den meisten Fällen auch ein Interesse für finanzielle Angelegenheiten bedeutet, äussern. Sie haben ein starkes Bedürfnis, zu den grundlegenden Motivationen Ihrer Mitmenschen vorzustossen und verstehen es, dabei die relevanten Fragen zu stellen. Dies wird Sie in Ihrer Umgebung nicht immer beliebt machen, denn Sie legen den Finger oft gerade darauf, was die Leute am liebsten verschweigen würden. Dieselbe Anlage kann Ihnen jedoch auch den Ruf einer scharfsinnigen Persönlichkeit eintragen. In einer oberflächlicheren Entsprechung kann diese Konstellation allerdings auch bedeuten, dass Sie sich gerne mit Skandalgeschichten herumschlagen.

Worauf Sie Ihr Interesse im speziellen nun auch richten mögen, seien es die Fluktuationen der Börse, ein Interesse für die geheimen Antriebskräfte und Beweggründe des Menschen oder der Gesellschaftsklatsch, Ihr durchdringender Verstand, der nicht locker lässt bis er die wesentlichen Antworten gefunden hat, wird Ihnen ermöglichen, die wahren Motive herauszuschälen. Diese Tendenz wird jedoch erst dann voll produktiv sein, wenn Sie nicht nur bei andern ansetzen, sondern auch das Bestreben haben, Ihr eigenes Innenleben und Ihre Wertvorstellungen zu beleuchten und bewusst zu machen. Dann können Sie über den Intellekt die grundlegenden Veränderungen ermitteln, die Sie brauchen, um eine erfülltere Existenz zu leben.

Merkur im neunten Haus

Die Anlagekomponenten des Merkurs gemäss Zeichenstellung werden sich insbesondere im Bereich einer Bewusstseinserweiterung manifestieren, die durch Ihre Auseinandersetzung mit Philosophie, Kultur und Religion bedingt ist. Sie dürften sich aktiv für Fragen des Lebenssinns interessieren.

Sie streben lebendiges Wissen an, das nicht nur auf dem Boden Ihrer unmittelbaren Umgebung gewachsen ist, sondern auch die Auseinandersetzung mit der Mentalität ferner Länder beinhaltet. Mit anderen Worten, Sie setzen sich auch gerne mit fremden Kulturen auseinander, was vielleicht zu Reisen in ferne Länder Anlass geben wird. Wenn Sie sich genug Wissen angeeignet haben, so werden Sie vielleicht ein Bedürfnis verspüren, Ihre Erkenntnisse an andere weiterzugeben.

Merkur im zehnten Haus

Die Anlagekomponenten des Merkurs gemäss Zeichenstellung werden sich im Bereich des Berufes und der Lebensziele manifestieren. Sie bemühen sich, die nötigen Lektionen zu lernen, um mit Ihrem Denken situationsangepasst zu reagieren und über diesen Kanal beruflich eine wichtige Stellung einzunehmen. Mögliche Störungen Ihrer Urteilskraft durch Emotionen treten in den Hintergrund. Sie verstehen es, für Ihr berufliches Fortkommen nützliche Informationen zu sammeln und anzuwenden. In einem Beruf, wo Sie Ihre intellektuellen Fähigkeiten, Ihren lebhaften Verstand und Ihre Auffassungsgabe einsetzen können, werden Sie erfolgreich sein, doch sollten Sie sich nicht allzusehr zersplittern.

Der Vorteil Ihrer Vielseitigkeit: Sie können verschiedene Talente zu einer gelungenen beruflichen Verwirklichung kombinieren.

Merkur im elften Haus

Die Anlagekomponenten des Merkurs gemäss Zeichenstellung werden sich insbesondere im Bereich Ihrer Freundschaften und im Austausch mit Gleichgesinnten, mit denen Sie gemeinsame Pläne entwerfen können, manifestieren. Hier werden Sie viele geistige Anregungen geben und erhalten. Sie suchen sich ungewöhnliche Freunde mit ausgefallenen Ideen. Viele Ihrer Freundschaften sind vielleicht zudem von beruflichem Nutzen. So werden Sie sich auch im beruflichen Sektor am wohlsten fühlen, wenn Sie es mit Leuten zu tun haben, die Sie auch privat mögen, und mit denen ein freundschaftliches Verhältnis besteht. Sie möchten eben möglichst viele Anlässe für geistige Inspirationen erhalten.

Merkur im zwölften Haus

Die Anlagekomponenten des Merkurs gemäss Zeichenstellung werden im besonderen auf die Erforschung von verborgenen Zusammenhängen gerichtet sein. Sie möchten verstehen, was hinter den Erscheinungen liegt, und was die Welt im Innersten zusammenhält. So wird Ihre Aufmerksamkeit oft vom Alltäglichen abschweifen, um sich auf Dinge zu richten, die in Ihrer Phantasie und Innenwelt aufleben. Diese Begegnung mit tiefen Bereichen der Seele macht Sie in Ihrem Umgang mit äusseren Situationen oft unsicher. Sie wissen auch, dass Sie nicht jedermann sagen können, was Sie innerlich erahnen oder gar wissen.

Neben der Schwierigkeit, Ihre vielseitigen Einfälle auf einen Nenner zu bringen und sich klar zu artikulieren, kann Sie diese Stellung zu einem sehr feinfühligen Psychologen machen, welcher komplexe verborgene Probleme analysieren kann. Sie verstehen es vermutlich, zwischen den Zeilen zu lesen und nehmen Unausgesprochenes ebenso auf wie ausformulierte Tatsachen. Es wird von Vorteil sein, wenn Sie im Laufe Ihres Lebens durch entsprechende Schulung die Fähigkeit entwickeln, erahnte verborgene Wahrheiten so auszudrükken, dass andere Sie verstehen können.

Venus in den Zeichen

Venus im Widder

Ihre romantischen, leidenschaftlichen Gefühle sind durch Begegnungen und Kontakte leicht stimulierbar. So erhält Ihr emotionales Leben eine impulsive, manchmal sogar eine schwärmerische Note. Dass ein solcher Enthusiasmus nicht immer stabil sein kann, ist vorauszusehen. Ihr anziehendes Wesen hat aber inzwischen neue Bewunderer und Verehrer gewonnen. In der Liebe übernehmen Sie gerne die Initiative und erobern lieber, als Sie erobert werden.

Venus im Stier

Ihre warme persönliche Ausstrahlung bringt Ihnen Bewunderung und Verehrung. Sie können Ihr sinnliches Wesen in der Liebe zur Schönheit ausleben, mit schönen Dingen, anziehenden Menschen, vielleicht auch in Ihrer Naturverbundenheit. Ihre ästhetische Einstellung lässt Sie allerdings oft zu sehr nach dem äusseren Erscheinungsbild urteilen. Vielleicht kann sich auch ein starker Hang zum Haften bemerkbar machen: Sie möchten die von Ihnen bewunderte Schönheit auch erwerben und besitzen. Dies ist eine Neigung, die in Ihren zwischenmenschlichen Beziehungen zu Eifersucht und Possessivität führen könnte. Diese gleiche Stellung wird jedoch Ihrer Sinnlichkeit zugute kommen, welche natürlich und spontan ist.

Venus in Zwillinge

Mit der Venus im Zwillingezeichen suchen Sie eine Beziehung, die viel Bewegung und Flexibilität verspricht. Sie laufen kaum Gefahr, sich in grosse Leidenschaften zu verlieren, sondern erwarten von einer Partnerschaft, dass sie auch von der Vernunft her zu bejahen und gleichzeitig eine gute Kameradschaft ist. Sie können auch gut mit Verträgen umgehen, welche zwischen Partnern eingegangen werden, denn die Kontrolle des Verstandes über das Gefühl und eventuelle Besitzansprüche ist durchaus gegeben. So haben Sie in Ihren Verbindungen auch etwas Spielerisches und könnten sogar zu Manipulationen neigen oder dazu, Beziehungen als Etappen auf dem Weg Ihrer geistigen Entwicklung zu sehen, welche zurückgelassen werden können, sobald sie ihre Funktion erfüllt haben. Auf alle Fälle sollte eine Beziehung Ihnen die Möglichkeit zu vielfältigen Freundschaften offenlassen.

Venus im Krebs

Bis in das Erwachsenenalter behält Ihr Gefühlsleben die Weichheit, Beeindruckbarkeit und Sensibilität eines Kindes. Ein kultiviertes und harmonisches Familienleben zusammen mit gepflegter Häuslichkeit unterstützen Ihr Affektleben positiv und wirken heilend auf Ihre verletzbaren Gefühle. Wenn Sie diese Geborgenheit jedoch nicht finden und sich auch nicht darum bemühen, sich Ihrer Gefühle bewusst zu werden, könnten Sie zu Unbeständigkeit neigen und sich bei häufig wechselnden Liebschaften ständig auf der Suche nach dem verlorenen Paradies befinden. Dann könnten Phasen von oberflächlichem Engagement mit solchen von Selbstbemitleidung abwechseln.

Venus im Löwen

Sie erleben die Liebe, wie auch Ihre eigenen Emotionen in einer romantischen und manchmal gar in einer theatralischen Form. So idealisieren Sie auch oft einen geliebten Menschen, damit er durch seine Grandiosität in das Schauspiel passt, das Sie selbst inszeniert haben. Seien Sie auf der Hut, Ihren Beziehungen nicht eine mythische Dimension zu geben und realisieren Sie, dass das Leben nicht nur aus Hauptrollen und Helden besteht.

Was man Ihnen zugute halten kann, ist Ihre Grosszügigkeit und Ihr Edelmut, welcher dem allzu Banalen den Rücken kehrt. Gleichzeitig brauchen Sie allerdings einen grossspurigen oder gar luxuriösen Rahmen um Ihren Selbstwert aufzupolieren, was eventuell zu Eitelkeit und Vergnügungssucht führen kann. Etwas einfachere Ansprüche an Ihre Beziehungen wären daher wünschenswert!

Venus in Jungfrau

Sie sind im Eingehen von verbindlichen Beziehungen eher zurückhaltend und in vielen Fällen sogar etwas misstrauisch. Sie möchten sich nichts vergeben, und vieles muss stimmen, damit Sie sich engagieren. Eine Partnerschaft muss bei Ihnen hohen Perfektionsidealen genügen, bevor sie eingegangen wird. Insbesondere muss auch deren Funktionalität und Nützlichkeit feststehen. Bis dies erwiesen ist, bleiben Sie lieber auf einer Stufe der Oberflächlichkeit und Austauschbarkeit.

Venus in Waage

Mit Ihrem kontaktfreudigen, höflichen und kultivierten Wesen sind Sie beliebt und haben viele Freundschaften. Sie sind bestrebt, das Leben mit Kunst, Musik und geselligem Austausch harmonisch zu gestalten. Extremen Leidenschaften gegenüber sind Sie skeptisch eingestellt, denn diese könnten die Harmonie stören. Viel eher neigen Sie zu einer romantischen Einstellung und träumen gerne von Dingen, die das Leben verschönern und versüssen könnten. Ihr Geschmack ist sehr ästhetisch, allerdings oft zu sehr von Zeit- und Modeströmungen abhängig und beeinflussbar. Es wird wichtig sein, Ihre Neigung zu Oberflächlichkeit und vielleicht auch Eitelkeit in Schach zu halten. Insbesondere sollten Sie nicht dem Hang verfallen, vieles nur der Beliebtheit wegen zu tun, weil Sie sonst riskieren würden, am Schluss nicht mehr zu wissen, was Ihnen selbst zutiefst wichtig ist.

Venus im Skorpion

Sie haben grundsätzlich ein grosses Bedürfnis nach einer intensiven und stimmenden Beziehung. Wenn Sie sich wirklich an jemanden binden, können Sie sich stark auf eine Beziehung fixieren. Leider sind Ihre Erwartungen so hoch, dass es kaum möglich sein wird, dass eine Beziehung, ohne Ihre Bereitschaft daran zu arbeiten, auch gleich Ihre Wünsche erfüllt. Entsprechend könnten sich Machtkonflikte einschleichen, welche trotz der vorhandenen Intensität zu Trennungen führen. Für Ihre Gefühlsentwicklung wird es besser sein, wenn Sie die Bereitschaft aufbringen, an einer Beziehung zu arbeiten, anstatt Ihre Gefühle abzublocken und den Partner für seine Unzulänglichkeiten zu bestrafen. Dies ist bei dieser Stellung nämlich die andere Möglichkeit, welche nach Enttäuschungen aufkommen kann.

Venus im Schützen

Wenn Ihr Partner Ihnen keine geistige und emotionelle Anregung bieten kann, suchen Sie diese in einer andern Beziehung. Sie brauchen viel Freiheit, innerlich wie äusserlich und sind besonders auf Reisen gefühlsmässig ansprechbar, da eine fremde Umgebung und Kultur Sie stimuliert. Sie fühlen sich dann nicht durch den allzu bekannten Alltag eingeschränkt. Ihre Suche nach Bewusstseinserweiterung über eine Beziehung, oder über die Auseinandersetzung mit einer fremden Mentalität könnte auch dazu führen, dass Sie eine Beziehung mit einem Ausländer eingehen. Wenn in einer solchen Beziehung der Neuheitsreiz abgeklungen ist, stellt sich allerdings die Frage, ob diese Beziehung, die anfangs vielleicht ganz anders aussah, als alles, was Sie kannten, den Alltagstest durchstehen kann, und sie wird ihre Lebendigkeit und Regenerationsfähigkeit beweisen müssen.

Venus im Steinbock

Ihrem Ehrgeiz, Geltungsstreben und Statusbewusstsein müssen Ihre Emotionen oft weichen. Auch wenn Sie tiefer Gefühle fähig sind, auferlegen Sie sich eine starke Selbstkontrolle und wirken auf Ihre Partner eher zurückhaltend. Sicherheit ist für Sie ein wichtiger Aspekt einer Beziehung. So müssen Sie sehr viel Vertrauen gefasst haben, ehe Sie sich engagieren, denn selbst unbedeutende kleine Liebesenttäuschungen können Sie schwer vergessen oder gar vergeben. Am wohlsten fühlen Sie sich, wenn Sie über eine Beziehung die Kontrolle behalten können.

Venus im Wassermann

Es kann sein, dass Ihnen Ihre Freundschaften mindestens so viel, wenn nicht gar mehr bedeuten als Ihre Liebesbeziehungen. Eine konventionelle Verbindung nach traditionellem Muster ist sicher nicht nach Ihrem Geschmack. Sie brauchen persönliche Freiheit, Unabhängigkeit und eine gewisse Distanz in jeder Partnerschaft. Auf alle Fälle haben Sie für Besitzansprüche sehr wenig übrig. Ihre Ansichten über die Liebe sind wahrscheinlich sehr unkonventionell, indem Sie wenig vom üblichen Rollenverhalten halten. Auf alle Fälle legen Sie viel Wert darauf, dass eine Beziehung Ihr persönliches Wachstum nicht beeinträchtigt. Sie hat dann Chancen, wenn sie gleichzeitig eine gute Kameradschaft und Freundschaft darstellt.

Venus in Fische

Ihr Bedürfnis nach einer Beziehung ist etwas diffus: Einerseits suchen Sie eine feste Beziehung, die Ihnen einen Rahmen und eine gewisse Struktur vermittelt, anderseits haben Sie grosse Angst, dadurch in eine Abhängigkeit zu geraten, die Ihnen als Verrat an Ihren unausgeschöpften Möglichkeiten erscheinen könnte. Sie möchten also dazugehören und doch nicht festgelegt werden. Welche Seite die Oberhand gewinnt dürfte sehr stark von den Werten abhängen, die Sie durch Ihre Erziehung mitbekommen haben. Wurde Ihnen eingetrichtert, dass eine einzige, ausschliessliche Beziehung das zu erreichende Ziel darstellt, so werden Sie Ihre andern Seiten, welche nach Abwechslung rufen, mit allen Mitteln zum Schweigen bringen, oder Sie werden das Problem so lösen, dass Sie sich einen Partner suchen, der dafür sorgt, dass Abwechslung in Ihre Beziehung kommt. Gestand Ihnen Ihre Erziehung jedoch ein offeneres Verhalten in Beziehungen zu, so mögen Sie im Austausch mit verschiedenen Menschen Ihr Bedürfnis nach Abwechslung und Vielfalt befriedigen.

Die Venus in den Häusern

Venus im ersten Haus

Die Anlagekomponenten der Venus werden sich vor allem über den Ausdruck Ihrer Persönlichkeit nach aussen und im Kontakt mit der Umwelt manifestieren. So werden Sie die Fähigkeit haben, bei Ihren Mitmenschen Sympathien zu erwecken und ganz allgemein beliebt zu sein. Ihr freundliches und entgegenkommendes Wesen, Ihr Taktgefühl und eine gute Dosis Sexappeal gehören zu Ihren Aktiven. Auf der passiven Seite liegt hingegen Ihre Mühe, sich mit Ihren Anliegen durchzusetzen, die von Ihrer Angst vor Liebesverlust rührt. Dies verleiht Ihnen eine gewisse Anfälligkeit für Schmeicheleien. Wenn Sie sich aufgrund dieser Stellung andererseits zu lange anpassen, so werden Sie wahrscheinlich periodisch ein rebellisches Verhalten an den Tag legen, das mit Ihrem sonstigen Entgegenkommen stark kontrastiert. Wie auch immer, Ihr Sinn für Form, Harmonie und Schönheit wird in Ihrem Leben eine wichtige Dimension sein und kann Sie auch persönlich weiterbringen.

Venus im zweiten Haus

Die Anlagekomponenten der Venus werden sich vor allem im Bereich einer Suche nach Sicherheit in einer vertrauten Umgebung manifestieren. Es wird Ihnen ein Bedürfnis sein, sich wohnlich einzurichten und in einer schönen Umgebung zu leben. Die beschriebenen Komponenten könnten entsprechend auch beruflich eingesetzt werden, um Ihren Lebensunterhalt zu bestreiten. Selten vernachlässigen Sie den finanziellen Aspekt einer Sache, sodass Sie auch in Beziehungen recht sicher auf dem Boden der konkreten Realität bleiben. Sie dürften in finanziellen Dingen auch Glück haben, insbesondere, wenn Sie Ihre Neigung zu Verschwendung und übermässigem Konsum im Zaume halten können.

Venus im dritten Haus

Die Anlagekomponenten der Venus werden sich im Bereich Ihres Austausches mit Ihrer unmittelbaren Umgebung, sowie über Ihre Gespräche und möglicherweise auch über das geschriebene Wort äussern. Sie lieben schöne und harmonische Formulierungen, was Ihnen hilft, mit Ihrer Umgebung eine gute – auf Vertrauen und Liebe basierende – Kommunikation herzustellen. Sie zwingen andern Ihre Ideen nicht auf, sondern suchen im Gespräch das Verbindende.

Sie haben die Möglichkeit, falls Ihre Erziehung das zulässt, mit der Liebe spielerisch und experimentierfreudig umzugehen. So könnten Sie an Flirts Gefallen finden, und Ihr Austausch mit andern dürfte eine starke Dimension von Nähe beinhalten. Sie werden möglicherweise im Bereich Ihrer Kontakte einige Abstriche machen müssen, wenn Sie im Rahmen einer festen Beziehung Ihren Partner nicht verunsichern wollen. Dies werden Sie dann gerne tun, wenn er Ihnen die Stimulation vermittelt, die Sie sonst aus Ihren zahlreichen Begegnungen ziehen würden.

Venus im vierten Haus

Die Anlagekomponenten der Venus werden sich insbesondere im Bereich Ihrer Häuslichkeit und Ihrer Suche nach Geborgenheit manifestieren. Je nachdem, wie Sie Ihre Situation als Kind erlebten, werden Sie ein starkes Bedürfnis nach einem harmonischen Familienleben haben oder andernfalls Geborgenheit und Sicherheit in Ihrer eigenen Häuslichkeit und über eine intensive Auseinandersetzung mit Ihrem Innenleben suchen.

In beiden Fällen dürften Sie viel Wert legen auf die ästhetische Gestaltung Ihres Heimes. Dies ist für Sie wichtig, um Geborgenheit zu spüren. Sie haben auch ein grosses Bedürfnis, zu lieben und geliebt zu werden, wobei Sie nicht nur zu den Menschen, sondern auch zur Natur, eine enge Beziehung verspüren. Wegen Ihrer Feinfühligkeit und Durchlässigkeit dürften Liebesenttäuschungen schmerzliche Narben hinterlassen. Falls diese zu heftig waren, indem auch Ihre häusliche Geborgenheit dadurch in Mitleidenschaft gezogen wurde, mögen Sie sich dazu entschlossen haben, allein zu leben, um innerhalb Ihrer vier Wände das Klima zu schaffen, welches Sie brauchen, um sich wohlzufühlen.

Venus im fünften Haus

Die Anlagekomponenten der Venus werden Sie über einen spontanen Austausch mit andern in Freundschaften und in intensiven persönlichen Beziehungen zum Ausdruck bringen. Sie strahlen viel Charme und Enthusiasmus aus, mit welchen Sie die Zuneigung Ihrer Umwelt gewinnnen. Ihr Wunsch wäre es, das Leben wie ein grosses Fest zu geniessen, geprägt von Schönheit, Harmonie und Intensität. Sie haben auch durch Ihre Ausstrahlung Talente, um in den Genuss dieser Dimensionen zu kommen. Irgendwann mag sich dieses Bedürfnis nach intensivem persönlichen Ausdruck auch im Bedürfnis niederschlagen, etwas Künstlerisches zu schaffen. Wenn Ihre Talente dazu nicht ausreichen, so wird mindestens ein grosses Interesse für Kunst und alles, was Aesthetik repräsentiert, vorhanden sein.

Falls Sie Kinder haben, so dürften auch diese in den Genuss Ihrer spielerischen Art, Zuneigung zu vermitteln, kommen. Diese wären dann andererseits für Sie eine Quelle von Lebensfreude und Stolz.

Das wichtigste mit dieser Stellung wird sein, dass Sie Ihr persönliches Charisma und die Ausstrahlung, die Sie auf andere haben, nicht dazu missbrauchen, um Entscheidungen und persönlichen Stellungnahmen aus dem Weg zu gehen, sondern diese Qualitäten nutzen, um sich auf eine langfristig befriedigende Art darzustellen.

Venus im sechsten Haus

Die Anlagekomponenten kommen insbesondere im Bereich Ihrer Arbeit und Ihrer Anpassung an die Umwelt zum Ausdruck. So werden Sie das Bedürfnis verspüren, eine Tätigkeit auszuüben, im Rahmen welcher Sie Gefühle einbringen können.

Dies kann auch bedeuten, dass Beziehungen über den Bereich der Arbeitssphäre geschlossen werden. Hier fällt es Ihnen leichter als sonst, über diesen Bereich Kontakte anzuknüpfen, die auch zu Intimität führen können.

Im übrigen weist diese Stellung darauf hin, dass Sie gute Fähigkeiten haben, Ihre Gefühle zu analysieren und diese dem Nützlichkeitsaspekt unterzuordnen. Am Arbeitsplatz oder zuhause, das affektive Klima ist für Sie von grösster Bedeutung. Die Verbindung zwischen Gefühl, aesthetischem Empfinden und Arbeitswelt, könnte Sie zu Berufen wie Mode, Kosmetik, Kunst oder Psychologie befähigen.

Venus im siebten Haus

Die Anlagekomponenten der Venus werden sich im besonderen im Bereich Ihrer Beziehungen und Ihrer Partnerschaften privater und beruflicher Art manifestieren. Sie haben ein grosses Bedürfnis nach Harmonie und möchten verstanden werden, ohne für Ihre Durchsetzung kämpfen zu müssen. Ueberhaupt fällt es Ihnen schwer, in einer Beziehung zu kämpfen. Dem Frieden zuliebe meiden Sie lieber Konflikte. Das Problem mag höchstens darin liegen, dass Sie insgeheim vom andern erwarten, dass er Ihre Probleme spürt, auch wenn Sie sie nicht formulieren. Wenn er dies jedoch nicht tut, so sind Sie enttäuscht und Ihre mangelnde Bereitschaft Konflikte auszutragen kann letztlich zum Rückzug aus Beziehungen führen.

Es wird wichtig sein, dass Sie Ihre eigenen Bedürfnisse klarer wahrnehmen und auch den Mut aufbringen, diese zu formulieren.

Venus im achten Haus

Die Anlagekomponenten der Venus dürften über einen intensiven Austausch mit einem Partner erfahren werden. Erotische Beziehungen spielen in Ihrem Leben eine grosse Rolle. Auch wenn Sie sich das vielleicht nicht immer zugeben, so neigen Sie zu einem besitzergreifenden Verhalten dem Partner gegenüber. Dies mag als die Kehrseite Ihrer intensiven Erfahrungen erlebt werden: Sie mögen des öfteren darüber trauern, dass die schönsten Momente nicht zu halten sind, sondern höchstens immer wieder gefunden werden können. Widerstehen Sie der nutzlosen Versuchung, diese organisieren zu wollen, indem Sie Ihren Partner kontrollieren. Sie würden damit das, was Ihnen so wichtig ist, selbst zerstören. Wählen Sie lieber den Weg, sich für die tiefgreifenden Wandlungen, welche Sie durch die Liebe erleben können, offenzuhalten.

Venus im neunten Haus

Die Anlagekomponenten der Venus werden in Freiheit und in einem Bedürfnis nach Bewusstseinserweiterung gelebt werden wollen. Dazu können Reisen, sowie die Auseinandersetzung mit anderen Kulturen gehören. Dies kann bei Ihnen auch bedeuten, dass Liebesgefühle eher dann aufkommen, wenn Sie sich fern vom Alltag befinden, in einer Umgebung, welche weniger festgelegt ist. Auch können Ausländer in Ihren Beziehungen eine grosse Rolle spielen. Dies alles soll durch die Begegnung mit Andersdenkenden dazu beitragen, Ihr Bewusstseinsfeld zu erweitern.

Venus im zehnten Haus

Die Anlagekomponenten der Venus werden sich insbesondere im Bereich Ihrer Auseinandersetzung mit dem Beruf und der Oeffentlichkeit zum Ausdruck bringen lassen. Dies kann heissen, dass Beziehungen für Sie auch eine gesellschaftliche Funktion zu erfüllen haben, indem der Partner dazu beitragen soll, Ihren Status, Ihre Stellung in der Gesellschaft zu festigen und zu verbessern.

Möglicherweise kommt es bei Ihnen auch über die Ausübung des Berufes zu Beziehungen. Dies kann begünstigt werden durch den Charme, den Sie in der Oeffentlichkeit und in der Ausübung Ihres Berufes an den Tag legen. Sie sind sehr diplomatisch und zeichnen sich durch liebenswürdiges, entgegenkommendes Auftreten aus. Dies ist für Sie ein wichtiges Mittel, um zu gesellschaftlichem Erfolg zu gelangen.

Diese Stellung weist auch daraufhin, dass Sie Ihr Streben nach Harmonie und Gefühlsausdruck über den Beruf verwirklichen werden. Dies könnte Neigungen zu einem künstlerischen Beruf unterstützen, aber auch Fähigkeiten bringen für alle Zweige, welche mit der Schönheits- oder Freiheitsindustrie in Zusammenhang stehen. Auch die Funktion eines Diplomaten und Vermittlers könnte dazu gehören.

Venus im elften Haus

Die Anlagekomponenten kommen insbesondere im Bereich Ihrer Freundschaften und Ihres Austausches mit Gleichgesinnten zum Ausdruck. Wenn Sie sich in geselligem Freundeskreis befinden, fühlen Sie sich glücklich und zufrieden. Sie haben auch einen guten Instinkt, gesellschaftlich vorteilhafte Kontakte zu knüpfen und hilfreiche Freunde zu finden. Enttäuschungen können am ehesten dann auftreten, wenn Ihre Ansprüche an eine Freundschaft unrealistisch hoch werden und von der andern Person keine Erfüllung finden.

Venus im zwölften Haus

Die Anlagekomponenten der Venus werden sich vor allem über einen inneren Dialog mit sich selbst und Ihren Vorstellungen, das heisst Ihrem Ideal von Liebe manifestieren.

Sie werden Mühe haben, Ihre Gefühle auszudrücken und sind dabei oft recht unklar. Am ehesten gelingt Ihnen dies in einer Helferrolle, wenn Sie spüren, dass Sie gebraucht werden. Sie neigen also dazu, Ihre Gefühle stellvertretend über andere zu leben, insbesondere wenn diese Probleme haben, zu deren Linderung Sie beitragen können.

Ihre Schwierigkeit zum spontanen Ausdruck von Gefühlen kann Ihnen jedoch auch Enttäuschungen aufbürden. Indem die andern nicht immer wissen, woran sie mit Ihnen sind, können sie Ihre Bedürfnisse, die nur Sie selbst kennen, schwer befriedigen.

So könnten Sie im Bereich der Liebe zahlreiche Missverständnisse erleben und zu der Entscheidung gelangen, statt sich in Zukunft zu exponieren, lieber im Verborgenen und unter Ausschluss der Oeffentlichkeit Ihre Beziehung zu leben. Dazu könnte auch gehören, dass Sie sich an Partner binden, die vielleicht schon anderweitig engagiert sind, die im Ausland leben, oder die auf eine andere Art unzugänglich sind, so dass Ihre Verbindung nicht durch den Test des Alltags gehen muss.

Der Mars in den Zeichen

Mars im Widder

Sie drängen ungestüm voran. Sie wollen sich aufgrund Ihrer Wirkungen an der äusseren Wirklichkeit erfahren. Oft prellen Sie auch unnötig vor und erzeugen Widerstände, welche Sie sich im Nachhinein selbst zuschreiben müssen.

Diese Stellung ist jedoch eine Quelle von neuem Ansporn, der Sie befähigt, enthusiastisch auf etwas loszusteuern, das andere längst schon als unmöglich und unrealisierbar abgetan haben. Sie legen damit einen Pioniergeist an den Tag, welcher viele festgefahrene Situationen auflockern wird und Ihnen den Ruf eines Draufgängers einbringen könnte. Dieser Einfluss wird sich beruflich insbesondere dann positiv auswirken, wenn Sie aufgrund Ihrer Erfahrung gelernt haben zu entscheiden, wann es richtig ist, voranzugehen, und wann man sich besser zurückhält.

Mars im Stier

Im Verfolgen Ihrer Ziele sind Sie ausdauernd und unnachgiebig. Ihre Energie hält auch langen Belastungsproben stand. Allerdings mangelt es Ihnen manchmal an Spontaneität im Ausdruck Ihrer Bedürfnisse, sodass sich Energien aufstauen, die sich dann auf vehemente und nicht immer situationsbezogene Art entladen. Das sind dann Momente, wo Sie andern gegenüber gerne Strafpunkte austeilen.

Ihre Möglichkeiten liegen in Ihrer Fähigkeit, langfristige, auf konkrete, praktische Ziele ausgerichtete Vorhaben mit Nachdruck und Beharrlichkeit zu verfolgen. Sie haben nicht nur im privaten Bereich, sondern auch im Zusammenhang mit Ihrem Beruf etwas sehr Leidenschaftliches und Engagiertes. Sie werden jedoch darauf achten müssen, dass Possessivität und Haften am Erreichten Sie nicht unfrei machen. Sie werden sich besser fühlen, wenn Sie gelernt haben, loszulassen, sobald ein Energie-Einsatz Ihrerseits nicht mehr notwendig ist.

Mars in Zwillinge

Sie sind sehr beweglich und können Ihre Handlungsweise leicht den vorhandenen Situationen anpassen. Allerdings verlangen Sie von Ihrer Umwelt viel Stimulation,und so wird sich für Sie eine Tätigkeit, wo Sie über viele Kontakte mit dem pulsierenden Leben in Berührung stehen, besser eignen als irgendeine Sachbearbeiter-Aufgabe.

In der Verteidigung Ihrer Ideen zeigen Sie eine kämpferische Seite, sind schlagfertig und können manchmal sogar sarkastisch wirken. Es gefällt Ihnen, in Diskussionen Ihren Standpunkt immer wieder neu definieren zu können und mit Argumenten umzugehen. Ihrer Schnelligkeit und Geschicklichkeit in praktischen Dingen steht eine geringe Ausdauer gegenüber, insbesondere wenn es um Aufgaben geht, die sich in die Länge ziehen. Sie können dann schnell das Interesse verlieren.

Mars im Krebs

Ihr Tun ist stark von gefühlsmässigen Impulsen beeinflusst. Wenn Sie sich angenommen fühlen, dann können Sie sehr herzlich wirken und strahlen Selbstvertrauen aus. Haben Sie jedoch den Eindruck, auf Ablehnung zu stossen, so kann eine sehr reizbare Seite zum Ausdruck kommen. Dies gilt auch für die Momente, wo Sie sich niedergeschlagen fühlen. Kritik und Ablehnung durch andere treffen Sie sehr empfindlich und erzeugen einen Aerger, welchen Sie allerdings nicht immer zeigen werden, sondern vielleicht anstauen, bis der geeignete Moment gekommen ist, um es dem andern heimzuzahlen.

Sie werden gewinnen, wenn Sie Ihre Emotionen nicht zu lange aufstauen, sondern lernen, Ihre Gefühle, auch wenn sie Ihnen negativ erscheinen, spontaner und damit weniger aggressiv zum Ausdruck zu bringen.

Am besten werden Sie sich in einer Tätigkeit verwirklichen, in der Sie Gefühle einbringen können, somit am ehesten mit einer Arbeit mit Menschen. Ihre Arbeitsweise wird sich oft auf erprobte Methoden abstützen, welche sich in der Vergangenheit bewährt haben.

Mars im Löwen

Ihre Begeisterungsfähigkeit ist gross und wirkt ansteckend. Sie haben grossangelegte Ideen und Pläne, welche Sie gewöhnlich gut zu präsentieren und durchzusetzen verstehen. Detailaufgaben delegieren Sie lieber an andere, denn es gefällt Ihnen besser, zu organisieren und zu leiten, als sich mit Kleinkram abzugeben. Ihr Selbstwertgefühl tritt nach aussen stark in Erscheinung, ist jedoch nicht immer sehr gut verankert, denn Sie sind recht kritikempfindlich und können schwer einen Irrtum oder Fehler zugeben.

Es wird wichtig sein, dass Sie sich durch Studien und sorgfältige Arbeit die Fähigkeiten erwerben, welche eine Betätigung im grossen Rahmen rechtfertigen. Es würde Ihnen nämlich schwerfallen, auf die Dauer untergeordnete Arbeiten ausführen zu müssen.

Mars in Jungfrau

Eine sorgfältige, exakte Arbeitsweise, verbunden mit der Fähigkeit zur Analyse und zum Perfektionismus könnten Sie für eine forschende oder wissenschaftliche Tätigkeit geeignet machen. Ganz allgemein setzen Sie sich lieber für praktische, zweckmässige und nützliche Ziele ein, als dass Sie sich für wirklichkeitsfremde Ideale begeistern würden. Meist sind Sie vorsichtig in Ihrer Vorgehensweise und reagieren gereizt auf Kritik. Entscheidungen fallen Ihnen oft schwer, da Sie sich allzu sehr an Details aufhalten.

Mars in Waage

Sie werden sich durch diplomatische Fähigkeiten auszeichnen. Viele Ihrer Anstrengungen werden darauf gerichtet sein, zwischen verschiedenen Standpunkten eine Brücke zu schlagen, und sich gerade aufgrund Ihrer vermittelnden Qualitäten Achtung und Durchsetzung zu verschaffen. So werden Sie sich auch insbesondere für Probleme des Umgangs zwischen Menschen interessieren. Dies wird Ihnen gute Fähigkeiten für Beschäftigungen im Bereich der Gesellschaft und der Public Relations verleihen. Anderseits werden Sie nicht immer wissen, wo Sie genau stehen, ob jetzt Ihr eigener Standpunkt durchzusetzen ist, oder Sie sich den Ansprüchen und Wünschen des Gegenüber fügen sollen. So könnte man Ihnen des öfteren ein mangelndes Engagement für Ihre Sache, sowie fehlendes Durchsetzungsvermögen vorwerfen. Dies ist die Kehrseite Ihrer diplomatischen Qualitäten.

Mars im Skorpion

Wenn Sie ein Ziel fasziniert und herausfordert, dann können Sie alles daran setzen, es zu erreichen. Ihre Kräfte werden durch Hindernisse und Schwierigkeiten sogar noch aktiviert. Viel Energie wird erst durch Affekte mobilisiert, insbesondere wenn man Ihre Gefühle oder Ihren Gerechtigkeitssinn tangiert. Dann werden Sie in jedem Falle aus der Reserve kommen: Wenn die Situation es erlaubt, sofort, oder wenn Sie sich der Situation nicht gewachsen fühlen, durch das Ausspähen der Schwächen anderer, die Sie dann ausnützen.

Dies führt des öfteren zu Protesthandlungen, die erst dann abgebrochen werden, wenn dadurch der andere seine untergründigen Motivationen infolge Ihres Eingreifens preisgegeben hat. Dabei können Sie mitunter rücksichtslos und sehr strafend vorgehen.

Eine Aenderung Ihrer Ansichten kann unmöglich nur durch Ueberredung von aussen stattfinden, sondern höchstens, wenn man Ihnen die gewünschte Zuwendung zollt, oder wenn die Aenderung von Innen durch eigene Einsicht erfolgt.

Mars im Schützen

Sie möchten sich privat und beruflich in einem Bereich und auf eine Art verwirklichen, welche Ihnen ein freies und selbständiges Leben ermöglicht. Nur wenn es nicht anders geht, werden Sie sich andern unterstellen. Langfristig möchten Sie Ihr Bedürfnis nach Weite und interessanten neuen Horizonten verwirklichen. Dies kann sowohl das Ausland, als auch aufregende Aktivitäten einschliessen.

Mars im Steinbock

Sie wollen im Leben viel erreichen. Ihre sozialen und wirtschaftlichen Ambitionen sind sehr hoch und werden mit Ehrgeiz, Konsequenz, Selbstdisziplin und Methodik angestrebt. Sobald Sie Ihre Aengste und Ihre Abhängigkeit von Autoritätsfiguren überwinden und damit Platz schaffen für den Ausdruck Ihrer eigenen Persönlichkeit, können Sie diese Ambitionen verwirklichen.

Durch Ihr grosses Verantwortungs- und Pflichtbewusstsein sind Sie ein fähiger Leiter und Organisator von wichtigen,langfristigen Unternehmungen. Allerdings ist es wichtig, dass Ihre gesellschaftlichen Ziele auch mit Ihren persönlichen Bedürfnissen einhergehen, weil Sie die Neigung haben könnten, zugunsten Ihres Berufes Ihr Privatleben zu opfern.

Mars im Wassermann

Ihr Erfindungsgeist und Ihre geistige Originalität bringen viele neue Ideen hervor. Sie verfechten diese vehement gegen jede Kritik, auch wenn Ihre Vorstellungen nicht immer durchführbar sind. Es ist für Sie eine Frage der Verteidigung Ihrer persönlichen Freiheit, auch im geistigen Bereich.

Unter Stress sind Ihre Reaktionen rasch und gezielt, Ihre Formulierungen treffsicher. In anderen Situationen kann Ihre Impulsivität und Eigenwilligkeit zu Konflikten führen. Sie werden insbesondere an einer Tätigkeit Spass finden, welche Ihnen ermöglicht, neue Wege zu gehen und mit dem Zeitgeist mitzuschwingen.

Mars in Fische

Nüchternen, zweckgerichteten Ueberlegungen über die Nützlichkeit eines Unternehmens stehen Sie indifferent gegenüber. Sie lassen sich von hohen Idealen, edlen Gefühlen und visionären Träumen motivieren. So weichen Sie einer offenen Auseinandersetzung wegen Ihrer Empfindlichkeit oder Verletzlichkeit eher aus. Ihre Aggressionen, die dennoch beachtlich sein können, kommen eher zum Ausdruck über Strafpunkte, die Sie sammeln, wenn man Sie verletzt. Sie lassen es den andern dann durch Kühle und Indifferenz, sowie insbesondere durch Entzug und Rückzug auf sich selbst merken.

So kann man mit Ihnen seine Ueberraschungen erleben, indem Sie – wenn das Mass in Ihren Augen voll ist – plötzlich nicht mehr da sind.

Am ehesten können Sie konstante Energie aufwenden, wenn Sie ein Anliegen verfolgen, das nicht nur Ihnen zugute kommt, sondern der ganzen Gemeinschaft, und wenn Sie helfend tätig sein können. Ihre Energie ist eben auf idealistische Ziele gerichtet, was sich im praktischen Leben nicht immer leicht kanalisieren lässt.

Mars in den Häusern

Mars im ersten Haus

Die Anlagekomponenten des Mars werden sich über Ihr persönliches Auftreten, sowie Ihren spontanen Ausdruck manifestieren. So haben Sie eine Neigung, zuerst zu handeln und erst dann über Ihr Tun nachzudenken. Dies gibt Ihnen eine Neigung,in neue Projekte zu steigen, ohne das Risiko gleich miteinzuberechnen. Sie haben eben das Bedürfnis, sich über Ihre Handlungen zu erleben und wachen eifersüchtig über Ihre persönliche Freiheit. Diese Stellung verstärkt also Ihren Willen und Ihr Bedürfnis, Ihrem Leben den Verlauf zu geben, der Ihnen entspricht, unabhängig davon, was die andern dazu sagen.

Sie werden die Ihnen wichtige Selbstdurchsetzung dann auf die Dauer verwirklichen können, wenn Sie zu einer harten Arbeit bereit sind, über welche Sie sich die nötigen Kenntnisse und das erforderliche Know-how aneignen, um Ihre Selbständigkeit zu rechtfertigen. Andererseits wird es für Sie wichtig sein, über das Leben zu lernen, wann der Moment zum Voranschreiten gekommen ist und wann es besser ist, abzuwarten. Dabei wird es von Vorteil sein, sich die Standpunkte Ihrer Mitmenschen besser anzuhören, statt sich in unnötige Kämpfe zu verstricken, sobald jemand Ihre Handlungsweise in Frage stellt.

Mars im zweiten Haus

Die Anlagekomponenten des Mars werden sich insbesondere in Ihrem Streben nach materieller Unabhängigkeit und Besitz äussern. Sie möchten über Ihre Arbeitskraft auf eigenen Beinen stehen und niemandem etwas schuldig bleiben. So kann es sein, dass Sie dem materiellen Erfolg Ihre gesamte Energie widmen. So können Sie sehr viel durch eigene Arbeit erreichen.

Eine Gefahr liegt in Ihrer Impulsivität, sodass Sie durch übereilte Entscheidungen, zu grosse Risikobereitschaft und eventuelle Ueberschätzung Ihrer Finanzkraft Ihren Besitz gefährden könnten. Man könnte sagen, dass Sie sich durch viel Energie, sowohl im Erwerb, als auch im Ausgabenbereich auszeichnen. Der Grund liegt darin, dass es Ihnen letztlich mehr darum geht, sich über den Umsatz von Gütern in Ihrer Lebendigkeit und Kraft zu erleben, als wirklich materielle Güter zu halten.

Mars im dritten Haus

Sie werden die Anlagekomponenten des Mars insbesondere im Bereich des Austausches, der Kommunikation auf Reisen und durch vielfältige Kontakte zum Ausdruck bringen wollen. Es ist Ihnen die Fähigkeit gegeben, sich sehr präzise auszudrücken, wobei Sie durch Ihre impulsive und gleichzeitig prägnante Ausdrucksweise in Ihrer Umgebung für einige Unruhe sorgen könnten.

Beruflich werden Ihnen für Ihre Tätigkeit Bereiche liegen, welche mit Kommunikation und Medien in Zusammenhang stehen. Dies kann von einer Verkaufstätigkeit bis zum Journalismus oder zu einer schriftstellerischen Tätigkeit reichen.

Mars im vierten Haus

Die Anlagekomponenten des Mars werden sich insbesondere im Bereich Ihrer Häuslichkeit und Familie manifestieren. So mögen Sie eine oppositionelle Haltung gegenüber Tradition und überlieferten Werten einnehmen. Gleichzeitig werden Sie sich bis aufs Letzte einsetzen für diejenigen, die sich Ihrer Obhut anvertraut haben, seien dies Angehörige oder Freunde. Sie können dann sehr spontan helfen.

Mars im fünften Haus

Die Anlagekomponenten des Mars werden sich im besonderen im Bereich Ihres spontanen, kreativen Ausdrucks, über die Freizeit und über Unternehmungen, welche Ausdruck Ihrer eigenen Persönlichkeit sind, manifestieren.

Sie sind sehr spontan und energiegeladen und lieben alles, was eine Abwechslung zum grauen Alltag bringen kann. Dazu können sowohl Sport als auch Vergnügungen gehören, aber dieselbe Energie kann sich auch in unternehmerischen Belangen, die für Sie einen spielerischen Charakter haben, äussern. Sie möchten sich über das, was Sie tun, selbst zum Ausdruck bringen und an Ihrer Umwelt erleben. Alles, was dazu dient, wird Ihnen willkommen sein. Auch werden Sie in Ihrer Energie leicht durch Konkurrenzsituationen angestachelt. Sie kämpfen aber nicht mit finsterer Miene, sondern aktivieren das spielerische Motiv und haben etwas vom Ethos eines Ritters beim Turnierspiel, der Spass hat, mit fairen Waffen zu kämpfen.

Am effizientesten wird diese Stellung dann sein, wenn Sie gelernt haben, sich durch Arbeit und Disziplin die nötigen Mittel und Methoden anzueignen, um Ihr schöpferisches Talent so anzubringen, dass Sie damit auch von seiten Ihrer Umwelt Anerkennung finden.

Mars im sechsten Haus

Die Anlagekomponenten des Mars werden sich insbesondere im Bereich der Arbeit zeigen. Sie haben die Fähigkeit, methodisch und systematisch vorzugehen. Sie wissen Ihre Energie ökonomisch einzusetzen und achten auf einen höchstmöglichen Wirkungsgrad. So können Sie eine grosse Effizienz erreichen.

Berufe, die präzise Kleinarbeit erheischen, werden Ihnen besonders liegen. Es wird jedoch wichtig sein, dass Sie sich nicht allzu sehr im Detail verlieren und durch ein übertriebenes Perfektionsbedürfnis die Anforderungen an sich selbst und an die andern zu hoch schrauben. Eine solche Haltung könnte zu einer Quelle von Unzufriedenheit werden.

Mars im siebten Haus

Die Anlagekomponenten des Mars werden sich insbesondere im Bereich Ihrer Beziehungen und Ihres Verhältnisses zur Umwelt manifestieren. Dies heisst, dass Sie sehr viel Energie für das Eingehen oder Auflösen von Beziehungen einsetzen werden und dass eine Partnerschaft für Sie gleichzeitig eine Quelle von Anregung sein wird. Sie gehen mit intensiven Gefühlen in Ihre privaten Verbindungen. Differenzen tragen Sie mit Temperament, aber offen aus. Der Partner sollte für Sie eine Herausforderung darstellen, reine Konkurrenz ertragen Sie jedoch schlecht.

Diese Stellung kann auch bedeuten, dass Sie sich beruflich mit Beziehungsfragen auseinandersetzen werden, oder dass solche Fragen zumindest Ihr lebhaftes Interesse wecken.

Mars im achten Haus

Die Anlagekomponenten des Mars streben nach Wirkung im Rahmen der Gesellschaft. Sie werden sich eine berufliche oder gesellschaftliche Position suchen, aufgrund welcher Sie auf andere Einfluss nehmen können. Die Funktion, die Sie bekleiden, soll Ihnen die Berechtigung geben, Ihre persönlichen Bedürfnisse – über die Sie sich relativ wenig bewusst sind – durch Ausdruck nach aussen und durch die Wirkung, die Sie bei andern erzeugen, zu erkennen. Dies könnte Ihnen Fähigkeiten vermitteln im Bereich des Managements oder des Marketing. Dabei möchten Sie nicht unbedingt augenfällig nach aussen treten. Es ist Ihnen jedoch wichtig, aufgrund der Wirkung, die Sie erzeugen, Ihr Selbstwertgefühl zu bestätigen.

Mars im neunten Haus

Die Anlagekomponenten des Mars werden sich insbesondere im Bereich eines Kampfes für Ihre Ueberzeugungen und Ihre Freiheit des Denkens äussern. Die Erweiterung Ihres geistigen und physischen Horizontes bedeuten Ihnen sehr viel. Sie sind unternehmungslustig, verfolgen Ihre expansiven Pläne mit viel Energie und verteidigen Ihre Meinung mit Bestimmtheit. Oft gelingt es Ihnen, durch Ihre Ueberzeugungskraft und Ihren Enthusiasmus andere aus dem Konzept zu werfen, sodass diese Ihre Meinung, zumindest vorübergehend, übernehmen. In anderen Fällen dürften Sie jedoch im Zusammenhang mit Ihren Ueberzeugungen heftige Kämpfe austragen, denn Sie haben in Ihrem Eifer manchmal etwas Missionarisches.

Sie haben mit dieser Stellung gute Anlagen, um Ihren Ideen zum Durchbruch zu verhelfen, im Bereich des Gesetzes, der Politik, der Philosophie oder der Religion. Ausserdem könnte das ferne Ausland geschäftsmässig zu den Bereichen gehören, die Sie gerne bearbeiten, sei es durch Reisen oder durch intensiven Austausch mit Ausländern.

Mars im zehnten Haus

Die Anlagekomponenten des Mars werden sich insbesondere über Ihren Beruf zum Ausdruck bringen lassen. Ihre Anstrengung und Ihre Initiative dürften auf Ihre Karriere gerichtet sein. Sie haben ein starkes Bedürfnis, in einer kontrollierenden Position und Autoritätsstellung zu sein. Um dies zu erlangen, werden Sie grosse Anstrengungen unternehmen. Auf Ihrem Weg dazu werden Sie allerdings viele Rivalitäten bekämpfen müssen. Sie werden allerdings erst dann dauernden Erfolg haben können, wenn Ihre Ansprüche durch entsprechende Leistungen gerechtfertigt sind.

Mars im elften Haus

Sie haben das Bedürfnis nach einer unkonventionellen Betätigung und möchten in einem Rahmen tätig sein, in dem Sie sich selbst als Individuum einbringen können, ohne durch viele Vorschriften und Bürokratie eingeschränkt zu sein. Dazu könnte auch eine Mitarbeit in einem Team von Menschen, welche für eine gemeinsame Aufgabe zusammen am selben Strick ziehen, gehören.

Es wird Ihnen ein Anliegen sein, das Individuelle im Menschen zu fördern und im besten Falle wird dieses Bedürfnis nicht bei Ihnen selbst Halt machen, sondern die individuelle Verwirklichung anderer ebenfalls einschliessen. Eine Betätigung, die im Zusammenhang steht mit dem Zeitgeist und mit dem, was für viele erst in der Zukunft aktuell sein wird, dürfte Ihnen am besten entsprechen.

Mars im zwölften Haus

Die Anlagekomponenten des Mars werden sich vor allem innerlich abspielen und wenig in direkter Form zum Ausdruck gebracht werden. Ihre Umgebung nimmt davon nur gewisse Signale wahr und weiss nicht immer, woran sie mit Ihnen ist. Da Sie Konfrontationen fürchten, bleiben Sie lieber etwas im Hintergrund, insbesondere wenn Sie es mit Personen zu tun haben, die Sie als stärker erachten als Sie selbst. Man wird Ihre Motivationen also oft erraten müssen.

Am ehesten können Sie offen Energie und Einsatz zeigen, wenn Sie spüren, dass jemand Hilfe braucht. Auch gegenüber Schwächeren können Sie sich eher so zeigen wie Sie sich fühlen.

Dieses Verhalten beinhaltet gewisse Nachteile. So wird Ihre Zurückhaltung und Unklarheit oft bewirken, dass Sie über die mangelnde Anerkennung Ihrer Verdienste enttäuscht sind und manchmal den Eindruck haben, Sie seien das Opfer von Ungerechtigkeit oder Intrigen. Es wird deshalb wichtig sein, dass Sie durch eine geeignete Tätigkeit, welche am ehesten in einem helfenden Bereich zu finden wäre, Ihr Selbstvertrauen aufbauen, damit Sie mehr Mut entwickeln, Ihre Bedürfnisse ohne Umschweife anzumelden.

Nachwort

Die beiden Bücher »Horoskopie I und II« haben eine unterschiedliche Geschichte. So ist der zweite Band einige Jahre vor dem ersten geschrieben worden. Band II »Aspekte der Planeten« ist aus den 1980 und 1982 im ASTRODATA-Verlag erschienenen Büchern »Aspekte der persönlichen Planeten« und »Aspekte der geistigen Planeten« hervorgegangen.

Ursprünglich wollte ich auch Band I ähnlich verfassen, nämlich als Nachschlagewerk für Stellungen von Planeten in Zeichen und Häusern. Ich musste jedoch feststellen, dass mich diese Vorgehensweise, ohne einen weiteren Band über Planetensymbolik, nicht befriedigt hätte. So entschied ich mich dazu, den ersten Band zu einem Lehrwerk astrologischer Symbolik zu gestalten und Deutungen für Planeten in Zeichen und Häusern im Anhang unterzubringen. Besonders wichtig war es mir dabei, traditionelles astrologisches Wissen in unser heutiges Bewusstsein zu übertragen. Denn Astrologie, als Lehre der Stellung des Menschen im Kosmos, ist nicht statisch. Sie handelt von Symbolen und Bildern. Wenn diese Symbole nun in Begriffe transponiert werden sollen, was für die Niederschrift eines Buches erforderlich ist, dann müssen die Begriffe und die über Worte formulierten Deutungen dem Bewusstsein einer Epoche entsprechen. Nun stehen wir mit unserem Bewusstsein an einer Schwelle. Einerseits hat die seit Beginn dieses Jahrhunderts entwickelte psychologische Betrachtungsweise verschiedene Phasen durchlaufen, angefangen bei der Freudschen Psychoanalyse mit vorwiegend beschreibendem Charakter, bis zur humanistischen und letztlich transpersonalen Psychologie, welche beide den Hauptakzent auf Entwicklungen und psychische Prozesse legen. Verbunden mit dem traditionellen Erfahrungsgut der Astrologie, führen diese Betrachtungsweisen zu neuen Deutungsformeln, welche die Bedeutung des freien Willens hervorheben. Eine Schwelle symbolisiert jedoch auch der gegenwärtig stattfindende Wechsel zwischen dem Fische- und dem Wassermannzeitalter. Dieser führt Astrologie und moderne Formen der Naturwissenschaft, insbesondere wie sie sich aus den Erkenntnissen der modernen Physik ergeben, näher zusammen als dies jemals der Fall war.

In den vorliegenden beiden Bänden wird versucht, diesem neuen, in vollem Fluss befindlichen Bewusstsein Rechnung zu tragen. Der Leser sollte sich dabei nicht an der unterschiedlichen Strukturierung der beiden Bände aufhalten: Der Hauptteil des ersten Bandes führt in die Symbolsprache der Astrologie und ihre Kombinatorik ein. Anhang sowie zweiter Band liefern Deutungsregeln für die wichtigsten einzelnen Konstellationen. Diese entsprechen im wesentlichen den von ASTRODATA für die Persönlichkeitsanalyse entwickelten Deutungstexten und beruhen auf einer langjährigen Erfahrung im Bereich praxisbezogener Interpretationen.